制度と調整 の経済学

宇仁宏幸 著
Uni Hiroyuki

L'économie
des instititions et
de la régulation

ナカニシヤ出版

はじめに

　目次を一見すると、本書のテーマは多岐にわたっているが、次の点で共通している。それは、いずれの章も「市場対国家」という思考枠組みを採用せず、コーディネーションという制度的調整の重要性を指摘している点である。本書全体として、日本の経済調整は、社会単位のコーディネーションの不足および企業単位コーディネーションの比重の高さという特徴をもつこと、また、とくに1990年代以降、社会単位のコーディネーションの弱体化という変化が生じていることを明らかにする。そして、この社会単位のコーディネーションの弱体化と企業単位コーディネーションがもつ限界が、経済の長期停滞や所得や雇用機会の格差拡大など日本における今日の諸問題の根底にあることを示す。

　この10年間、日本経済の改革をめぐる大部分の議論は「市場対国家」という思考枠組みに支配されていた。この思考枠組みのもとで、具体的には「小さな政府か大きな政府か」や「構造改革か景気対策か」など様々な政策論争が行なわれた。

　「構造改革（優先）論」は、公共投資削減や社会保障支出削減などを通じた財政改革や、公務員の削減や民営化推進などを通じた行政改革を断行しなければ、日本経済の本格的な再建はありえないと主張する。バブル崩壊後の経済再生策としての「構造改革論」は、1990年代初めから有力な主張として存在した。しかし、かつての橋本内閣（1996年1月〜1998年7月）がこれを採用して行財政改革を実行した結果は散々なものであった。1997年、消費低迷や銀行の貸し渋りなどが起き、当時回復しつつあった景気の急激な悪化を招いた。その結果、「構造改革論」の評判は急落した。

　その後、構造改革よりも景気対策を優先すべしという「景気対策（優先）論」が有力となり、小渕内閣（1998年7月〜2000年4月）と森内閣（2000年4月〜2001年4月）ではこれが主流の考え方となった。この考え方によると、公共事業など伝統的なケインズ主義的財政政策によって景気回復を図ることが当面の最重要課題である。財政赤字の増加はやむをえないとみなされる。長期的には財政均衡をめざす構造改革は必要であるが、それは景気が本格的に回復し

はじめに

てから着手すべきものとみなされる。しかし、森内閣が実行した景気対策は土木・建設関連中心の従来型公共事業の拡大であり、その効果もきわめて乏しかったため、「景気対策論」の評判も低下し、「構造改革論」が復活、小泉内閣（2001年4月〜2006年9月）が誕生した。

　小泉政権時代には、様々な「構造改革」が試みられたが、強力に完遂されたのは民営化や自由化、規制撤廃や規制緩和という既存の制度を破壊する試みだけである。日本経済再生のための新たな構造や制度的仕組みをつくる試みはきわめて不十分で中途半端なものに終わった。その代表例が、高齢者医療制度や年金制度などの社会保障制度改革である。日本では、1980年頃から65歳以上の高齢者人口が加速度的に増加しており、この加速度的な増加は2020年頃まで続くと推計されている。65歳以上の高齢者人口が総人口に占める比率、いわゆる高齢化率は、1970年には7％であったが、1994年には14％を超え、2005年には20％を超えた。2015年には26％に達すると予想されている。このような急速な高齢化は、世界でも非常にまれである。急激な人口高齢化に対処するには、抜本的な社会保障改革や少子化対策が必要である。しかし上記のように、小泉政権を含む歴代政権は抜本的改革とはほど遠い部分的な「改革」しか行なえなかった。社会保障という公共財の提供責任を政府が十分に果たさない場合、国民生活においては高まる不安とリスクへの個人的対処を強いられるし、企業経営においても賃金コスト上昇への対処を迫られる。

　高齢化は、2つのルートを通じて企業の賃金コストを上昇させる。第1は、年功的性格が強い賃金制度を通じたルートである。つまり、年齢に応じて賃金が上昇するという賃金体系のもとで、労働者の年齢別分布が全体として高齢化していくと、企業の総賃金コストは当然上昇する。第2は、企業の社会保障負担の増加を通じたルートである。人口高齢化によって、社会保障受給者が人口全体に占める比率が上昇していくと、賦課方式の社会保障システムの場合は、社会保険料が上昇していく。

　賃金コスト上昇を抑制するために、1990年代以降に多くの企業が採用した対策は、第1に雇用の非正規化であり、第2に成果主義的賃金の導入である。社会単位の制度改革が不十分なもとで行なわれたこのような雇用・賃金に関する企業単位の制度改革は、現代日本における大きな社会問題である所得格差の拡大につながった。さらに成果主義的賃金は、職場での集団的な学習を通

じた改善能力という、日本企業の競争力の源泉を掘り崩すという副作用をもった。この時期において、経営者のみならず多くの労働者をも巻き込んで、日本企業が成果主義という「虚妄」に突き進んだことは、まさに「合成の誤謬」である。個々の経済主体にとって合理的な行動が、経済全体としては不合理な結果をもたらすという「合成の誤謬」を是正することは、経済全体というレベルで活動できる唯一の経済主体である政府の役割であるが、そのような役割を小泉政権は放棄していた。また上記のような「合成の誤謬」は社会単位のコーディネーションによって回避できるのであるが、日本ではこのようなコーディネーション・メカニズムが不十分である。本書第3章で述べるように、所得格差拡大は人口高齢化がもたらす自然な結果ではなく、日本特有の経済調整メカニズムの制約下での政府や企業の誤った対応がもたらした結果である。安倍内閣（2006年9月～2007年8月）は構造改革路線を継承したが、格差拡大などへの国民の不満の結果として、2007年7月の参議院選挙において与党は大敗した。その後成立した福田内閣（2007年8月～2008年8月）は、格差是正（とくに地域格差是正）を政策課題として位置づけて、構造改革論から距離をおいた。さらに麻生内閣（2008年8月～）は、景気対策論を全面的に採用した。

　以上のように、この10年間、日本の経済政策は構造改革論と景気対策論の間を揺れ動いたが、両者とも日本経済の再生にとって有効な社会単位の制度改革をほとんどなしえなかった。両者の失敗の根本的原因は、構造改革論と景気対策論が、ともに「市場対国家」という思考枠組みにとらわれて、日本の経済調整が抱える根本的問題を捉え損なっていることにある。本書で明らかにするように、日本の経済調整が抱える根本的な問題は、社会単位のコーディネーションの不足にある。このことは、企業単位のコーディネーションの役割が大きいという特徴にもつながっている。国際比較した場合の日本経済の弱みと強みは、社会単位のコーディネーションの不足および企業単位のコーディネーションの比重の高さにある。第Ⅱ部で詳しく述べるように、1990年代以降の日本経済の長期的停滞、および90年代末以降の所得格差や雇用機会格差の拡大は、主として社会単位のコーディネーションの弱体化と、企業単位のコーディネーションがもつ限界に起因する。構造改革論と景気対策論はこの点を看過し、議論の焦点をもっぱら市場による調整の限界あるいは国家による調整の限界に当てる。そして、両者ともまったく的外れの処方箋を提案し、結果とし

はじめに

表 0-1　経済調整の分類と本書でとりあげる諸制度（括弧内の数字は、章の番号を示す）

	市場的調整	制度的調整	
		協議・妥協ベース	権力・命令ベース
社会単位の調整	市場 スキル偏向的技術進歩仮説(3)、日本における男女格差をともなう賃金の弾力化(8)、市場主導型金融構造(9)	コーディネーション 日本の準垂直的統合(4)、北欧諸国の早期の経済再生(6)、EU諸国の共同的管理フロート制(7)、ヨーロッパにおける男女平等化、パート均等待遇化をともなう雇用の弾力化(8)、銀行主導型金融構造(9)、生産性上昇率格差インフレーション(11)	規制 アジア諸国の一国的管理フロート制(7)
企業単位の調整		企業単位コーディネーション 春闘形骸化と成果主義的賃金導入(3)、日本の公的資金注入の遅れ(6)、雇用の非弾力性(9, 10)、生産性上昇率格差デフレーション(11)	ヒエラルキー アメリカの垂直的統合(4)、1990〜2000年代の派遣・請負化(4)

て日本経済の根本的問題は解決されず、長期的停滞は続くことになった。

　構造改革論と景気対策論には、「市場対国家」という思考枠組みの強い影響がある。本書は、「市場対国家」という思考枠組みを乗り越え、議論の焦点をコーディネーションという制度的調整に当てる。そして日本経済の再生にとって有効な制度改革の方向として、社会単位のコーディネーションの強化という方向を提示する。

　第Ⅰ部では、市場的調整と制度的調整について理論的な考察を行なう。第1章「市場的調整と4つの制度的調整」において、①社会単位の調整か企業単位の調整か、②協議・妥協にもとづく調整か権力・命令にもとづく調整か、という2種の区別によって、表0-1に示すように、制度的調整を4つに分類する。そして「市場的調整」とともに、「コーディネーション」「企業単位コーディネーション」「規制」「ヒエラルキー」という4つの制度的調整のメカニズム、特徴、メリットおよびデメリットを説明する。さらに、経済調整の多元性、

複合性と補足性という諸概念について説明する。第2章「制度的調整の理論的系譜」では、本書と類似した枠組みで制度を考察したメンガー、コモンズ、ウィリアムソン、「資本主義の多様性」アプローチおよびレギュラシオン理論をとりあげ、これらの諸理論の特徴、貢献および限界について考察する。それを通じて、本書の分析枠組みを、制度主義の歴史的な系譜の中に位置づけるとともに、本書の分析枠組みの独自性と意義とを明らかにする。

第Ⅱ部では、第Ⅰ部での述べた分析枠組みを用いて、1990年代以降の日本経済が直面した諸問題の深層にアプローチする。つまり、日本経済が直面した諸問題の分析を通じて、日本の経済調整がもつ限界を明らかにする。第3章「日本の賃金格差拡大の要因」では、日本において1990年代末以降に現われた年齢階層内での賃金格差拡大に焦点を当てながら、とくに人口高齢化説とスキル偏向的技術進歩（SBTC）仮説を検討し、それらの妥当性が低いことを実証する。そして、90年代末以降の日本における賃金格差拡大の直接的要因として最も重要なのは、成果主義的賃金制度の導入と春闘の形骸化であることを説明する。第4章「日本製造業における企業内・企業間分業構造の変化」では、1990年頃を境として次のようなトレンドの転換が起きたことを明らかにする。1970〜80年代においては、大企業から中小企業への単純作業工程の移転というかたちで、製造業の企業間分業構造の変化が起きた。これは「準垂直的統合」と呼べるような、大企業と中小企業との密接な情報交換をともなう長期的関係、すなわち企業間コーディネーションの形成をともなうものであった。しかし、1990年代以降はこのような企業間コーディネーションの比重は縮小し、企業内での正規労働者と派遣・請負労働者との間のヒエラルキー的な短期的関係にもとづく調整の比重が増加している。第3章と第4章の説明を補完するケース・スタディとして、第5章「成果主義的賃金制度とアウトソーシング」では、NTT西日本が1990年代末からの経営危機を契機に、成果主義的賃金制度の導入とアウトソーシング会社の設立に至る経緯をみる。

第6章「バブル崩壊後の経済再生プロセスの国際比較」では、日本での金融再生と産業再生は長期間を要したのに対し、北欧諸国は短期間で再生を果たした根本的理由を探る。北欧諸国のコーディネーションは、主として産業や社会全体を基本単位として行なわれる。これに対して、日本でのコーディネーションは、主として企業単位、企業グループ単位である。バブル崩壊後の金融

はじめに

再生と産業再生の過程では、企業や産業を越えた資本と労働の移動や、損失と痛みの社会全体での分配が必要である。このような課題に関しては、企業や企業グループを単位とするコーディネーションは有効性が低い。したがって、日本はこれらの課題を先送りしてきた。これが日本の長期停滞を導いたということを説明する。第7章「通貨統合の諸条件の比較分析」では、拡大EU諸国とアジア諸国に関して、輸出財と非貿易財とに分けて、労働生産性上昇率を計測する。そして、多くの国で輸出財の労働生産性上昇率が非貿易財のそれを上回っていることを明らかにする。この「輸出にかたよった生産性上昇」は、固定為替制度のもとではインフレーションあるいは累積的な貿易不均衡をもたらす可能性があり、通貨統合の障害となる。しかし、現在のアジアで支配的な為替体制である一国的な管理フロート制のままでよいというわけではない。各国為替レートの長期的な調整を確実に行なうためには、一国的管理フロート制ではなく、拡大EU諸国が採用しているような、多国的な制度化されたコーディネーションによって為替レートを調整する共同的な為替体制が有効であることを示す。

第Ⅲ部では、経済変動論と経済成長論に、制度的調整（たとえば、長期雇用を制度的に維持することや生産性上昇を制度的に賃金上昇に反映させること）を明示的に導入することを試みる。第8章「先進諸国の景気循環パターンの変化と多様性」では、1970年代以降の約30年間における先進諸国の景気循環パターンを実証的に分析する。とくに、先進5カ国の景気循環パターンの国別の差異および時間的変化を数量的に明らかにする。ヨーロッパ諸国では、男女平等やパートタイム労働者の平等取扱の法制化とあわせて、雇用の弾力化が進められた。日本では、このような法制化が進まないなかで、男女格差をともないつつ、賃金が弾力化した。このように労働法制度の規制緩和のやり方が国によってかなり大きく異なる。これが先進諸国の景気循環パターンに存在する国別多様性につながっていることを示す。第9章「制度的補完性とマクロ経済的安定性」では、金融制度と雇用制度の補完性を分析する。具体的には、雇用の弾力性と、直接金融と間接金融の比重に焦点を当てて、国別多様性と時間的変化を説明する。雇用の弾力性が小さい経済においては、企業は好況期、不況期を問わず、比較的安定的な外部資金調達を必要とするので、間接金融中心の銀行主導型金融構造だけがマクロ経済的安定性をもたらすことが示される。今後も日本

において雇用の弾力性が低い状態が続くとすれば、間接金融中心の銀行主導型金融構造を維持していくことが、マクロ経済的安定性を確保するために重要であるということになる。

　第10章「制度的調整をともなう累積的因果連関」では、制度的調整と累積的因果連関との結びつきを明確に定式化する。累積的因果連関とは、複数の要因の間ではたらく相互強化作用を通じて、これらの諸要因の変化が並行的・累積的に進行することを意味する。経済理論分野では、ミュルダールが最も包括的な構図を提示した。しかし、ミュルダールやカルドアの理論には、制度的調整が明示的に定式化されていないという限界がある。この章では、制度的調整をともなう累積的因果連関を経済モデルとして定式化することにより、その配置と作用と効果を明らかにする。第11章「日本とアメリカの成長体制」では、累積的因果連関という考え方をベースにして、1990年代における日本の経済停滞とアメリカの経済成長の原因を明らかにする。具体的には、日本と米国に関して、1980年代と1990年代という2つの期間に分けて、需要レジームと生産性レジームを推計する。本章の推計結果によれば、需要レジームの左方向へのシフトが90年代における日本の経済停滞の主な原因である。したがって、日本の経済停滞に関して、需要サイドの諸要因のほうが供給サイドの諸要因よりも重要である。需要レジームのこのシフトは、生産性上昇率格差デフレーションにもとづく投資財価格の低下と関連を有している。生産性上昇率格差デフレーションの一因は、春闘の形骸化による労働組合の賃金交渉力の弱体化によって、賃金上昇率が低位平準化したことにある。

目　次

はじめに　*i*

第Ⅰ部　制度的調整とは何か

第1章　市場的調整と4つの制度的調整 ─────── 5
　1　経済調整の多様性　5
　2　経済調整の多元性、複合性と補足性　13

第2章　制度的調整の理論的系譜 ─────────── 21
　1　経済調整の分類　21
　2　メンガー　21
　3　コモンズ　24
　4　ウィリアムソン　26
　5　「資本主義の多様性」アプローチ　29
　6　レギュラシオン理論　31

第Ⅱ部　日本の制度的調整の特徴と限界

第3章　日本の賃金格差拡大の要因
　　　　　　──　人口高齢化説とSBTC仮説などの批判 ─── 41
　1　賃金の市場的調整と制度的調整　41
　2　賃金所得と支出の格差拡大　43
　3　労働時間と時間当たり賃金の格差拡大　49
　4　IT化とグローバル化の影響　55
　5　賃金制度改革の影響　60
　6　人口高齢化の影響　68
　7　雇用の非正規化の影響　71
　8　結論──賃金制度要因の重要性　75

第4章　日本製造業における企業内・企業間分業構造の変化
── 非正規労働補完説批判 ── 81
1　労働の質的フレキシビリティと量的フレキシビリティ　81
2　1970〜80年代における分業構造の変化　83
3　1990〜2000年代における分業構造の変化　95
4　正規労働と非正規労働の補完性と代替性　103
5　結論 ── 企業単位のコーディネーションのゆくえ　112

第5章　成果主義的賃金制度とアウトソーシング
── NTT西日本のケース ── 121
1　IT化とNTTの経営危機　121
2　1999年のNTT再編成　125
3　電気通信事業規制の変化　126
4　新たな人事・賃金制度の導入　129
5　さらなる構造改革　134

第6章　バブル崩壊後の経済再生プロセスの国際比較
── 日本と北欧諸国 ── 142
1　本章の課題 ── 金融再生と産業再生　142
2　金融再生プロセスの違い　144
3　産業再生プロセスの違い　149
4　日本の長期停滞の原因
　　── 企業単位のコーディネーションの限界　159

第7章　通貨統合の諸条件の比較分析
── アジアとヨーロッパ ── 166
1　輸出に偏った生産性上昇と為替レート調整　166
2　輸出財と非貿易財の労働生産性上昇率の計測　171
3　拡大EU諸国の計測結果　174
4　アジア諸国の計測結果　177
5　結論 ── 共同的に管理されたフロート制の提案　187

目　次

第Ⅲ部　制度的調整をともなう経済動学

第8章　先進諸国の景気循環パターンの変化と多様性 —— 195
1　本章の課題 —— 制度的調整と景気循環　195
2　景気循環パターンの歴史的転換　196
3　景気循環パターンの計測　202
4　賃金と雇用の弾力化の制度的要因　208
5　結論 —— 大量生産経済の実物的不安定性　216

第9章　制度的補完性とマクロ経済的安定性 —— 224
1　本章の課題 —— 雇用制度と金融制度の補完性　224
2　雇用制度と金融制度の変化と多様性　226
3　雇用制度と金融制度の補完性の理論的仮説　234
4　補完性の実証　238
5　制度変化とマクロ経済的安定性の変化　239
6　結論 —— 日本における銀行主導型金融構造の重要性　241

第10章　制度的調整をともなう累積的因果連関 —— 244
1　本章の課題 —— 累積的因果連関概念を用いた経済成長論　244
2　ミュルダールの累積的因果連関の構図　245
3　カルドアによる累積的因果連関のモデル化　250
4　カルドアの限界を超えるミュルダール型累積的因果連関モデル　258

第11章　1990年代における日本とアメリカの成長体制 —— 271
1　マクロ経済パフォーマンスと2部門の動態　271
2　成長体制の定式化　278
3　需要レジームの推計　285
4　生産性レジームの推計　293
5　結論　295

あとがき　297
索引　301

制度と調整の経済学

第Ⅰ部

制度的調整とは何か

第1章　市場的調整と4つの制度的調整

1　経済調整の多様性

　今日、非常に流布している「市場原理主義」においては、経済調整はもっぱら市場を通じて行なわれ、制度は経済の外にあるものであるとされる。あるいは経済の内にあるとしても、それは市場の機能を阻害するものであり、排除すべきものとされる。本章では、このような経済のとらえ方は誤っており、経済調整は市場原理だけでなく、制度を通じても行なわれていることを明らかにする。制度による経済調整は、とくに20世紀以降の先進資本主義国において顕著となった。つまり、20世紀初めに起きた資本主義の「大転換」が、制度による調整の比重を高めた。K・ポランニーのことばを借りると、いったん社会から自立化しようとした市場経済は、再び社会に埋め込まれた (Polanyi, 1944)。制度は、経済を社会へ埋め込む作用をもつとともに、この社会に埋め込まれた経済の調整を方向づけるはたらきをする。

　本書では、市場による経済調整を市場的調整、制度による経済調整を制度的調整と呼ぶ。さらに制度的調整を、次の2種の区別により4つに分類する[1]。第1の区別は、社会単位[2]の調整か、企業単位の調整かという区別である。

---

(1)　経済調整の分類は、分析目的に応じて様々なかたちがありうる。たとえば、Hall and Soskice (2001) は、市場的調整とコーディネーションとの比重の国別の多様性に焦点を当てて「自由な市場経済 (liberal market economies)」と「コーディネートされた市場経済 (coordinated market economies)」とを対置する。彼らの目的は、アメリカ資本主義への収斂理論を批判し、資本主義の多様性を根拠づけることにあるからである。また、Hollingsworth and Boyer (1997) は、市場、アソシエーション、コミュニティ、ネットワーク、私的ヒエラルキーおよび国家という6つの調整メカニズムの複合として、資本主義の経済調整を把握しようと試みている。これらを含む主要な論者の分析枠組みの考察は、本書第2章で行なう。

第 I 部　制度的調整とは何か

表 1-1　市場的調整と制度的調整

	市場的調整	制度的調整	
		協議・妥協ベース	権力・命令ベース
社会単位の調整	市場	コーディネーション	規制
企業単位の調整		企業単位コーディネーション	ヒエラルキー

　第2の区別は、協議・妥協にもとづく調整か、権力・命令にもとづく調整かという区別である。表1-1に示すように、協議・妥協にもとづく社会単位の調整を「コーディネーション[3]」と呼び、協議・妥協にもとづく企業単位の調整を「企業単位コーディネーション」と呼ぶ。権力・命令にもとづく社会単位の調整を「規制[4]」と呼び、権力・命令にもとづく企業単位の調整を「ヒエラルキー」と呼ぶ。表1-1のような分類は、とくに日本の経済調整を特徴づけるために有用である。日本の経済調整は、これら5つの調整が組み合わされて行なわれているが、本書第Ⅱ部で説明するように、他の先進諸国と比べると企業単位コーディネーションの比重が大きい。そして1990年代以降、社会単位のコーディネーションは縮小する傾向にある。このことが日本の経済調整がもつ限界であり、バブル崩壊後の長期停滞、賃金格差の拡大など様々な経済的諸問題の根本的原因となっている。この日本の経済調整がもつ限界を乗り越える道としては、社会単位や産業単位でのコーディネーションを拡充することが必要であるというのが本書の主張である。このような主張は日本で支配的な通説とはまったく異なる。通説では、1990年代以降の日本経済の長期停滞の原因は、規制の比重が大きいことにあり、打開策は、規制緩和や撤廃により市場的調整を拡充することである。このような本書の主張と通説との違いは、表1-1のような分類によって、明瞭になる。

---

(2) 「社会単位」の例としては、複数の企業からなるグループ単位、産業単位、一国単位、EUのような地域共同体単位など様々なものが考えられる。
(3) 通常、「コーディネーション」という用語は、調整一般を意味し、市場による調整や権力・命令にもとづく調整も「コーディネーション」に含まれる。しかし、本書では、協議・妥協にもとづく調整だけを「コーディネーション」と呼ぶ。また正確には「社会単位のコーディネーション」であるが、簡略化して「コーディネーション」と呼ぶ。
(4) 「規制」のこのような定義でわかるように、また後でも説明するように、本書では、財政政策や金融政策のような経済政策も、「規制」という概念に含まれるものとしてとらえる。

1.1 市場的調整

　典型的な市場的調整では、供給者と需要者の間での事前の情報のやりとりや協議は存在しない。つまり諸経済主体間の結びつきは、当事者どうしの情報交換や協議というかたちでの直接的な結びつきではない。すべての結びつきは、市場を介した間接的なかたちをとる。すなわち経済を構成する基本的関係は、供給者と市場との関係と、需要者と市場との関係との2つだけである。

　まず、供給者と市場との関係をみてみよう。最初に、供給者は自分のもつ情報だけで決定した需要見込みにもとづいて生産を行なう。そして、生産が完了した商品を市場に供給した後に、市場内部で総供給量と総需要量との対照が行なわれ、需要と供給のギャップが明らかになる。この需給ギャップの情報が、価格変化や売れ残りというかたちで、供給者にフィードバックされる。この価格情報と数量情報にもとづいて、供給者は需要見込みを修正し、次期の生産量を修正する。このフィードバックがネガティブ・フィードバックになるケースでは、需給ギャップは縮小していく。このとき市場的調整は「安定」である。逆にポジティブ・フィードバックになるケースでは需給ギャップは拡大していき、市場的調整は「不安定」である[5]。

　また、価格変化や売れ残りに関する情報は、次期の生産量に反映されるだけでなく、商品そのものの質的内容の変化にも反映される。たとえば価格や販売量が低下したりした場合には、供給者は商品の改良や生産方法の改良を試みる。しかし市場的調整の場合、生産量の決定にせよ商品内容の決定にせよ、生産に関する決定は、分散的、私的に行なわれる。つまり、他の供給者との協議も行なわれないし、需要者との協議も行なわれない。企業の経営者が生産に関する決定権を独占的に握っている。生産行為を動機づけ、生産に関する決定を方向づけるのは私的利益であり、このような生産において支出される労働は私的労働である。市場を通じて社会的需給の一致がもたらされるとしても、それは

---

[5] フィードバック制御では、出力量の変化をみながら入力量がコントロールされる。出力量が増加したとき、入力量を減らす操作がなされる場合、ネガティブ・フィードバックと呼ばれる。逆に、出力量が増加したとき、入力量を増やす操作がなされる場合、ポジティブ・フィードバックと呼ばれる。経済においても多くのフィードバック・メカニズムが作用している。そのうち、いくつかはポジティブ・フィードバックである。たとえば、経営者の投資量のコントロールはポジティブ・フィードバックとなっていることが多い。経済全体が拡張しているとき、経営者は投資を増やそうとする。この投資の増加がさらなる経済拡張をもたらす。

生産が行なわれた後である。また需給一致の実現は必ずしも保障されていない。生産物が売れ残り、社会的損失となる可能性がある。

　次に、典型的な市場的調整における需要者と市場との関係をみておこう。市場的調整において、需要者が得ることのできる情報の大部分は価格情報である。基本機能、基本素材、主要成分、生産国などの基本的な情報以外の、生産活動の質的内容に関する情報の大部分は需要者側に伝達されない。そもそも供給者がこれらの情報を市場に公開しないからである。結局、供給者側から発する情報の伝達という側面で市場の果たす機能とは、供給者側に存在する質的情報の大部分を捨象し、生産の効率性に関する情報だけを抽出し、それを価格という一次元の量的情報に集約して、需要者側に伝えることである。効率的に生産している供給者の生産物の価格は安く、逆の場合は高くなる。一方、需要者側が市場に対して発信できる情報とは、買うか買わないかという単純な情報だけである。市場はすべての需要者の買うか買わないかという判断を総需要量というかたちで集約し、さらにそれを価格変動というかたちに翻訳して供給者に伝える。需要者はたとえ商品の質的内容に関して詳細な要求をもっていたとしても、それは買うか買わないかということでしか表現できない。需要者側から発する情報の伝達という側面でも、市場は情報を集約して一元化する機能を果たしているのである。

　一方、このような価格というかたちへの情報の集約化、一元化によって、調整の速度が高まる。それゆえに、市場的調整はかなりの広範囲でも機能し、商品によっては世界規模の市場も成立するのである。しかし他方で、この市場による情報集約化によって、生産の効率性以外の多くの情報が捨象され、需要者側からは見えなくなる。したがって価格情報への集約化、一元化は、市場的調整が多くの問題を引き起こす根本原因にもなっている。たとえば欠陥製品販売、虚偽品質表示、誇大広告、生産活動に付随する労働者の権利侵害や自然破壊や環境汚染などである。また、市場による情報集約化によって、所与の商品を需要者が買うか買わないかという情報以外の、商品に対する需要者の質的要求が、供給者の側から見えなくなる。このことは需要者にとって不必要な機能、成分、装飾や加工を付加した商品などをつくりだす一因となっている。

1.2 コーディネーション

経済主体間のコーディネーションは、生産量や価格などを調整する次のようなメカニズムである。ある生産物を生産するに先立って、その生産物の供給者と需要者（それぞれ複数の場合もありうる）が情報のやりとりを行なったうえで、協議を経て、生産量や価格などについて合意する。やりとりされる情報としては、生産コスト（とくに一単位の生産に必要な労働量）や生産物の基本的な仕様に関する情報だけでなく、原材料、生産方法、労働条件、生産コストの内訳、詳細な品質などに関する情報も含まれることも多い。たとえば生産物の信頼性や安全性、生産時点および使用時点の地球環境への影響、労働者に支払われる賃金や利潤率などに関する情報も合意の形成にとって重要性をもつこともありうる。また供給側だけでなく、消費者やユーザー企業など需要側の情報も必要となる。たとえば需要の量や時期、必要とされる品質などである。市場的調整と比べると、やりとりされる情報の量は非常に多くなる。貨幣量に還元可能な生産コスト情報だけでなく、数量に還元できない質的情報が数多くあるからである。したがって、コーディネーションの発展は、この多種で大量の情報のやりとりを可能にするコミュニケーション技術の発展にも、ある程度依存する[6]。いずれにせよ、ある生産物の交換の当事者間すなわち複数の供給者と需要者間の双方向のコミュニケーションを通じて形成される社会的合意にもとづいて、供給者はその生産物を生産する。

コーディネーションにおいては、生産の効率性に関する情報だけではなく、生産活動がもつ社会的側面の評価を可能にする質的情報もやりとりされるので、次のようなメリットがある。つまり私的利益はもたらすとしても社会的には損

---

(6) この情報のやりとりや協議は、必ずしも当事者全員が一堂に会して行なう必要はないし、様々なコミュニケーション手段が活用できると考えられる。したがって、このコーディネーションの規模は、情報交換や協議が実行可能な範囲内に当然限定されるが、それはお互い親密な仲間集団や同一市町村内といった狭い範囲ではなく、産業という単位や社会全体という単位でも可能である。コーディネーションにおいて、生産量や仕様に関する供給者と需要者間のやりとりが生産に先立って事前に行なわれる点だけをみれば、いわゆる受注生産がイメージされるかもしれない。しかし次に述べるように、調整の手続きに注目すると、今日行なわれている一般的な受注生産はコーディネーションではなく、市場的調整に近いことがわかる。受注量や価格の基本的な決定方法は、発注者が提示する基本仕様にもとづいて、生産者が価格を見積もり、最も低価格を提示した生産者と契約が成立するという「競争入札」である。したがって、協議ではなく、価格をめぐる競争が調整手続きの核となっている点で、一般的な受注生産は市場的調整の部分的変形にすぎない。

失となるような生産行為は事前の合意が得られず、実行には至らない可能性が高い。また生産に先行する事前的調整であるために、社会的な需給一致は、達成される可能性も高く、売れ残りなどの社会的損失も少ない。

　他方、コーディネーションでは、協議を通じた事前の合意という手続きが不可欠である。またその際、価格情報だけではなく、多くの質的情報のやりとりが必要である。当事者の数が少ない場合は、事前の合意形成に要する時間はそれほどかからない。しかし、当事者各人が他の多くの当事者とコミュニケーションを交わすことが必要であり、当事者の数の増加は、その数倍のコミュニケーションルート数の増加をもたらす[7]。したがって当事者数が膨大になったり、あるいは社会的分業の深化によって企業間の取引が多段階になっていったりすると、事前の合意を成立させるためには、膨大な量の情報や意見のやりとりが必要となる。通信技術や諸経済主体のコミュニケーション能力の発展度にも依存するが、合意形成にはかなりの時間を要するだろう。

　以上は、社会単位のコーディネーションのメカニズム、特徴、メリットおよびデメリットの説明である。協議を通じた事前の合意という調整メカニズムは、企業単位という一組織内でも、経営者と労働組合間の調整、諸部門間の調整、管理者と部下との調整などに適用される場合がある。それが、企業単位コーディネーションである。企業単位コーディネーションは社会単位のコーディネーションの同様の特徴、メリットおよびデメリットをもつが、当事者の数が限定されているので、その分、上記のメリットとデメリットはともに小さくなる。

　社会単位のコーディネーションの具体例としては、日本のメーカーとサプライヤー（部品供給企業）との取引関係、消費者協同組合と生産者集団との直接生産販売契約、労使交渉を通じた賃金や雇用の決定などが挙げられる[8]。それぞれについて、市場的調整と比較しながら、簡単にみておこう。

　日本の自動車産業では、サプライヤーが自主的に加盟する「協力会」という組織がメーカーごとに存在する。部品の品質と安定供給確保を主たる目的と

---

[7] Williamson（1975）も、ヒエラルキーとアソシエーションの比較において、同様の指摘をしている（p.46）。

[8] このようなコーディネーションの具体例は、市場的調整の要素を一部分含んでいる。2種の調整が複合されることについては後に説明する。

して、この協力会をベースに様々な情報交換が行なわれる。品質確保に関しては、協力会内部に品質管理に関する専門委員会が設けられている。この他にも、様々なかたちでメーカーはサプライヤーに対して技術支援を行ない、サプライヤーの製造能力、設計能力の育成を図っている[9]。

　消費者協同組合と生産者集団との直接取引は、次のように行なわれる。生産販売契約に先立って消費者協同組合は、まず、生産物の質と量に関する、多数の消費者の要求を集約する。それにもとづいて、消費者協同組合は、直接複数の農産物生産者と品質や生産量について協議したうえで、作付け前に契約を交わす。このようなかたちの調整が行なわれる商品とは、その価格だけでなく安全性などの質的内容が消費者にとって重要性をもつ商品であることに注目すべきである。生産者がもつ質的情報を消費者に伝達するとともに、商品の質的内容に対する消費者の意見を生産者に伝達し、生産活動に反映させうる点が、コーディネーションの特徴である。つまり、質的情報に関する双方向のコミュニケーション回路が存在するのである。市場的調整の場合、価格情報は確実に消費者に伝達されるが、質的情報の大部分は伝達されない。また商品の質的内容の決定権は生産者が握っており、消費者は商品の質的内容の決定に実質的には関与できない。

　資本主義社会では、労働力も「商品」であり、その価格である「賃金」は「労働市場」で調整されるとみる考え方も多い。しかし、現代では、賃金水準は労働力の需給状態だけで決まるわけではない。国によって、企業別交渉や産業別交渉という交渉単位の違いはあるにせよ、経営者（団体）と労働組合との団体交渉を通じて、1年先から数年先までの賃金が事前に合意されることが多い。このような賃金の調整は、コーディネーションである。ふつう交渉では、マクロ経済の状況、企業の経営状況、労働生産性の伸びや物価の動向など、多くの質的量的情報が労使間で交換される。また、雇用量の調整も、賃金調整と同様の労使交渉にもとづいて行なわれることが多い。

1.3　規制とヒエラルキー

　規制とヒエラルキーでは、ある経済主体の意図に、他の経済主体が服従する

---

[9]　詳しくは、本書第4章付録参照。

表 1-2 市場的調整と制度的調整の比較

	市場的調整	コーディネーション	規制・ヒエラルキー
調整手続	需給ギャップ→市場価格変化→需要量、供給量調整	事前の協議を通じた合意	命令、法やルールへの服従
伝達される情報量	少ない（価格情報とごく一部の質的情報）	多い（需要量など量的情報と質的情報）	（マニュアル化、法制化、ルール化の程度による）
情報伝達ルート数	少ない	多い	少ない
調整速度	速い	遅い	速い
イノベーション促進作用	強い	弱い	弱い

ことを通じて、調整が行なわれる。この意図の伝達は、命令として直接的に行なわれる場合もあるし、法やルールを通じてシステム的に行なわれる場合もある。いずれにしてもこれらの命令や法やルールは強制力をもち、その強制力は、企業組織や国家に内在する権力によって構造的に担保されている。情報伝達は一方向であり、多くの場合一回限りである。また多くの場合、単数の命令者から複数の被命令者へ同一内容の情報が伝達されるので、コーディネーションと比べると情報伝達のルート数は少ない。したがって、規制とヒエラルキーによる経済調整の速度は速い。

1.4 市場的調整と制度的調整の特徴の比較

表 1-2 は、以上説明した諸調整の特徴をまとめている。以上説明した諸特徴は、静的な次元での考察から導かれたものである。これに加えて、動的な次元、すなわち、経済諸関係や経済構造の時間を通じた変化という次元で、市場的調整と制度的調整を比べることも必要である。市場的調整は、生産者に対して生産方法や生産物の改善を強制するという重要な特性をもつ。競争に負けた者は存続を脅かされたり、従属を強いられたりする。逆に、競争に勝った者は大きな利益や権力を獲得できる。競争において優位に立つための主な手段は、生産方法を改善し生産コストを下げることや、新商品を開発して新たな需要を獲得することである。したがって、生産者に対して生産方法や生産物の技術的、組織的な革新を強いる圧力が、たえずシステム的に作用している。このイノベーション圧力が、資本主義のもとで進行する急速な技術進歩の基本的要因である。

通常の「市場原理主義」では、諸資源配分の効率性という静的な特徴が市場的調整のメリットとして称揚されるが、市場的調整の本質的意義はこのような動的な性質にある。

他方、コーディネーションと規制・ヒエラルキーの場合は、このようなかたちの強制的なイノベーション圧力は作用せず、したがって、市場的調整と比べると動的性質は弱い。

ただし、市場的調整からもたらされる生産コストの低下とは、生産者（今日では多くの場合、企業）というミクロレベルでみた場合の経済的コスト低下であるということに注意する必要がある。企業レベルでのコスト節約が、失業や公害などのかたちで、社会レベルでのコスト増大を引き起こすことは十分ありうる。このため、市場的調整がもたらす生産方法の革新のすべてが、社会的に望ましい変化であるとは限らない。

2　経済調整の多元性、複合性と補足性

以下で詳しく説明するが、経済調整の多元性とは、市場的調整と4つの制度的調整が、経済の同じレベルで併存していることを意味する。また複合性とは、ある調整メカニズムの一部に別の調整メカニズムの一部要素が組み込まれることを意味する。補足性とは、ある調整メカニズムの不完全な調整結果が他のメカニズムによって修正され、より完全なものになることを意味する。経済調整の多元性、複合性および補足性は、歴史的な産物でもある。このことを理解するには、20世紀初めに起きた次の4つの大きな変化が重要である。

第1に、工業製品の多くに関しては、原子的競争にもとづく19世紀型の古典的な市場的調整から、寡占的競争にもとづく「数量調整」へと大きく変化した。後に説明するように、数量調整は、コーディネーションの要素を含む市場的調整である。これは複合性に関わる変化である。第2に、20世紀に入り労働者の団結権の承認や団体交渉の制度化が進み、賃金と雇用の調整においてコーディネーションの比重が高まった。これは多元性に関わる変化である。第3に、第二次大戦後、先進諸国で確立した「福祉国家」では、教育、医療、福祉サービスの多くは、租税を財源として全国民を対象に国家が供給するようになった。これも多元性に関わる変化である。第4に、1929年の大恐慌などの

経験を経て、市場的調整の欠陥が明らかになり、それを補正するための国家による経済への介入が拡充された。これは補足性に関わる変化である。

2.1　経済調整の多元性

以上述べたように、市場的調整、コーディネーションおよび規制・ヒエラルキーの間には原理的次元で根本的な違いがあり、これらの調整は基本的には排他的関係にある。しかし、A商品の価格についてはコーディネーションによって調整され、B商品の価格については市場的調整によって調整されるということは十分ありうる。また、労使間の団体交渉はコーディネーションの一種であるが、コーディネーションがすべての労働力の取引をカバーしているわけではない。労使交渉の結果が適用される労働者の範囲は、国によってかなり違いはあるが、どの国においても100％ではない。とくに非正規労働者の賃金や雇用は市場的調整に委ねられていることが多い。したがって、経済全体でみれば、市場的調整と4つの制度的調整とは、存在領域を異にして共存している。また、そのうちのひとつ、たとえば市場的調整が他の調整をコントロールしているわけではない。経済全体でみれば、このような意味で経済調整は多元的である。

ただし、経済全体に占める市場的調整と4つの制度的調整の各割合は、「政府の大きさ」などによって左右される。第二次大戦後、先進資本主義国で一般化したいわゆる福祉国家においては、租税や社会保険負担金を財源にして、教育、福祉、医療分野のかなりのサービスを、国家が一元的に供給するようになった。国によって程度の違いはあるが、一定限度内の教育、医療、福祉分野のサービスなどを、国民は権利として受給できるようになった[10]。その財源は国民から強制的に徴収される税金である。つまり、このような分野のサービ

---

(10)　Esping-Andersen（1990; 1999）は福祉国家を3つの類型に分類している。アメリカに代表される「自由主義レジーム」、ドイツ、イタリアに代表される「コーポラティズム・保守主義レジーム」、スウェーデンに代表される「社会民主主義レジーム」である。公共的サービスの非商品化の程度、形態、供給条件は、レジームごとにかなり異なる。たとえば、これらのサービスが権利として受給されるか、ニーズとして受給されるかの違いがある。また、社会扶助や社会保険がカバーする社会的リスクの範囲の違い、これらのサービス提供に関する市場や家族への依存度の違いがある。さらに、受給資格に応じた受給内容の格差に違いがある。このような違いが生ずる原因として、エスピン＝アンデルセンが挙げているのは、諸階級、ジェンダー間の同盟の形態が国によって違うことや、家族、農村共同体、企業が有する機能が国によって違うことである。

スの多くは「非商品化」「非市場化」され、国家が租税を財源としてすべての国民に対してほぼ平等な条件で供給する体制が整えられた。たとえば、国家は、初等中等教育、社会的弱者の保護や支援、医療や保健などの諸活動に必要な施設を建設し、運営している。また、人間的な生存を維持するための最低所得は、様々な社会扶助制度を通じて国家が給付している。さらに、国民が共通に直面すると考えられるリスクへの対処策として、社会保険や年金が制度化され、その多くは国家が運営している。「福祉国家」では、このような公共的サービスの受給は社会的権利として定義され、国家の責任のもとでそれを供給するシステムが整備された。

このような公共サービスの範囲や内容や受給資格の決定は、単なる経済調整ではなく、政治的な性格をもつ。また、権利として公共サービスを位置づけることは、国家権力の正統性を国民に認めさせることと深く関わっている。したがって、公共サービスの範囲や内容や受給資格に関する規制は、市場的調整やコーディネーションという経済領域での調整とは別の領域での、別の論理にもとづく調整である[11]。

先進諸国の高度成長が終焉した1970年代以降、「福祉国家」は「危機」にあるといわれることが多い。「危機」という判断には疑問があるが、たしかに、教育、福祉、医療分野のサービスを国家が国民に対して一律の基準で供給する仕組みが、ある意味で行き詰まりをみせていることは事実である。そして、このような公共的サービスについても民間企業による供給に移行させ、市場的調整に委ねる「市場化」の試みも一部で進行している。他方で、次に示すように、コーディネーションの要素を公共的サービス供給システムに取り込むことにより、サービスの質の問題を解決しようとする試みもある。つまり教育、医療、福祉サービス供給の末端組織単位に、供給者と受給者とがサービス内容について協議できる場を設定する。そして、供給者と受給者で構成するこの協議

---

(11) 現代資本主義における政治と経済との関係は、次のような4つの領域からなる構図を考えると理解しやすい。第1の領域は、政治的領域の中に入り込んだ経済であり、具体的には、租税徴収と公共サービス提供のシステムがここに属する。第2の領域は、純粋な経済的領域であり、商品交換のシステムがここに属する。第3の領域は、経済的領域の中に入り込んだ政治であり、国家による所有権保障や経済規制のシステムがここに属する。第4の領域は、純粋な政治的領域であり、公的政治システムが属する。詳しくは、Théret（1992）の Ch. 2 を参照されたい。

組織に、サービス供給末端組織の基本的な管理運営権を委譲するのである[12]。

このように、経済調整の多元的構造は時代とともに変化していくが、それは単に経済的論理だけにもとづくものではない。

2.2　経済調整の複合性

コーディネーションの場合、様々な量的情報と質的情報が交換されるが、その中には、需要量と供給量、および両者のギャップに関する情報も含まれる。たとえば、賃金に関する労使交渉はコーディネーションであり、マクロ経済の状況、企業の経営状況、労働生産性の伸びや物価の動向など多くの質的量的情報が労使間で交換され、それらにもとづいて賃金ないし賃上げ率が決定される。情報のひとつとして労働力の需給ギャップ、すなわち失業率や有効求人倍率なども考慮される。もし、需給ギャップの賃金への影響度が高まれば、コーディネーションの結果として決まる賃金は、市場的調整の結果とも類似する。需給ギャップも情報のひとつとして考慮されるという意味で、市場的調整の要素の一部分がコーディネーションには含まれている。つまり、実際のコーディネーションについては、このようなかたちで市場的調整と複合されている。これと同様のことは、規制とヒエラルキーについてもいえる。

また、以下のような複合性もある。今日の工業製品をみると、その大部分は大量生産品であり、少数の寡占企業がかなりの市場シェアを占めている。また、その生産設備は完全稼動していることは非常にまれであり、平常でも稼働率は80〜90％程度である。したがって、供給量を増やすことはそれほど困難ではない。このように過剰な生産能力が常に存在する場合、何らかの理由で需要超過が突然発生したとしても、供給量がその分引き上げられるだけで、価格はほとんど変化しない。大量生産では、生産量が多少増えても生産物1単位あたりの生産コストはそれほど変わらないからである。実際、多くの工業製品価格は、いったん設定されると、賃金や原材料の急騰などがない限り変更されることはない。このように今日の大部分の工業製品については、需給ギャップを調整する媒介としてはたらくのは価格の変動ではない[13]。すなわち、今日の工業製品の調整は純粋な市場的調整ではなく、「数量調整[14]」である。このような工

（12）　Hirst（1994）は、イギリスの教育、医療、福祉システムの改革案として、「アソシエーション的福祉システム」の構想をかなり詳しく展開している。

業製品に関する数量調整が一般化したのは 20 世紀以降のことである。19 世紀末から 20 世紀初めにかけて、部品の標準化やベルトコンベア方式などの新技術が登場し、いわゆる大量生産システムが普及していった。また、企業の合併や集中が進展し、寡占企業体制が成立した。このような技術的変化と制度的変化にもとづいて、「数量調整」が一般化した。数量調整において、生産量の調整は、生産者が予測する需要量にもとづいて行なわれる。この需要予測に際して、生産者はマーケティングの様々な手法を用いて、需要者、競合他社、当該製品市場全体に関する膨大な情報を収集し分析する。需要者や競合他社との間で協議が行なわれるのではないので、数量調整はコーディネーションではない。しかし、コーディネーションの場合よりは情報の信頼性、正確性は劣るとしても、多くの量的質的情報を生産者はマーケティングの様々な手法を通じて獲得する。そしてこの多くの量的質的情報にもとづいて需要量を予測し、生産量を決定する。このような意味で、数量調整はコーディネーションの要素を一部分含んでいる。ただし、生産の後に顕在化した需給ギャップをみて、事後的に調整が行なわれる点では、数量調整は市場的調整の基本的性格を有している。

2.3 経済調整の補足性

さらに、市場的調整とコーディネーションの枠組みは、法的規制によって決められている。この意味で、市場的調整とコーディネーションは規制によって補足されている。たとえば、独占禁止法のように、市場的調整の基盤となる企業間競争を保障するための法的規制が存在する。また労働法のように、労働条件に関して労使間のコーディネーションを義務づける法的規制もある。さらに、市場的調整やコーディネーションがうまくいかず、紛争が発生した場合

---

(13) イギリスの工業製品価格の長期的推移をみると、19 世紀においては、不況期には価格は低下し、好況期には価格は上昇している。しかし第二次大戦後は、景気循環に応じた価格の変動は小さくなり、景気とは関わりのない価格上昇トレンドが現われる。とくに工業製品価格が低下することは非常にまれになる。

(14) 植村・磯谷・海老塚 (1998) では、数量調整が、在庫調整 − 稼働率調整 − 資本ストック調整という、時間的視野を異にする 3 種の調整が絡みあいながら進行するプロセスである点などに着目して、「資本循環のなかで異なった時間構造をもった『調整』が制度的編成に依存しつつ、重層的に同時進行しているのであり、それは連続的で複合的な調整過程なのである」(p. 160) と述べられている。経済調整に関して、このような時間的な多段階性は重要な論点であるが、本書では分析しない。

に、それを解決するための調停、仲裁制度や裁判制度も存在する。とくに市場的調整では、前節で述べたように、伝達される情報が価格に集約化され、一元化されるために、また追求される効率性がミクロレベルで定義されるものであるために、社会的レベルで損失が発生する可能性がある。このような市場的調整の「失敗」を防止し、補正する役割を果たすのが、国家の規制である。国家規制による市場的調整とコーディネーションの補足は、大きく分けるとミクロレベルとマクロレベルで行なわれている。ミクロレベルで、国家は、法や行政指導を通じて個々の経済主体の経済活動を修正したり、誘導したりする。たとえば自動車、薬品、食品、電気製品など多くの商品について、行政機関が法にもとづいて、品質とくに安全性を規制している。また最低賃金法や労働基準法は、労働に関わる市場的調整やコーディネーションの失敗がもたらす賃金や労働条件の累積的低下を食い止める役割を果たしている。また、経済全体というマクロレベルでも、現代国家は経済に深く関与している。国家はマクロ経済的レベルで活動できる唯一の経済主体であるので、財政政策や金融政策を通じてマクロ経済をある程度コントロールできる。不況期における民間部門の需要低下を補うために、国家は、財政赤字を覚悟のうえで公共投資などの財政支出を増やす。このような財政政策や金融政策も、市場的調整とコーディネーションの補足という意味をもつ。

　しかし、国家が行なう経済規制についてもケインズ主義的財政政策についても、現在、多くの問題が顕在化している。たとえば規制を担当する公務員による私的利益の追求や、土木建設中心の公共投資による「税金の無駄づかい」や環境破壊などである。このような問題の解決策として、経済規制の撤廃や財政均衡主義への復帰を唱える「市場原理主義」的主張もある。つまり、市場的調整に対する規制による補足を撤廃することが主張されている。

　他方で、規制の決定プロセスにコーディネーションの要素をとりいれるという提案もある。ハーバーマスによれば、上記のような問題が発生する原因は、財政政策や経済規制の決定プロセスにある。財政支出の水準や配分の決定や、経済規制の内容の決定やその後の運用は、形式的には議会での審議を経るとしても、実質的には、関係する業界団体と支配政党政治家と官僚との間の非公開の交渉によって行なわれている。つまり、ハーバーマスの用語を使うと、行政的権力がコミュニケーション的権力から独立化してしまうことが、従来型の経

済規制やケインズ主義的財政政策の本質的限界である[15]。この独立化を阻止する仕組みをつくることが、現在の問題点を解決する鍵である。このような行政的権力の独立化を避けるための最も重要な条件としてハーバーマスが挙げるのは、公衆が社会的な諸問題を発見し、識別し、適切に問題化する能力をもつことである。このような能力は、次のような場合に限り生まれる。それは「制度化されていない公共のコミュニケーションのネットワークが、意見形成の自発的なプロセスを可能にする」場合である。そして、「このような反響的で自律的な公共空間は、市民社会のボランタリーな諸アソシエーションにつなぎとめられていなければならないし、政治的文化や社会化のリベラルな諸パターンの中に埋め込まれていなければならない」(Habermas, 1996, p.358)。このようなハーバーマスの提案は、「政府の失敗」への対応策として、市場的調整への回帰という道しか残されていないのではなく、規制とコーディネーションの複合という道があることを示唆している。

---

(15) ハーバーマスは、政治的権力概念にはコミュニケーション的権力と行政的権力という2つの側面があると考える(Habermas, 1996, Ch. 4)。H・アレントは前者を重視した。コミュニケーション的権力は、アレントの用語では「構成(constitution)」と呼ばれる (Arendt, 1963, Ch. 4)。アレントが政治的行為として認めるのは、人民全体が参加する、公的問題をめぐる議論である。他方、M・ヴェーバーは行政的権力の側面を強調した (Weber, 1956, Bd. 1, Kap. 1, §16 および Bd. 2, Kap. 9, §1)。ヴェーバーは、自らの意思を他者の行動に対して強制することを可能とする力として権力を捉えた。そして政治の領域でヴェーバーが着目する現象は、戦略的行為として展開される権力機会をめぐる競争と権力の配分である。この両者の権力概念を乗り越えるためにハーバーマスが提起するのは、コミュニケーション的権力と行政的権力との媒介的関係である。行政的権力の基礎にはコミュニケーション的権力が存在する。行政的権力の正統性は、コミュニケーションを通じた権力創出プロセスに依存しているからである。しかし、行政的権力は一定の自律性、独自性を有する。現代国家においては、法がこの2つの権力を媒介する役割を果たしている。法制化によってコミュニケーション的権力は行政的権力に「転化」する。法は、行政システムをコミュニケーション的権力創出プロセスに結びつける役割を果たす。しかし、他方で、行政システムがコミュニケーション的権力から独立化して、それ自身で運動する可能性も法から生まれる。同様の議論はA・ネグリも展開している (Negri, 1997 など)。

第 I 部　制度的調整とは何か

参考文献

植村博恭・磯谷明徳・海老塚明（1998）『社会経済システムの制度分析』名古屋大学出版会。
Arendt, H. (1963) *On Revolution,* Viking Press.（志水速雄訳『革命について』ちくま学芸文庫、1995 年）
Esping-Andersen, G. (1990) *The Three Worlds of Welfare Capitalism,* Polity Press.（岡沢憲芙・宮本太郎訳『福祉資本主義の三つの世界』ミネルヴァ書房、2001 年）
─── (1999) *Social Foundations of Postindustrial Economies,* Oxford University Press.（渡辺雅男・渡辺景子訳『ポスト工業経済の社会的基礎』桜井書店、2000 年）
Habermas, J. (1996) *Between Facts and Norms,* Polity Press.（河上倫逸・耳野健二訳『事実性と妥当性』未來社、2002 年）
Hall, P. A. and D. Soskice eds. (2001) *Varieties of Capitalism: The Institutional Foundations of Comparative Advantage,* Oxford University Press.
Hirst, P. (1994) *Associative Democracy,* Polity Press.
Hollingsworth, J. R. and R. Boyer (1997) "Coordination of Economic Actors and Social Systems of Production", in J. R. Hollingsworth and R. Boyer eds., *Contemporary Capitalism: The Embeddedness of Institutions,* Cambridge University Press.（「経済主体の調整メカニズムと社会的生産システムの重要性」長尾伸一・長岡延孝編訳『制度の政治経済学』木鐸社、2000 年）
Negri, A. (1997) *Le pouvoir constituant: essai sur les alternatives de la modernité,* PUF.（杉村昌昭・斉藤悦則訳『構成的権力』松籟社、1999 年）
Polanyi, K. (1944) *The Great Transformation,* Rinehart & Comppany.（吉沢英成・野口建彦・長尾史郎・杉村芳美訳『大転換』東洋経済新報社、1975 年）
Théret, B. (1992) *Régimes économiques de l'ordre politique: esquisse d'une théorie régulationniste des limites de l'état,* PUF.（神田修悦ほか訳『租税国家のレギュラシオン』世界書院、2001 年）
Weber, M. (1956) *Wirtschaft und Gesellschaft,* J. C. B. Mohr (Paul Siebeck) Tübingen.
Williamson, O. (1975) *Markets and Hierarchies: Analysis and Antitrust Implications,* The Free Press.（浅沼萬里・岩崎晃訳『市場と企業組織』日本評論社、1980 年）

第2章　制度的調整の理論的系譜

1　経済調整の分類

　本章では、前章の表 1-1 で示した分類と類似した枠組みで制度を考察したメンガー、コモンズ、ウィリアムソン、ならびに「資本主義の多様性」アプローチおよびレギュラシオン理論をとりあげ、これらの諸理論の特徴、貢献および限界について考察する。このような制度主義的諸理論の検討を通じて、本書の分析枠組みを制度主義の歴史的な系譜の中に位置づけるとともに、本書の分析枠組みの独自性と意義とを明らかにすることを試みる。

　前章の表 1-1 では、「市場的調整」とともに、「コーディネーション」「企業単位コーディネーション」「規制」「ヒエラルキー」という 4 つの制度的調整をとりあげた。上記の諸理論は、これらすべての経済調整メカニズムをカバーしているわけではないが、大部分について、本書とほぼ同様の区分が行なわれている。また、いくつかの特定のメカニズムに焦点を当てるかたちで論じられているが、焦点の当て方は論者の問題意識により様々である。それぞれの理論がとりあげる経済調整メカニズムの名称や定義にもやや違いがあるが、大まかにまとめると表 2-1 のようになる。

2　メンガー

　オーストリア学派の創始者である C・メンガーは、「有機的起源の制度」と「実用主義的起源の制度」という区分で議論を展開する。実用主義的起源の制度は、「その創設をめざす共同意志（合意、実定的立法など）の結果」とし

表 2-1 諸理論における経済調整の分類

本書の分類	メンガー	コモンズ	ウィリアムソン	ホール／ソスキス	ボワイエ
市場	有機的起源の制度	売買取引	市場	市場	市場
コーディネーション	実用主義的起源の制度			非市場的コーディネーション	コミュニティ／市民社会
規制		割当取引	官僚機構	規制	国家
企業単位コーディネーション		経営取引	アソシエーション		
ヒエラルキー			ヒエラルキー	ヒエラルキー	企業

て形成される。他方、有機的起源の制度は、共同意志の結果としてではなく、「個人的な諸目的の達成をめざす、人間の諸努力の無反省的な結果（こうした諸努力の意図されない合成果）」である（Menger, 1883, 邦訳 p. 136）。有機的制度の例としては、法、言語、国家、貨幣、市場などが挙げられる。本書第 1 章の分類との対応をみると、「有機的起源の制度」は市場的調整と対応し、「実用主義的起源の制度」はコーディネーションと規制とにほぼ対応している。コーディネーションと規制の区別や比重について、メンガー自身は詳しく説明しているわけではないが、共同意志の形成プロセスとして「合意」を挙げている点において、メンガーの「実用主義的起源の制度」は、コーディネーションの方に重点がおかれていると考えられる。この点は、同じオーストリア学派のハイエクとの顕著な違いである。ハイエクは、「自生的秩序」あるいは「コスモス」と呼ばれる「人間によってつくりだされたのではない秩序」と、「組織」あるいは「タクシス」と呼ばれる「知性の設計によってつくられた秩序」という 2 つの秩序概念を用いて制度を論じる。これは、「有機的起源の制度」と「実用主義的起源の制度」というメンガーの概念と一見類似しているが、いくつか重要な違いがある。ハイエクの「組織」は、本書第 1 章の分類では、規制と対応しており、コーディネーションは含まれていない。組織内の行為を支配するルールは「命令」に従うとハイエクは明言している（Hayek, 1973, p. 49）。

　メンガーによると、このような 2 種類の制度区分は、経済学の方法の区分と密接に結びついている。第 1 は「経験的・現実主義的方法」であり、歴史的経験からの帰納が主な分析手法となる。第 2 は「精密的方法」であり、演繹法が主な分析手法となる。「社会科学の注目すべき問題」とは「もっとも重要な制度が、その創設をもくろむ共同意志なしにどのようにして発生することができ

るのか」という問題であるとメンガーは述べ、理論的社会科学一般、とくに理論的経済学の方法として後者の方法を重視する。「それらをその要素に、それらを生む個別的要因に還元し、その要素から組成される法則を研究することによってはじめて精密的にこれを獲得することができる」(Menger, 1883, 邦訳 p. 167) とメンガーは主張した[1]。このようなメンガーの見解は、ドイツ歴史学派との間で 1880 年代になされた経済学の方法をめぐる論争のなかで展開された。シュモラーなどドイツ歴史学派は、歴史的経験からの帰納という方法を主張した。

しかし、メンガーは、有機的制度と実用主義的制度とを二項対立として捉えたわけではない。メンガーは「有機的な仕方で成長した制度は、社会的目的をめざす公的権力の目的意識的な活動によって発展させられ、改造される」(Ibid., 邦訳 p. 166) と述べている。つまり、本書第 1 章で説明した概念を使うと、市場的調整をコーディネーションが補足するということをメンガーは指摘しているのである。このような市場的調整のコーディネーションによる補足を認めるメンガーの立場は、それを認めないハイエクとの立場とは異なる。ハイエクにとって、市場的調整を含む「自生的秩序」は次のようなものである。「われわれはこの秩序を目で見ることもできないし、直感的に知覚することもできない。頭の中でそれを再構築することだけできる」(Hayek, 1973, p. 38)。また、自生的秩序には「われわれがまったく制御力をもちえない多くの側面がある」(Ibid., p. 42)。そして、「組織を自生的秩序の要素として使うことは賢明であるが、自生的秩序を支配するルールを、孤立的かつ補助的命令によって補足することは決して何の得にもならない[2]」とハイエクは述べる (Ibid., p. 51)。

また、メンガーは市場的調整のコーディネーションによる補足については言及しているが、市場的調整とコーディネーションとの複合性を、明示的に捉え

---

(1) このような方法論は、後の時代において純化され、方法論的個人主義という方法が確立する。しかし、メンガー自身は、「精密的方法」が唯一の正しい方法であるというような強い主張をしていない。メンガーの立場は「経験的・現実主義的方法」を「ただ 1 つの正当な方法と考えるのはまちがいである」(Ibid., 邦訳 p. 156) というものであった。「全体の諸部分と全体自体が相互に原因であると同時に結果である」という見方にもとづく「経験的・現実主義的方法」の「重要性やその効用をまったく無視しようとすることも同じようにまちがっている」ともメンガーは述べている。このように方法の多元性を容認するメンガーの立場は、方法論的個人主義を唯一の正しい方法と捉える立場とは明らかに異なっている。

(2) ハイエクのこのような見解は、市場的調整を国家による集権的な「計画」に置き換えようと試みたソ連などの「社会主義計画経済」に対するハイエクの批判と結びついている。

ていない。つまり、市場的調整に、コーディネーションの要素の一部が入り込むこと、あるいは逆にコーディネーションに、市場的調整の要素の一部が入り込むことを、メンガーは十分に展開していない。この点を、ドイツ歴史学派のG・シュモラーは次のように批判する。

> すべての社会形象は、最終的には個別的な心的過程に遡求されるとする点では、メンガーはもちろん正しい。しかし、個別的な心的生活は協調と利己的努力の対立につきるものではなく、無限に多くの利己的な感情や努力と同情的な感情や努力とから合成されている。この両者は、あるいは意識的な協調によって、あるいは無意識的な、または単に感情的な同情によって、経済的、社会的生活のよりいっそうの結果、確固たる形成に導くのである。〔……〕どんな特殊形象が協調の結果であり、どんな特殊形象が個人的利益に奉仕する諸努力の結果であるかという問題提起の全体が適切ではない。(Schmoller, 1883, pp. 289-290)

シュモラーが指摘する問題、つまり、たとえ市場での行動であっても、個人の行動は利己的性格に加えて集団的性格をもあわせもつという問題は、次に説明するコモンズが「集団的行動 (collective action)」という概念を使って分析した。

3　コモンズ

旧制度学派に属するJ・コモンズは、著書『集団的行動の経済学』の冒頭で次のように述べている。

> 今日は集団的行動の時代である。たいていのアメリカ人は、生計を立てるために、組織された企業の一員として集団的に活動しなければならない。この集団的過程のなかで、人々は集団的交渉 (collective bargaining) に関与する。というのは、集団的交渉は諸個人の意志が合致し、集団意志の一部となる方法だからである。労働関係の場合には、集団的交渉とは、労働組合と資本家という2つの組織の代表が対等に相対し、ワーキング・ルール

に同意することを意味する。そしてこのワーキング・ルールは両組織のあらゆる個人を支配する。(Commons, 1950, p. 23)

スミスやヴェブレンは、集団的行動をいわば「一方的集団的行動」として捉えてそれを非難したが、コモンズの「集団的行動」は19世紀末以来顕著になった労使間の団体交渉など「双方的集団的行動」である。つまり、「集団的な交渉と妥協のプロセス」を経て、合意に到達するものである (Ibid., pp. 29-30)。したがってコモンズの集団的行動という概念は、本書第1章の分類では、コーディネーションに近い意味をもつ。コモンズによれば、このようにして個人の行動をコントロールする集団的行動が定式化されたものが、制度である。また、集団的行動は短く定義すると個人の行動をコントロールするものであるが、広い定義では、個人の行動を解放し拡張するものでもある (Ibid., pp. 34-35)。

コモンズによれば、この個人の行動は、個人的行為であるとともに、実際は諸個人間の行動、つまり *trans*-action である。したがって、集団的行動が支配的な今日における経済分析の基本的単位は、交換ではなく取引（transaction）である (Commons, 1934, p. 73)。コモンズは、取引を「売買取引」「割当取引」「経営取引」という3つに分ける。売買取引とは、市場において財産の所有権を移転する取引である。割当取引とは、「政策決定者」によるワーキング・ルールの設定であるが、法的に権力をもつものとそれに従う個人との間の取引という側面をもつ。経営取引とは、主として職場の指揮権をもつ管理者とそれに従う労働者との間の、富の生産に関する取引である。本書第1章の分類では、売買取引は市場的調整に、割当取引は規制に、経営取引はヒエラルキーに、それぞれ対応する。コモンズの理論の核心は、これら3種の取引つまり個人間の行動は、集団的行動によって、つまりある種のコーディネーションによってコントロールされているという点である。コーディネーションによる売買取引のコントロールとしては、第1に、価格あるいは価値の妥当性が、「平等な機会」「公正な競争」および「交渉力の均等性」という3つの前提にもとづいて、一連の裁判を通じて形成されるかのように、漸次的に形成される点が挙げられる。第2に、個々の取引を規制するワーキング・ルールが、州の規制当局、連邦議会および最高裁判所という多段階の審議を経て形成され変更される点である (Ibid., p. 63)。コーディネーションによる経営取引のコントロールに関して、コモン

ズは次のように述べている。

> 経営取引は法的には上位者の意志だけにもとづくものであるが、売買取引と同様に、ある程度の交渉（bargaining）をともなう。交渉をともなう理由としては、主として労働者の退職の自由を含む近代的な労働の自由が挙げられる。このような制度的環境のもとで、交渉のようにみえるものが、経営取引の前面に登場することは避けられない。（*Ibid.*, p. 67）

　コーディネーションによる割当取引のコントロールに関しては、コモンズにとっては自明である。利益や負担の割当は、割当を行なう権限をもついくつかの主体の間での交渉（negotiation）と合意を通じて行なわれるからである（*Ibid.*, pp. 67-68）。「独裁は割当取引の単に別の形態、より原始的な形態にすぎない。独裁者といえども彼ひとりの意志を思いのままに国民に強制することはできない。彼は彼の仲間、独占的政党あるいは軍部首脳と協議する」とコモンズは述べる（Commons, 1950, p. 56）。

　以上みたように、売買取引は市場的調整に、割当取引は規制に、経営取引はヒエラルキーに、それぞれ対応するが、この3種の取引はすべて、集団的行動によってコントロールされている。このことは、市場的調整、規制およびヒエラルキーがコーディネーションの一部要素を含んでいることを意味する[3]。第1章で述べた概念を使うと、コモンズはコーディネーションを中心とする調整の複合性を指摘しているのである。

　また、コモンズは、この3種の取引の比重の歴史的な変化について、次の点を挙げる。「近代の大会社の主要な利点のひとつは、経営取引と割当取引の範囲の拡大によって、売買取引を除去することにある」（*Ibid.*, p. 57）。この点は、次に説明するO・ウィリアムソンによっても継承された。

4　ウィリアムソン

　新制度学派に属するO・ウィリアムソンは、著書『市場と企業組織』の序

---

(3)　より正確にいうと、コモンズは、市場的調整、規制およびヒエラルキーという3つの調整の上位に位置する審級としてコーディネーションを位置づけているようにみえる。

文で次のように述べる。「本書は、市場とヒエラルキーそれぞれの内部で、また両者の間で、経済活動がどのように組織されるかを考察の主題とする」。そして、分析の目的は「一連の取引を市場で遂行することの効率性ないし企業内で遂行することの効率性を評価する」ことである（Williamson, 1975, p. xi）。コモンズの取引概念にもウィリアムソンは言及しているが、ウィリアムソンの取引の捉え方はコモンズとはかなり異なる。ウィリアムソンの議論の焦点は、もっぱら市場での取引とヒエラルキーの中での取引に当てられている[4]。また、集団的行動による取引のコントロールというコモンズの観点をウィリアムソンは採用しない。ウィリアムソンの議論のベースとなっているのはコモンズよりも、むしろコースの取引コスト・アプローチである。コースは企業の存在理由として、市場での取引に要するコストに着目した（Coase, 1937）。具体的には、交渉相手をみつけたり、取引条件を相手に伝えたり、交渉を行なったり、契約を結んだり、契約遵守を点検したりするのに要する費用である。市場での取引を企業（ヒエラルキー）内部の取引に代替することにより、この費用を節約できるとき、企業が生まれるとコースは説明した。

　ウィリアムソンの議論のもうひとつのベースはハイエクである（Williamson, 1975, p. 4）。ハイエクは、価格というかたちへの情報の集約化、一元化によって、調整の速度が高まり、商品交換の地理的範囲が拡大する点において、市場は、集権的計画経済に対して優位性をもつと考えた。この考え方の基礎には、「ひとりの人間は社会全体のほんの小さな部分以上のことを知りえない」という人間の知識と関心の構造的な限界性がある（Hayek, 1948, p. 14）。ウィリアムソンは、「局所的知識」とも呼ばれるこのハイエクの捉え方をさらに推し進めて、限定された合理性と不確実性・複雑性が存在する環境のもとでは、価格という集約的統計量に依存することは危険であると述べる（Williamson, 1975, p. 25）。すなわちこのような環境下では、市場よりも内部組織が次のような点で優位性をもつと述べる。市場で将来において偶然的に生じるすべての価格変化を識別し、それらに対する適切な対応を明確に事前に規定しておくことは困難であるが、内部組織では、適応的で逐次的な仕方で不確実性・複雑性に対処できる。この点に加えて、内部組織では、当該組織特有のコードや言語が発展しやすいことや、

---

[4] Williamson (1996, pp.4-5) では「ガバナンスの制度（市場、ハイブリッド、ヒエラルキー、官僚機構）」に言及し、国家の「官僚機構」を分析枠組みに付け加えた。

当事者の期待が似たものに収束しやすい点も、市場と比べたときの内部組織の優位性である。

さらに、ウィリアムソンは、供給者の少数性と機会主義とが存在する環境のもとでも、市場よりも内部組織が優位性をもつと指摘する。機会主義とは、欺瞞的な言動で私利を追求するという一種の超利己主義である。内部組織の優位性は次の3点である（*Ibid.*, p. 29）。第1に、全体組織を犠牲にして一部門が自己利益を追求するような行為が起こりにくい。第2に、非公式証拠も集められるので、内部監査が容易である。第3に、最終的には、ヒエラルキーに備わっている権力や命令を使えるので、紛争を解決しやすい。

市場よりも内部組織が優位性をもつ3つ目のケースは、情報の偏在が存在する場合である。たとえば、取引に関する基礎的な諸条件を一部の当事者は知っているが他の当事者は知らないケースである。このような情報の偏在は内部組織では、次の理由で緩和される。第1に、組織内部では共通のコード、言語が発展しているので、情報の開示が容易である。第2に、内部組織においては、当事者は過去の履歴や経験にもとづいて査定され、それが賃金などに反映されるので、情報の偏在を利用した機会主義は抑制される。

先に説明したコモンズも、売買取引つまり市場的調整は、「不平等な機会」「不公正な競争」および「交渉力の不均等性」が存在するときには、問題を引き起こすことを認識していた。この問題の解決を、コモンズは、コーディネーションによる売買取引のコントロールに委ねた。すなわち、個々の取引を規制するワーキング・ルールが、州当局、連邦議会および最高裁判所という多段階のコーディネーションを通じて整備されることにより、「平等な機会」「公正な競争」および「交渉力の均等性」という3つの前提が漸次的に形成されると考えた。ウィリアムソンは、コモンズとは対照的に、市場での取引をヒエラルキー内部での取引に移すこと、つまり「内部化」による解決を主張している。コモンズにおいては、この問題を解決する仕組みは、質的・量的情報の交換をともなう協議であり合意である。ウィリアムソンにおいては、一部には組織特有のコードや言語によるコミュニケーションも問題解決に寄与するが、主な仕組みは、権力、命令、監査および査定というヒエラルキーに固有の調整メカニズムである。

さらに、ウィリアムソンは、支配従属関係をともなわない組織形態である労

働者アソシエーションとヒエラルキーとの比較も行なっている (*Ibid.*, pp. 41-56)。労働者アソシエーションとは、労働者協同組合や労働者自主管理企業の理念型である。ヒエラルキーと比べたときのアソシエーションの優位性は、メンバー間の相互監視が容易である点、および打算的な関与ではない準道徳的な精神的関与が大きくなる点にある。他方、アソシエーションの劣位性も存在する。それは、全員参加の協議によって意思決定が行なわれるので、コミュニケーションに多大な時間と経費がかかる点であり、フリーライダーが現われやすい点である。アソシエーションと比べたときのヒエラルキーの優劣は、上記の裏返しとなる。つまり、ヒエラルキーの優位性は、情報交換や意思決定が効率的である点と、内部監査と履歴や経験による査定でフリーライダーを防止できる点である。ヒエラルキーの劣位性は、相互監視が弱いので、その代わりに管理者による監視が必要である点と、準道徳的な精神的関与が小さい点である。また一般的には、アソシエーションよりヒエラルキーの方が生産性は高い。このようなアソシエーションとヒエラルキーの比較をふまえて、ウィリアムソンは、諸個人の精神的関与の度合いと生産性とのトレードオフに応じて、多様な組織構造を混成することにも言及しているが、混成された全体が機能しない可能性もあると述べている。

　ヒエラルキーと比べたときのアソシエーションに関するこのような低い評価に示されるように、ウィリアムソンは、社会単位でのコーディネーションつまり質的量的情報の交換をともなう協議と妥協を通じた調整の有効性や実行可能性をほとんど認めない。この点は、ヒエラルキーの限界を越える方法としてコーディネーションを捉える「資本主義の多様性」アプローチとは対照的である。

5 「資本主義の多様性」アプローチ

　ホールとソスキスは、ウィリアムソンの考え方を一部利用するけれども、次の2点において、ウィリアムソンから分岐すると述べている。第1に、経済の中核的な制度的構造は、効率性を追求する企業の選択によって決定されるのではなく、むしろ制度的構造が企業戦略を条件づけると、ホールとソスキスは考える。第2に、市場とヒエラルキーという2つの制度形態のみが、企業の

直面する問題を解決できるとは彼らは考えない（Hall and Soskice, 2001, p. 14）。つまり、ヒエラルキーにおいても、モラル・ハザード、怠業といった問題が生じる。このような「コーディネーション問題」は、とくに、①労使関係、②職業訓練、③コーポレートガバナンス、④企業間関係、⑤従業員関係、という領域で生じる。上記の5つの領域でのコーディネーション問題を解決する方法が国によって異なる。「自由な市場経済（LMEs: Liberal Market Economies）」と呼ばれる経済においては、市場を通じて解決が図られる。他方、「コーディネートされた市場経済（CMEs: Coordinated Market Economies）」と呼ばれる経済においては、「コーディネーションの非市場的様式」を通じて解決が図られる（Ibid., p. 8）。「コーディネーションの非市場的様式」は次のような諸制度によって下支えされる。一般的にいうと、「他者の行動について主体がもつ不確実性を減じ、諸主体間の信頼できるコミットメントを可能にする」諸制度である。この諸制度が有する能力についていうと、①諸主体間の情報交換、②行動のモニタリング、③協力努力の不足に対する制裁を可能にする制度である。具体的には、強力な経営者団体、労働組合、広範な株式持ち合いネットワーク、情報共有や協働を促進するための法制度や規制などである。

　「コーディネーションの非市場的様式」に関する以上の説明は、ホールとソスキス独自の見解ではなく他の論者も述べている。このような制度が有する能力としてホールとソスキスが独自に挙げるのは、「協議（deliberation）の能力」である（Ibid., p. 11）。すなわち「関連する諸主体を集団的討論に参加させ、相互の合意を得るように促す制度」が「コーディネーションの非市場的様式」にとって重要である。「国際比較においては、情報交換、モニタリング、合意の強制のための諸制度と同様に、協議のための仕組みの存在に注意を払うべきである」とホールとソスキスは述べる（Ibid., p. 12）。このような協議に対するホールとソスキスの高い評価は、コミュニケーションに多大な時間と経費がかかることを理由にアソシエーションを低く評価するウィリアムソンとは対照的である。そして、この点ではホールとソスキスは、「集団的な交渉と妥協のプロセス」としての集団的行動を重視するコモンズの立場と近い。

　表2-1に示したように、ウィリアムソンの分類では空白であった部分を埋めるものとして、ホールとソスキスは「非市場的コーディネーション」という調整メカニズムを提示した。これは、本書第1章で定義した「コーディネーショ

ン」つまり協議と妥協にもとづく調整に相当するものにほかならない。

「自由な市場経済（LMEs）」の典型としてホールとソスキスが挙げるのはアメリカである。また、「コーディネートされた市場経済（CMEs）」の典型はドイツであるが、ホールとソスキスは、日本もこれに属すると考えている。ただし、日本とドイツの間には次のような違いがある。「ドイツでは大半のコーディネーションが産業内部で実現されるが」、日本では「コーディネーションの多くが垂直的な系列集団の内部で実現される」（ホール／ソスキス, 2007, p. iv）。つまり、ドイツでは「産業ベースのコーディネーション」が中心的役割を果たしているのに対し、日本ではそれが多くの領域で欠如しており、企業グループという「集団ベースのコーディネーション」が中心的役割を果たしている。

このようなホールとソスキスの「コーディネートされた市場経済（CMEs）」の内部区分の仕方は、本書の「社会単位のコーディネーション[5]」と「企業単位のコーディネーション」という区分と、類似しているがずれがある。本書では、企業グループや系列という単位でのコーディネーションは、「企業単位のコーディネーション」ではなく「社会単位のコーディネーション」に属するものとして捉える。このような区分のずれは、分析目的の違いから生じている。ホールとソスキスにとっては、日本とドイツのコーディネーションを種別化することが重要である。本書にとって重要なのは、日本における経済調整の限界と変化を分析することである。

6　レギュラシオン理論

レギュラシオン理論において、制度的調整は、「レギュラシオン様式」（「調整様式」と訳されることもある）という概念によって捉えられる[6]。レギュラシオン（régulation）とはフランス語で「調整」を意味するが、経済理論において最初に定式化された際には、哲学者カンギレームの生体論（Canguilhem, 1974）からヒントを得たとされる（Boyer, 2004b, p. 41）。レギュラシオン様式は、諸主体の相互に矛盾した対立的な行動を、蓄積体制の全体的原理に適合させるように作

---

(5)　本書では、「社会単位のコーディネーション」を簡略化して「コーディネーション」と呼ぶ。
(6)　レギュラシオン理論のもうひとつの基本概念は「蓄積体制」あるいは「成長体制」であるが、この概念については本書第10章と第11章で説明する。

表 2-2 レギュラシオン理論による資本主義の多様性（一部抜粋）

	総体的ロジックと支配原理	レギュラシオン様式の特徴
市場主導型	市場ロジックがほとんどすべての制度諸形態の編成原理。	精緻な法的装置のコントロール下での非常に広範囲の市場的調整。
メゾ・コーポラティズム型	生産が多様化された大規模生産単位内での連帯と可動性の原理。	大企業というメゾ経済レベルでの調整。市場と国家は二次的。
公共的／統合（フランスの例）	生産・需要・制度的コード化の面での公共的介入が生み出す経済循環。	マクロ経済的調整の中心は国家。市場と企業は国家のゲームのルールに従う。
社会民主主義型	社会・経済の大部分の構成要素を規制するルールに関する社会的パートナー間の交渉。	制度諸形態の中核には、政労使という三者間の交渉がある。

出所：Boyer(2004a), pp. 89-90, Tableau 5 より、「総体的ロジックと支配原理」と「レギュラシオン様式の特徴」だけを抜粋。

用する様々なメカニズムの組み合わせであり、具体的には、慣習や制度である。Aglietta（1976）以来、制度の領域は次の 5 つに区分され、「5 つの制度諸形態」と呼ばれる。すなわち、賃労働関係、競争、貨幣・金融、国家および国際的編入である。

　レギュラシオン理論の基本的課題は、資本主義の時間的可変性と空間的多様性の分析にあるが、時間的可変性の観点においては、慣習や制度が、コンフリクト→妥協→その見直し→コンフリクト→妥協、といったプロセスで形成され、変化する点が重視される。このような制度変化プロセスには、経済的な次元だけではなく、政治的な次元が関係する。そして、この制度変化が資本主義の成長と危機とに関連する。たとえば、第二次大戦後から 1970 年頃までの先進資本主義経済の成長体制は「フォーディズム」と呼ばれるが、その好循環メカニズムを媒介する制度として、賃金の生産性インデクセーションとテーラー主義的労働編成が挙げられる[7]。この 2 つの制度は、フォード主義的労使妥協と呼ばれる労使間の妥協の産物である。このように、コンフリクトと妥協とを、コモンズのいう集団的行動と捉えるならば、市場的調整、規制およびヒエラル

---

(7) 労働生産性上昇率に等しい率で実質賃金率を引き上げることを「賃金の生産性インデクセーション」と呼ぶ。消費者物価上昇率と生産者物価上昇率との差は無視できるとすると、この場合、労働分配率は不変となる。日本では「生産性基準原理」として日本生産性本部などが提唱した。また、テーラー主義的労働編成とは、労働の細分化・単純化および管理・企画機能の管理者・技術者への集中を通じて、「実行」はもっぱら労働者が担い、「構想」は管理者・技術者が担うように設計された労働編成である。

表 2-3　様々な調整原理の分類

		調整の様式と権力の分配	
		水平的	垂直的
行為の動機	利益	市場	企業
	義務	コミュニティ／市民社会	国家

出所：Boyer (2004a), p. 91, Figure 4.
注：タイトルなどには coordination という用語が使われているが、調整一般を意味しているので「調整」という訳語を当てた。また、元の表には4領域すべてにまたがるかたちで中央部にアソシエーションとネットワークが配置されているが、この2つについては、ボワイエ自身も文章での説明を省略しているので、この表では省略した。

キーが、集団的行動というある種のコーディネーションによってコントロールされるというコモンズの考え方と、レギュラシオン理論は類似している。

レギュラシオン理論のもうひとつの基本的課題である資本主義の空間的多様性の分析については、ボワイエによる表 2-2 のような分類が代表例として挙げられる。このような資本主義の型に関する分類とそれぞれの型が有するレギュラシオン様式の特徴づけの基礎にあるのは、表 2-3 に示すような調整原理の分類である。本書第1章の表 1-1 の分類とは分類軸がまったく異なるが、市場、企業、コミュニティ／市民社会および国家という、4つの調整原理をボワイエは析出している。この4つの調整原理は、本書の5つの経済調整メカニズムとかなり重なる。

表 2-3 に示す4つの調整原理間の関係について、詳細にではないが、ボワイエは次のような点を指摘している。「ある制度的アーキテクチャが存続可能となるのは、個別的には不完全な各メカニズムが、それ自身も部分的な他のメカニズムによって修正され、結果的に、全体の質が諸部分の質よりも優れたものになるからである」(Boyer, 2004a, p. 94)。これは本書第1章で述べた「補足性」の概念と重なる考え方である。また、「純粋市場も、国家も、ましてアソシエーションやコミュニティも、単独では効率的システムの基盤とはなりえないのであるが、それらの結合は、純粋システム、つまり単一のロジックに支配されたシステムよりも、はるかに満足すべき力を発揮しうるのである」ともボワイエは述べる (Ibid., p. 95)。これは本書第1章で述べた「複合性」の概念と重なる考え方である。

このような諸調整原理の「補足性」と「複合性」を念頭において、表 2-2 と表 2-3 を対照させると、資本主義のそれぞれの型が有するレギュラシオン様式

の特徴づけは、経済全体において比重の大きい調整原理が何かということにもとづいていることがわかる。市場主導型資本主義は、市場的調整が「広範囲」であることにもとづく。メゾ・コーポラティズム型資本主義は、大企業での調整が「一次的」であることにもとづく。公共的／統合資本主義は、経済的調整の「中心」は国家であることにもとづく。社会民主主義型資本主義は、政労使という三者間の交渉が「中核」にあることにもとづく。ここで、「広範囲」「一次的」「中心」「中核」という言葉は、相対的な強さあるいは比重の大きさを示すものであり、支配しているとか上位にあるという意味ではないことに注意すべきである[8]。つまり、経済全体においてとくに比重の大きい調整原理が存在するとしても、また諸調整原理が複合されたものに中心はあるにしても、調整の多元性は維持されているのである。

このような調整原理あるいは調整メカニズムの多元性、補足性および複合性を明示的に分析することは、レギュラシオン理論に対する批判に答える試みでもある。レギュラシオン概念は次のように定義されている。「現行の経済的諸構造および社会的諸形態を考慮にいれつつ、総体としての再生産にむけて競合的に作用するような諸メカニズムの結合としての、レギュラシオン」(Boyer, 1986, p. 30)。しかし、レギュラシオン理論に対する批判の多くが指摘するように、経済調整に関わる諸メカニズムがどのような形態で結合しているのかについては、これまで、大まかにしか明らかにされていなかった。しかし、賃労働関係など5つの領域別に制度を区分し、その相互補完性を指摘するだけでは、「結合」の説明としては不十分である。なぜなら、これらの制度的調整メカニズムが、市場的調整とどのように連関しているかが明らかにされていないからである。したがって、市場的調整と制度的調整の連関を明らかにすること、また経済調整メカニズムの多元性、補足性および複合性を具体的に明らかにすることは、レギュラシオン理論の内容をより豊かにすることにも寄与すると考えられる。

最後に、「企業単位のコーディネーション」という本書独自の分類区分について簡単に説明しておこう。ボワイエのつくった表 2-2 と表 2-3 の各項目間には対応関係があると先に述べたが、その内容を詳しくみると、ひとつだけ、対

---

(8) ボワイエは、市場という原理が統合的に支配しているという捉え方は「神話的」であると述べている（Boyer, 2004a, p. 94）。

応関係には不整合がみられる。それは表2-2の「メゾ・コーポラティズム型」と表2-3の「企業」との対応関係である。表2-3の「企業」とは「ヒエラルキー」を意味する[9]。表2-2における「メゾ・コーポラティズム型」資本主義の「総体的ロジックと支配原理」に関する説明では、「生産が多様化された大規模生産単位内での連帯と可動性の原理」と述べられている。この大企業内の連帯原理とヒエラルキーという調整原理とは、明らかに結びつかない。この不整合は、「メゾ・コーポラティズム型」資本主義の具体例である日本を分析する際の障害となる。大企業内の連帯原理と結びつく調整原理とは何であろうか。本書では、それを企業単位のコーディネーションであると考える。

戦後日本のレギュラシオン様式に関して、山田鋭夫は「企業主義（companyism）」という見方を早くから主張している。最もまとまった説明が行なわれている山田（2008）によれば、その骨子は次のような内容である。

①市場以外の調整装置として「企業」（とりわけ大企業およびそのネットワーク）の果たす役割が傑出している。(p. 180)
②雇用保障を核心かつ頂点とし、これを担保するかたちで経営保障がその外周にして底辺をなしつつ、企業そのものの存続と企業内における雇用の存続を第一義とする。(p. 193)
③日本における労使妥協の基軸が雇用妥協となった理由は、大きくは近代日本形成の歴史的社会的条件によっているのであろうが、さしあたり日本の労働者が労使関係をどういうものとして自覚し、どういうかたちで問題の「解決」を図ろうとしたかを考えてみるとわかりやすい。(p. 184) そして、英米労働者はジョブ・コントロールによって解決を図ろうとしたが、日本の労働者はジョブレス・コントロールによって解決を図ろうとした。

上記の①と②は、本書第Ⅱ部でも検証するように、いずれも正しい指摘である。しかし、企業主義的レギュラシオン仮説の弱さは、③において、「歴史的社会的条件」の説明を十分に与えていない点にあると考えられる。労働者の問

---

(9) 実際、表2-3の出典とされているHollingsworth and Boyer（1997）にあるほぼ同じ表（p. 9, Figure 1-1）では、ヒエラルキーと表記されていた。

題解決の仕方が制度を決めるという説明は、比喩的に用いられているとしても誤解を招く[10]。実際は逆であり、経済主体の問題解決の仕方は基本的には制度によって制約されている。また制度変化や制度形成は諸主体間のコンフリクトと妥協を介して起きると捉えるべきであろう。本書は、企業単位のコーディネーションと、それを超えた単位でのコーディネーションとを区別し、後者の弱体化と前者の比重の高さを、上記の①と②の根底にある理由として捉える。本書第Ⅱ部は、1990年代以降という限られた期間ではあるが、日本のレギュラシオン様式の「歴史的社会的条件」に関する説明を与えることによって、企業主義的レギュラシオン仮説の弱点を補強するという狙いももつ。

---

(10) 山田（1991）では、企業主義の説明において、「会社主義」や「会社本位」などの用語で表わされる「企業中心的価値規範」の重要性が強調されていた。この点は本書の捉え方とかなり異なる。本書はコーディネーションの範囲とその変化を起点に位置する問題として捉え、上記の①と②はその結果であり、さらに経済主体の価値規範や行動様式はこの諸結果から派生する問題として捉える。

参考文献

ホール，ピーター・A ／デヴィッド・ソスキス（2007）「日本語版への序文」遠山弘徳・安孫子誠男・山田鋭夫・宇仁宏幸・藤田菜々子訳『資本主義の多様性』ナカニシヤ出版．
山田鋭夫（1991）『レギュラシオン・アプローチ』藤原書店（増補版、1994 年）．
─── （2008）『さまざまな資本主義』藤原書店．
Aglietta, M. (1976) *Régulation et crises du capitalisme*, Calmann-Lévy.（若森章孝・山田鋭夫・大田一廣・海老塚明訳『資本主義のレギュラシオン理論』大村書店、1989 年）．
Boyer, R. (1986) *La théorie de la régulation: une analyse critique*, La Découverte.（山田鋭夫訳『レギュラシオン理論』藤原書店、1992 年）．
─── (2004a) *Une théorie du capitalisme est-elle possible?*, Odile Jacob.（山田鋭夫訳『資本主義 vs 資本主義』藤原書店、2005 年）．
─── (2004b) *Théorie de la régulation. 1. Les fondamentaux*, La Découverte.
Canguilhem, G. (1974) "Régulation", *Encyclopaedia Universalis*, vol. 14.
Coase, R. (1937) "The Nature of the Firm", *Economica*, n.s., 4, November.（「企業の本質」宮沢健一・後藤晃・藤垣芳文訳『企業・市場・法』東洋経済新報社、1992 年）．
Commons, J. (1934) *Institutional Economics: Its Place in Political Economy*, vol. 2, Macmillan.
─── (1950) *The Economics of Collective Action*, Macmillan.（春日井薫・春日井敬訳『集団行動の経済学』文雅堂書店、1958 年）．
Hall, P. and D. Soskice (2001) *Varieties of Capitalism: The Institutional Foundations of Comparative Advantage*, Oxford University Press.（遠山弘徳・安孫子誠男・山田鋭夫・宇仁宏幸・藤田菜々子訳『資本主義の多様性』ナカニシヤ出版、2007 年）．
Hayek, F. A. (1948) *Individualism and Economic Order*, The University of Chicago Press.（嘉治元郎・嘉治佐代訳『個人主義と経済秩序』〈ハイエク全集　第 3 巻〉春秋社、1990 年）．
─── (1973) *Law, Legislation and Liberty, vol. 1, Rules and Order*, Routledge & K. Paul.（矢島均次・水吉俊彦訳『法と立法と自由 1　ルールと秩序』〈ハイエク全集　第 8 巻〉春秋社、1987 年）．
Hollingsworth, J. R. and R. Boyer (1997) "Coordination of Economic Actors and Social Systems of Production", in J. R. Hollingsworth and R. Boyer eds., *Contemporary Capitalism: The Embeddedness of Institutions*, Cambridge University Press.（「経済主体の調整メカニズムと社会的生産システムの重要性」長尾伸一・長岡延孝編監訳『制度の政治経済学』木鐸社、2000 年）．
Menger, C. (1883) *Untersuchungen über die Methode der Sozialwissenschaften und der Politischen Oekonomie insbesondere*, Leipzig.（福井孝治・吉田昇三訳『経済学の方法』日本経済評論社、2004 年）．
Schmoller, G. (1883) "Zur Methodologie der Staats und Sozialwissenschaften", *Schmollers Jahrbuch für Gesetzgebung, Verwaltung und Volkswirtschaft im Deutschen Reich, N. F. Jg. 7*.（「国家科学・社会科学の方法論のために」福井孝治・吉田昇三訳『経済学の方法』日本経済評論社、2004 年）．
Williamson, O. (1975) *Markets and Hierarchies: Analysis and Antitrust Implications*, The Free Press.（浅沼萬里・岩崎晃訳『市場と企業組織』日本評論社、1980 年）．
─── (1996) *The Mechanisms of Governance*, Oxford University Press.

第Ⅱ部
日本の制度的調整の特徴と限界

＃ 第3章　日本の賃金格差拡大の要因
——人口高齢化説とSBTC仮説などの批判

1　賃金の市場的調整と制度的調整

　アメリカとイギリスでは、1980年代以降、所得格差の拡大が続いている。その原因については、規制緩和、民営化、高所得者に有利な税制改革、所得移転を縮小する社会保障制度改革、労働組合への攻撃などの制度的要因を挙げる見解がある（Freeman and Katz, 1994; Pontusson, 2005; Krugman, 2007; Goldin and Katz, 2007）[1]。しかし、IT化に代表される技術変化が熟練労働者に対する労働需要を相対的に増大させたことが所得格差増大の主因であるという仮説（スキル偏向的技術進歩〔skill-biased technical change〕仮説、以下、SBTC仮説という）が有力である（Katz and Murphy, 1992; Berman, Bound and Griliches, 1994; Autor, Katz and Krueger, 1998; Autor, Katz and Kearney, 2008）。このSBTC仮説では、賃金は主として労働市場の需給状態によって調整されると仮定されており、熟練労働への需要増加が熟練労働の賃金上昇をもたらしたと主張される。他方で、グローバル化の影響を強調する見解もある。グローバル化が所得格差を拡大する経路については、見解は大きく2つに分かれる。第1の見解は、先進国企業の非熟練工程が発展途上国に移転（アウトソーシング）されることによって、先進国では非熟練労働への需要は減少し、熟練労働者に対する労働需要が相対的に増大すると主張する（Feenstra and Hanson, 1996）。このアウトソーシングによる熟練労働への需要シフ

---

[1]　制度的要因を重視する論者も、IT化やグローバル化の影響を完全に否定しているわけではない。ただ、ほぼ同様のIT化やグローバル化の影響を受けている先進諸国の中で、アメリカとイギリスにおいて格差が顕著に拡大したという事実を説明するには、制度的要因を重視すべきであるという立場である。Freeman and Katz（1994）は自らの説をsupply-demand-institutional (SDI) explanationと呼んでいる。

が、賃金格差をもたらしたとされる。このアウトソーシング説とSBTC仮説にもとづく熟練労働への需要シフトは、基本的には産業内部で生ずる。グローバル化が所得格差を拡大する経路についての第2の見解は、ヘクシャー・オリーン・サミュエルソン（HOS）モデルでの貿易の効果として、先進国の熟練労働の賃金上昇と非熟練労働の賃金低下が起きると主張する[2]（Wood, 1994; Sachs and Shatz, 1994）。この第2の経路では、先進国での生産財が熟練労働集約的財に特化するという産業構造変化が進行するので、熟練労働への需要シフトは基本的には産業構成変化を通じて生ずる。

　本章では、日本において1990年代末以降に現われた年齢階層内での賃金格差拡大について、その主な要因は何かという問題を、総務省『就業構造基本調査』および『全国消費実態調査』の個票データ（ミクロデータ）[3]を用いて分析する。日本においては、1980年頃から急速な人口の高齢化が進行している。この日本に特殊な事情もあり、所得格差拡大の主要な要因は人口高齢化であるという説が日本では支配的である。つまり、年齢階層別にみると高年齢階層ほど所得格差や賃金格差が大きいので、人口の年齢別分布が全体として高齢化していくと、経済全体の所得格差や賃金格差が拡大するのは当然だという説である。しかし、本章2では、1990年代末以降、各年齢階層内において所得格差が拡大していることを明らかにする。さらに、この格差拡大は主に賃金所得において生じていることを明らかにする。また、消費支出と貯蓄の格差拡大についても触れる。賃金所得は年間労働時間と時間当たり賃金との積であるが、**3**では、両者の動きについて分析し、とくに男性正規社員の時間当たり賃金における格差拡大が顕著であることを示す。**4**では、日本の賃金格差拡大に関して、SBTC仮説やグローバル化要因説が妥当するのかを、ミクロデータにもとづく要因分解を使って検討する。

　結論を先にいうと、これらの説は妥当性をもたない。労働市場の流動性が低く、賃金が主として企業内で制度的に調整される日本においては、IT化やグ

---

(2)　この説に対する批判としては、Krugman（1995）がある。
(3)　一橋大学経済研究所附属社会科学統計情報研究センターから提供された総務省『就業構造基本調査』（1997年、2002年）および『全国消費実態調査』（1999年、2004年）の秘匿処理済ミクロデータを使用した。総務省『就業構造基本調査』は、全国約45万世帯の15歳以上の世帯員をサンプルとして5年ごとに行なわれる調査である。総務省『全国消費実態調査』は、全国約6万世帯をサンプルとして5年ごとに行なわれる調査である。

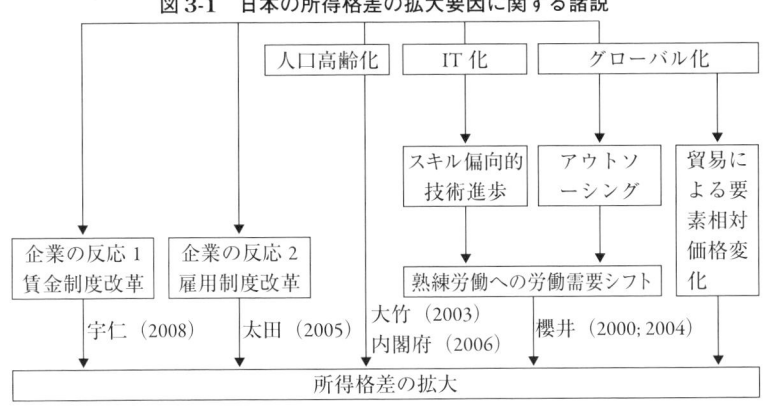

第3章 日本の賃金格差拡大の要因——人口高齢化説とSBTC仮説などの批判

図3-1 日本の所得格差の拡大要因に関する諸説

```
           ┌─────────┬─────────┬─────────┐
        人口高齢化    IT化      グローバル化
           │         │         │
           │      ┌──┴──┬──────┼──────┐
           │   スキル偏向的  アウト    貿易による
           │   技術進歩    ソーシング  要素相対
           │                       価格変化
    ┌──────┴──────┐       │         │
 企業の反応1  企業の反応2  熟練労働への労働需要シフト
 賃金制度改革 雇用制度改革
 宇仁(2008) 太田(2005) 大竹(2003)    櫻井(2000;2004)
                      内閣府(2006)
           └─────────┴─────────┴─────────┘
                    所得格差の拡大
```

ローバル化によって、仮に熟練労働への需要シフトが起きたとしても、そのことが直接的に熟練労働の賃金上昇をもたらす可能性は小さい。IT化やグローバル化の賃金への影響は、企業の制度的反応を介して現われる。そしてこの制度的反応は、IT化やグローバル化だけでなく、人口高齢化や規制緩和など企業をとりまく様々な変化、および既存の労使関係制度や慣行など様々な制約条件の影響を受ける。**5**では、賃金格差拡大の要因について次のような仮説を検討する。90年代末以降の日本における賃金格差拡大の直接的要因として最も重要なのは、成果主義的賃金制度の導入と春闘の形骸化という賃金制度改革である。このような賃金制度要因説の妥当性を、ミクロデータにもとづく要因分解を使って実証する。

続いて**6**では、90年代末以降についても人口高齢化説の妥当性を主張する内閣府『経済財政白書』を批判する。**7**では雇用の非正規化の影響を検討し、最後に**8**で結論を述べる。所得格差拡大要因に関するこれらの諸説を図示すると図3-1のようになる。

2 賃金所得と支出の格差拡大

2.1 賃金所得の格差拡大

『全国消費実態調査』は、いわゆる格差論争において、議論の基礎資料となったものである。橘木（1998）は、所得の不平等度を示すジニ係数が日本

で上昇を続けていることに警鐘を鳴らした。しかし、大竹（2003; 2005）は、1999年までの『全国消費実態調査』の分析を通じて、1990年代の格差拡大の主な要因は人口高齢化であり、このような不平等化は真の不平等化とはいえないと主張した[4]。その分析の手順と結果は次のようなものである。まず約5万世帯のミクロデータを、世帯主の年齢階層別にグループ分けをする。次に、グループごとに、所得の不平等度を表わす尺度である「ジニ係数」や「対数分散」という値を計算する。得られた年齢階層別ジニ係数を一時点で観察すると、年齢階層が高いほど所得不平等度は高い。また、任意の年齢階層のジニ係数を時系列で観察すると、その値はほとんど変化していない。全世帯を対象にして計算されたジニ係数が、1980～90年代に一貫して上昇した主因は、人口高齢化により、もともと所得不平等度が高い高齢層人口の割合が増えたことにある。したがって、格差の拡大は「見かけ」上の問題にすぎない。以上が大竹や内閣府の主張である。

　橘木（2006）は、このような主張を基本的に認めたうえで、次のように反論している。所得不平等度が高い高齢層人口の割合が増えるということは、高齢貧困者の数が増えることを意味しており、このことを「見かけ」として無視することはできない、と。この橘木の反論は有効であるとはいえ、問題の範囲を大幅に縮小してしまうことは否めない。もともと国民全体に関わる問題として提起された格差拡大問題が、高齢貧困者の問題に限定されてしまうからである。

　しかし、大竹の分析には含まれていない2004年の『全国消費実態調査』の公表調査結果と、前回の1999年の調査結果とを注意深く比較すると、この間に、「見かけ」ではない真の格差拡大、つまり年齢階層内格差拡大が広範囲で発生していることがわかる。1999年と2004年の年間収入の年齢階層別ジニ係数を比較すると、「全世帯」と「勤労者世帯」ともに、60歳未満のすべての年齢階層において、ジニ係数が上昇している[5]。このような広範囲の上昇は、1980～90年代にはみられなかった現象である。勤労者世帯の25～59歳について、年間収入の年齢階層別ジニ係数の単純平均をとると、1999年が0.217、

---

[4]　Ohtake and Saito（1998）は、同様の方法で1979～89年の消費格差拡大要因を分析している。

[5]　「世帯属性別年間収入のジニ係数」という表による。「全世帯」の40～44歳のジニ係数は低下しているが、これは1999年の「勤労者以外の世帯」に含まれていた「外れ値」を示すサンプルの影響であり、この所得が異常に高いサンプルを除外すれば、1999年から2004年にかけて上昇すると推測できる。

第3章 日本の賃金格差拡大の要因──人口高齢化説とSBTC仮説などの批判

表 3-1　1999〜2004年の2人以上全世帯の収入と支出の不平等化（単位：%）

	等価値の対数分散の増加率	うち年齢階層内格差変化による分	年齢階層間格差変化による分	人口構成変化による分
年間収入	2.7	2.6	−2.8	2.9
消費支出総額	4.5	3.8	−1.4	2.1
食料	11.2	9.9	1.5	−0.2
住居・光熱・水道	−62.5	−61.9	−0.9	0.3
家具・家事用品	−0.9	−3.5	0.5	2.1
被服・履物	12.5	9.3	−0.2	3.4
保健医療	3.5	1.2	1.0	1.4
交通・通信	−3.5	−7.3	1.1	2.7
教育	12.1	8.2	2.5	1.4
教養娯楽	−5.6	−6.8	0.0	1.3
その他の消費支出	3.4	4.3	−1.5	0.6

出所：総務省『全国消費実態調査』（1999年、2004年）の秘匿処理済ミクロデータより筆者が計算。

2004年が0.226であり、上昇率は4%である。この上昇率は、30歳未満の年齢階層においてとくに高く、これは若年層の格差拡大として多くの論者が認めている現象である。しかしここでは、30、40、50歳代の年齢階層においても、上昇率は若年層よりも小さいものの、不平等度が増加している点に着目したい。後で述べるように、基幹的収入である賃金収入[6]に注目すると、そのジニ係数の上昇率は約10%であるからである。

大竹（2005）は、世帯人数で調整した所得である「等価所得」という値の不平等度を対数分散という尺度で表わし、その変化を、人口構成変化による部分、年齢階層内格差変化による部分、年齢階層間格差変化による部分という3つの部分に分解している。1984〜99年のミクロデータにもとづく大竹の計算によると、年齢階層内格差変化は、実際の所得格差拡大にはあまり影響しておらず、これが真の不平等化は起きていないという大竹の主張の根拠となっている。ところが、今回計算した1999〜2004年においては、表3-1に示すように、年齢階層内格差拡大による分は2.6%であり、年間収入の対数分散の増加率2.7%と並ぶ大きさである。つまり、年齢階層内格差拡大は所得の不平等化に大きな影響を及ぼしている。

世帯の総収入は次のような様々なカテゴリーの収入の合計値である。世帯主

---

(6) 『全国消費実態調査』では、賃金収入は「勤め先収入」と表記されている。またフルタイム勤務、パートタイム勤務は、それぞれ勤務形態「普通」と「パート」と表記されている。

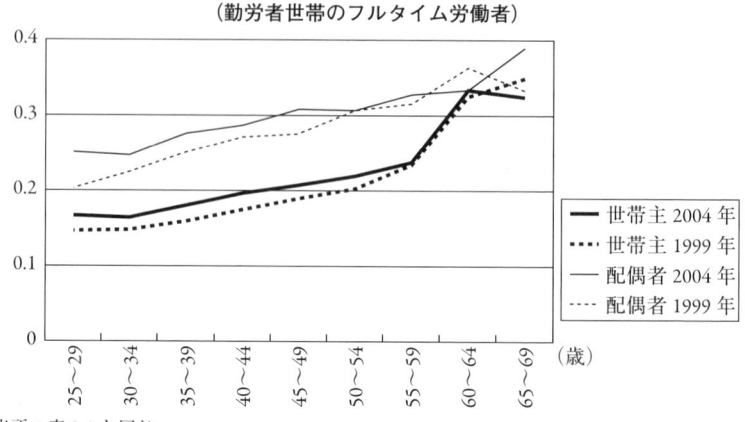

図 3-2 賃金収入の年齢階層別ジニ係数
（勤労者世帯のフルタイム労働者）

凡例：
― 世帯主 2004 年
‥‥ 世帯主 1999 年
― 配偶者 2004 年
‥‥ 配偶者 1999 年

横軸：25〜29、30〜34、35〜39、40〜44、45〜49、50〜54、55〜59、60〜64、65〜69（歳）

出所：表 3-1 と同じ。

や配偶者などの賃金収入、事業収入、年金など社会保障受取、仕送り金、預貯金引出、有価証券売却などである。『全国消費実態調査』では、勤労者世帯について 3 ヵ月間の各カテゴリー別の収入と支出の調査が行なわれている。勤労者世帯についていえば、収入のうちで最も大きなウェイトを占めるのは賃金収入である。年金など社会保障受取は大まかにみれば、賃金収入とは逆相関して、賃金収入格差を是正する役割を果たしており、不平等化を緩和する機能を果たしている[7]。したがって、不平等化の源泉を明らかにするためには、勤労者世帯の基幹的収入である賃金収入の不平等化の動向をみる必要がある。

『全国消費実態調査』の公表調査結果では、年間収入のジニ係数しか明らかにされていないので、秘匿処理済ミクロデータを使って、勤労者世帯の世帯主と配偶者それぞれの賃金収入のジニ係数を求めてみた。その結果を図 3-2 に示す。この図に示されているように、世帯主と配偶者ともほぼすべての年齢階層において、賃金のジニ係数の上昇が認められる。25 〜 59 歳の年齢階層別ジニ係数の単純平均値で示すと、フルタイム勤務の世帯主については、1999 年が 0.176、2004 年が 0.193 であり、上昇率は 10％である[8]。フルタイム勤務の配偶者については、1999 年が 0.261、2004 年が 0.283 であり、上昇率は 9％で

[7] 60 歳以上の年齢階層において、賃金収入のジニ係数が上昇しているのに、年間収入のジニ係数が上昇しないのは、年金などの社会保障受取額が、賃金収入額と逆相関するという関係にあるからである。

[8] パートタイム勤務の世帯主は、サンプル数が非常に小さいので、計算ができなかった。

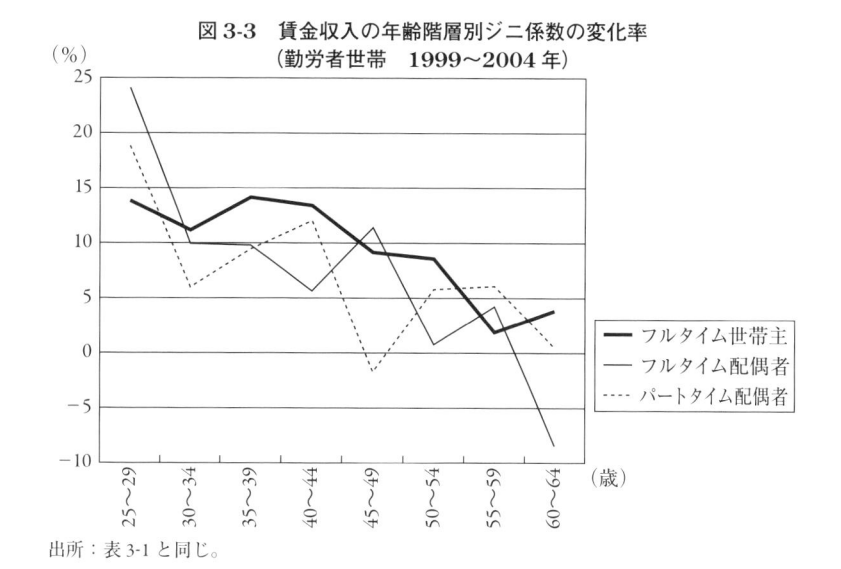

第3章　日本の賃金格差拡大の要因――人口高齢化説とSBTC仮説などの批判

図3-3　賃金収入の年齢階層別ジニ係数の変化率
（勤労者世帯　1999～2004年）

凡例：フルタイム世帯主、フルタイム配偶者、パートタイム配偶者

出所：表3-1と同じ。

ある。パートタイム勤務の配偶者については、図3-2には示していないが1999年が0.262、2004年が0.283であり、上昇率は8％である。年間収入の最大割合を占める賃金収入のジニ係数の上昇幅は、年間収入のジニ係数の上昇幅を大幅に上回っている。したがって、基幹的収入である賃金収入の格差拡大が、年間収入の年齢階層内格差拡大の主な要因であると推測できる。宇仁（2008）が述べるように、現時点で2006年の結果が利用できる『賃金構造基本統計調査』のデータによると、2004年から2006年の間も、賃金格差拡大はさらに加速して進行している。図3-3は、図3-2の年齢階層別ジニ係数データから計算した1999～2004年の5年間の変化率を示したものである。大まかにみると、配偶者に関しては、若年層ほどジニ係数変化率が大きいという傾向がみられる。世帯主については、傾きは緩やかであり、54歳までの年齢層ではほぼ同様の率でのジニ係数増加が起きている。この違いについては3で詳しく検討する。

2.2　消費支出と貯蓄の格差拡大

表3-1には、消費支出総額とその用途分類別項目の格差変化も等価値の対数分散増加率で示されている。所得格差拡大は当然、消費支出や貯蓄の格差拡大に結びつく。消費支出総額の格差増加率は4.5％であり、年間収入の格

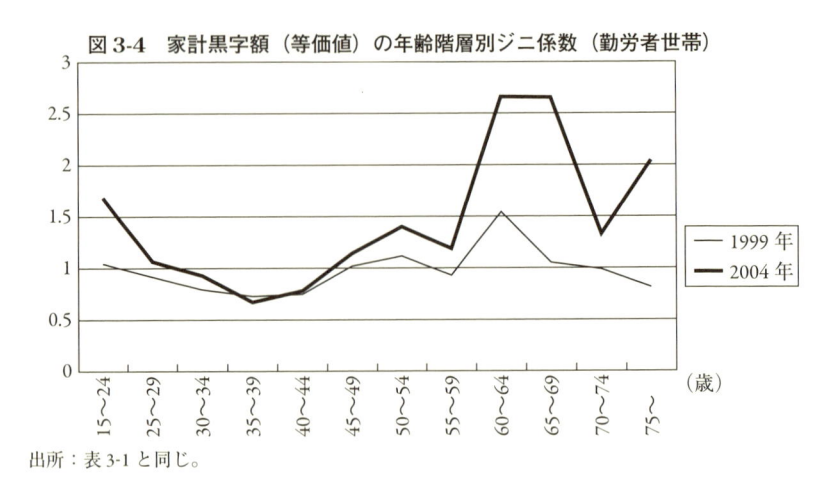

図 3-4　家計黒字額（等価値）の年齢階層別ジニ係数（勤労者世帯）

出所：表 3-1 と同じ。

差増加率 2.7％よりも大きい。また年齢階層内格差拡大の効果も 3.8％と大きい。用途別に格差増加率をみれば、「被服・履物」12.5％、「教育」12.1％、「食料」11.2％という順に格差増加が激しい。教育支出の格差拡大は学歴の固定的な再生産につながり、社会階層間のモビリティを低下させるものである。また、「保険医療」については高齢化の影響が大きいが、それ以外の項目については年齢階層内格差拡大の効果が大きい。

図 3-4 は、家計黒字額の等価値（実収入から実支出を引いた値である家計黒字額を、世帯人員の平方根で除した値）の年齢階層別ジニ係数を示している。所得額のようにすべてのデータが正値の場合、ジニ係数は 0 と 1 との間の値となる。家計黒字額が負値となる赤字世帯が多く含まれる場合、ジニ係数は 1 を上回る数値となる。図 3-3 に示したように、若年層と高齢層を中心に、この 5 年間にジニ係数は大幅に上昇し、2004 年には 1 を大きく上回る値となった。これは赤字世帯の割合が増加したことも意味している。ほとんどの赤字世帯は、貯蓄を切り崩して、赤字を補塡している。したがって、貯蓄純増額（預貯金－預貯金引出＋保険掛金－保険取金）の等価値のジニ係数も、同様の傾向を示す。これは若年層と高齢層を中心に貯蓄が減少する世帯の割合が増加したことを意味している。

2004 年の『全国消費実態調査』の 2 人以上世帯の家計収支結果の「第 9 表　世帯主の年齢階級、世帯人員別 1 世帯当たり 1 か月間の収入と支出」と 1999

年の同内容の表から、勤労者世帯のうち世帯主が30歳未満の世帯の年収、貯蓄現在高、負債現在高の平均値をみると、次のとおりである。年収は1999年の481万円から2004年の473万円へ1.6％の減少、貯蓄現在高は382万円から363万円へ5％の減少、負債現在高は303万円から356万円へ17％の増加である。平均値でみてこのような状況であるから、低所得層の家計の多くは、家計収支では赤字で、貯蓄現在高を負債現在高が超過する状態に陥っていることは確実である。このような状態は長期的には持続不可能であり、賃金所得の格差拡大は、低所得層において労働力再生産が非常に困難となる状態を引き起こしているといえる。

3　労働時間と時間当たり賃金の格差拡大

3.1　労働時間と時間当たり賃金の平均値の変化

賃金所得は年間労働時間と時間当たり賃金との積である。賃金所得の格差拡大は、主として年間労働時間の格差の拡大により起こる場合と、主として時間当たり賃金つまり賃金率の格差の拡大により起こる場合とが考えられる。賃金の平等性という観点では、賃金率格差拡大の場合の方が深刻な問題を含んでいる。日本の90年代末以降における賃金所得の格差拡大はどちらの場合であるのかを、この節では、年齢階層別、男女別、雇用形態別に検討する。

2002年『就業構造基本調査』の公表集計表（総務省統計局HP掲載の第31表）から、所得階級別の1人当たり平均年間労働時間が計算できる。年間就業日数200日以上の男性正規職員についてそれを計算してみた。一般的には、所得が高い労働者ほど年間労働時間が長いと考えられがちであるが、実際はそうではなく、最も年間労働時間が長いのは年間所得が300万円台の労働者で、2530時間である。それからは所得が増えるに従って年間労働時間は短くなり、年間所得が700万円を超えると2300時間台となる。このような事実から、時間当たり賃金のジニ係数は年間所得のジニ係数よりも大きな値になると予測できるし、後で述べるように実際にそうである。年間所得を年間労働時間で除して得られる時間当たり賃金は、年間所得が300万円台の労働者で平均約1400円、700万円台の労働者で平均約3200円である。300万円未満の労働者の時間当たり賃金は平均1000円に満たない額であり、正規職員といっても、パートタイ

ム労働の時給と大差ないということになる。

　上記と同じ公表集計表から、年間就業日数 200 日以上かつ週間就業時間 35 時間以上の労働者の所得階級別の人数を計算できる。「正規職員・従業員」と、フルタイムパートも含む「正規職員・従業員以外」に分けて、さらに男女別に計算してみた。時間当たり賃金では 1000 円に満たない年間所得 300 万円以下の労働者は、男性正規職員の 19％に当たる約 430 万人、女性正規職員の 52％に当たる約 460 万人もいる。非正規職員ではそのほとんどが年間所得 300 万円以下であり、男性で約 140 万人、女性で約 280 万人である。さらにこの中には、年間 200 日以上かつ週間 35 時間以上働いても、年間所得が 150 万円に満たない労働者も男女合計で約 250 万人含まれることも、いわゆる「ワーキング・プア」問題の大きさを示すものとして注目に値する。

　しかしこの公表集計表からは、年間労働時間と年間所得の大まかな分布しか知ることができない。また時間当たり賃金の分布についての推測は困難である。そこで、これらの分布の計算を、一橋大学経済研究所附属社会科学統計情報研究センターで提供している 1997 年と 2002 年の『就業構造基本調査』の秘匿処理済ミクロデータを使用して、次のように行なった。『就業構造基本調査』には、「年間就業日数」「週間就業時間」「個人所得」という調査項目があり[9]、個票データごとに年間労働時間と時間当たり賃金を計算することができる。約 80 万件のサンプルデータごとに年間労働時間と時間当たり賃金を計算し、年齢階層別、男女別、雇用形態別[10]に集計して、その各集計区分の平均値とジニ係数を算出した。

　まず、1997 年から 2002 年の 5 年間に、年間所得、年間労働時間、時間当たり賃金の各平均値がどのように変わったかを、年間就業日数 200 日以上の男性

---

(9)　それぞれ階級値として調査されているので、該当する階級の中間値を使用して、年間労働時間と時間当たり賃金を計算した。

(10)　雇用形態の区分は、2002 年の場合、勤め先の呼称によって、「正規の職員・従業員」「パート」「アルバイト」「労働者派遣事業所の派遣社員」「契約社員・嘱託」「その他」に分かれている。しかし、1997 年の場合は 5 番目が「嘱託など」となっており、契約社員は「正規の職員・従業員」に含まれている可能性が高い。2002 年と 1997 年の区分を同一にするために、「正規の職員・従業員」と「契約社員・嘱託」とを統合して、これを以下では「正規労働者」と呼ぶ。また、退職金が個人所得に含まれているサンプルをできるだけ排除するために、年間就業日数が 200 日以上の雇用者（会社役員を除く）を集計対象とした。年間就業日数が 200 日以上の雇用者は、正規社員の 93％、パートタイム労働者の 55％を占める。

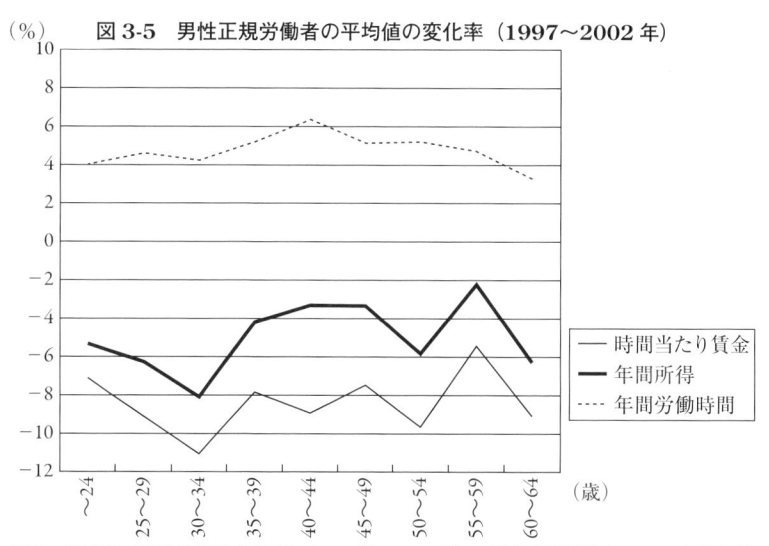

第3章　日本の賃金格差拡大の要因——人口高齢化説とSBTC仮説などの批判

図 3-5　男性正規労働者の平均値の変化率（1997〜2002 年）

出所：総務省『就業構造基本調査』（1997 年、2002 年）の秘匿処理済ミクロデータより筆者が計算。年間就業日数 200 日以上の者が集計対象である。

図 3-6　女性正規労働者の平均値の変化率（1997〜2002 年）

出所：図 3-5 と同じ。

正規労働者、女性正規労働者、女性パートタイム労働者についてみてみよう。

図 3-5 は男性正規労働者の集計結果である。年齢階層別の違いは小さく、全

年齢階層の単純平均でみると、1997～2002年の5年間に、年間労働時間の平均値は4.8％増加したが、年間所得の平均値は5.0％減少した。そして時間当たり賃金の平均値は、8.4％も減少した。

図3-6は女性正規労働者の集計結果である。年間所得と時間当たり賃金については年齢階層別の違いが大きく、20歳代では男性正規労働者と同様に減少しているが、45～59歳では年間所得と時間当たり賃金の平均値は増加している。これは男女雇用機会均等法が1997年に改正され、募集・採用、配置・昇進についての差別が、事業主の努力義務から禁止に変わったことの影響が大きいと考えられる。たとえば2002年の50～54歳の男性正規労働者の時間当たり賃金は約3100円であるのに対し、女性正規労働者は約1900円にすぎず、男女間の賃金格差の解消にはほど遠いとしても、1997年のそれぞれ約3400円と約1800円という格差と比べると格差は縮小したのである。

図には示していないが、女性パートタイム労働者（年間就業日数200日以上）については、時間当たり賃金の平均値は1997年も2002年も全年齢階層で約800円であり、その変化率は全年齢階層の単純平均で0.1％にすぎない。正規職員の時間当たり賃金は低下したにもかかわらず、パートタイム労働者の賃金が低下しなかったことは、とくに高く評価すべきことでもない。日本ではパートタイム労働の均等待遇原則が法制化されておらず、パートタイム労働者の時間賃金とフルタイム労働者の時間当たり賃金との差は、国際的にみても大きいことはよく知られている。したがって、このような低水準の時間賃金がまったく上昇しなかったことには問題があるとみるべきであろう。

3.2 労働時間と時間当たり賃金のジニ係数の変化

以上みたような年間所得、年間労働時間、時間当たり賃金の各平均値の変化を念頭において、それぞれのジニ係数つまり不平等度が、1997～2002年の5年間にどのように変わったかをみてみよう。

図3-7は、年間就業日数200日以上の正規労働者の時間当たり賃金のジニ係数を示している。この図から、男性正規労働者ではほとんどすべての年齢階層で時間当たり賃金のジニ係数が上昇していることがわかる。女性正規労働者では、時間当たり賃金の格差拡大は35歳未満若年層で起きている。図は省略するが、年間所得のジニ係数も同様の右上がり傾向を示し、その水準は時間当た

第3章　日本の賃金格差拡大の要因——人口高齢化説とSBTC仮説などの批判

図 3-7　正規労働者の時間当たり賃金の年齢階層別ジニ係数

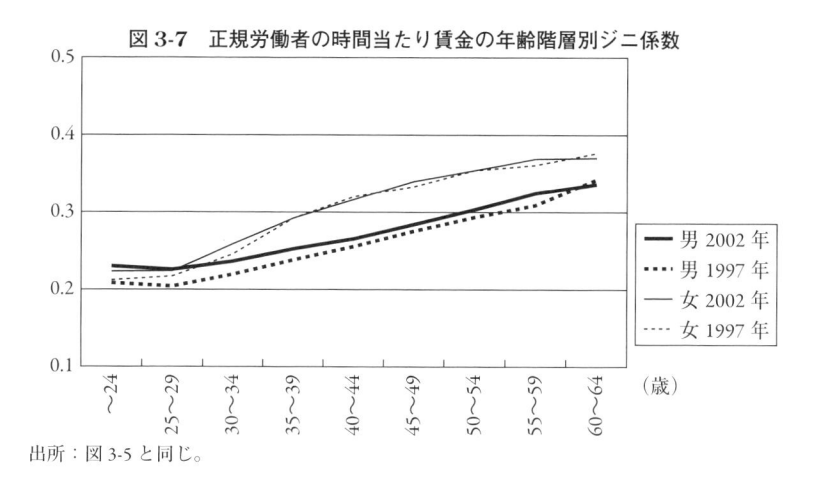

凡例：
— 男 2002年
‑‑‑ 男 1997年
— 女 2002年
‑‑‑ 女 1997年

横軸：～24, 25～29, 30～34, 35～39, 40～44, 45～49, 50～54, 55～59, 60～64（歳）

出所：図 3-5 と同じ。

り賃金よりもやや小さく、0.05 ほど下に位置する。また、年間労働時間のジニ係数は男女とも全年齢階層でほぼ等しく約 0.12 で、図に示すと水平な線となる。また女性パートタイム労働者については、年間所得、年間労働時間、時間当たり賃金とも、年齢階層別の差は小さく、0.2 ～ 0.25 の値を示す。

　図 3-8 は、男性正規労働者について、年間所得、年間労働時間、時間当たり賃金のジニ係数の変化率を示したものである。ほとんどすべて正の値であり、年間所得、年間労働時間、時間当たり賃金とも、59 歳までのすべての年齢階層で格差が拡大している。しかし、その増加率にはかなりの違いがある。**2** の図 3-3 でみた『全国消費実態調査』にもとづく賃金収入のジニ係数の変化とほぼ同様に、年間所得については、すべての年齢階層でほぼ同じ率で格差が拡大している。ところが、年間労働時間は、若年層と高齢層を中心に格差が拡大している。そして時間当たり賃金のジニ係数増加率については、若年層において、年間所得のジニ係数増加率を大幅に上回るという結果となっている。図 3-9 に示すように、女性正規労働者についても、若年層において時間当たり賃金のジニ係数増加率は年間所得のジニ係数増加率を大幅に上回る。図には示していないが、女性パートタイム労働者については、年間所得、時間当たり賃金のジニ係数は多くの年齢階層で低下し、年間労働時間のジニ係数は多くの年齢階層で増加した。時間当たり賃金のジニ係数は、1997 ～ 2002 年の 5 年間に 7.4％低下し（全年齢階層の単純平均）、パートタイム賃金の平準化が進んでいる。

図 3-8 男性正規労働者のジニ係数の変化率（1997〜2002 年）

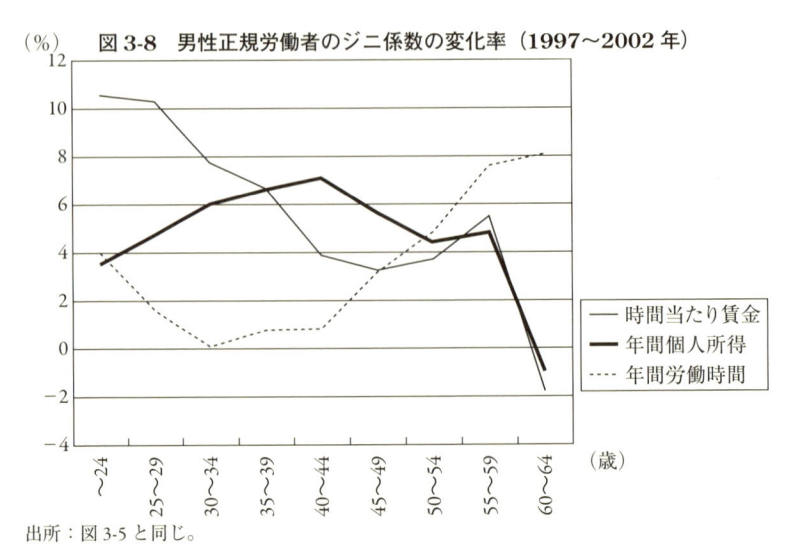

出所：図 3-5 と同じ。

図 3-9 女性正規労働者のジニ係数の変化率（1997〜2002 年）

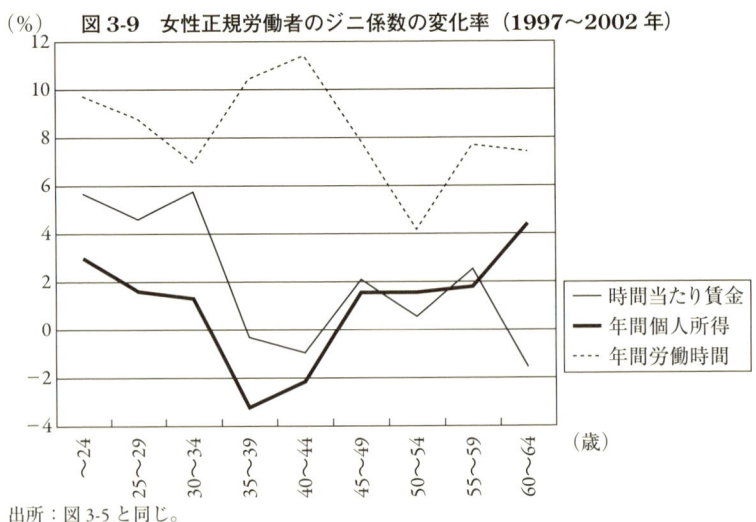

出所：図 3-5 と同じ。

　若年正規労働者の時間当たり賃金、年間所得および年間労働時間の格差がともに拡大した原因は、先にみた年間労働時間平均値の増加傾向と、年間所得平均値と時間当たり賃金平均値の低下傾向とを考慮すると、次のような現象が生じているためであると考えられる。つまり、時間当たり賃金が低い労働者が、年間労働時間をより多く増やすことによって、年間所得の低下を小さくしよう

とする。しかし、労働時間が増えたにもかかわらず、年間所得の低下は食い止められず、時間当たり賃金はさらに低下する。つまり、労働時間の増加と時間当たり賃金の低下とが、若年層のうちの低所得労働者に偏って生じていることを示唆する。これは「ワーキング」の量と「プア」の程度の増加が同時進行する現象であり、賃金格差拡大がもたらす最悪の弊害である。通常、日本における所得格差の議論では、年間所得の格差しか議論されない。ここでみたように、時間当たり賃金の格差が、若年層においては年間所得の格差よりも急速に増大しているという事実、および、若年層の時間当たり賃金の格差増加率は、中高年層のそれよりもかなり大きいという事実は、若年層の格差拡大に関する実感と符合していると考えられる。

4　IT化とグローバル化の影響

　日本では、1980～90年代において、学歴別賃金格差や職業別賃金格差で測られる熟練労働と非熟練労働の賃金格差が安定的に推移したために、アメリカやイギリスのようにSBTC仮説やグローバル化要因説が有力になることはなかった。しかし、少数であるが、このような仮説の日本への適用可能性についての研究がある。櫻井（2000; 2004）、佐々木・桜（2004）、池永（2008）、内閣府（2007）などである[11]。

　櫻井（2004）と佐々木・桜（2004）は、次のような3種の分析を行なっている。第1に、通常の賃金統計の集計値では、熟練労働と非熟練労働の賃金格差の拡大が確認できないので、年齢や勤続年数や学歴などの諸属性を考慮した賃金関数を推計し、「熟練労働者と非熟練労働者との賃金格差を明示的」にする作業が行なわれる。具体的には、大卒労働者とその他学歴労働者の時間当たり賃金格差の計測が行なわれる。この2つの研究では、1985年から2000年あるいは2003年にかけて、大卒労働者とその他学歴労働者との間の格差が拡大しているという結果が示されている。第2に、この期間における製造業従業員数あるいは製造業賃金支払額に占める大卒労働者シェアの増加を、産業中分類の

---

(11) 櫻井（2000）と池永（2008）では、職業分類を使用して、熟練労働と非熟練労働とを識別している。他方、櫻井（2004）、佐々木・桜（2004）、内閣府（2007）は、大卒労働者を熟練労働者とみなすというかたちで、学歴分類を使用して熟練労働と非熟練労働とを識別している。

各産業内部におけるシェアの増加による部分と、産業構造変化による部分へ要因分解するという分析が行なわれている。前者はアウトソーシング説およびSBTC仮説と整合的な変化として、後者はHOSモデルでの貿易の効果と整合的な変化として解釈される。この2つの研究では、ともに前者の値が大きいという結果が示され、「スキル偏向的技術進歩やアウトソーシングの拡大を背景に大卒労働者への相対的な需要が拡大している」(佐々木・桜, 2004, p.12) と述べられる。第3の分析では、スキル偏向的技術進歩とアウトソーシングのそれぞれの影響の大きさが、製造業の産業中分類別データ (1988〜2003年) を使った回帰分析によって推計される。被説明変数は大卒労働者向け賃金支払額シェアであり、スキル偏向的技術進歩を示す説明変数として研究開発費比率などが使用され、グローバル化の影響を示す説明変数として東アジアからの輸入比率などが使用される。佐々木・桜 (2004) によると「わが国製造業の大卒向け賃金支払い比率の上昇に対するグローバル化要因とSBTC要因の寄与率の合計は2割弱程度であるとともに、グローバル化要因は、SBTC要因とほぼ同程度か、それを上回るインパクトを及ぼしてきたといえる」(佐々木・桜, 2004, p.22) という推計結果が得られている。

　内閣府 (2007) では、内閣府 (2006) に引き続き1つの節を所得格差の分析に当てている。「経済成長と格差の関係」と題されたこの節では、とくにアメリカとイギリスの1980年代以降の所得格差拡大傾向が指摘されて、その背景にある経済社会環境の変化として、「IT技術の高度化」「グローバル化の深化」および「人口高齢化」が挙げられている。日本の格差拡大については、内閣府 (2006) と同様に、人口高齢化説を採用して「我が国の近年の趨勢的な所得格差の拡大は、高齢化という人口動態の変化が主な要因と考えられる」(p. 233) と述べられている。内閣府 (2007) の新たな点は、男性労働者に限定して、佐々木・桜 (2004) とほぼ同じ回帰分析を行なうことにより、「格差の拡大にグローバル化とIT化が一定程度寄与」という主張を付け加えていることである。この「一定程度」が意味する大きさについては次のように説明されている。「熟練労働者の賃金の全体の変化に対する寄与率をみると、グローバル化の要因の方が相当程度大きい結果となった。なお、技術革新やグローバル化の要因は、各労働者の相対賃金の変化の約1割程度を説明しているに過ぎず、この結果は、同様な実証分析を行った先行研究ともほぼ同様となっている」(p. 234)。

第3章　日本の賃金格差拡大の要因——人口高齢化説とSBTC仮説などの批判

　以上とりあげた諸研究は、学歴間賃金格差あるいは職業間賃金格差に着目して、この拡大に対するグローバル化とIT化の効果を計測しようという試みである。回帰分析の結果によれば、この効果の大きさは、大卒向け賃金支払額シェアの上昇に対するグローバル化とIT化の寄与率でみて、10～20%である。しかし、これをもって「格差の拡大にグローバル化とIT化が一定程度寄与」と主張するのは、次の2つの理由により早計に過ぎる。第1に、賃金支払額は1人当たり賃金と労働者数との積であり、大卒向け賃金支払額シェアの上昇は、大卒とその他との間の賃金格差の上昇による部分と、大卒労働者の人数シェアの増加による部分とに分解できる。後者の増加は明らかな事実であるから[12]、前者の学歴間賃金格差の上昇分はかなり小さいと考えられる。上記の回帰分析の結果は、学歴間賃金格差の拡大とグローバル化やIT化との関係として解釈するよりも、大卒労働者人数シェアの上昇とグローバル化やIT化との関係として解釈する方が適切である。第2に、仮に上記の寄与率10～20%のうちの一部が、学歴間賃金格差の拡大とグローバル化やIT化との関係を示すものと解釈できるとしても、この数字を日本における近年の賃金格差拡大に結びつけるためには、学歴間賃金格差の拡大は、全体の賃金格差拡大のうち、どの程度の比重を占めるのかを明らかにする必要がある。もしこの比重が非常に小さいものであるならば、全体の賃金格差の拡大とグローバル化やIT化との関係はほとんど無視できるものとなってしまう。上記の諸研究では、学歴間賃金格差あるいは職業間賃金格差の拡大が、近年の日本における全体の賃金格差拡大に占める比重については、計測が行なわれていない。以下では、この計測をミクロデータを使って行なう。つまり『就業構造基本調査』の個票データから男性正規労働者[13]の時間当たり賃金を算出し（詳細は3.1参照）、その各年齢階層における格差増加を、学歴内格差変化による部分、学歴間格差変化による部分、

---

(12) 表3-2aと表3-3に使用した『就業構造基本調査』（1997年、2002年）のデータを使って、男性正規労働者に占める人数シェアを計算すると、「大学・大学院」卒労働者は30.2%から34.1%に増加している。佐々木・桜（2004）は、回帰分析のコントロール変数として、個々の産業の大卒比率ではなく、このような全国平均値を使用している。したがって彼らの大卒労働者人数シェアによるコントロールは極めて不十分である。
(13) 『就業構造基本調査』の就業形態区分のうち「正規の職員・従業員」を、本章では「正規労働者」と呼ぶ。3の図3-8と図3-9に示したように、時間当たり賃金格差の拡大率は、男性正規労働者内部と比べて女性正規労働者内部においてはかなり小さいので、本章では男性労働者に限定して分析する。

表 3-2a　男性正規労働者の時間当たり賃金の対数分散変化の学歴に関する分解
（日本：1997 ～ 2002 年）

	20～29歳	30～39歳	40～49歳	50～59歳
対数分散の変化	0.022	0.028	0.018	0.030
学歴内格差拡大による部分	0.025	0.028	0.023	0.031
学歴間格差拡大の変化による部分	－0.002	0.000	0.004	0.000
学歴構成の変化による部分	－0.001	0.000	－0.009	－0.002

注：学歴区分は「小学・中学」「高校・旧中」「短大・高専」「大学・大学院」の 4 グループである。個票データを使い、年間就業日数 200 日以上の男性正規労働者を分析対象とした。
出所：総務省『就業構造基本調査』（1997 年、2002 年）の秘匿処理済ミクロデータより筆者が計算。

表 3-2b　男性フルタイム労働者の時間当たり賃金の対数分散変化の学歴に関する分解
（アメリカ：1980 ～ 1990 年）

	20～29歳	30～39歳	40～49歳	50～59歳
対数分散の変化	0.044	0.060	0.070	0.070
学歴内格差拡大による部分	0.024	0.034	0.029	0.034
学歴間格差拡大の変化による部分	0.019	0.030	0.035	0.026
学歴構成の変化による部分	0.001	－0.005	0.007	0.010

注：学歴区分は「high school dropout」「high school graduate」「some college」「college graduate」「post college」の 5 グループである。個票データを使い、男性フルタイム労働者（自営業者は除く）を分析対象とした。
出所：NBER, *Current Population Survey, Merged Outgoing Rotation Groups*, 1980, 1990 の個票データより筆者が計算。時間給以外の労働者については edited earnings per week を usual hours で除すことにより時間当たり賃金を求めた。上限賃金（top code）については Lemieux（2006）と同様に倍率 1.4 を乗じた。

学歴別労働者構成変化による部分に要因分解する（要因分解の方法については本章末尾の付録に記載している）。また職業についても学歴と同様の要因分解を行なう。

学歴に関する要因分解の結果を表 3-2a に示す。この表に示されているように、1997 ～ 2002 年の日本において、時間当たり賃金の対数分散はすべての年齢階層で増加している。そしてこの増加、つまり年齢階層内賃金格差の拡大を、上記の 3 つの要因に分解すると、各学歴内での賃金格差の拡大の効果が大きい。学歴間の格差拡大および学歴構成変化の効果は非常に小さいかマイナスである。「小学・中学」「高校・旧中」「短大・高専」「大学・大学院」の各グループの内部で、対数分散の増加率を全年齢階層平均値でみると、順に 13.5％、14.3％、17.0％、12.4％である。つまり賃金格差の拡大は、すべての学歴グループの内部でほぼ同様に生じている。このような学歴内格差の一様な拡大と学歴間格差

表 3-3 男性正規労働者の時間当たり賃金の対数分散変化の職業に関する分解
（1997～2002 年）

	20～29歳	30～39歳	40～49歳	50～59歳
対数分散の変化	0.021	0.028	0.018	0.030
職業内格差拡大による部分	0.019	0.023	0.018	0.024
職業間格差拡大による部分	0.000	0.004	0.003	0.007
職業構成の変化による部分	0.003	0.001	−0.002	0.000

注：職業区分は「専門的・技術的職業従事者」「管理的職業従事者」「事務従事者」「販売従事者」「サービス職業従事者」「保安職業従事者」「農林漁業作業者」「運輸・通信従事者」「技能工、採掘・製造・建設作業および労務従事者」の9グループである。個票データを使い、年間就業日数 200 日以上の労働者を分析対象とした。

出所：総務省『就業構造基本調査』（1997 年、2002 年）の秘匿処理済ミクロデータより筆者が計算。

の不拡大という事実は、SBTC 仮説とアウトソーシング説とは整合的ではなく、次節で述べる成果主義的賃金導入と春闘弱体化という賃金制度要因説とは整合的である。

表 3-2a と同様の要因分解をアメリカの就業構造調査である *Current Population Survey* の男性フルタイム労働者の個票データを使って行なった[14]。1980～90 年、1990～2000 年という2つの期間に関する分析結果のうち、1980～90 年の結果を表 3-2b に示す。日本の結果とは異なり、アメリカでは学歴内賃金格差の拡大の効果と並んで学歴間格差拡大の効果も大きい。学歴構成変化の効果は日本と同様に小さい[15]。1990～2000 年についても、各数値は 1980～90 年の数値の半分程度となるが[16]、学歴内賃金格差の拡大の効果と並んで学歴間格差拡大の効果が大きく、学歴構成変化の効果は小さいという点は同じである。このように、学歴間格差の拡大が全体の格差拡大に大きく寄与しているというアメリカの結果は、SBTC 仮説とアウトソーシング説と整合的である。

---

(14) アメリカの女性フルタイム労働者の要因分解でも、1980～90 年については男性フルタイム労働者と同様の結果が得られる。ただし、学歴内賃金格差拡大の効果と比べて学歴間格差拡大の効果はやや小さくなる。たとえば 30 歳代では、学歴内賃金格差拡大の効果は 0.052、学歴間格差拡大の効果は 0.037、学歴構成変化の効果は−0.007 である。

(15) 本章と方法はやや異なるが、Juhn, Murphy and Pierce（1993）は *March Current Population Survey* を使って 1979～88 年に関する要因分解を行なっている。そこでも、学歴内賃金格差の拡大の効果と並んで学歴間格差拡大の効果が大きく、学歴構成変化の効果は小さいという結果が得られている（p. 430, Table 4）。

(16) Autor, Katz and Kearney（2008）によれば、高卒労働者と大卒以上労働者の間の賃金格差は 1980 年代に拡大したが、1990 年代には拡大テンポが少し緩やかになった（p. 303, Figure 2）。

日本の職業に関する要因分解の結果を表 3-3 に示す。日本の学歴に関する要因分解の結果と同様に、この要因分解においても、各年齢階層の賃金格差拡大は主として各職業内での賃金格差の拡大に起因する。職業間の格差拡大および職業構成変化の効果は小さい。このような職業内格差の拡大と職業間格差の不拡大という事実も、SBTC 仮説とアウトソーシング説とは整合的ではなく、賃金制度要因説とは整合的である。

この 2 つの要因分解の結果によると、学歴間賃金格差あるいは職業間賃金格差の拡大は、近年の日本における全体的な賃金格差拡大に対して、ほとんど影響していない。そもそも学歴間賃金格差あるいは職業間賃金格差は、年齢階層別にみるとこの 5 年間においてほとんど変化していない[17]。このことは、各学歴内部や各職業内部での時間当たり賃金の平均値がほぼ同率で低下していることによって確認できる。たとえば「小学・中学」「高校・旧中」「短大・高専」「大学・大学院」という各学歴内部での時間当たり賃金平均値の 5 年間の変化率を、全年齢階層平均値で示すと、順に -11.8%、-11.5%、-14.5%、-11.6%である。

したがって、仮にグローバル化と IT 化が学歴間賃金格差の拡大に対して数％寄与することが認められるとしても、学歴間賃金格差の拡大と全体の賃金格差拡大との関係はほとんど認められないから、このようなルートでは、グローバル化や IT 化と日本の近年の所得格差の拡大とを関連づけることはできない。つまり SBTC 仮説とアウトソーシング説とは、日本の近年の所得格差の拡大の説明としてはほぼ無効である。内閣府（2007）での「格差の拡大にグローバル化と IT 化が一定程度寄与」という記述は裏づけをもたない主張である。

5 賃金制度改革の影響

近年の日本において、全労働者に占める高学歴労働者の人数シェアの増加は

---

[17] 野村（2007）は、日本的雇用慣行の本質を「学歴別・性別に仕切られた経営秩序」と捉える。そして、雇用慣行は経済的経営的条件の従属変数ではなく、経済的経営的条件と社会的規範・価値観との相互作用によって形成され、雇用慣行がひとたび形成されると、それ自体が社会的規範・価値観となる傾向があり、持続性をもつと述べる。とくに「学歴別に仕切られた雇用秩序が、見通しうる将来において、変わるとは思えない」（p.431）と述べている。

第 3 章　日本の賃金格差拡大の要因 —— 人口高齢化説と SBTC 仮説などの批判

表 3-4　大卒男性一般労働者の平均勤続年数（2006 年）

	25～34歳	35～44歳	45～54歳	55～64歳
アメリカ	3.0	5.2	8.8	11.1
日　本	5.5	13.3	20.3	22.0

出所：日本は厚生労働省『平成 18 年　賃金構造基本統計調査』、
　　　アメリカは U. S. Department of Labor, *Employee Tenure in 2006*.

認められるとしても、賃金の学歴間格差の拡大が認められないという上記の事実は、日本の雇用・賃金制度の特徴を考慮すると不自然なものではない。表 3-4 は、日米の大卒男性一般労働者の平均勤続年数を年齢階層別に示している。日本の場合は、年齢をほぼそのまま反映して勤続年数が増加している。つまり日本では、大部分の大卒男性一般労働者は、新卒で就職して退職するまでひとつの会社に勤続する、いわゆる「終身雇用慣行」が存在していることを示している。一方、アメリカでの勤続年数は、日本と比べてかなり短く、転職や中途採用が広範に行なわれていることを示している。日本の大卒男性一般労働者に関して、転職や中途採用というかたちの労働力の移動が非常に少ないということは、労働市場の需給状態に応じた賃金の調整、つまり賃金の市場的調整が作用しにくいことを意味する。賃金の市場的調整は、新規学卒労働者に関してある程度作用するだけである。賃金プロファイルのうち新規学卒賃金以外の部分は、企業単位に存在する賃金制度によって主として規定されている。そして、この賃金制度は、中長期的に安定性をもつものであり、労働市場の需給状態などの短期的変動の影響はあまり受けない。つまり、IT 化やグローバル化によって熟練労働への需要シフトが起きたとしても、そのことが直接的に賃金制度の変化をもたらし熟練労働の賃金を上昇させる可能性は低い。日本において IT 化やグローバル化が賃金に影響を及ぼすとすれば、それは企業レベルの賃金制度改革を介して現われる。この賃金制度改革は、IT 化やグローバル化だけでなく、人口高齢化や規制緩和など当該企業をとりまく様々な環境変化を総合的に考慮した結果として立案され実行される。またその際に、協調的労使関係の維持や長期的雇用慣行の維持などが各企業の制度改革の内容を制約する条件として作用する。

　90 年代の日本において、IT 化やグローバル化は、単に熟練労働への需要シフトを引き起こしただけでなく、国際競争の激化などを介して日本企業の収益力を低下させた。収益力を回復させるための措置として、多くの企業が採用

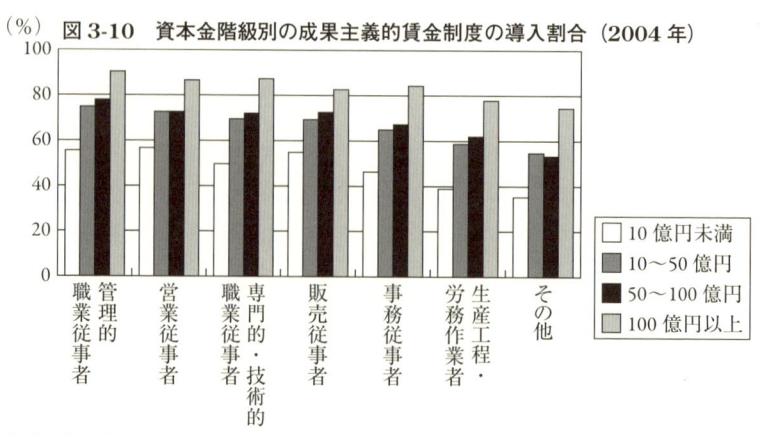

第Ⅱ部　日本の制度的調整の特徴と限界

図3-10　資本金階級別の成果主義的賃金制度の導入割合（2004年）

凡例：
- 10億円未満
- 10〜50億円
- 50〜100億円
- 100億円以上

横軸：管理的職業従事者／営業従事者／専門的・技術的職業従事者／販売従事者／事務従事者／生産工程・労務作業者／その他

出所：内閣府経済社会総合研究所（2005）。

した方法は賃金コスト（とくに総額人件費）の圧縮である。賃金コスト圧縮を強いた要因としては、IT化やグローバル化だけでなく、バブル経済の崩壊で生じた不良債権処理や、加速した高齢化[18]、民営化や規制緩和などの政府の政策によって引き起こされた競争環境の変化も重要である。また、賃金コスト圧縮の手段としては、大きく分けて、雇用の削減と賃金の引き下げという2つがある。ただし、日本企業にとって雇用の削減に関しては次のような限界がある。慣行として正規労働者の雇用保障をこれまで重視してきた多くの日本企業においては、新規採用の停止や人数減という方法はとりうるが、現正規労働者の削減という方法は採用しがたい。一部では希望退職募集というかたちの現正規労働者の削減を最終的な手段として実施した企業もあったが、多くの日本企業が最初にとりくんだのは賃金の引き下げである。それは、賃上げ率の抑制という措置に加えて、成果主義的賃金制度の導入と春闘の形骸化という賃金制度改革を通じて行なわれた。

日本において、1960年代までは、ほぼ年齢に応じて昇給・昇進が行なわれるという年功賃金制度が主流であったが、70年代以降、「職能給」が主流の賃金制度となった。賃金制度に能力開発機能とインセンティブ機能をもたせるこ

---

[18] 日本において人口高齢化は急速に進行しており、比較的高賃金である高年齢層労働者の割合の増加と社会保障負担の増加という2つのルートを通じて、企業の賃金コストを押し上げる作用をもつ（詳しくはUni, 2008参照）。

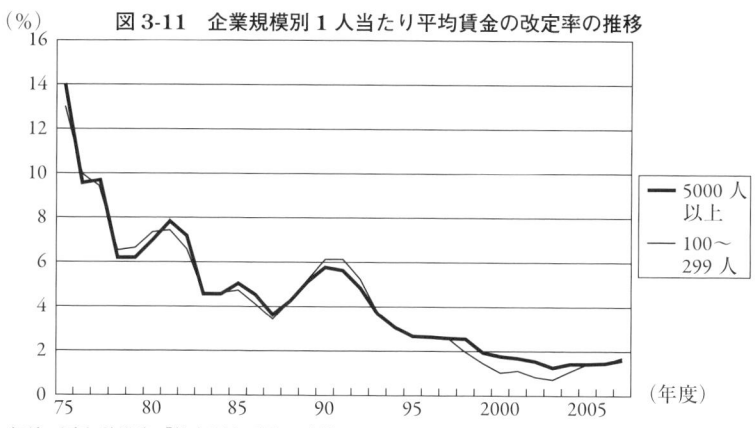

第3章　日本の賃金格差拡大の要因──人口高齢化説とSBTC仮説などの批判

図3-11　企業規模別1人当たり平均賃金の改定率の推移

出所：厚生労働省『賃金引上げ等の実態に関する調査』。
注：「賃金の改定」とは、全常用労働者を対象とした定期昇給、ベースアップ、諸手当の改定などをいい、ベースダウンや賃金カットなどによる賃金の減額も含まれる。

とを意図した日経連が、この賃金制度改革を主導した。この職能給は査定とセットの存在であり、「職能資格制度」と呼ばれる日本独特の人事・賃金制度を構成している。「職能」と呼ばれる職務遂行能力を上司が査定し、その評価に応じて、賃金とリンクする職能等級に労働者が格付けされる。しかし、職能を客観的に数値化することはきわめて困難であり、実際には、上司による査定では勤続年数や経験年数が重視されることが多かった。このような「職能資格制度の年功主義的運営」は、能力主義が生み出す個人間の賃金格差を抑制する機能も果たした（楠田, 2002）。

バブル崩壊後の日本経済の長期停滞、グローバル化による国際競争の激化、従業員の高齢化による人件費の自然増などに対処するために、1990年代以降、多くの日本企業は総額人件費の抑制を迫られた[19]。図3-11に示すように、賃上げ率は低下が続き、1990年代半ばには定期昇給分（年功主義的賃金体系のも

---

[19] 日経連（1995）は、今後の賃金制度改革の方向として、総額人件費の抑制を大前提として、従来の「年齢、勤続に主体をおいた考え方」から「職能・業績の伸びに応じて賃金が上昇するシステム」への移行を主張した。このような方向に対し、労働組合の全国組織は反対を表明したが（連合, 1995）、企業別組合役員に対するアンケート調査（連合総合生活開発研究所, 1998）では、大卒事務系技術系一般職の賃金決定要素として、「仕事の成果」を今後「重視する」という回答は33.8％、「やや重視する」という回答は45.4％もあった。つまり、1998年時点では個々の労働組合の多くは成果主義的賃金制度に賛成していたと考えられる。このことが急速な成果主義的賃金制度の普及をもたらした（2004年の導入率は図3-10参照）。

第Ⅱ部　日本の制度的調整の特徴と限界

とでの勤続年数上昇にともなう賃金上昇分）を除けば、賃上げはほぼゼロとなった。1990年代半ば頃から、賃金をさらに抑制する手段のひとつとして「成果主義的賃金制度」を導入する企業が増えていった。成果主義的賃金制度とは、目標管理制度、自己申告・面談制度などを通じて、賃金と個人の実績との連動性を高めた賃金制度である。成果主義賃金では、「職能資格制度の年功主義的運営」が払拭され、賃金は労働者個人の短期的な成果にリンクする。成果主義的賃金の導入の結果、企業内の個人間賃金格差は当然拡大することになる。実際、成果主義的賃金を導入すると賃金格差が拡大するという事実も明らかになっている[20]。社会経済生産性本部が毎年行なっている『日本的人事制度の現状と課題』という調査は、賃金制度を「職能給」「役割・職務給」「年俸制」などに分類して、各企業がどの程度導入しているかを調べている。この調査によると、成果主義的性格が最も強い年俸制の管理職層への導入率は、1996年では約10％であったが、2002年には40％に達した[21]。また内閣府経済社会総合研究所（2005）は、2004年における成果主義的賃金制度の導入率を資本金規模別で調査しており、前出の図3-10に示すように、企業規模が大きいほど導入率が高いことが明らかになっている[22]。

　また、賃金交渉制度も変化した。企業別組合、企業別賃金交渉が一般的な日本において、企業間の賃金平準化メカニズムとして大きな役割を果たした

---

(20)　内閣府経済社会総合研究所（2005）は、1999〜2004年における企業内の最高賃金と最低賃金の格差を調査しており、成果主義的賃金の割合が50％以上の企業は、それ以外の企業と比べて賃金格差が大きく、また賃金格差の拡大テンポも速いという結果が示されている。労働政策研究・研修機構（2007）は、2002〜2005年の間に「勤続年数が近い従業員間の賃金格差拡大」が生じたかを従業員に問うており、成果主義導入企業では43.2％が、未導入企業では15.7％が「生じた」と回答している。また、産労総合研究所（1999）は、1999年時点において、大学卒男性事務系社員（非管理職層を含む）の賃金格差を今後どのようにしたいかを企業に問うており、20.7％の企業が「現状よりもかなり大きな格差にする」、50.8％の企業が「現状よりもやや大きな格差にする」、23.8％の企業が「現状と同じ程度の格差でよい」と回答している。
(21)　一般職については、係長・主任クラスでも年俸制導入率は10％に達していない。一般職の賃金に個人の成果を反映させる方式としては、所定内賃金の一部分（富士通では「職責給」、NTTでは「成果手当」と呼ばれる）に、査定評価に応じて差をつけるという方法と、毎年行なわれる昇給の額に差をつけるという方法とが併用されることが多い。
(22)　内閣府経済社会総合研究所（2005）の調査対象は、東京、大阪、名古屋の証券取引所第1部および第2部上場企業（2512社）であり、その大部分は大企業である。製造業などで資本金規模3億円以下、サービス業などで5000万円以下で定義される中小企業における成果主義的賃金の導入率は、図3-10の数値よりかなり低いと考えられる。

のは、春季にほぼ同時期に賃上げ交渉を行なうという「春闘」システムである。このシステムでは、比較的好業績産業の企業群が、賃上げの社会的相場を形成するパターン・セッターとして位置づけられた。そして、その他企業の賃金交渉の時期を少し後にずらして設定することにより、その他企業群の賃上げを好業績企業群の賃上げ相場にできるだけ近づけようとした。しかし、90年代半ば以降の春闘では、パターン・セッターとなる企業において、労働組合がその要求を実現できないことが多い。また、労働組合側は賃上げ要求を産業単位で統一することすらできないケースが増えている。1995年が春闘が転換した年であるといわれる（高梨, 2002; 日本労働研究機構調査部, 2004）。公益企業はこの年起きた阪神大震災の影響を大きく受けたため、私鉄総連はスト配置をとりやめ、NTTの労働組合も集中回答日前に妥結した。この年に、私鉄では1967年以来続いてきた中央集団交渉が崩壊し、その後ストなし路線が定着していく。これまでは業績の変動が少ない公益産業が景気後退時の賃上げを下支えしてきたが、これ以降は、規制緩和の圧力も強まり、このような機能が失われていく。2000年春闘では、大手金属産業では500円程度の有額ベア回答が示されたが、NTT、電力、私鉄ではベアゼロで決着した。また、1990年代以降の実質的なパターン・セッターはトヨタ自動車であったが、2001年、2002年は好業績のトヨタもベアゼロ決着となり、2003年はトヨタ労組側がベア要求を断念した。

　また、経営者側においても、賃金決定の際に世間相場を重視する割合が減っている[23]。日経連（1995）は、産業別労使関係よりも企業別労使関係を重視する方向を打ち出した。同業他社との横並びを排した「自社型賃金決定」が明確に現われたのが、97年の春闘である。自動車総連が設定したベアの妥結基準600円を100円上回る回答を、トヨタの経営側が提示した。2000年には、1957年以来続いてきた鉄鋼大手5社の統一回答が崩れ、分裂回答となった。厚生労働省『労働組合基礎調査』によれば、2005年の労働組合推定組織率は、従業員1000人以上企業で47.7％、100～999人企業で15.0％、99人以下企業で1.2％である。労働組合が未組織の企業では、ほぼ経営者の意志にもとづい

---

(23) 厚生労働省『賃金引上げ等の実態に関する調査』によると、賃金改定の際、1980～97年では、平均25％の企業が「世間相場」を最も重視したと答えているが、1998～2006年では平均11％に減った。他方、「企業業績」を最も重視したと答えた企業の割合は、62％から75％に増加した。

て賃金が決まる。したがって経営者が世間相場を無視する傾向は、とりわけ小企業の賃金のばらつきを高める。

このような春闘の「形骸化」、つまり企業間での賃金平準化機能の低下は、賃金の企業間格差の拡大要因となる。前出の図 3-11 は、厚生労働省『賃金引上げ等の実態に関する調査』における企業規模別賃上げ率の推移を示している。従業員 5000 人以上企業と 100 ～ 299 人企業は、1990 年代半ばまでほぼ同率の賃上げを実施してきたが、98 年から 2004 年にかけて顕著な賃上げ率格差が生じている。また、厚生労働省『賃金構造基本調査』からは、従業員 1000 人以上企業と 10 ～ 99 人企業の所定内給与の伸び率を算出することができるが、男性一般労働者については 90 年代半ば以降格差が生じている。従業員 1000 人以上企業の所定内給与を 100 とすると、10 ～ 99 人企業の値は 90 年代半ばまでは約 78 ～ 80 で安定的に推移していたが、90 年代半ば以降低下が続き、2006 年には 73 となっている。

成果主義的賃金制度と春闘の形骸化に関する、以上述べたような事実を考慮すると、賃金格差拡大の形態について次のような仮説を立てることができる。第 1 に、図 3-10 に示したように、成果主義的賃金制度の導入率は企業規模が大きいほど顕著であるから、成果主義的賃金による企業規模内の賃金格差の拡大率は、大規模企業ほど大きくなるだろう。第 2 に、春闘の形骸化により、経営者が世間相場を無視するようになると、そのほとんどで労働組合未組織である小企業内部での賃金のばらつきが拡大するだろう。第 3 に、春闘の形骸化は、図 3-11 に示すような大企業と中小企業との間の賃上げ率格差を生んでいる。これは、企業規模間の賃金格差を拡大させるだろう。結局、成果主義導入は主に大企業内部での賃金格差を拡大させ、春闘形骸化は主に、小企業内部での賃金格差拡大と企業規模間格差の拡大とをもたらすだろう。

上記の 3 点を確認するために、以下では、前節と同じデータを使って、年齢階層別の賃金格差変化の企業規模に関する要因分解を行なう。つまり『就業構造基本調査』の個票データから男性正規労働者の時間当たり賃金を算出し、各年齢階層における賃金格差増加を、企業規模内格差変化による部分、企業規模間格差変化による部分、企業規模別労働者構成変化による部分に要因分解する。

企業規模に関する要因分解の結果を表 3-5 に示す。この表に示されているように、時間当たり賃金の対数分散の増加を上記の 3 つの要因に分解すると、企

第3章 日本の賃金格差拡大の要因―― 人口高齢化説と SBTC 仮説などの批判

表 3-5 男性正規労働者の時間当たり賃金の対数分散変化の企業規模に関する分解
（1997 〜 2002 年）

	20〜29歳	30〜39歳	40〜49歳	50〜59歳
対数分散の変化	0.022	0.028	0.018	0.030
企業規模内格差拡大による部分	0.017	0.022	0.013	0.021
企業規模間格差拡大による部分	0.005	0.006	0.008	0.010
企業規模別構成の変化による部分	0.000	0.000	−0.003	−0.002

注：企業規模区分は従業者「1 〜 29 人」「30 〜 99 人」「100 〜 299 人」「300 〜 999 人」「1000
　　人以上」「官公庁」の 6 グループ。個票データを使い、年間就業日数 200 日以上の労働
　　者を分析対象とした。
出所：総務省『就業構造基本調査』（1997 年、2002 年）の秘匿処理済ミクロデータより筆者
　　　が計算。

業規模内の賃金格差の拡大の効果が最も大きく、企業規模間の賃金格差の拡大の効果が次に大きい。企業規模別労働者構成変化の効果は小さい。企業規模間格差の拡大は、春闘の形骸化による賃上げ波及効果の低下と解釈でき、先に述べた第 3 の仮説を裏づける。「1 〜 29 人」「30 〜 99 人」「100 〜 299 人」「300 〜 999 人」「1000 人以上」「官公庁」の各グループの内部で対数分散の増加率を、全年齢階層平均値でみると、順に 15.2％、3.9％、10.7％、9.6％、16.0％、3.9％である。つまり賃金格差の拡大は、各企業規模グループすべての内部で生じているが、「1 〜 29 人」の小企業と「1000 人以上」の大企業でとくに大きい。大企業での顕著な格差拡大は、成果主義導入率の高さを反映していると解釈でき、先に述べた第 1 の仮説を裏づける。また小企業での顕著な格差拡大は、先に述べた第 2 の仮説を裏づける[24]。このように企業規模別の格差拡大率の差異は、成果主義的賃金導入と春闘弱体化という賃金制度要因説と整合的である。また、公務員については、成果主義導入率は低く、人事院勧告という制度を通じて民間準拠の賃上げが保証されていることを考慮すると、官公庁の格差拡大率が 3.9％と小さいという点も賃金制度要因説と整合的である。

また、90 年代末からの格差拡大というタイミングも、90 年代半ばから始まった成果主義的賃金導入と春闘弱体化という賃金制度要因説と整合的である[25]。

さらに、成果主義的賃金の導入率が最も高いのは、図 3-10 によると管理的

---

(24) 成果主義的賃金制度導入の効果を厳密に識別するためには、大規模企業グループ内の格差拡大を、企業内格差拡大による部分と企業間格差拡大による部分に分解することが望ましい。しかし、ここで使用している総務省『就業構造基本調査』の個票データには勤め先企業名は記載されていないので、このような分解は不可能である。しかし注（13）に引用した 3 つの調査などを参照すると、企業内格差の拡大が生じたことはほぼ確実であると考えられる。

職業であるが、日本では管理的職業における女性比率は約1割にすぎない。したがって、成果主義的賃金の導入は、女性よりも男性の賃金格差を大きく拡大させると考えられる。図3-8と図3-9に示されている男女の違い、つまり、女性よりも男性の賃金格差増加率の方が大きいという事実も、賃金制度要因説と整合的である。

このような1990年代末からの各年齢階層内の賃金格差拡大の要因を成果主義的賃金制度導入に求める見解は、厚生労働省（2003）[26]や産労総合研究所（2008）[27]でも示されている。

6　人口高齢化の影響

所得格差や賃金格差拡大の主要な要因は人口高齢化であるという説が日本では支配的である。つまり、年齢階層別にみると高年齢階層ほど所得格差や賃金格差が大きいので、人口の年齢別分布が全体として高齢化していくと、経済全体の所得格差や賃金格差が拡大するのは当然だという説である。この説の主唱

---

(25)　日本政策投資銀行（2001）は、日本の上場企業約1400社のROAを算出し、その変動係数でみたROAの企業間格差の推移を明らかにしている。それによると1980年代はROAの企業間格差には大きな変化はないが、90年代初めからほぼ一貫して企業間格差が拡大している。他方、日本生産性本部『生産性モデル総合賃金調査報告書』は、約1200社の年齢、学歴、性、職種（事務技術職と生産職）別に企業毎の標準賃金を調査している。そこに示されている各属性別の標準賃金の変動係数から、企業間格差を知ることができる。1991～96年においては、どの属性においても賃金の企業間格差の拡大傾向は認められない。このようなROAと賃金の企業間格差の推移の違いから、収益性の企業間格差の拡大は、賃金格差拡大の必要条件のひとつであるかもしれないが十分条件ではないということがわかる。

(26)　厚生労働省『労働経済白書　2003年版』は第2部第2章第3節において、『賃金構造基本調査』のミクロデータを使って、1990、1995、2001年の年齢階層ごとの時間当たり賃金の格差を分析している。1995年から2001年にかけて、とくに男性大卒中高年層で格差拡大が起きている。その要因については、次のように説明されている。「大卒中高年層で賃金のばらつきが拡大していることの背景として、従業員の高齢化、高学歴化により年功的賃金体系の下で従来の賃金水準を維持すれば賃金コストが高まることから、企業が比較的賃金の高い大卒中高年層を中心に、能力や成果の評価の厳格化等により、賃金コストの抑制を図っていることがうかがえる」(p. 154)。

(27)　産労総合研究所（2008）では、モデル賃金のばらつきに関する分析結果として次のように述べられている。「2007年の結果をみると、年齢が高まるとともにばらつきが大きくなるのは例年と変わらず、30歳以降のばらつきそのものは、2000年の結果以来、軒並みに拡大している。年功給から成果主義への移行が進むなかで、賃金の個別化がさらに進行していることがうかがえる」(p. 12)。

者である大竹(2003; 2005)は、1984〜99年において、25〜29歳、30〜34歳など各年齢階層内の所得不平等度は非常に安定的であることを証明し、これにもとづいて、日本では真の不平等化は起きていない、つまり、格差の拡大は「見かけ」上の問題にすぎないと主張した。日本で人口高齢化が急速に進行していることも、年齢階層別にみると高年齢階層ほど所得格差や賃金格差が大きいことも、ともに事実であるが、2で明らかにしたように、1999年以降、各年齢階層内においても格差が拡大しているので、格差拡大の原因をもっぱら労働者の年齢構成変化に求める大竹の人口高齢化説は2000年代には妥当しない。2では、大竹と同じ方法を用いて総務省『全国消費実態調査』(1999年、2004年)の秘匿処理済ミクロデータから、不平等度変化の要因分解を行なった。つまり、2人以上世帯の年間収入など(世帯人員数の調整を行なった等価値)の対数分散の増加幅を、年齢階層内格差拡大による部分、年齢階層間格差拡大による部分、および年齢構成変化による部分に要因分解した。その結果の一部を表3-6に示す。1999〜2004年において、年間収入の年齢階層内格差の増加は0.008であり、人口高齢化効果0.009と並ぶ大きさである。つまり年齢階層内格差拡大は所得の不平等化に大きな影響を及ぼしている。2では、さらにこのような所得の不平等化は、賃金格差の拡大にもとづくことを明らかにした。以下では、1999〜2004年においても大竹の人口高齢化説が妥当すると主張する内閣府(2006)の分析の問題点を指摘したい。

　新自由主義的傾向を強くもつ小泉政権(2001年4月〜2006年9月)は、所得格差拡大に対する政策的対応に関しては一貫して消極的であった[28]。内閣府(2006)は、90年代末以降も人口高齢化が格差拡大の主因であると主張することにより、小泉政権のこの消極的姿勢を正当化する役割を果たした。たとえば、

---

(28)　たとえば2006年1月25日の参議院本会議において小泉首相は、「ジニ係数の拡大に見られるように所得の格差が広がっているとの指摘がありますが、統計データからは、所得再分配の効果や高齢者の増加、世帯人員の減少といった世帯構造の変化の影響を考慮すると、所得格差の拡大は確認されない、また、資産の格差についても明確な格差の拡大は確認されないという専門家の報告を受けております」と答弁した。また、2006年2月1日の参議院予算委員会では、小泉首相は「私は格差が出るのは別に悪いこととは思っていません。今まで悪平等だということの批判が多かったんですね。能力のある者が努力すれば報われる社会、これは総論として、与野党問わずそういう考え方が多いと思います」と答弁した。所得格差問題も争点のひとつとなった2007年参議院選挙において与党は大敗した。小泉路線を継承した安倍首相の辞任後、成立した福田政権は、格差是正(とくに地域格差是正)を政策課題として位置づけた。

表 3-6 『全国消費実態調査』ミクロデータを使った
1999〜2004年の不平等度変化の要因分解

	表 3-1 の一部分（増加幅で表示）			内閣府(2006)
	年間収入	消費支出	食費	年間収入
所得不平等度の増加幅	0.008	0.011	0.016	−0.0050
年齢階層内格差拡大による部分	0.008	0.010	0.015	−0.0077
年齢階層間格差拡大による部分	−0.009	−0.003	0.002	−0.0067
年齢構成変化（人口高齢化）による部分	0.009	0.005	0.000	0.0095

出所：最右欄は、内閣府（2006）p. 263, 353.
注：本文に記しているように、両者の間には統計的処理方法の差異がある。

2006年1月の「月例経済報告等に関する関係閣僚会議」に、内閣府は、「格差拡大の論拠として、所得・消費の格差、賃金格差などが主張されるものの、統計データからは確認できない」「所得格差は統計上は緩やかな拡大を示しているが、これは主に高齢化と世帯規模の縮小の影響による」という内容の資料を提出した。この内容はそのまま2006年1月25日の参議院本会議における小泉首相の格差問題に関する国会答弁に使用された。その根拠とデータは内閣府（2006）に詳しく書かれている。この内閣府（2006）による不平等度の要因分解結果を表3-6に併記しているが、それは人口高齢化効果だけが正の値を示し（つまり、格差を拡大させる方向に作用し）、人口高齢化説を支持する結果となっている。

しかし、内閣府によるこの結果は、いくつかの人為的な統計的処理方法の変更を加えることによって、かなり強引に導かれたものである。大きな変更は次の3点である。①2人以上世帯ではなく、単身世帯も加えた総世帯を分析対象にする。②世帯人員数で調整した等価所得を使わない。③不平等度の尺度として対数分散ではなく平均対数偏差を使う。

このような修正はいずれも分析の精度や質を低下させる作用をもつ。第1に、単身世帯と2人以上世帯とではサンプル設計や調査方法が大きく異なるので[29]、①のように単身世帯を追加すると分析結果の精度が低下する。第2に、②のように家計所得を世帯人員数で調整しない場合には、世帯内有業者数の違いによる所得の差という「見かけ」上の格差が混入する。第3に、平均対数偏差は低位層での格差拡大に敏感に反応する性質をもつので、③のように平均対

---

[29] 全世帯のうちで単身世帯が占める比率は約3割であるが、『全国消費実態調査』の全調査サンプルのうちでは1割以下である。2人以上世帯では3ヵ月間の家計収支が調査されるが、単身世帯では2ヵ月間である。

数偏差を用いると、主に単身世帯に焦点が当たり、これまでの研究において2人以上世帯に当てられていた焦点がぼやけてしまう。

また、大竹の分析がスタンダードな地位を占めていたのであるから、内閣府も2004年のデータを使って大竹と同じ方法による要因分解を試みたはずである。しかし、その結果は人口高齢化説に反するので公表せず、様々な統計的処理方法の変更を加えた結果だけを公表するというのは、明らかに良心的とはいえない。そしてこの公表結果が、格差問題に関する小泉政権の政策的対応に影響したとすれば、その責任は重大である。

7　雇用の非正規化の影響

このように1990年代末以降の格差拡大に関して、説得力が弱まった人口高齢化説に代わって注目を集めつつあるのは、雇用の非正規化に原因を求める説である。日経連（1995）は、今後の雇用制度改革の方向として、長期雇用を「長期蓄積能力活用型従業員」と呼ばれる管理職、総合職、基幹職に限定し、それ以外の専門職や一般職は有期雇用契約に変更するという方針を打ち出した。正規労働者をパートタイム労働者、派遣労働者、請負労働者に代替する動きは、1997年の金融危機以降に強まった。総務省『労働力調査』によると、総労働者に占めるパートタイム労働者の比率は98年の16.3%から99年の19.5%へ、たった1年で3.2%ポイントも上昇した。そして2004年には23.7%に達した。このような非正規化の進展には、規制緩和も寄与している。1986年に制定された労働者派遣法は、当初は専門的知識・技術を要する13業務に限定されていた。1999年の法改正によって建設、警備、港湾荷役、医療、製造業務を除くすべての業務が派遣対象業務になった。さらに2004年からは、製造業務も派遣対象業務となった。また派遣可能期間の制限も大幅に緩和された。総務省『就業構造基本調査』によると、1997〜2002年において、正規労働者は394万人減少し、非正規労働者は362万人増加した[30]。

（30）本文で述べているように、1997年と2002年の間に雇用形態定義の変更があったので、この増減数はやや過大である。ここでの正規労働者は「役員」「正規の職員・従業員」の合計である。非正規労働者は「パート」「アルバイト」「労働者派遣事業所の派遣社員」「嘱託など」（2002年は「契約社員・嘱託」）「その他」の合計である。

表 3-7 『就業構造基本調査』データを使った 1997 ～ 2002 年の
男性賃金の不平等度変化の要因分解

	太田 (2005)			Uni (2008)		
	20～24歳	25～29歳	30～34歳	20～24歳	25～29歳	30～34歳
対数分散の変化	0.075	0.045	0.044	0.026	0.027	0.028
雇用形態内格差拡大による部分	0.005	− 0.002	0.016	0.022	0.022	0.022
雇用形態間格差拡大による部分	− 0.001	0.010	0.010	− 0.002	0.002	0.001
雇用形態構成の変化による部分	0.070	0.038	0.019	0.006	0.003	0.004

出所：太田 (2005)、Uni (2008).
注：本文に記しているように、両者の間には統計的処理方法の差異がある。太田 (2005) は、正規と非正規の 2 グループ（総務省『就業構造基本調査』1997 年と 2002 年の間の雇用形態定義変更を考慮せず）の年間所得を分析。また個票データではなく公表集計表データを使って算出。Uni (2008) は、正規＋契約社員＋嘱託、パート、アルバイト、派遣社員、その他の 5 グループ（統計の定義変更を考慮）の時間当たり賃金の分析。個票データを使い、年間就業日数 200 日以上の労働者を分析対象とした。

また日本では、パートタイム労働者とフルタイム労働者の間での、時間当たり賃金や待遇の平等化（均等待遇原則）の法制化が不十分であり[31]、パートタイム労働者とフルタイム労働者に大きな賃金格差がある[32]。したがって、フルタイム労働者をパートタイム労働者に代替するという雇用の流動化は、総額人件費の削減にもつながる。

雇用非正規化説では、非正規労働者の増加、とくにフリーターの増大など若年層における非正規化の急速な進展が、若年層内部での格差拡大の主因であると捉えられる。たとえば、太田 (2005) は、1997 年と 2002 年の『就業構造基本調査』の公表集計表を分析して[33]、若年層の年間所得格差拡大の大部分は非正規労働者の割合が高まったことにもとづくという結論を導いた。太田は、個々の年齢階層の雇用形態別年間所得分布データの対数分散を使って、格差変化の要因分解を行なった。つまり、各年齢階層の年間所得格差増加を、雇用形

---

(31) 2008 年 4 月施行の改正パートタイム労働法において、均等待遇が初めて法制化されたが、その対象は、職務内容が正社員と同じパートタイム労働者に限定され、パートタイム労働者全体の約 5％にすぎない。

(32) 女性フルタイム労働者の時間当たり賃金を 100 としたときの女性パートタイム労働者の値は、アメリカ 62.5（1996 年）、日本 65.7（2003 年）、イギリス 74.5（2000 年）、ドイツ 87.5（1995 年）、スウェーデン 92.3（1995）となっている。日本は厚生労働省『賃金構造基本調査 2003』、アメリカ、ドイツおよびスウェーデンは OECD, *Employment Outlook 1999*、イギリスは *New Earning Survey 2000* による。

(33) 太田 (2005) の分析は、『就業構造基本調査』の公表集計表のうち、年齢階層別、雇用形態別の年間所得分布の表を使用して行なわれている。

第 3 章　日本の賃金格差拡大の要因——人口高齢化説と SBTC 仮説などの批判

態別グループ内格差拡大による部分、雇用形態別グループ間格差拡大による部分、および雇用形態別労働者構成の変化による部分に分解した。表 3-7 の左側部分に示すその結果にもとづいて、太田は次のように述べている。

> 20-24 歳については、正規・非正規のグループ内格差、正規・非正規間のグループ間格差の変化の影響はわずかで、全体の対数分散の上昇 0.75 のうち、0.70 が構成比の変化によるものである。また、構成比変化のうち、0.40 が正規雇用者よりも対数分散が大きい非正規雇用者の構成比が高まったことによる。一方、0.31 が全体の平均からの距離が大きい非正規雇用者の構成比が高まったことによる対数分散の上昇である（太田, 2005, p. 19）。

この雇用非正規化説は、一見、現実妥当性も高いようにみえる。しかし以下に示すようにいくつかの事実誤認を含んでいる。また、大竹の人口高齢化説と同様に、政府の無策を正当化する根拠として使われる危険性もはらんでいる[34]。

第 1 に、「正規・非正規のグループ内格差、正規・非正規間のグループ間格差の変化の影響はわずかである」という部分が間違っている。やや専門的になるが、『就業構造基本調査』における次のような雇用形態の区分変更を太田は見逃しており、このことが上記のような間違った結論につながっている。2002 年調査の雇用形態区分は、「正規の職員・従業員」「パート」「アルバイト」「労働者派遣事業所の派遣社員」「契約社員・嘱託」「その他」に分かれている。しかし、1997 年調査では 5 番目が「嘱託など」となっており、契約社員は「正規の職員・従業員」に含まれている可能性が高い[35]。このことは、

---

(34)　たとえば、「非正規化によって年間所得格差が拡大した」という主張は、「自発的に労働時間を短くした者の年間所得が少ないのは当然である」という主張を導く。そして、そのような格差拡大に政府が政策的に対応する必要性はないという主張につながる。

(35)　6 ヵ月ごとの調査である『労働力調査特別調査』においても、2001 年 8 月以降、それまでの「嘱託・その他」に代えて「契約社員・嘱託」と「その他」という雇用形態区分に変更された。男性雇用者をみると、2001 年 2 月の『労働力調査特別調査』の「嘱託・その他」は 94 万人である。また、2001 年 8 月の『労働力調査特別調査』の「契約社員・嘱託」と「その他」の合計は 179 万人で、差し引き 85 万人増えている。他方、「正社員」は 51 万人減、「パート」は 9 万人減、「アルバイト」は 44 万人減である。したがって雇用形態区分変更前の統計では、男性の契約社員は、正社員に含まれていた可能性とアルバイトに含まれていた可能性が高い。同様な方法で推計すると、女性については、契約社員はパートに含まれていた可能性とアルバイトに含まれていた可能性が高い。

この区分に計上されている 20 歳代の人数をみれば明白である。1997 年は約 9 万人、2002 年は 58 万人である。太田が使用した 97 年の「正規グループ」には、約 50 万人の契約社員も含まれている可能性が高く、それゆえ 97 年の「正規グループ」に関する太田の計算値は、本来の正規グループの値よりも、年間所得の格差が過大に、年間所得の平均値が過少になっていると思われる。したがって、本来の正規グループの値を使えば、97 年から 2002 年にかけて、正規グループの年間所得の格差は拡大したという結果が導かれるだろう。また、同様に、正規・非正規間のグループ間格差は縮小したという結果が導かれるだろう。

第 2 に、「正規雇用者よりも対数分散が大きい非正規雇用者」という認識は、正規労働者との比較対照となる非正規労働者をどの範囲で捉えるかにかかっている。日本の非正規労働者には、年間労働時間が正規労働者より短い労働者がかなり含まれているので、正規と非正規の賃金比較は、時間当たりの賃金を比較すべきである。もしデータソースの都合でそれが不可能であり、年間所得で比較せざるをえない場合、非正規労働者に含まれている年間労働時間が短い労働者を除外しなければならない。太田もこのことを認識しており、「自発的に労働時間を短くし、そのために所得が少ない者」を取り除く試みもしている。しかし公表集計表にもとづく分析であるからそれも完全にはできないので、太田の「非正規グループ」には短時間ゆえの低所得者がかなり含まれる。その結果として当然、太田の定義する「非正規グループ」内の年間所得の格差はかなり大きくなる。しかし、日本のパートタイム労働の時給は、ほぼ 800 円の前後に集中しているので、年間所得の格差ではなく時間当たり賃金の格差をみれば、非正規グループの格差は正規グループの格差よりも大きいとは必ずしもいえない。

Uni（2008）では、『就業構造基本調査』（1997 年、2002 年）の秘匿処理済ミクロデータを使い、上記の雇用形態定義変更を考慮したうえで、年間就業日数 200 日以上[36]の男性労働者の時間当たり賃金格差の要因分解を行なった。その

---

(36) 『就業構造基本調査』では、年間所得から退職金を区別できない。したがって 3 月末で退職して多額の退職金を得た労働者については、年間所得から算出された時間当たり賃金が異常に高くなってしまう。このような異常値を排除するためにも「年間就業日数 200 日以上」のサンプルの選別は必要である。このサンプル選別によって、アルバイトの多くは分析対象外となる。

結果の一部は表 3-7 の右部分に示されている。

このように個票データを使い、より適切な方法で要因分解を行なうと、どの年齢階層においても構成変化（非正規化）の効果は小さい。時間当たり賃金の格差拡大をもたらしている主な要因は、雇用形態内格差の拡大である。表には示されていないが、正規労働者内部における格差拡大が最も顕著である。そして次のように、上記の太田の主張とは逆の結論が導かれる。つまり、1997～2002 年に、①正規労働者内部の格差は拡大した、②正規・非正規間の格差は一部で縮小した（これは正規労働者の賃金水準の低下による）、③非正規労働者内部の格差は正規社員内部の格差よりも大きいとは必ずしもいえない。結局、労働者全体に占める非正規労働者の割合の増加、つまり非正規化は、必ずしも労働者全体における格差拡大には結びつかない[37]。つまり、非正規化説は一般的な妥当性をもっていない。

「賃金格差の大きさ」の要因として、正規非正規間の賃金格差は重要であることはいうまでもない。また、『就業構造基本調査』によると、年間 200 日以上週間 35 時間以上働きながら年間所得が 150 万円に達しない労働者（2002 年で約 250 万人）の数は非正規労働者の方が圧倒的に多く、いわゆる「ワーキング・プア」と呼ばれる問題は非正規労働者により重くのしかかっている。しかし、「賃金格差の拡大」の要因を探る場合は、正規労働者内部での賃金格差に着目しなければならない。

8　結論――賃金制度要因の重要性

本章では、日本において 1990 年代末以降に現われた年齢階層内での賃金格

---

(37) 第 4 章で詳しく説明するように、1990 年代以降、請負労働者も増加している。しかし『就業構造基本調査』の雇用形態区分には「請負労働者」という項目がないので、請負労働者については識別できない。『就業構造基本調査』の雇用形態区分では、請負労働者は「正規の職員・従業員」か「契約社員」に含まれている可能性が高い。請負労働者を非正規グループに属するものとして捉える場合、正規と非正規間の賃金格差には次のような影響が現われると考えられる。第 1 に、全体に占める請負労働者の割合は増加傾向にあるので、構成変化（非正規化）の効果は大きくなるだろう。第 2 に、請負労働の時間賃金はパートタイム労働の時間賃金より高いので、非正規グループ内部での賃金格差は拡大するだろう。第 3 に、非正規グループの時間当たり賃金の平均値は上昇するので、正規と非正規間の賃金格差は縮小するだろう。

表 3-8　日本の所得格差の拡大要因に関する諸説の概要と評価

	賃金制度要因説	人口高齢化説	雇用非正規化説	SBTC仮説	アウトソーシング説	貿易効果説
主要論者	宇仁(2008)	大竹(2003)	太田(2005)	櫻井(2004)	櫻井(2000)	
格差拡大要因	成果主義的賃金導入と春闘形骸化	人口高齢化	非正規労働者の増加	IT化による高熟練労働への需要増	低熟練工程の途上国への移転	貿易開始による相対価格変化
主に着目する格差	正規労働者内賃金格差	年齢階層間所得格差	正規非正規間賃金格差	学歴間賃金格差	学歴間賃金格差	学歴間賃金格差
評価	学歴内格差の拡大、企業規模別の格差拡大率の差異、および90年代末からの格差拡大というタイミングなどの諸点において、この説の妥当性は高い。	90年代末までは妥当していたが、90年代末以降は、年齢階層内格差拡大も起きているので、この説は不十分である。	時間当たり賃金で測ると、年齢階層内格差拡大は、正規・非正規間ではなく、主に正規労働者内部で起きているので、この説の説明力は小さい。	IT化は学歴内格差拡大に数％寄与する。しかし近年の日本の格差拡大は学歴間ではなく主に学歴内で起きているので、この説の説明力は小さい。	グローバル化は学歴間格差拡大に数％寄与する。しかし近年の日本の格差拡大は学歴間ではなく主に学歴内で起きているので、この説の説明力は小さい。	熟練労働への需要シフトは産業間ではなく主に産業内で起きているので、この説の妥当性は低い。

差拡大について、SBTC仮説、アウトソーシング説、貿易効果説、賃金制度要因説、人口高齢化説および雇用非正規化説という6つの仮説の妥当性を検討した。その結果は表3-8にまとめられている。賃金支払額に占める大卒労働者シェアの増加は、産業構成変化によってではなく、各産業内部で生じているので、貿易効果説は妥当性をほとんどもたない。また、賃金支払額に占める大卒労働者シェアの増加は、日本では大卒労働者の人数シェアの増加の結果であり、大卒労働者とその他労働者との間の賃金格差はほとんど拡大していない。つまり、日本における賃金格差の拡大の大部分は各学歴内で生じており、学歴間格差の拡大によるものではない。同様の結論は、職業を使った要因分解でも得られる。したがって、IT化や途上国への非熟練工程のアウトソーシングによって熟練労働への需要シフトが生じ、その結果として熟練労働と非熟練労働との間の賃金格差が拡大するというSBTC仮説とアウトソーシング説は、近年の日本の格差拡大の要因としては説明力は小さい。

第3章　日本の賃金格差拡大の要因 —— 人口高齢化説と SBTC 仮説などの批判

　大卒労働者の人数シェアの増加は認められるとしても、学歴間賃金格差はほとんど拡大していないという事実は、賃金調整が企業内部において強固に制度化されているという日本の賃金制度の特徴を考慮すると不自然なものではない。逆にいえば、アメリカとイギリスにおける学歴間賃金格差の顕著な拡大は、賃金調整が企業内部において強固に制度化されていないという米英両国の制度的特徴を反映していると考えられる。IT 化やグローバル化によって熟練労働への需要シフトが起きたとしても、賃金調整が企業内部で強固に制度化されている日本においては、企業レベルの賃金制度改革を経由して初めて賃金格差は変化する。90 年代の日本では、賃金制度改革の契機は IT 化やグローバル化だけではない。賃金制度改革を促した契機として最も重要なのは、バブル崩壊後の日本経済の長期停滞、グローバル化による国際競争の激化、従業員の高齢化による人件費の自然増などに対処するための賃金コスト削減の必要性であった。賃金コストを削減するための企業の対応策としてはいくつかの案が考えられるが、多くの日本企業が選択したのは成果主義的賃金制度の導入と春闘形骸化という賃金制度改革であった。その結果として出現した賃金格差の拡大は、学歴間格差や職業間格差の拡大ではなく、学歴内格差や職業内格差の拡大という形態をとった。この賃金制度要因説は、企業規模を使った要因分解の結果と整合的である。

　日本における通説である人口高齢化説は、1990 年代末までの所得格差拡大の説明としては妥当していたが、1990 年代末以降については、各年齢階層内部で格差が拡大しており、人口構成変化だけで格差拡大を説明することはできない。また、賃金コスト削減策として、成果主義的賃金制度導入と並んで、雇用の非正規化という雇用制度改革も急速に進んだ。雇用の非正規化が近年の年齢階層内賃金格差拡大の主な要因であるという説も有力である。しかし、正規非正規間の賃金格差は、賃金格差の大きさの説明要因としては重要であるが、雇用の非正規化の進行が賃金格差拡大に及ぼす効果は小さい。時間当たり賃金でみると、賃金格差の拡大は、パートタイム労働者内部ではなく正規労働者内部で生じているからである。また、正規労働者の賃金低下によって、正規労働者と非正規労働者の間の時間当たり賃金格差は一部で縮小したからである。

　賃金制度要因説にもとづくと、近年の所得格差拡大をもたらした主犯は経営者である。また成果主義的賃金制度導入に対して反対せず、むしろ賛成した多

くの労働組合も、経営者とならんで、その共犯者である。このことは、すでに労働組合幹部も認識している事柄であるが、賃金制度要因説は、この労働組合共犯者論を強く裏づけるものである。つまり、正規労働者内部の賃金格差拡大は、春闘の形骸化や成果主義的賃金制度導入に対して労働組合が有効な対策を講じられなかったことにも起因する。いい換えると、産業単位や職業単位での賃金平準化機能を回復させるための努力、および成果主義によって高められた賃金と個人の実績との連動性を低下させるための努力を労働組合が行なうことによって、日本の所得格差の拡大を食い止めることができるだろう。それを側面から助けるためには、労働組合の交渉力を強めるため、および賃金に関するコーディネーションの単位を広げるための労働法制の改革が必要かもしれない。

〈付録〉 対数分散を使った格差変化の要因分解[38]

所得の対数分散とは、所得の対数値の分散であり、次の式で示すように、(各サンプルの対数所得 − 平均対数所得) の 2 乗の平均値である。

$$LV = \frac{1}{n} \sum_{i=1}^{n} (ly_i - \mu)^2$$

ここで、

LV：対数分散　　n：サンプル数　　μ：全サンプルの平均対数所得　　ly_i：第 i サンプルの対数所得

全体が m 個のグループからなる場合、上記の全体の対数分散は、次式のように、グループ内格差（対数分散）とグループ間格差に分解される。

$$LV = \sum_{i=1}^{m} s_i LV_i + \sum_{i=1}^{m} s_i (\mu_i - \mu)^2$$

右辺第 1 項がグループ内格差（対数分散）であり、第 2 項がグループ間格差である。ここで、

LV_i：グループ i の対数分散　　m：グループ数
s_i：グループ i のシェア、すなわち $s_i = n_i/n$　（n_i：グループ i のサンプル数）
μ_i：グループ i の平均対数所得

さらに、2 時点間の対数分散の変化は、次のように分解することができる。

$$\Delta LV = \sum_{i=1}^{m} s_i \Delta LV_i + \sum_{i=1}^{m} s_i \Delta(\mu_i - \mu)^2 + \sum_{i=1}^{m} \Delta s_i LV_i + \sum_{i=1}^{m} \Delta s_i (\mu_i - \mu)^2$$

右辺第 1 項が、グループ内格差（対数分散）の変化による部分である。
第 2 項が、グループ間格差の変化による部分である。

---

(38) ここでの説明は、太田 (2005) の説明にほぼ従っている。

第 3 項と第 4 項の和が、構成比の変化による部分である。そのうち第 3 項は、グループにより格差（対数分散）が異なることによる部分であり、第 4 項は、グループの平均と全体の平均がグループにより異なることによる部分である。

上式の実際の計算では、s_i、LV_i、$(\mu_i - \mu)^2$ は、2 時点の平均値を使う。

参考文献

池永肇恵（2008）「労働市場の二極化 —— IT の導入と業務内容の変化について」『一橋大学経済研究所 PIE/CIS Discussion Paper』No. 375.
宇仁宏幸（2008）「日本における賃金格差拡大とその要因」『季刊経済理論』第 45 巻第 1 号。
太田清（2005）「フリーターの増加と労働所得格差の拡大」『ESRI Discussion Paper Series』No. 140。
大竹文雄（2003）「所得格差の拡大はあったのか」樋口美雄・財務省財務総合政策研究所編『日本の所得格差と社会階層』日本評論社。
─── （2005）『日本の不平等』日本経済新聞社。
厚生労働省（2003）『労働経済白書　2003 年版』。
楠田丘（2002）『日本型成果主義』生産性出版。
櫻井宏二郎（2000）「グローバル化と労働市場 —— 日本の製造業のケース」『経済経営研究』第 21 巻第 2 号、日本政策投資銀行設備投資研究所。
─── （2004）「技術進歩と人的資本 —— スキル偏向的技術進歩の実証分析」『経済経営研究』第 25 巻第 1 号、日本政策投資銀行設備投資研究所。
佐々木仁・桜健一（2004）「製造業における熟練労働への需要シフト —— スキル偏向的技術進歩とグローバル化の影響」『日本銀行ワーキングペーパーシリーズ』No. 04-J-17.
産労総合研究所 (1999)「大学卒課長クラスの賃金・賞与・年収格差の実態」産労総合研究所編『2000 年版モデル賃金実態資料』経営書院。
─── （2008）『2008 年版　モデル賃金実態調査』。
高梨昌（2002）『変わる春闘』日本労働研究機構。
橘木俊詔（1998）『日本の経済格差』岩波新書。
─── （2006）『格差社会 —— なにが問題なのか』岩波新書。
内閣府（2006）『平成 18 年度　経済財政白書』。
─── （2007）『平成 19 年度　経済財政白書』。
内閣府経済社会総合研究所（2005）『平成 16 年度　企業行動に関するアンケート調査報告書』。
日経連（1995）「新時代の『日本的経営』」社会経済生産性本部編『春闘再構築』社会経済生産性本部、1995 年。
日本政策投資銀行（2001）「ROA の長期低下傾向とそのミクロ的構造 —— 企業間格差と経営戦略」『調査』第 30 号。
日本労働研究機構調査部（2004）「失われた 10 年・春闘はどう変貌したか」『ビジネス・レーバー・トレンド』4 月号。
野村正實（2007）『日本的雇用慣行』ミネルヴァ書房。
連合（1995）「日経連の新時代の『日本的経営』論に関する連合の考え方」社会経済生産性本部編『春闘再構築』社会経済生産性本部、1995 年。
連合総合生活開発研究所（1998）『賃金制度改革と労働組合の賃金政策の新たな展開に関する調査研究報告書』。
労働政策研究・研修機構（2007）『日本の企業と雇用』労働政策研究・研修機構。
Autor, D. H., L. F. Katz and M. S. Kearney (2008) "Trends in U. S. Wage Inequality: Revising the Revisionists", *The Review of Economics and Statistics*, Vol.90, No.2.
Autor, D. H., L. F. Katz and A. B. Krueger (1998) "Computing Inequality: Have Computers Changed the Labor

Market?", *Quarterly Journal of Economics*, Vol.113, No.4.
Berman, E., J. Bound and Z. Griliches (1994) "Changes in the Demand for Skilled Labor within U. S. Manufacturing: Evidence from the Annual Survey of Manufactures", *Quarterly Journal of Economics*, Vol.109, No.2.
Feenstra, R. C. and G. Hanson (1996) "Globalization, Outsourcing, and Wage Inequality", *American Economic Review*, Vol.86, No.2.
Freeman, R. B. and L. F. Katz (1994) "Rising Wage Inequality: The United States vs. Other Advanced Countries", in R. B. Freeman ed., *Working under Different Rules*, Russell Sage Foundation.
Goldin, C. and L. F. Katz (2007) "The Race between Education and Technology: The Evolution of U. S. Educational Wage Differentials, 1890 to 2005", *NBER Working Paper*, No.12984.
Juhn, C., K. M. Murphy and B. Pierce (1993) "Wage Inequality and the Rise in Return to Skill", *Journal of Political Economy*, Vol.101, No.3.
Katz, L. F. and K. M. Murphy (1992) "Changes in Relative Wage, 1963-1987: Supply and Demand Factors", *The Quarterly Journal of Economics*, Vol.107, No.1.
Krugman, P. (1995) "Technology, Trade, and Factor Prices", *NBER Working Paper*, No.5355.
――― (2007) *The Conscience of a Liberal*, Norton.（三上義一訳『格差はつくられた』早川書房、2008年）
Lemieux, T. (2006) "Increasing Residual Wage Inequality: Composition Effects, Noisy Data, or Rising Demand for Skill?", *American Economic Review*, Vol.96, No.2.
Ohtake, F. and M. Saito (1998) "Population aging and consumption inequality in Japan", *The Review of Income and Wealth*, Ser. 44, No. 3, September.
Pontusson, J. (2005) *Inequality and Prosperity*, Cornell University Press.
Sachs, J. D. and H. J. Shatz (1994) "Trade and Jobs in U. S. Manufacturing", *Brookings Papers on Economic Activity*, No.1.
Uni, H. (2008) "Changes in Employment Structure and Rises in Wage Inequality in Japan", *Proceedings of the International Conference on Public Employment Service Policies and Perspectives*, Seoul, 31 March.
Wood, A. (1994) *North-South Trade, Employment and Inequality*, Clarendon Press.

第4章　日本製造業における企業内・企業間分業構造の変化
—— 非正規労働補完説批判

1　労働の質的フレキシビリティと量的フレキシビリティ

　労働のフレキシビリティの形態には、大きく分けて、質的フレキシビリティと量的フレキシビリティがある。質的フレキシビリティは、多能工化にみられるように、労働者の機能を多様化することを意味する。したがって機能のフレキシビリティとも呼ばれる。また、これは企業内部の問題であるので、内的フレキシビリティとも呼ばれる。これに対して、量的フレキシビリティとは、雇用量、賃金率や労働時間のフレキシビリティである。これは、景気変動などによる産出量変化に応じて労働コストを柔軟に操作できることを意味する。正規労働者の非正規労働者への代替などを通じて雇用量のフレキシビリティが実現されると、労働力は流動化し、外部労働市場の役割が高まる。この意味で外的フレキシビリティとも呼ばれる。
　しかし、質的フレキシビリティと量的フレキシビリティは原理的には対立する（Boyer, 1988, p. 299）。たとえば、同一の職務について多能工化と非正規労働者への代替とを同時に推進することは困難である。このような原理的対立を抱えながら、経済全体としてフレキシビリティはどのような形態をとって実現されるのか。つまり質的フレキシビリティと量的フレキシビリティのそれぞれは、経済のどの部分に配置されるのか、また両者はどのように結びついているのか。本章は、1970年代以降の日本製造業における企業内および企業間分業構造の変化を、主に総務省『就業構造基本調査[1]』と同『事業所・企業統計』を用いて分析する。
　欧米と比較した場合、日本の企業内分業の特徴としてよく挙げられるのは、

労働者の職務範囲の広さと職務境界の曖昧さである。日本の正規労働者はいわゆる「多能工」的な性格を有し、それによって他の職場への「応援」やローテーションなど、労働編成の柔軟な変更が可能となっている。日本におけるこの柔軟な生産組織と、長期的雇用制度と企業内技能形成制度との間には、制度的補完性が存在する。このことは、分析の視野を企業内だけに限定するならば事実ではあるが、この企業内分業の構造を背後で支えている企業間分業の構造を明らかにしなければ、日本の生産構造の全体を捉えたことにはならない。

2で明らかにするように、1970年代から80年代にかけて、マイクロ・エレクトロニクス機器の導入を通じて、多くの場合それを扱う生産労働者の職務範囲は拡大した。同時期に、雇用者に占めるパートタイム労働者の比率が増加していったが、その増加幅は企業規模が小さいほど大きかった。これは、この期間において、大企業における単純作業工程が下請・外注契約額の増加を通じて中小企業に移転し、中小企業はパートタイム労働者を増やしてその作業を担当させたことによる。つまり、このような日本国内における大企業から中小企業への単純作業工程の移転というかたちで、製造業の企業間分業構造の変化が起きたのである。さらに、これは「準垂直的統合」とも呼ばれるような大企業と中小企業との密接な情報交換をともなう長期的関係、すなわち企業間コーディネーションの形成をともなうものであった（「準垂直的統合」という概念とその展開については、本章末尾の付録で説明する。）。

しかし、3で明らかにするように、90年代以降は、このような中小企業に偏ったパートタイム労働の増加という傾向は消失する。それに代わって、大企業に偏った派遣・請負労働の増加という傾向が現われる。つまり90年代以降は、大企業から中小企業への工程の移転というかたちでの製造業の企業間分業構造の変化は停止あるいは逆転し、とくに大企業の企業内において、間接雇用による直接雇用の代替の拡大というかたちで、企業内分業構造が急速に変化している。いい換えると、大企業と中小企業との間の長期的な関係にもとづく企業間コーディネーションの比重は縮小し、企業内での正規労働者と派遣・請負労働者との間のヒエラルキー的な短期的関係にもとづく調整の比重が増加して

---

(1) 2007年以外については、『就業構造基本調査』の公表された集計表から製造業の企業規模別非正規労働者比率を知ることができないので、一橋大学経済研究所附属社会科学統計情報研究センターから提供された総務省『就業構造基本調査』1992年、1997年、2002年の秘匿処理済ミクロデータを集計して算出した。

いる。

　以下、2 では、1970 〜 80 年代にかけての日本製造業における企業内および企業間の分業構造の変化を分析する。3 では、1990 〜 2000 年代の分業構造の変化を分析する。4 では、正規労働とパートタイム労働との補完性（代替性）に加えて、正規労働と派遣・請負労働との補完性（代替性）を計測する。その結果にもとづき、日本において正規労働と非正規労働とは補完的であるという通説を批判する。

2　1970 〜 80 年代における分業構造の変化

2.1　ME 化の影響

　1970 年代以降の労働をめぐる変化として、よく挙げられるのはマイクロ・エレクトロニクス機器の導入（以下、ME 化という）と雇用形態の多様化である。ME 化が労働に及ぼした影響については、論争はあるが、次のような「職務委譲説」が支配的な見解となっている。ME 機器の「導入時には技術者主導型の職務編成方法をとっているが、その後外部技術者から社内技術者へ、さらに社内技術者から生産現場担当者へと職務委譲が進行し、生産現場担当者の職務分担範囲が拡大している。しかも、プログラミング関係の職務は一般作業者が、メンテナンス関係の職務は現場監督者と保全作業者が担当するケースがおおくなっている」（伊藤, 1985, p. 31）。すなわち、この「職務委譲説」では、一方における設計やプログラミングなどの複雑労働と、他方におけるオペレーションなどの単純労働に二極分解するという「二極分解説」は否定される。

　「職務委譲説」も「二極分解説」も、企業内部の職務編成の変化に関する議論であることに注意すべきである。フレキシビリティとの関わりでいえば、主に内的フレキシビリティ、質的フレキシビリティの観点からの見解である。企業間分業の再編を含む外的フレキシビリティ、量的フレキシビリティの視点は弱い。ME 化とともに雇用形態の多様化が進行していることも、70 年代以降の重要な特徴であるが、この 2 つの現象は、企業内部だけを分析対象とする方法では統一的に解明できない。以下では、企業間分業の変容をともなった量的フレキシビリティの展開形態を明らかにすることによって、日本の製造業における労働のフレキシビリティをよりトータルに説明したい。

表 4-1 製造業雇用者に占める「仕事が従な者」の比率（単位：％）

従業者規模	1977 年	1987 年	1992 年	1977 ～ 92 年の変化幅
1 ～ 4 人事業所	18.0	23.1	23.5	5.5
5 ～ 9 人事業所	15.2	20.1	21.7	6.6
10 ～ 29 人事業所	11.9	15.2	16.7	4.8
30 ～ 49 人事業所	9.1	12.3	13.3	4.2
50 ～ 99 人事業所	7.3	9.9	10.8	3.6
100 ～ 299 人事業所	5.2	7.8	8.1	2.9
300 ～ 499 人事業所	4.4	6.0	6.5	2.0
500 ～ 999 人事業所	3.3	3.9	4.7	1.3
1000 人以上事業所	2.2	2.2	2.6	0.4
全体	7.1	9.3	9.8	2.7

出所：総務庁『就業構造基本調査』より筆者が計算。

2.2 産業別・企業規模別非正規労働者数の変化

製造業においても、非正規労働者の増加は各種の統計から明らかである。たとえば、総務庁『就業構造基本調査』から「民間の役員を除く雇用者」に占める非正規労働者の比率を算出すると、製造業全体で 82 年は 15.0 ％、87 年では 17.5 ％である。しかしながら産業（中分類）により大きなばらつきがあるのも事実である。87 年でみると、最高は「食料品・飲料・たばこ製造業」の 34.5 ％、最低は鉄鋼業の 3.4 ％である。また、総務庁『労働力調査』からは非正規労働者の約 4 分の 3 を占めるパート労働者（短時間雇用者）の時系列変化が得られる。製造業女性雇用者に占める短時間雇用者の比率は、76 年の 14 ％から 90 年の 23 ％へ増大している。また非正規労働者とかなりの部分が重なりあうカテゴリーとして「仕事が従な者」があるが、『就業構造基本調査』からは雇用者の中で「仕事が従な者」の比率が企業規模別に得られる。この比率は雇用者に占めるパートタイム労働者の比率（「パート比率」と呼ぶ）と高い相関を示し、パート比率の代理変数とみなすことができる[2]。表 4-1 に示すように、製造業雇用者に占める「仕事が従な者」の比率の 77 年から 92 年への変化幅をみれば、製造業の従業員 10 ～ 29 人企業では 4.8 ％ポイントの増加であるのに対し、1000 人以上企業では 0.4 ％ポイントの増加である。企業規模が小さいほ

---

[2] 製造業の企業規模別パート比率は、『就業構造基本調査』の公表された集計表からは知ることができないので、その代理変数として「仕事が従な者」の比率を用いる。「仕事が主な」非正規労働者もいるので、「仕事が従な者」の数は非正規労働者数を約 4 割下回るが、産業中分類別の非正規労働者数と産業中分類別の「仕事が従な者」数との間の相関係数は 82 年、87 年とも 0.977 と高いので、時系列変化幅の分析においては問題がないと考えられる。

第 4 章　日本製造業における企業内・企業間分業構造の変化 —— 非正規労働補完説批判

どこの比率の増加幅は大きい。したがって、この期間におけるパートタイム労働者の増加は中小企業に偏って生じたと推測できる。また、1970 〜 80 年代においては非正規労働者全体に占める派遣労働者や「嘱託など[3]」の比率は小さく、また、1996 年以降の『事業所・企業統計』によって知ることのできる「別経営事業所からの派遣・請負労働者数」から推測すると、請負労働者もそれほど大きな比重を占めていなかった。1970 〜 80 年代における製造業における中小企業に偏ったパートタイム労働者の増加は、そのまま非正規労働の増加パターンを示していると考えられる[4]。

　問題は、質的フレキシビリティと量的フレキシビリティとを統一的に論じることである。この 2 つの間にある原理的対立と、量的フレキシビリティの産業、企業規模による不均等さを考慮するならば、この 2 つのフレキシビリティは、それぞれが支配的に作用する領域を異にすることによって共存しているという仮説が導き出される。

　しかしながら、非正規労働者に関する公表データでは、産業中分類別変化あるいは企業規模別変化しかわからない。量的フレキシビリティの全体としての増加はいえても、産業中分類別・企業規模別変化が明確にならないために、企業間分業の再編がどのように進行しているかについては曖昧なままである。それゆえ、「職務委譲説」が主張する企業内の職務の再編は、企業内職務編成と企業間分業関係の双方を含む労働編成総体の再編の中に十分位置づけられていない。このことは「職務委譲説」の妥当範囲を不明確にしており、そこから、すべての領域で職務拡大が進行しているかのような誤った理解も生まれる。したがって、量的フレキシビリティの増加が企業間分業関係をどのように再編しているかが明らかにされなければならない。そのためには、非正規労働者の産業中分類別・企業規模別変化を明らかにすることが第 1 の課題となる[5]。

(3)　本書第 3 章 7 で説明したように、1997 年までの『就業構造基本調査』においては、契約社員は、非正規労働者のひとつのカテゴリーとして明示されていなかった。そして女性の契約社員の多くはパートタイム労働者あるいはアルバイトに計上され、男性の契約社員については正規労働者あるいはアルバイトに計上されていたと考えられる。
(4)　後に示す表 4-6 からも推測できるように、80 年代までは増加した非正規労働の大部分は、女性のパートタイム労働者の増加であった。この女性に偏った非正規労働は、総賃金費用の変動パターンに男女別の違いをもたらし、日本の景気循環パターンのひとつの特徴をなす。この点については第 9 章で説明する。
(5)　職種別、作業工程別変化が明らかにできればなおよいが、現在の統計からは困難である。

表 4-2　パート比率の増加幅（1982年のパート比率マイナス1977年のパート比率）（単位：％）

従業者規模	食料品	出版・印刷	鉄鋼	金属製品	一般機械	電気機械	輸送機械
30～99人	3.2	0.6	1.3	1.3	0.8	3.7	1.0
100～299人	3.8	0.6	0.0	1.0	1.1	2.5	0.8
300～999人	1.7	0.1	0.0	0.9	0.4	1.1	0.2
1000人以上	-0.9	-0.4	0.1	-0.1	-0.1	-0.6	-0.1

出所：本文参照。

　非正規労働者の産業中分類別データは82年以降の『就業構造基本調査』にしかなく、また企業規模別データはまったくない。したがって、何らかの代理変数を使って非正規労働者の産業中分類別・企業規模別変化にアプローチするしかない。そこで、代理変数として「仕事が従な者」を使う。

　また、1977年の『就業構造基本調査』には、「仕事が従な者」の産業中分類別・企業規模別データが公表されている。77年以外の『就業構造基本調査』では産業中分類別データ、企業規模別データはあるが、クロス・データはない。したがって77年から82年にかけての増加数は、産業中分類別増加数、企業規模別増加数というかたちでしかわからない。増加数の産業中分類別・企業規模別マトリックスを得るには、何らかの方法による推計が必要となる。ここでは産業連関表の投入係数の延長によく使われるras法[6]を使って、1982年の産業中分類別・企業規模別の雇用者と「仕事が従な者」の数を推計した。そして、1977年と82年について産業中分類別・企業規模別の雇用者に占める「仕事が従な者」の比率（以下、この数値をパート比率と呼ぶ）を算出し、82年のパート比率から77年のパート比率を減じて5年間の増加幅を算出すると表4-2のようになる[7]。表4-2からわかることは、第1に、従業員1000人以上の大企業ではパート比率がわずかであるが減少していることである。第2に、1000人未満では増加しており、企業規模が小さくなるほど増加の程度は大きくなる。

---

(6)　79年の労働省『雇用管理調査』には、産業中分類別・企業規模別のパートタイム労働者の就労割合が公表されている。このデータを用いてras法による推計値の適合度検定を行なった結果、5％の有意水準でパスした。また各産業ごとの変化乗数と各規模ごとの変化乗数に変化の情報を圧縮するというras法の仮定も不合理なものではない。

(7)　『就業構造基本調査』の製造業産業中分類では15産業あるが、「仕事が主な」雇用者数が減少している産業では、非正規労働者増加に対し特殊な制約があると考えられるので、分析対象から外した。また雇用者数の少ない精密機械製造業は、誤差が大きいので分析対象から外した。さらに「その他の製造業」と自営業の雇用者と従業員30人未満の企業も、諸統計間の整合がとれなかったので除外した。

第3に、その程度は産業によってかなりのばらつきがある。

このような不均等な変化をもたらしている要因は何であろうか。以下、想定できるいくつかの要因について考察する。

2.3 外注依存度

中小企業庁・通産省『工業実態基本調査』から産業中分類別・企業規模別の外注依存度（製造品販売額にしめる外注金額の割合）が得られる。81年の外注依存度から76年の外注依存度を減じて5年間の増加幅を算出したのが表4-3である[8]。

パート比率と同様に、外注依存度の変化も産業、企業規模により大きく異なる。電気機械、輸送機械の大企業で大きな増加がみられる。外注依存度変化とパート比率変化との関係をみるために、外注依存度増加幅を縦軸、パート比率増加幅を横軸にとり、各データをプロットしたのが図4-1である。

図4-1からいえることの第1は、外注依存度増加幅が非常に大きい場合はパート比率増加幅が小さく、また、パート比率増加幅が非常に大きい場合は外注依存度増加幅が小さいことである。このように大部分のデータは、パート比率増と外注依存度増が代替関係にあることを示している。外注契約量はかなり柔軟に増減できるために、設備と正規労働者を投入して内製する場合と比較すれば、費用のフレキシビリティが増す。量的フレキシビリティの観点からは、外注拡大は、正規労働者に代えて非正規労働者を雇用することと同じ効果をもつ[9]。

図4-1からいえることの第2は、一部の産業で、大企業と中小企業が対称的な変化を示していることである。電気機械、輸送機械および食料品製造業では、

---

[8] 『就業構造基本調査』も『工業実態基本調査』も約5年ごとの調査であり、調査年が異なるため、比較の期間が1年ずれることとなる。しかし、製造業のGDPの対前年伸び率は、77年が3.8％、82年が4.5％と大きく違っていないので、比較期間のずれの影響は小さいと考えられる。

[9] 大企業の生産現場でみられる請負労働者も非正規労働者といえるが、請負労働者の増加は、外注依存度とパート比率の定義に従えば、外注依存度の増加となって現われる。したがって、外注依存度の増加の一部には、非正規労働者の間接的な雇用増加の影響が含まれている。しかし、70～80年代におけるその影響は次の理由から小さいと考えられる。『工業実態基本調査』では、「親企業の事業所内において製造、加工、修理を行うこと」を「構内下請」と呼び、「下請をしている企業のうち構内下請をしている企業割合」を調査しているが、81年でも製造業全体で3.1％と小さい。

表 4-3 外注依存度の増加幅 (1981 年の外注依存度マイナス 1976 年の外注依存度) (単位：%)

従業者規模	食料品	出版・印刷	鉄鋼	金属製品	一般機械	電気機械	輸送機械
30〜99人	0.5	3.0	2.6	2.1	1.2	−0.3	−1.3
100〜299人	0.6	1.6	2.9	0.2	2.2	−0.8	−1.1
300〜999人	0.6	0.8	0.5	3.4	3.2	−0.4	1.3
1000人以上	1.9	7.7	3.2	2.4	3.2	5.7	8.9

出所：中小企業庁・通産省『工業実態基本調査』(1976 年、1981 年) から筆者が計算。

図 4-1 パート比率増加幅と外注依存度増加幅の関係

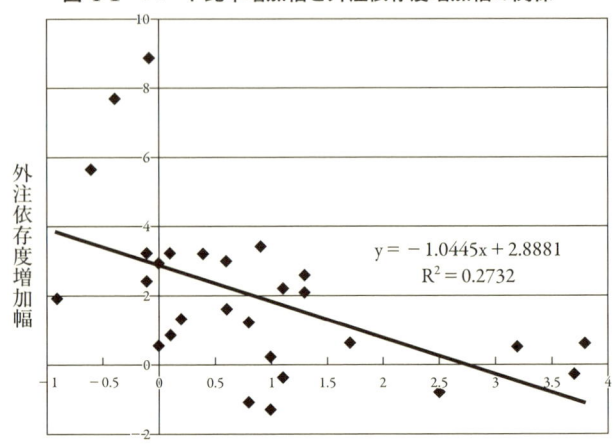

$y = -1.0445x + 2.8881$
$R^2 = 0.2732$

出所：表 4-2、4-3 より筆者作成。

　大企業においては外注依存度だけが大きく増加し、中小企業においてはパート比率だけが大きく増大している。『就業構造基本調査』によると、これら3つの産業における「仕事が従な者」の増加数は 12 万 3000 人であり、製造業全体の増加数 25 万 2000 人の約半数を占める。したがって、次のようなメカニズムによって、製造業の非正規労働者の増加はそのかなりの部分が説明できる。大企業の外注拡大によって、何らかの作業が中小企業へ移転し、中小企業は非正規労働者を雇用し、その作業に充当した。

　しかし、外注依存度増もパート比率増もその幅にはかなりのばらつきがある。このことは、増加幅に影響する他の要因があることを示唆している。また、代替関係を認める場合でも、企業が、外注依存度増とパート比率増のうち、どちらを選択するのか、この選択を決定づける要因は何なのかという問題が生ずる。

表 4-4　1977 年の女性比率（単位：%）

従業者規模	食料品	出版・印刷	鉄鋼	金属製品	一般機械	電気機械	輸送機械
30～99人	50.7	34.0	13.7	23.2	16.3	55.6	22.9
100～299人	47.9	27.3	11.1	21.4	17.8	51.0	19.0
300～999人	39.8	27.0	7.8	19.3	18.1	39.4	15.5
1000人以上	35.2	17.5	6.4	15.9	11.6	27.0	8.8

出所：総理府『就業構造基本調査』（1977 年）から筆者が計算。

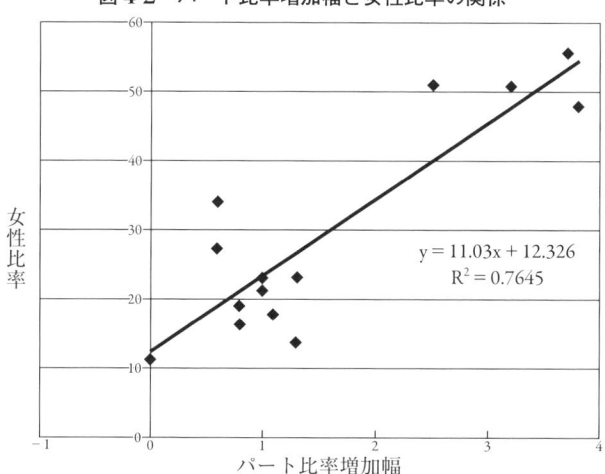

図 4-2　パート比率増加幅と女性比率の関係

$y = 11.03x + 12.326$
$R^2 = 0.7645$

出所：表 4-2、4-4 より筆者作成。

2.4　女性比率

　82 年において、製造業の非正規労働者の 80％が女性である。したがって、雇用者に占める女性の比率が高い企業で、非正規労働者の増加は比較的生じやすいと考えられる。製造業における女性の就労職種は拡大し続けているが、欧米と比べれば女性の進出を制限している職種は多い。この障壁によって、そのほとんどが女性である非正規労働者の就労範囲は制約される。たとえば輸送機械製造業をみれば、「仕事が従な者」も増えているが、「仕事が主な」男性雇用者はそれ以上に増えている。これは日本の自動車産業が伝統的に男性中心の産業であることにもとづいていると考えられる。このように女性の比率が低い企業では、非正規労働者の就労範囲は狭いといえる。また高度成長期の製造業

表 4-5　1977 年の労働組合組織率（単位：%）

従業者規模	食料品	出版・印刷	鉄鋼	金属製品	一般機械	電気機械	輸送機械
30〜99人	6.0	13.5	13.4	8.0	15.1	6.1	9.2
100〜299人	21.6	42.3	42.3	31.3	43.2	26.6	37.0
300〜999人	41.3	66.2	49.4	61.3	58.7	51.9	62.0
1000人以上	84.9	77.7	94.8	63.3	76.3	79.3	95.8

出所：総理府『就業構造基本調査』(1977年)、労働省『労働組合基本調査』(1977年)から筆者が計算。

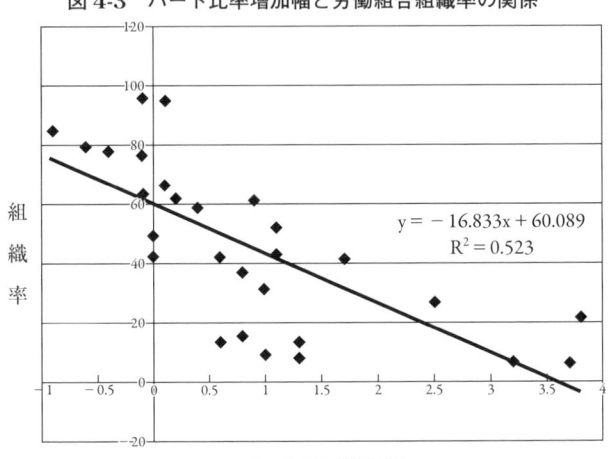

図 4-3　パート比率増加幅と労働組合組織率の関係

$y = -16.833x + 60.089$
$R^2 = 0.523$

出所：表 4-2、4-5 より筆者作成。

における女性雇用の増大は、電気機械製造業において典型的にみられるように、機械化、自動化により単純化した作業に女性を充当するという形態で進行した。それゆえ、このような単純作業に従事している女性正規労働者が多い企業では、非正規労働者への置き換えも起こりやすい。

『就業構造基本調査』から算出した77年の女性比率は表4-4のとおりである。女性比率とパート比率変化との関係をみるために、77年の女性比率を縦軸、パート比率増加幅を横軸にとり、従業員300人未満企業の各データをプロットしたのが図4-2である。女性比率が大きくなるにしたがって、パート比率増加幅が大きくなっている。

2.5　企業別組合

日本の労働組合の多くは、正規労働者だけが組合員資格をもつ企業別組合である。この場合、非正規労働者の増加は非組合員の増加を意味し、労働組合の影響力の低下にもつながりかねない。また、労働条件が、正規、非正規労働者で二重化すると、労働条件に対する労働組合の規制も困難になる。したがって、大部分の労働組合は非正規労働者の直接雇用には反対する。しかし一方で、景気後退時の正規労働者の雇用確保のためのバッファの必要性は労働組合も認めるであろうから、部分的な外注化や、請負労働者など直接雇用によらない非正規労働者の導入は容認する場合が多い。以上から、労働組合が組織されている企業では、非正規労働者の直接雇用（パート比率の増加）は起こりにくく、外注依存度の増加が選択されやすいという仮説が考えられる。

労働省『労働組合基本調査』の民営企業における企業規模別組合員数と、『就業構造基本調査』の会社における企業規模別雇用者数から算出した77年の労働組合組織率は、表4-5のとおりである。組織率とパート比率変化との関係をみるために、77年の組織率を縦軸、パート比率増を横軸にとり、各データをプロットしたのが図4-3である。組織率が大きくなるに従って、パート比率増加幅は小さくなっている。このことは上記の仮説を裏づけている。

2.6　非自動化工程の下請企業への移転

表4-2に示したように、76年から81年にかけて、金属・機械工業を中心に従業員1000人以上の大企業の外注依存度が増大した。この外注先は他の大企業ではなく、大部分は中小下請企業である[10]。大企業の外注依存度の上昇は、中小企業の下請依存度（製造品販売額に占める下請金額の割合）の上昇と対応しているからである。『工業実態基本調査』から算出した300人未満企業の下請依存度の76年から81年への変化は、製造業全体では、28.8%→35.6%、電気機械では、52.2%→60.2%、輸送機械では、63.6%→73.1%である。このように大企業の外注拡大とは、一部の工程が中小下請企業に移転したことを意味する。

下請企業に新たに移転した作業は、どのような労働者によって担われたのであろうか。表4-1の企業規模別の「仕事が従な者」の比率の変化からもわかる

（10）　海外子会社などへの外注もあるだろうが、その比重は85年以降と比較すれば、85年以前では低い。

ように、中小企業において「仕事が従な者」の雇用数は増加している。また『就業構造基本調査』によれば、「仕事が主な者」についてもその増加の大部分は女性である。しかも「仕事が主な者」の女性の中には、「仕事が従な者」の数を少し下回る数の「仕事が主な」非正規労働者が含まれることを考慮すると、中小企業での雇用増加の大部分は非正規労働者の増加であったと考えられる。

下請受注が増加した中小企業が、正規労働者の雇用増加によるよりも、非正規労働者の増加によって対応しえた要因は、中小企業における労働組合組織率の低さ、女性比率の高さが挙げられる。それに加えて、大企業が中小企業へ移転した工程が非自動化単純作業工程であったことも不可欠な要因である。

ME機器は70年代後半以降、大企業を先頭に急速に導入されていくが、すべての工程に一様に導入されたのではない。加工工程ではME機器が普及し、自動化が進展するが、組立工程では技術的困難さもあって、自動化は遅れている。この組立工程を中心とする非自動化単純作業が、下請企業への移転の第1の対象となったと考えられる。83年の『雇用管理調査』は、パートタイム労働者の採用理由のアンケート調査を行なっている。複数回答の選択肢の一部として「仕事の内容がパートタイム労働者等で間に合うため」と「自動化が進みパートタイム労働者等による作業が可能となったため」との2項目があるが、製造業の回答は、どの企業規模でも前者に集中している。回答率では、前者が60～70％であるのに対し、後者は6～12％にすぎない。自動化により単純化した職務にパートタイム労働者が充当されるケースは少なく、大部分のパートタイム労働者は自動化と無縁な非自動化単純作業に投入されたのである。

ME機器などへの投資の増大によって、大企業では減価償却費売上高比率が次第に上昇した。日本銀行『主要企業経営分析』によると、たとえば電気機械製造業では、76年は2.6％であったが、89年には4.0％になっている。しかし、売上高固定費比率は、76年は37.4％、89年は37.2％と若干低下した。外注拡大によって、固定費である人件費を変動費である外注費に代替することによって、減価償却費の増を相殺したことが、売上高固定費比率の低下につながった。このようにして、大企業は一方で投資を拡大しつつ、他方で費用のフレキシビリティを確保したのである。

ME化は「職務委譲説」が実証するように、ME化された工程では、多くの場合生産労働者の職務を拡大したかもしれない。しかし、これはME化の影響

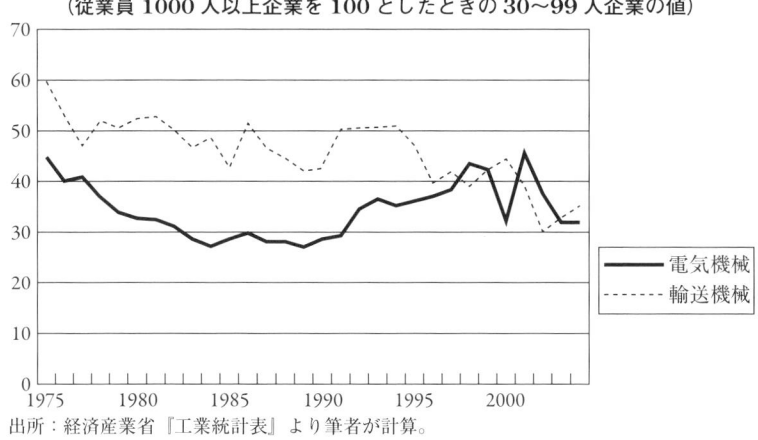

図 4-4　企業規模別の付加価値生産性格差
（従業員 1000 人以上企業を 100 としたときの 30〜99 人企業の値）

凡例：実線＝電気機械、点線＝輸送機械

出所：経済産業省『工業統計表』より筆者が計算。

の一面である。他方で、固定費比率の増加を回避し、費用のフレキシビリティを確保するという企業経営上の必要から、ME 化されない工程の中小下請企業への移転が起きた。このような企業間分業関係の変化は、ME 化の影響の重要な一面である。

2.7　小括

1970〜80 年代において、非自動化工程の中小下請企業への移転という企業間分業関係の変化を媒介にして、大企業においては主として人件費の外注費への代替という形態で、中小企業においては主として非正規労働者の増加という形態で、量的フレキシビリティが増大した。その帰結の第 1 は、非自動化単純作業工程の中小企業における集積である。これは大企業と中小企業との労働生産性格差の拡大を引き起こす。図 4-4 は経済産業省『工業統計表』から算出した電気機械製造業と輸送機械製造業の付加価値労働生産性の企業規模別格差であるが、70〜80 年代においては、この格差は拡大傾向にある。第 2 の帰結は、雇用の大企業での減少・停滞と、中小企業で微増である。『工業統計表』によれば、75 年の従業員数を 100 として、従業員 1000 人以上の大企業（製造業全体）の 88 年の値は 80、500〜999 人企業は 99、100〜499 人企業は 110、30〜99 人企業は 106 である。こうした雇用数の変化によって、労働組合が存在し相対

第Ⅱ部　日本の制度的調整の特徴と限界

表 4-6　各 5 年間の雇用者増加数（単位：千人）

	男女計			男			女		
	計	正規	非正規	計	正規	非正規	計	正規	非正規
1982〜87	3698	1896	1802	1699	1357	342	1999	539	1460
1987〜92	6423	4377	2046	2892	2448	444	3531	1929	1602
1992〜97	2422	360	2062	1084	585	499	1338	−225	1563
1997〜2002	−323	−3940	3617	−968	−2391	1423	645	−1549	2194
2002〜07	2576	−116	2692	639	−491	1130	1937	375	1562

出所：総務省『就業構造基本調査』から筆者が計算した。全産業の値である。
注：正規労働者は「役員」と「正規の職員・従業員」の合計である。非正規労働者は「パート」「アルバイト」「労働者派遣事業所の派遣社員」「嘱託など」「その他」の合計である。ただし、2002 年の調査ではこの区分の変更が行なわれ、「嘱託など」が「契約社員・嘱託」に変わった。また、2007 年の調査では「契約社員」と「嘱託」に二分された。したがって 1997〜2002 年の数値については、とくに男性の値に区分のずれの影響が含まれている。詳しくは本書第 3 章 7 参照。

的によい労働条件下にある大企業労働者はますます少数になっていく。製造業の労働組合推定組織率は 75 年は 41.1％であったが、89 年は 30.9％に低下した。

「職務委譲説」が強調するところの、プログラミング作業も生産労働者が行なうような事例は、「実行と構想の分離」というテーラー主義の原理に逆行する現象である。このように工場内では反テーラー主義的変化が認められるとしても、工場を越えた、企業間分業の展開する空間では、非自動化単純作業工程の中小企業における集積という形で、「実行と構想の分離」がかなり急激に進行したと考えられる。70〜80 年代の日本で進展した、工場を越えた空間における「実行と構想の分離」は、製造業のパフォーマンス向上にかなり寄与した。トヨタ生産システムにみられるような大企業（メーカー）と中小企業（サプライヤー）との間での密接な情報交換をともなう長期的関係を通じて、すなわち「準垂直的統合」（中村, 1983）と呼べるような企業間のコーディネーションを通じて、「分離」した「構想と実行」との「統合」がうまくなされたからであると考えられる（自動車産業におけるメーカーとサプライヤーとの関係については本章付録で説明している）。

第4章 日本製造業における企業内・企業間分業構造の変化——非正規労働補完説批判

表 4-7 製造業雇用者の雇用形態別人数（単位：千人）

	1997	2002	2007	1997〜2007年の変化
正規の職員・従業員	9946	7998	7440	−2506
パート	1693	1488	1367	−326
アルバイト	270	329	248	−23
労働者派遣事業所の派遣社員	0	196	581	581
嘱託など	140			
契約社員・嘱託		355		
契約社員			358	
嘱託			137	
その他	113	76	86	−27
合計	12162	10443	10216	−1946

出所：総務省『就業構造基本調査』。全国、民営事業所の集計値である。
注：嘱託と契約社員に関しては区分が年により異なるので、変化については計算していない。

3 1990〜2000年代における分業構造の変化

3.1 非正規労働の増加パターン

表4-6は、『就業構造基本調査』の全産業における正規労働者の増加数と非正規労働者の増加数を男女別に示している。男女とも非正規労働者は一貫して増え続けている。正規労働者は、女性については1992〜2002年において、男性については1997〜2007年において減少している。したがって、このように日本全体でみれば、これらの期間においては、非正規労働によって正規労働が代替されているといえる。このような非正規労働による正規労働の代替が明瞭になったことが、1990〜2000年代における分業構造変化の第1の特徴である。とりわけ、この代替は1997〜2002年において顕著であり、男女計でみれば、正規労働者は394万人減少し、非正規労働者は362万人増加した。しかし、このようにマクロ的にみれば非正規労働による正規労働の代替が顕著な期間についても、ミクロ的にみれば、正規労働と非正規労働とは補完的であるという見方が日本では支配的である。このような見方については4で検討し批判する。

1990〜2000年代における分業構造変化の第2の特徴は、派遣労働や請負労働という間接雇用型の非正規労働の増加が著しいことである。表4-7は、『就業構造基本調査』における製造業雇用者の、1997〜2007年の雇用形態別人数とその変化を示している。製造業のパートタイム労働者は、1997年までは増

表 4-8 製造業における別経営事業所からの派遣・請負労働者数（単位：千人）

従業者規模	1996年	2001年	2006年	1996～2006年の変化
1～4人事業所	13	10	13	0
5～9人事業所	16	15	20	4
10～29人事業所	51	55	75	24
30～49人事業所	38	44	70	32
50～99人事業所	61	78	130	69
100～299人事業所	111	157	268	157
300人以上事業所	194	260	441	247
全体	485	623	1022	537

出所：総務省『事業所・企業統計』。全国、民営事業所の集計値である。
注：1996年と2001年の「出版・印刷・同関連産業」から「新聞業」と「出版業」を除くことにより、産業分類変更を調整。

加傾向にあったが、97年以降は減少している。男女計では約33万人の減少である。派遣労働者は58万人増加し、契約社員・嘱託も増加していることがわかる。『就業構造基本調査』では請負労働者数を知ることができないが[11]、1996年以降の総務省『事業所・企業統計』では、「別経営事業所からの派遣・請負労働者数」を知ることができる。表4-8に示すように、製造業におけるその値は、1996～2006年にかけて、54万人増加している。

1990～2000年代における分業構造変化の第3の特徴は、非正規労働者の企業規模別の増加パターンが1990年代を境に逆転したことである。つまり、2で述べたように、70～80年代においては非正規労働者比率の増加幅は企業規模が小さいほど大きかったが、2000年代には、逆に企業規模が小さいほど小さい。

表4-9は、『就業構造基本調査』から算出した、製造業雇用者に占める非正規労働者の比率を企業規模別に示している[12]。本書第3章7で説明したよ

---

(11) 厚生労働省（2007）によれば、製造業における請負労働者の約6割が、「期間の定めのある雇用契約」で雇用されている。また藤本（2004）によれば、請負企業に対し「最も人数の多い雇用形態の呼称」を聞いたところ、回答があった69社のうち、20社が「契約スタッフ・契約社員」、10社が「正社員」、以下、6社が「スタッフ」と続く。したがって、『就業構造基本調査』では、請負労働者は、正規労働者として計上されている可能性と、契約社員として計上されている可能性が高い。

(12) 企業規模別雇用者数構成比については、100～999人規模の中企業で増加し、99人以下の小企業と1000人以上の大企業で減少するという傾向がみられるが、この構成比の変化幅は、非正規労働者比率の変化幅と比べるとかなり小さく、企業規模別雇用者数構成の時系列的な変化の影響はわずかであると考えられる。

表 4-9　製造業雇用者に占める非正規労働者の比率（単位：％）

従業者規模	1992	1997	2002	2007	1992～97年の変化幅	2002～07年の変化幅
1～4人	28.5	26.6	29.5		−2.0	
5～9人	29.5	29.2	31.4	27.7	−0.2	−3.7
10～19人	25.8	27.0	30.2	28.5	1.1	−1.7
20～29人	23.6	25.4	30.2	30.0	1.8	−0.1
30～49人	20.9	23.0	29.2	31.0	2.2	1.8
50～99人	19.0	21.3	28.3	32.5	2.3	4.2
100～299人	16.2	18.1	25.9	29.9	1.8	4.1
300～499人	13.1	14.3	19.8	26.1	1.2	6.3
500～999	10.2	11.5	15.6	22.4	1.3	6.8
1000人以上	6.5	6.2	10.3	17.0	−0.3	6.6
全体	15.6	16.4	21.6	25.4	0.8	3.8

出所：2007年については『就業構造基本調査2007年』表番号2100「男女、産業、従業者規模、従業上の地位、雇用形態、配偶関係、年齢別有業者数」より筆者が計算。その他の年については、一橋大学経済研究所附属社会科学統計情報研究センターから提供された総務省『就業構造基本調査』（1992年、1997年、2002年）の秘匿処理済ミクロデータを集計して筆者が計算。

うに、2002年の『就業構造基本調査』において雇用形態区分の変更が行なわれたために、非正規労働者の比率の増加幅については、整合性が確保できる1992～97年の5年間と2002～07年の5年間の値を記載している。これらの値が示す変化パターンは、表4-1に示した1977～92年の15年間における変化パターンとは明らかに違っている。1977～92年の15年間では、非正規労働者比率の増加幅は企業規模が小さいほど大きかった。しかし、1992～97年の5年間では、非正規労働者比率の増加幅が最も大きいのは従業員50～99人の企業で、2.3％である。それよりも規模が小さくなるに従って、またそれよりも規模が大きくなるに従って、増加幅は小さくなる。従業員10人未満の零細企業と1000人以上の大企業では、非正規労働者比率はわずかに低下している。また、2002～07年の5年間においては、非正規労働者比率の増加幅は企業規模が大きいほど大きい。従業員300人以上の大企業ではこの増加幅は6％を超える。従業員30人未満の小企業では非正規労働者比率は低下している。表4-9では請負労働者は考慮されていないが、表4-8をみればわかるように、請負労働者の増加についても1996～2006年において大企業に偏っている。つまり、70～80年代の中小企業に偏った非正規化とはまったく逆に、2000年

代においては大企業に偏った非正規化が進行したのである。

3.2 派遣、請負労働者の増加の要因

派遣と請負は次の点において異なる。派遣労働者は派遣先（たとえばメーカーの正社員）が出す指揮命令に従って労働を行なう。一方、請負労働者は請負業者の指揮命令に従って働く。たとえその職場がメーカーの工場内であっても、メーカーの正社員が請負労働者に対して指揮命令を行なうことは、職業安定法に違反しており、いわゆる「偽装請負」にあたる。ではまず、派遣労働者の増加要因について説明しよう。請負労働者の増加については後で述べる。

労働者派遣法は1986年に制定され、制定当初は専門的知識・技術を要する13業務に限定されていた。その後、派遣対象業務は26業務に拡大されたが、派遣法改正により1999年には次のような規制緩和が行なわれた。第1に、建設、警備、港湾荷役、医療、製造など派遣禁止業務を除くすべての業務が派遣対象業務になった。第2に、専門26業務については派遣可能期間は3年以内、それ以外については1年以内とされた。これを超えて受け入れた派遣先は、雇用責任を負担しなければならなくなった。さらに2004年からは、「物の製造業務」も派遣対象業務となり、その派遣可能期間は、当初の3年間については1年、2007年からは最長で3年である。また専門26業務については2004年以降、派遣可能期間の制限がなくなった。

厚生労働省『労働者派遣事業の平成17年度事業報告』によると、2005年6月1日現在で製造業務に従事した派遣労働者数は約7万人であり、全産業の派遣労働者数約255万人と比較すると、まだ小規模である。このことは、製造業務についても派遣が可能となった2004年以降も、派遣ではなく、請負契約という形態で行なわれているケースが依然多いということを意味する。そしてその中には、発注側メーカーの正社員が請負労働者に対して指揮命令を行なうケースも多く、これは2006年に「偽装請負」として摘発された。その後は、摘発を回避するために請負契約を派遣契約に切り換えるという対応をとった企業が多く、製造業務に従事する派遣労働者は急増した（厚生労働省『労働者派遣事業の平成19年度事業報告』によると2007年6月1日現在で製造業務に従事する派遣労働者は約46万人である）。

請負労働者については「社外工」という前史がある（中尾, 2003）。1957年の

労働省『臨時工制度に関する実地調査の結果概要』によると、当時の電機産業の雇用形態別労働者構成は、常用工71％、臨時工26％、社外工3％であった。1960年代以降、セットメーカーを頂点とする下請け中小企業との分業構造が整備されるとともに、コンベアシステムに適合する作業の細分化、単純化が進められた。その結果、1970年代以降、臨時工は社外工によってではなく女性パートタイム労働者によって置き換えられていった。

自動車産業での業務請負利用は1970年代に始まるが、電機産業においては次の3つの要因により、80年代から業務請負利用が始まった。第1に、ME化が進み、ME機器の稼働率を上げるために交代勤務が増えた。女性パートタイム労働者は夜勤・交代勤務には就けなかったので、夜勤専門要員として請負労働者が利用された。

第2に、1980年代半ばの円高不況期のパートタイム労働者の解雇をめぐって訴訟が起き、パートタイム労働者側が勝訴した。たとえば1987年、三洋電機は住道工場で働く約1400名のパートタイム労働者に解雇を通告した。そのうち17名のパートタイム労働者は解雇通告後に労働組合を結成し、解雇を不当として従業員の地位保全を求める仮処分を裁判所に申請した。大阪地裁は90年2月に地位保全を認める決定を行なった（宇仁, 1999, p. 108）。つまり、有期雇用のパートタイム労働者であっても、契約更新を長期間繰り返している場合、解雇の正当事由がない場合、解雇はできないことが確認された。このような状況において、雇用責任を回避して柔軟な人員調整を可能にするという目的での、業務請負の利用が進んだと考えられる。

第3に、80年代後半のバブル経済期に、労働市場が逼迫して、とくに製造業の現場労働は採用難に陥った。これも業務請負利用の契機となった。しかし、次のような労働組合の規制もあり、本格的に業務請負が拡大するのは90年代の不況期である。松下電器産業労働組合では、85年の組合大会で「社外工・派遣労働者・社員外従業員に関する規制指針」が決定されている。それは次のような内容を含んでいる。

> 製造直接部門では、本体作業への導入は認めないことを基本に、①社会的に分業・専業化している作業や特殊技術を必要とする作業、②補助・準備・付帯作業のうち、格付や人材育成的観点からも（社員化に）なじま

ないと判断される部門以外は認めない。〔……〕事務・技術・間接部門では『労働者派遣法』の施行にともない設定される対象業務を必要最低限とするが、その場合でも組合員の雇用・仕事・労働条件やモラールに支障をおよぼしたり、組合の組織に支障をおよぼすと判断される場合は認めない。
（松下電器産業労働組合, 1985, p.42）

電機連合『電機産業における業務請負適正化と改正派遣法への対応の課題——電機産業における請負活用の実態に関する調査報告書』（2004年7月）によると、2003年末時点で調査対象事業所の75％が、年間を通じて請負労働者を活用している。また14％が、繁忙期など特定の時期に活用している。また請負活用を開始した時期は、90年代前半20％、後半28％と90年代にかなり集中している[13]。請負活用の目的として多く挙げられているのは「正社員を増やさずに要員確保」(74%)、「業務量の一時的・季節的増減対応」(70%)、「部門の人件費節約」(68%) である。結局、人員調整が容易で、かつ安価な労働力として、請負労働者の利用は拡大していったことになる。

先に示したように、派遣労働と異なり、請負労働者に対する指揮命令は請負会社の社員が行なうべきものであり、発注者側メーカーの社員が行なってはならない。ところが、上記の調査によると、請負労働者への「仕事の割り振り」「作業方法指示」「教育訓練」「安全衛生教育」「勤務時間帯決定」「残業指示」については、半数もしくはそれ以上の職場において、発注者側の正社員が担当している。これは「偽装請負」に当たる。また、管理業務を行なう請負会社の社員が常駐している職場は30％、常駐はしてないが巡回をしている職場は43％であるが、管理業務を行なう請負会社の社員がいない職場が26％もあり、請負会社の社員による請負労働者の管理が実際には行なわれていないことを裏づけている[14]。

---

(13) 藤本（2004）の請負企業に対するアンケート調査においても、過半の企業の設立年と生産請負事業の開始年は1990年代以降となっている。
(14) このような「偽装請負」と呼ばれる法令違反は、1986年の派遣法制定時の労働省告示において警告されていたが、実際の摘発は行なわれず、長らく放置されていた。請負労働者の低賃金、低労働条件が社会問題化した後、ようやく厚生労働省も摘発に乗り出した。2005年に全国の労働局が立ち入り調査した660社のうち、358社が偽装請負に関与していた（『朝日新聞』2006年7月31日付）。

表 4-10 外注依存度の変化幅（1998 年外注依存度マイナス 87 年外注依存度）（単位：％）

従業者規模	製造業合計	食料品	金属製品	一般機械	電気機械	輸送機械
30〜49人	0.6	0.1	1.1	−4.2	−1.8	−4.5
50〜99人	0.1	0.7	−1.1	−0.5	−2.8	−0.2
100〜199人	−1.7	−2.5	−4.5	−3.8	−5.0	−2.5
200〜299人	−0.7	−0.3	−8.9	−1.7	−1.4	−2.7
300〜499人	−1.5	−3.7	2.5	−1.2	−4.6	−6.5
500〜999人	−1.7	−0.3	−5.8	−1.9	−5.2	−4.6
1000人以上	−2.6	−0.3	3.1	−14.4	4.7	−14.7

出所：『1987 年工業実態基本調査』と『1998 年商工業実態基本調査』より筆者が計算。「食料品」は「食料品製造業」と「飲料・たばこ・飼料製造業」の合計である。

表 4-11 売上原価に占める外注費の割合の 2000〜03 年度の変化幅（単位：％）

従業者規模	製造業合計	食料品	金属製品	一般機械	電気機械	輸送機械
50〜99人	−1.9	0.1	0.5	−1.0	−3.8	−0.7
100〜199人	−1.5	−1.4	−2.9	−1.6	−0.5	−0.3
200〜299人	−0.1	0.5	3.1	−1.2	−1.3	−3.2
300〜499人	−1.7	−1.1	−6.1	−3.2	−0.3	1.5
500〜999人	−0.9	0.2	−2.1	−0.2	−0.3	0.1
1000人以上	−7.0	−1.2	−2.5	−8.3	−6.4	−17.5
全体	−5.0	−0.7	−1.6	−5.9	−4.5	−13.5

出所：『2001 年企業活動基本調査』と『2004 年企業活動基本調査』より筆者が計算。

3.3 外注依存度の低下とその要因

中小企業庁・通産省『工業実態調査報告』や通産省『企業活動基本調査』といった統計の制約[15]によって、製造業における外注費あるいは外注依存度の推移は断片的にしか知ることができない。『1987 年工業実態基本調査』と『1998 年商工業実態基本調査』を利用して、1987〜1997 年の期間における製造業の外注依存度の変化幅を産業中分類別企業規模別に算出すると表 4-10 のようになる。また、『企業活動基本調査』を利用して、2000〜2003 年の期間における売上原価に占める外注費の割合の変化幅を産業中分類別企業規模別に算出すると表 4-11 のようになる。

---

(15) 2003 年に予定されていた『商工業実態基本調査』は中止された。また『企業活動基本調査』では外注費の定義がたびたび変更されている。2000 年以前は「外注加工費」と「製造委託費」の和が「生産委託費」と定義されていた。2001 年以降は「生産委託だけではなく一般業務の外注も含む」ものとして「外注費」が定義されている。また 2005 年以降は、従業者規模別の集計ではなく資本金規模別集計が公表されている。

表4-3に示したように1976〜81年においては外注依存度は増加傾向にあった。しかし表4-10と表4-11が示すように、1987〜1997年や2000〜2003年においては、外注依存度は全般的に低下しており、この低下は、とくに大企業で大幅である。外注依存度の低下の原因としては1990年代以降続く長期不況の影響が挙げられるが、不況への対応は、製造業の大企業と中小企業とでは異なることが示唆されている。大企業は、主として外注依存度を下げるという方法を採用した。つまり、具体的には、従来は外注していた工程を内製に戻すことや下請企業の選別などが行なわれた。これは一般機械製造業や輸送機械製造業の大企業で顕著である。一方、表4-9に示したように、小企業では非正規比率が低下した。具体的にはパートタイム労働者の削減などが行なわれたためである。つまり、70〜80年代にみられた大企業での外注化の拡大、中小企業での非正規化の拡大という傾向は、90年代以降には、いくつかの産業では逆転した。

つまり、70〜80年代にかけて起きたような、大企業から中小企業への単純作業工程の移転というかたちでの製造業の企業間分業構造の変化は、90年代以降はもはやみられない。90年代以降は、大企業内部に戻された、あるいはとどまった単純作業工程は、大企業に間接雇用という形態で雇われた派遣・請負労働者によって主として担われるようになったと考えられる。結局、90年代以降は、間接雇用による直接雇用の代替というかたちでの、大企業内部の分業構造の変化が起きている。「準垂直的統合」(中村, 1983) と呼べるような、大企業と中小企業との間での密接な情報交換をともなう長期的関係を通じた企業間コーディネーションは縮小し、企業内での正規労働者と派遣あるいは請負労働者との間のヒエラルキー的な短期的関係にもとづく調整の比重が増加しているといえる。

90年代以降、「準垂直的統合」が縮小した要因としては次の諸点が挙げられる。第1に、バブル経済の崩壊後の需要低迷によって大企業に生産余力が生じたので、大企業は外注を減らして内製比率を高めた。中小企業庁『1997年版中小企業白書』によれば、主に部品加工、製品組立および部品組立といった比較的単純な工程が内製化された。第2に、90年代前半の円高局面において大企業の工場海外移転や海外調達が増加したため、国内中小企業への外注が減少した。第3に、「メカトロニクス」とも呼ばれる機械工学と電子工学技術の進歩による部品点数の減少、また「モジュール化」や「オープン・アーキテク

チャ化」と呼ばれるような部品設計思想の転換も、大企業の外注依存度を低下させ、内製比率や海外調達比率を高める長期的要因である。第4に、一部の大企業は、製造工程における収益率を高めるために、また製造技術の海外流出を防ぐために、「ブラックボックス化」した工場内で部品から完成品まで一貫生産する「垂直的統合モデル」を強化し始めた（町田, 2008）。

4　正規労働と非正規労働の補完性と代替性

4.1　非正規労働補完説の問題点

表4-6に示したように、『就業構造基本調査』における正規労働者の増加数と非正規労働者の増加数をみると、女性については1992～2002年において、男性については1997～2007年において、非正規労働による正規労働の代替が起きている。しかし、このようにマクロ的にみれば非正規労働による正規労働の代替が顕著な期間についても、ミクロ的にみれば、正規労働と非正規労働とは補完的であるという見方が日本では支配的である。たとえば、厚生労働省『労働経済白書』では、厚生労働省『雇用動向調査』のミクロデータをもとに、一般労働者数[16]とパートタイム労働者数の変化率が＋1％以上あるいは－1％以下の事業所数を集計して表4-12のような結果を得ている。このような結果にもとづき、『労働経済白書　2006年版』は次のように述べている。

> 2004年の1年間の雇用の増加・減少別の事業所の割合を一般労働者・パートタイム労働者別にみると、一般労働者を減少させてパートタイム労働者を増やしている事業所の割合よりも、一般労働者を増加させつつパートタイム労働者も増やしている事業所の方が多い。〔……〕これは、事業所の内部でこれまで一般労働者が行ってきた仕事をパートタイム労働者に置き換える動きとともに、一般労働者を増加させながらパートタイム労働者を増やしたり、パートタイム労働者が多い事業所が新たに設置される動きに伴

---

[16] この「一般労働者」には、正規労働者だけでなく、「派遣労働者や契約社員などパートタイム労働者以外の非正規労働者」が含まれている。このような区分による分析に「正規を非正規に代替する事業所の動向」（厚生労働省『労働経済白書2006年版』p.88）というタイトルをつけることは問題である。

表 4-12　労働者増減別事業所割合（単位：%）

	一般労働者増加事業所			一般労働者不変事業所	一般労働者減少事業所		
	パート増加	パート不変	パート減少		パート増加	パート不変	パート減少
1991年産業計 *	10.4	27.4	10.0	13.8	10.1	22.1	6.2
1991年産業計 **	6.1	24.0	6.7	32.1	7.3	20.3	3.5
1994年産業計 ***	22.2	39.8	6.9	4.3	5.5	14.6	6.7
2000年産業計 *	8.5	19.5	8.3	16.5	11.7	24.8	10.7
2001年産業計 **	4.6	15.9	5.1	39.4	6.9	23.1	5.0
2004年産業計 ***	17.9	23.4	10.8	3.7	11.1	17.8	15.3
1991年製造業 **	7.9	20.2	7.9	29.0	8.6	20.1	6.3
2001年製造業 **	5.5	15.4	5.9	36.4	7.3	21.1	8.4
2004年製造業 ***	25.3	23.6	8.7	3.7	10.2	16.0	12.5

出所：* は厚生労働省『2002年版　労働経済白書』第5-4表、** は厚生労働省『2003年版　労働経済白書』第27表、*** は厚生労働省『2006年版　労働経済白書』第2-(1)-13表。
注：上記の3つの出典にある説明によると、いずれも次のような共通の方法により算出されている。①厚生労働省『雇用動向調査』を厚生労働省労働政策担当参事官室にて特別集計。②1年間における雇用変動をみたもの。③「増加」とは労働者数が1％以上増加した場合をいい、「減少」とは労働者数が1％以上減少した場合をいい、「不変」とは増減率が1％未満の場合をいう。しかし、1991年産業計の結果が出典により異なること、また、一般労働者不変事業所の割合が、上記の3つの出典の違いにより大きく異なることから、集計対象の範囲に差異があると推測される。

うものと考えられる。(p.88)

　つまり、表4-12でいうと、右から3列目が一般労働者を減少させてパートタイム労働者を増やすという代替的ケースを示しているが、このケースの割合が10％程度しかないという点を根拠にして、代替性が限定的であり、補完性の方が強いという主張がなされている。

　正規労働と非正規労働との代替性は弱く、補完性の方が強いというこのような見方は、1999、2000、2002、2003年版の『労働経済白書』でも展開されている。また、石原（2003）も、1991～2000年の厚生労働省『雇用動向調査』のミクロデータをもとに、フルタイム、パートタイム別に雇用創出率と雇用喪失率を計算して、「フルタイムの雇用喪失に占めるパート拡大事業所の寄与部分は全体の1～2割にすぎず、影響は限定的である」との結論を得ている[17]。

(17)　石原（2003）も、「常用労働者のうち1日の所定労働時間がその事業所の一般労働者より短い者、または1週の所定労働日数が少ない者」と定義されるパートタイム労働者と、「事業所の常用労働者数からパート労働者数を除いたもの」と定義されるフルタイム労働者という区分で分析を行なっている。石原自身も注記しているように、フルタイム労働者の一部には、非正規労働者も含まれている。

つまり、「フルタイム労働者の雇用を減らしてパートタイム雇用を増やす」という代替説は、1990年代を通じて必ずしも支持されないと石原は述べている。石原・原・佐藤（2005）は、1995〜2001年の経済産業省『企業活動基本調査』のミクロデータなどをもとに、トランスログ型の生産関数の係数を推計することにより、常用フルタイム労働投入量と常用パートタイム労働投入量の代替性（補完性）の程度を計測している。賃金データについては別の統計のデータを用いるなど、このような計測方法には様々な問題点が含まれているが、次のような結果が得られている。全産業では、「1996年までは常用フルと常用パートの間には代替関係がみられるが、1998年以降は両者の間は補完関係となっている」。この変化の解釈のひとつとして、「企業内の非正規労働者の増加によって、正規労働者に求められる職域がより高度な技能・知識を必要とするレベルへと高まったため、両者が補完的に雇用されるという解釈」が挙げられている（p.11）。

しかし、フルタイム労働とパートタイム労働との補完性を主張するこのような諸研究は、次のようないくつかの限界をもっている。

第1の限界は、非正規労働として、パートタイム労働だけに着目して、1990年代末以降増加が著しい派遣労働や請負労働という間接雇用型の非正規労働を無視している点である。これらの間接雇用型の非正規労働者はフルタイム労働の方に含まれている[18]。派遣労働や請負労働（その多くはフルタイムの非正規労働）の増加が著しい状況においては、パートタイム労働とフルタイム労働との代替性・補完性の分析によって、正規労働と非正規労働の代替性・補完性の問題にアプローチすることはほぼ不可能である。たとえば、パートタイム労働とフルタイム労働とが補完的に増加しているケースでも、増加しているフルタイム労働とは、正規労働ではなく派遣労働や請負労働という間接雇用型の非正規労働である可能性が高いからである。そして、この場合に正規労働が減少しているとすれば、パートタイム労働とフルタイム労働とが補完的に変化しているケースで、正規労働と非正規労働とは代替的に変化していることになる。本節の分析では、正規労働とパートタイム労働との補完性（代替性）に加えて、正規労働と派遣・請負労働との補完性（代替性）を計測することにより、上記の諸研究における欠落部分を埋める。

（18）　この限界については、各研究とも補足的注意書きとして記載されている。

第2の限界は、正規労働者数および非正規労働者数の変化率＋1％以上あるいは－1％以下を基準にして事業所を分類して、その各分類別の事業所数を単純にカウントするという方法にある。このような単純な方法では、正規労働変化率＋2％で非正規労働変化率＋2％の企業と、正規労働変化率＋1％で非正規労働変化率＋3％の企業は同等に扱われ、ともに「補完的」グループにカウントされる。しかし、次のような例を考えると、このような方法は部分的な代替を捉えることができないため不十分であることがわかる。正規労働者100人と非正規労働者100人からなる企業を考える。生産量の2％増加にともなって、第1のケースでは正規労働者2人と非正規労働者2人を新たに雇用したとする。このような完全な補完的変化は上記の方法で「補完的」グループにカウントされる。第2のケースでは、新規雇用分のうち正規労働者1人を非正規労働者に代替して、正規労働者1人と非正規労働者3人を新たに雇用したとする。この第2のケースでは、部分的な代替が起きているが、上記のような方法では「補完的」グループにカウントされる。このような点を考慮して、本節の分析では、正規雇用の変化量と非正規雇用の変化量の相関係数を計測することによって代替性を推計する。上記の第1のケースでは、正規雇用の変化量と非正規雇用の変化量はともに2人であるので、このような完全補完のケースが多い場合、相関係数は1に近い値となる。第2のケースでは正規雇用の変化量は1人、非正規雇用の変化量は3人であるので、このような部分補完・部分代替のケースが多い場合、相関係数は1から乖離する。正規雇用の変化量がマイナス2人で、非正規雇用の変化量がプラス2人という完全代替のケースが多い場合には、相関係数はマイナス1に近い値となるだろう。このような相関分析を総務省『事業所・企業統計』の産業小分類別企業規模別のデータを用いて行なう。また、産業中分類別企業規模別のデータを用いて、正規労働の変化量と非正規労働の変化量の比率（代替率）も計測する。

　第3の限界は、非正規労働の増加パターンに関する企業規模別の差異が考慮されていない点である[19]。2で明らかにしたように、1970年代から80年代にかけて、製造業雇用者に占めるパートタイム労働者の比率が増加していったが、その増加幅は企業規模が小さいほど大きかった。これは、この期間において、大企業における単純作業工程が下請・外注契約額の増加を通じて中小企業に移転し、中小企業はパートタイム労働者を増やしてその作業を担当させたことに

よる。しかし、3で明らかにしたように、90年代以降はこのような中小企業に偏ったパートタイム労働の増加という傾向は消失する。それに代わって、大企業に偏った派遣・請負労働の増加という傾向が現われる。つまり90年代以降は、大企業から中小企業への工程の移転というかたちで製造業の企業間分業構造の変化は停止し、とくに大企業内部において、間接雇用による直接雇用の代替というかたちで、分業構造が急速に変化している。したがって、90年代以降は、とくに大企業において、正規労働と派遣・請負労働との強い代替性がみられると推測される。

4.2 正規労働と非正規労働の代替性の計測

総務省『事業所・企業統計』から「正規労働者[20]」「パート等労働者」「派遣・請負労働者[21]」という区分での雇用形態別労働者数が産業小分類別従業

---

[19] 石原・原・佐藤（2005）では、中小企業においては、常用フルタイム労働と常用パートタイム労働とは代替的であり、大企業においては補完的であるという結果が得られているが、その理由については「大企業で基本的に補完関係が観察される理由として、規模が大きい組織であるため、分業体制がとられることが多いことが挙げられる。つまり、大企業では、フルとパートの職域が明確に区分されて両者は補完しあう形で仕事を行っている、すなわち常用フルをより高度な仕事に専念させるためにパートを雇用している可能性が示唆される」という静学的な説明しかなされていない。原（2003）も、石原・原・佐藤（2005）と同様の方法で、生命保険文化センター『企業の福利厚生制度に関する調査（1998年）』のミクロデータの分析によって同様の結果を得ている。その労働区分は「正規労働者」と「パート・アルバイト等」であり、派遣労働や請負労働は分析対象外となっている。本文で先に述べたように、90年代半ばからフルタイムの非正規労働である派遣労働や請負労働の増加がとくに大企業で著しいために、フルタイム労働とパートタイム労働の補完性が現われている可能性が高い。この場合、正規労働と非正規労働との間では代替的変化を遂げている可能性が高い。

[20] 『事業所・企業統計』では「雇用者」は「常用雇用者」と「臨時雇用者」に区分される。「常用雇用者」とは「期間を定めずに雇用されている人若しくは1か月を超える期間を定めて雇用されている人又は調査日前2か月間でそれぞれ18日以上雇用されている人」をいう。「臨時雇用者」とは「常用雇用者以外の雇用者」である。さらに「常用雇用者」は「正社員・正職員」と「正社員・正職員以外」に区分される。「正社員・正職員」とは「常用雇用者のうち、一般に『正社員』、『正職員』などと呼ばれている人」をいう。「正社員・正職員」の数を本章では「正規労働者数」と呼ぶ。また「正社員・正職員以外」の数を「パート等労働者数」と呼ぶ。

[21] 1996年以降の『事業所・企業統計』では、他の会社や下請先などの別経営の事業所から派遣されて当該事業所で働いている「他からの派遣・下請従業者」の数も得られる。この数は当該事業所の「従業者」や「雇用者」にはカウントされず、外数である。この「他からの派遣・下請従業者」の数を本章では「派遣・請負労働者数」と呼ぶ。さらに当該事業所に籍がありながら、他の会社や請負先などの別経営の事業所へ派遣されて働いている「他への派遣・下請従業者」の数も得られる。この数は当該事業所の「従業者」や「雇用者」に含まれる内数である。

者規模別に得られる。まず産業小分類別データではなく、産業中分類別データを用いて、大まかな傾向を確認しておこう。表4-13は1996～2006年における正規労働者数の変化を、表4-14はパート等労働者数の変化を示している。製造業全体では正規労働者はこの10年間に約240万人減少した。この表にピックアップした5つの産業[22]の中では、すべての企業規模で正規労働者は減少している。とくに電気機械製造業の大企業での正規雇用の減少がめだつ。パート等労働者は、製造業全体でみれば約13万人増加している。産業別企業規模別では、パート等労働者は増加している場合と減少している場合があるが、いずれにしても、正規労働者の全面的で大幅な減少と比べると、パート等労働者の変動は小さい。

表4-15は、パート等労働者による正規労働者の代替率を示している。これは表4-14の値を表4-13の値で除して得られる値である。前項で述べたように、この値は完全に代替的な変化の場合は−1となり、完全に補完的な変化の場合は＋1となる。製造業全体では、正規労働者は約240万人減少し、パート等労働者は約13万人増加しているので、代替率は−0.05と、弱い代替性を示す値となる。産業別企業規模別の代替率をみると、大部分は、弱い代替性あるいは弱い補完性を示す値となっている。

次に、派遣・請負労働者数の変化を産業中分類別にみておこう。表4-16によると、製造業全体では約54万人の増加である。企業規模別にみれば、派遣・請負労働者数の増加は大企業に偏っている。また、電気機械製造業の大企業での大幅な増加がめだつ。表4-17は、派遣・請負労働者による正規労働者の代替率を示す。これは表4-16の値を表4-13の値で除して得られる値である[23]。

---

(22) この5つの産業は従業者の多さでみて製造業の中で第1位から第5位の産業であり、これらの5つの産業の従業者合計は製造業従業者合計の過半を占める。

(23) 『事業所・企業統計』において、「他からの派遣・下請従業者」は当該事業所の従業者数には含まれない外数としてカウントされるので、もし派遣・請負労働者が正規労働者として派遣企業や請負企業に雇用され、しかもその派遣企業や請負企業の属している産業分類が「製造業」であるとすると、その派遣・請負労働者の増加は、表4-13にも、表4-16にも計上されることになる。さらに、このようなケースでは製造業の「他への派遣・下請従業者」の数の増加をもたらす。しかし、製造業の「他への派遣・下請従業者」の数の変化をみると、1996～2006年の10年間で2万5000人減少している。したがって、このようなケースは少なく、派遣企業や請負企業の多くが属している産業分類は「90 その他の事業サービス業」に属する「90A 労働者派遣業」であると推測できる。この場合、派遣・請負労働者の増加は、表4-13には計上されないので、本文に記した方法で代替率を計算しても問題はない。

表 4-13　1996〜2006 年における正規労働者数の変化（単位：千人）

従業者規模	製造業計	食料品	金属製品	一般機械	電気機械	輸送機械
1〜4人	−88	−5	−12	−8	−3	−3
5〜9人	−206	−16	−26	−18	−11	−5
10〜29人	−475	−39	−42	−29	−39	−11
30〜49人	−236	−19	−16	−5	−26	−5
50〜99人	−282	−24	−21	−15	−40	−6
100〜299人	−307	−37	−20	−19	−42	0
300人以上	−802	−18	−40	−64	−277	−77
全体	−2396	−158	−176	−160	−438	−108

出所：総務省『事業所・企業統計』。全国、民営事業所の集計値である。
注：1996 年の「出版・印刷・同関連産業」から「新聞業」と「出版業」を除くことにより産業分類変更を調整。

表 4-14　1996〜2006 年におけるパート等労働者数の変化（単位：千人）

従業者規模	製造業計	食料品	金属製品	一般機械	電気機械	輸送機械
1〜4人	−6	1	0	1	0	0
5〜9人	−12	4	2	3	−3	1
10〜29人	−25	4	4	5	−13	4
30〜49人	6	4	2	3	−4	2
50〜99人	25	13	3	3	−4	5
100〜299人	51	25	3	5	1	6
300人以上	85	35	−1	7	−3	40
全体	125	85	14	27	−27	58

出所と注：表 4-13 と同じ。

表 4-15　1996〜2006 年におけるパート等労働者による正規労働者の代替率

従業者規模	製造業計	食料品	金属製品	一般機械	電気機械	輸送機械
1〜4人	0.07	−0.15	0.01	−0.06	0.07	−0.03
5〜9人	0.06	−0.23	−0.07	−0.14	0.28	−0.19
10〜29人	0.05	−0.11	−0.09	−0.19	0.34	−0.38
30〜49人	−0.02	−0.19	−0.15	−0.63	0.14	−0.36
50〜99人	−0.09	−0.55	−0.16	−0.21	0.11	−0.88
100〜299人	−0.17	−0.67	−0.17	−0.27	−0.03	−12.53
300人以上	−0.11	−1.91	0.03	−0.11	0.01	−0.51
全体	−0.05	−0.54	−0.08	−0.17	0.06	−0.54

出所と注：表 4-13 と表 4-14 のデータを用いて筆者が計算。

製造業全体では−0.22 という弱い代替性がみられるが、企業規模別にみると、中企業や大企業では強い代替性がみられる。この結果は、前項の最後で述べた仮説、すなわち 90 年代以降はとくに大企業内部において間接雇用による直接

表 4-16　1996 〜 2006 年における派遣・請負労働者数の変化（単位：千人）

従業者規模	製造業計	食料品	金属製品	一般機械	電気機械	輸送機械
1 〜 4 人	0	0	0	0	2	0
5 〜 9 人	4	1	0	0	2	1
10 〜 29 人	24	3	2	2	4	5
30 〜 49 人	32	5	3	3	6	4
50 〜 99 人	69	9	4	7	17	7
100 〜 299 人	157	18	7	15	49	21
300 人以上	247	11	3	33	104	50
全体	537	47	19	61	184	89

出所と注：表 4-13 と同じ。

表 4-17　1996 〜 2006 年における派遣・請負労働者による正規労働者の代替率

従業者規模	製造業計	食料品	金属製品	一般機械	電気機械	輸送機械
1 〜 4 人	0.00	−0.03	0.02	−0.03	−0.48	−0.01
5 〜 9 人	−0.02	−0.06	0.01	0.00	−0.15	−0.26
10 〜 29 人	−0.05	−0.08	−0.06	−0.06	−0.10	−0.51
30 〜 49 人	−0.14	−0.24	−0.19	−0.61	−0.23	−0.79
50 〜 99 人	−0.24	−0.39	−0.19	−0.48	−0.42	−1.11
100 〜 299 人	−0.51	−0.48	−0.34	−0.78	−1.17	−42.52
300 人以上	−0.31	−0.58	−0.07	−0.52	−0.37	−0.64
全体	−0.22	−0.30	−0.11	−0.38	−0.42	−0.82

出所と注：表 4-13 と表 4-16 のデータを用いて筆者が計算。

雇用の代替というかたちで分業構造が急速に変化しているという仮説を裏づけるものである。

最後に製造業の産業小分類別のデータを用いて、1996 〜 2001 年の期間の正規労働者数変化量とパート等労働者数変化量の相関係数、および正規労働者数変化量と派遣・請負労働者数変化量の相関係数を計測する[24]。つまり、表 4-13、4-14 のような表を産業小分類別につくり、その 2 つの表の対応するセルにある値の間の相関係数を算出したものが、正規労働者数変化量とパート等労働者数変化量の相関係数である。同様にして、正規労働者数変化量と派遣・請

---

[24] 2001 年と 2006 年の間には産業分類の変更が行なわれ、産業小分類では整合性を確保することが困難であるので、1996 〜 2001 年の変化量を分析対象とした。表 4-7 と表 4-8 をみる限り、1996 〜 2001 年の変化と 2001 〜 06 年の変化の傾向には類似性があるので、1996 〜 2001 年の変化量の分析も意義があると考えられる。産業小分類は製造業で 166 分類、事業所従業者規模区分は 7 区分あるので、サンプル数の合計は 166 × 7 = 1162 個となるが、若干のデータの欠損があるので、分析に使えるのは 1006 個である。

表 4-18　1996 〜 2001 年の正規労働者数変化と非正規労働者数変化との相関係数の計測結果

	正規労働者数変化量とパート等労働者数変化量の相関係数	正規労働者数変化量と派遣・請負労働者数変化量の相関係数	サンプル数
製造業全事業所	0.110**	−0.351**	1006
製造業 50 人以上事業所	0.081	−0.400**	404
製造業 100 人以上事業所	0.070	−0.438**	255

出所：総務省『事業所・企業統計』全国、民営事業所の産業小分類別従業者規模別データから筆者が計算。
注：相関係数に付している記号 ** は 1％の水準で有意であることを示す。

負労働者数変化量の相関係数も求める。前項で説明したように、完全に補完的な変化の場合は相関係数が＋ 1 となり、完全に代替的な変化の場合は− 1 となる。とくに派遣・請負労働者数変化が大企業に偏っていることを考慮して、全サンプルでの計測に加えて、従業者数 50 人以上事業所のサンプルを抽出した計測も行なった。また従業者数 100 人以上事業所のサンプルを抽出した計測も行なった。表 4-18 は、その結果をまとめたものである。正規労働者数変化とパート等労働者数変化との間には、全サンプルでの計測において弱い補完性が確認された。一方、正規労働者数変化と派遣・請負労働者数変化との間には、全サンプルでの計測において明らかな代替性が確認された。この代替性は、事業所規模が大きくなればなるほど強まる。このような計測結果は次のことを示している。直接雇用型のパート、アルバイト、嘱託という非正規労働と、間接雇用型の派遣・請負労働という非正規労働とは、正規労働との関係が異なっている。1990 年代以降は、間接雇用型の派遣・請負労働という非正規労働が正規労働に代替するかたちでの雇用の非正規化が、とくに大企業を中心に進行している。

　以上の分析は、事業所ごとのミクロデータを使ったものではなく、集計データを使ったものであるので、ミクロレベルでの変化とはずれがある可能性は残る。しかし、かなり細かな集計区分での集計データを使って、正規労働者数変化とパート等労働者数変化との間の弱い補完性と、正規労働者数変化と派遣・請負労働者数変化との間の明らかな代替性が確認されたことは、ミクロレベルでも同様な変化が生じていることを示唆する。もし、そのとおりであるとすれば、表 4-12 に示した厚生労働省『労働経済白書』の分析のように、パート労働者とそれ以外の労働者という区分で正規労働と非正規労働との関係にアプ

ローチする方法は、根本的欠陥をもつことになる。

5　結論——企業単位のコーディネーションのゆくえ

　本章では、1970〜80年代には、大企業から中小企業への単純作業工程の移転というかたちで製造業の企業間分業構造の変化が起きたが、1990年代以降は、製造業大企業の企業内において、間接雇用型の非正規労働によって正規労働が代替されるというかたちの分業構造の変化が生じていることを明らかにした。派遣労働や請負労働といった間接雇用型の非正規労働は、パートタイム労働のような直接雇用型の非正規労働と共通する雇用の短期性や不安定性という問題に加えて、直接の雇用主による教育訓練が不十分となること、請負発注側会社あるいは派遣先会社の労働者との情報交換が不足することや、労使の力関係において労働者側が弱いことなど、独自の問題を抱えている。このような問題に対処するには法規制の枠組みが必要である。しかし、ドイツやフランスと比べると日本の派遣・請負労働に関わる法規制はきわめて不十分であった。

　1990年代以降、間接雇用型の非正規労働が急速に拡大することによって、このような問題が社会問題として顕在化した。請負企業管理者による請負労働者への業務指示という本来の業務形態を逸脱してまで拡大した請負労働は、2006年の「偽装請負」の摘発によってようやく是正を余儀なくされた。違法な「偽装請負」状態の是正の多くは、直接雇用への転換ではなく派遣労働に切り換えることによって行なわれた。2007年頃からは、禁止業務派遣や二重派遣、賃金からの不適正なデータ装備費の控除など、派遣事業者の法違反が顕在化した。2008年にはきわめて短期で派遣される「日雇い派遣」の規制強化を中心に、派遣法改正の検討が始まった。また2008年末には世界金融危機の影響による生産量の急減に即応して、多くの製造業企業は派遣労働者や請負労働者の大量の削減を行なった。この突然の契約打ち切りは「派遣切り」と呼ばれ、社会問題化した。そして製造業務への派遣を禁止しようとする動きも出てきた。このように、大きな社会問題が発生した後に、後追い的に法規制を修正するという日本のやり方は、事前のコーディネーションを通じて社会的合意を形成する能力が不足していることの帰結である。

　70〜80年代の日本で進展した、工場を越えた空間における「実行と構想の

分離」は、結果的には、製造業のパフォーマンス向上にかなり寄与した。その理由は、大企業と中小企業との間での企業間コーディネーションを通じて、分離した「構想と実行」との「統合」がうまくなされたからである。しかし、1990年代以降に、製造業大企業の企業内において正規労働者と派遣・請負労働者との間で分離した「構想と実行」とを統合することは、はたして可能だろうか。派遣・請負労働者の雇用の短期性と間接性は、正規労働者と派遣・請負労働者との間での密接な情報交換およびそれを通じた共有知の蓄積を困難にしていると考えられる。したがって、日本企業において間接雇用型の労働者の比率が高まるにつれて、これまで直接雇用型の労働者の間で形成されていた企業単位のコーディネーションそのものが次第に縮小していき、ヒエラルキー的関係が拡大する可能性もある。

〈付録〉 垂直的統合と準垂直的統合
―― 日本とアメリカの自動車産業のケース

(1) 垂直的統合

自動車は多種・多数の部品を組み立てることによってつくられる製品である。自動車メーカーは最終組立プロセスを自社で行なっているが、部品の製造は他社に外注する場合が多い。部品が外製されるか内製されるかは、その部品の種類によって、メーカーによって、また時代によって異なっている。アメリカと比べて日本の自動車メーカーの内製率が低いことはよく知られている。中小企業庁『中小企業白書 1980年版』によれば、内製率を製造費用ベースで比較すると、1978年においてGMは48%であるのに対し、トヨタは25%である。

一般に部品の内製・外製区分の変化は、「垂直的統合」と呼ばれる現象の一部として考察されてきた。19世紀末から20世紀初めにかけて、アメリカの大量生産企業は、部品、原料製造部門や販売、購買部門を創設したり、あるいは部品、原料生産企業や販売企業を合併したりすることによって、市場取引を内部化していった。製造という機能の前方にある部品、原料生産を組織的に統合すること、および後方にある販売を統合すること、この両者はあわせて垂直的統合と呼ばれる。また、このような垂直的統合を通じて巨大化、複雑化した企業組織を効率的に管理するために、原価会計、資本会計や財務会計の手法、本部スタッフが各事業部を統括するかたちの事業部制など近代的経営諸制度が開発された。

Chandler (1977) は、19世紀末から20世紀初めにかけて生じたアメリカでの経営革新を次のように総括している。「マネジメントという目に見える手が、経済活動を調整し、監視するうえで市場の諸力の見えざる手に取って代わった」。つまり、マネジメントによる調整が市場的調整に取って代わるという経営革新が起きた。通常、マネジメントによる調整とは、本書の制度的調整の分類ではヒエラルキーに当たると捉

えられ、この経営革新は市場取引を「ヒエラルキー」内部の取引にすること、すなわち「内部化」として捉えられる。しかし、マネジメントによる調整は、ヒエラルキーだけではなくコーディネーションによっても可能である。アメリカの自動車産業では、「垂直的統合」を通じてヒエラルキーによる調整が拡大したが、以下にみるように、日本の自動車産業ではコーディネーションという形態での調整が発展した。つまり日本では、サプライヤーはメーカーに完全に統合されるのではなく、別会社であり続けながら、メーカーとサプライヤーとの間の緊密な長期的関係が制度化されていった。このようなメーカーとサプライヤーとの関係の国による違いが生じる原因に焦点を当てながら、アメリカ、日本の自動車産業について、この関係の発展過程をみる。

(2) アメリカにおける垂直的統合の生成

アメリカの自動車メーカーは 20 世紀初頭に大量生産を開始してまもなく、垂直的統合を推し進めた。フォードは、1903 〜 04 年のマック・アヴィニュー工場では、部品のすべてを外部のサプライヤーに依存していた。しかし、1905 〜 06 年のベルヴュー・アヴィニュー工場では、大衆車のエンジン、トランスミッションなど主要部品については、鋳物を外部から購入し、その機械加工と組み立ては社内で行なった。1910 年に操業を開始したハイランドパーク工場では、当時世界最大の近代的鋳物工場を付設し、鋳造から最終組み立てまでの一貫生産体制を確立した。さらに 1925 年に完成したリバー・ルージュ工場では、製鉄所、ガラス工場、発電所まで建設した。また第一次大戦後、森林業、鉄鉱山、石炭業経営にも進出した（塩見, 1978, pp. 186-255）。H・フォード自身は、このようにほぼ完全な垂直的統合を進めた理由について次のように述べている。「コストを度外視しても原料を支配しないことには、他社のストライキによる操業停止や、不手際な管理からくるマイナスを回避することは不可能だからである」（Ford, 1926, 邦訳 p. 299）。

GM は 1908 年に設立されるが、当初は最終組み立てメーカーの連合体であった。1908 年から 10 年にかけて、主として株の買収によって部品メーカー 12 社を吸収合併した。その目的は部品の内製によって経済性を向上することであった（Sloan Jr., 1963, 邦訳 p. 8）。1920 年に A・スローンが経営トップに就いて以来行なわれた組織改革についてはよく知られている。正確な会計記録の実施、利益率を基準とする資金配分、需要予測にもとづく生産計画、本部スタッフが統括する集権的事業部制などは、現代の大企業における経営管理システムの原型となった。

アメリカの自動車メーカーで進展した垂直的統合の特徴は、部品製造をメーカーの一部門として組み込んだ点である。その主な方法は、フォードでは部品製造工程の新設であり、GM では既存の部品メーカーの吸収合併というふうに異なっていたが、結果的にはメーカー内に部品製造を組織的に統合した。

(3) 日本における準垂直的統合の生成

1933 年に自動車生産に参入した当初、部品製造に関して、トヨタのとった方法はフォードの方法に一部類似していた。当時、国内の自動車用特殊鋼の信頼性が低いことを知ると、トヨタは製鋼所を建設した（トヨタ自動車株式会社, 1987, p. 66）。また、もともと織機製造企業であり、鋳物工場をもち、鋳造技術には自信があったので、主要部品は鋳物から内製した（同上, p. 71）。また電装品は当初は輸入に頼っていたが、

38年以降輸入品の使用が禁止されることが決まり、国産電装品の品質も悪いことがわかると、工場を建設し内製に踏み切った（同上, p. 104）。また外国製工作機械の輸入が困難になり、38年に実施された物資動員計画により国産工作機械の入手も難しくなると、工作機械も内製するようになった（同上, p. 130）。

　このように戦前のトヨタは、フォードやGMと同様に内製重視の方針をとった。しかし、垂直的統合の形態はアメリカとは大きく異なった。アメリカは部品製造をメーカーの一事業部として組み込んでいったが、1940年頃からトヨタは部品製造部門をトヨタ本体から分離し、関係会社として組み込む方向に転じた。製鋼部門は40年に豊田製鋼株式会社（現・愛知製鋼株式会社）として、工作機械部門は41年に豊田工機株式会社として分離独立する（同上, p. 153）。また43年にはボディー専門工場であった刈谷工場をトヨタ車体工業株式会社として独立させることが計画されるが、これは商工省の許可が得られなかった（同上, p. 168）。このような部品製造部門の関係会社化を導いた理由のひとつは資金調達である。トヨタは38年度上半期に初めて黒字となったが、42年度までの平均利益率は4.6％と低く、内部留保によって生産能力を拡大することは困難であった。このような資本面の制約が、部品製造部門の関係会社化を通じた外部からの資金調達を促したと考えられる。

　戦後も1950年度までは利益率の低迷は続き、借入金が資本金の8倍に達する事態となった。これを是正する再編成計画の一環として、49年に電装部門とラジエーター部門が日本電装株式会社として分離された（同上, p. 215）。しかし事態は改善せず、50年にはドッジラインの影響で大幅赤字が発生し、トヨタは倒産の危機に直面した。銀行側は、資金融資の条件として販売部門の分離を要求し、トヨタ自動車販売株式会社が設立された（同上, p. 218）。

　以上みたように、トヨタにおいては、低い利益率からくる資本面の制約から、最終的には部品製造部門を関係会社として組み込む形態となった。これらの関係会社は現在もトヨタを核として「トヨタ・グループ」を形成している。

　また部品内製化の程度は、フォードでは100％近くまで達したのに比べると、戦前のトヨタでは関係会社を含めても低い水準にとどまった。トヨタでは1939年において外注部品は原価の約7割を占めていた（同上, p. 133）。垂直的統合の目的のひとつは部品の品質確保と安定的供給の確保であるが、この目的を実現するために、垂直的統合に代わる制度としてトヨタは「協力会」組織を編み出した。39年に第1回トヨタ自動車下請懇談会を開催し、厳しい物資統制のなか、円滑かつ効果的な資材調達を進めることを話し合い、この会を「協力会」という名の常設組織とした（同上, p. 134）。長期的取引、サプライヤーに対するメーカーの技術指導、非常に高い親企業への納入率などで特徴づけられる日本独特の緊密なメーカー・サプライヤー関係が、この「協力会」を基点につくり出されていく。戦後、航空機部品メーカーが自動車部品メーカーに参入し、部品メーカーの技術力が充実し始める。これを受けて、トヨタは外部サプライヤーの積極的組織化に乗り出す。46年に関東協豊会、47年に関西協豊会を設立、戦前からの協力会組織は東海協豊会と改称した（同上, p. 203）。関係会社や「協力会」という組織形態による「統合」では、メーカー企業と関係会社とは組織的に完全に統合されていないので、ここではそれを「準垂直的統合」と呼ぶ（Houssiaux, 1957と中村, 1983を参照。水平的性格の強い青木, 1992の「準統合」とは意味が異なる）。

日産においても、戦後トヨタと同様に、関係会社あるいは協力会を通じた準垂直的統合が進む。合理化の一環として1954年に製鋼部門が株式会社東京製鋼所として分離された。また、ネジ部品を生産していた厚木工場は56年に厚木自動車部品株式会社として分離された（日産自動車株式会社, 1965, p. 340）。日産の特徴は、これらの社内部門の分離独立とあわせて、GMが行なったように株の買収を通じて既存の独立部品メーカーを関係会社化したケースがめだつことである。52年東京測範株式会社、53年民生デイゼル工業株式会社（現・日産ディーゼル工業株式会社）、54年日本ラヂエーター株式会社、56年関東精機株式会社に対し、それぞれ会社の経営不振などを契機に日産が資本参加し、役員を派遣することによって日産の関係会社に組み込んだ（同上, pp. 336-342）。また協力会組織として、58年に「宝会」を設立し、サプライヤーの体質強化にとりくんだ。

(4) 日本における準垂直的統合の展開

Cusumano（1989）は日本の自動車メーカーについて、通常の内製率（以下、メーカー内製率と呼ぶ）と、関係会社への発注分も内製とみなした場合の内製率（以下、グループ内製率と呼ぶ）の1965～83年における推移を調べている（p. 190, Table 46）。

メーカー内製率は日産とトヨタとも低下傾向を示しており、グループ内製率は日産では上昇し、トヨタではほぼ不変である[25]。すなわち関係会社という形態の準垂直的統合の比重は両社において拡大しているのである。65年以降、乗用車の大量生産が軌道に乗り、輸出も次第に活発化していくなかで、資金面の余裕も生まれたはずである。資金面の制約が除かれたはずであるから、日本の垂直的統合の形態もアメリカ型に転換してもおかしくないはずである。しかし、現実にはアメリカ型垂直的統合への転換は起こらず、関係会社という形態の準垂直的統合が拡大した。その理由はどこにあるのだろうか。

第1の理由は賃金格差である。メーカーとサプライヤーの間に賃金格差がある場合、アメリカのようにサプライヤーをメーカー内に組織統合するとコスト上昇を招き、部品の品質と安定供給確保という統合のメリットを打ち消す可能性がある。日本ではメーカーとサプライヤーとの間の賃金格差が大きい[26]。

第2の理由は企業別組合という日本の労働組合の組織形態にある。日産では80年代半ばまで労働組合による強力な職場規制が存在した（上井, 1991）。部品製造をメーカーの事業部として組織的に統合することは、この職場規制の領域を増やすことを意味した。またサプライヤーの労働組合は、多くの場合企業規模が小さいこともあり、力が弱かった。このようにメーカーとサプライヤーの労働組合の力に格差がある場合、アメリカ型の垂直的統合は経営側にとってデメリットの方がメリットよりも大きい。

「協力会」を通じた準垂直的統合も、高度成長期以降発展した。部品の品質と安定

---

(25) 1965年と1983年の値だけを示すと、メーカー内製率については、日産は32%と26%であり、トヨタは41%と26%である。グループ内製率については、日産は54%と78%であり、トヨタは74%と73%である。

(26) たとえば通商産業省『工業統計表　産業編　1975年版』から従業員1人当たり現金給与総額を計算すると、「自動車製造業」の値を100としたとき、「自動車部品製造業」の値は75である。「自動車部品製造業」の値を事業所規模別にみると、従業員1000人以上の事業所では93、300～999人の事業所では81、50～99人事業所では67である。

第4章　日本製造業における企業内・企業間分業構造の変化 ── 非正規労働補完説批判

表 4-19　日、米、欧のサプライヤーの製造能力、設計能力の比較

	日本にある日本企業	アメリカにある日本企業	アメリカにあるアメリカ企業	ヨーロッパにある各国企業
<実績>				
金型変更時分（分）	7.9	21.4	114.3	123.7
新金型のリードタイム（週）	11.1	19.3	34.5	40.0
職階数	2.9	3.4	9.5	5.1
作業員1人当たり機械数	7.4	4.1	2.5	2.7
在庫レベル（日）	1.5	4.0	8.1	16.3
1日の納品回数	7.9	1.6	1.6	0.7
欠陥部品数（完成車1台当たり）	0.24	−	0.33	0.62
<設計段階への関与>				
サプライヤーによる設計率（％）	51	−	14	35
サプライヤーが特許をもつ部品（％）	8	−	3	7
ブラックボックス化した部品（％）	62	−	16	39
メーカーが設計した部品（％）	30	−	81	54
<メーカーとの関係>				
組立工場当たりサプライヤー数	170	238	509	442
在庫レベル（日、サンプル8部品）	0.2	1.6	2.9	2.0
JITで納入する割合（％）	45.0	35.4	14.8	7.9
1社が独占納品している部品の割合（％）	12.1	98.0	69.3	32.9

出所：Womack（1990）邦訳 p. 195 の図 5-1。

的供給の確保、さらに部品コストの低下という目標を、ヒエラルキーがもつ強制力によるのでなく、協議と合意によって、つまりコーディネーションを通じて実現していくための諸制度が、次々と整えられていく（実際にはコーディネーションにヒエラルキーの一部要素が入り込むこと、つまり複合性がありうる）。

　まず、品質確保に関しては、協力会内部に品質管理に関する専門委員会が設けられている。このほかにも様々なかたちでメーカーはサプライヤーに対して技術支援を行ない、サプライヤーの製造能力、設計能力を育成した。設計段階から開発チームにサプライヤーの技術者を参加させることもそのひとつの方法である（浅沼, 1997）。一方で、品質に関して厳しいチェックと選別が行なわれる。たとえば日本のあるメーカーは、次のような仕組みでサプライヤーの品質を監査している。年1回、サプライヤーは品質に関する詳細な報告書をメーカーに提出する。メーカーの「外注指導員」がサプライヤーに出向き、報告書の信憑性をチェックし、分析することによって、メーカーはサプライヤーをA～Dの4ランクに分類する。Aランクのサプライヤーについては支援不要であるが、Bランクについてはメーカーが時々支援する。CおよびDランクについては1回限り支援し、もし改善がみられなければ一次下請から外される。また、サプライヤーがその製造設備を大きく変更した場合は、メーカーはサプライヤーの工場に出向き、特別検査を行なう（Chanaron et al., 1993, p. 24）。

　部品の安定的供給に関しては、在庫をできるだけ少なくすることを目的のひとつとするカンバン・システムが、70年代以降サプライヤーも巻き込むかたちに拡張され

た。部品納入単位が小ロットとなり、納入頻度が高くなり、時間的にも正確さを要求されるために、サプライヤーの工場はメーカー工場の近くに立地することが必要となる。東海、関東、関西協豊会加盟企業231社の所在地とトヨタの主力工場のある豊田市との距離をみると、約半数が40km以内に立地している。また、80年代以降、メーカーは労働力を求めて九州や北海道に組立工場を建設するが、それにあわせてサプライヤーも、九州、北海道に自社工場建設や合弁などを通じて供給拠点をつくった。

部品コストの低下に関しては、メーカーとサプライヤーとの契約形態が深く関わっている。普通、同一部品についてメーカーは2社のサプライヤーと契約し、相互に競争をさせることによって契約価格の支配権をメーカーが握る。また契約は価格改訂メカニズムを含み、通常年に2回、価格の見直しが行われ、多くの場合価格は引き下げられる。このように傾向的に低下する契約価格のもとで、利益を生むためにサプライヤーは合理化努力を続けることになる。

以上のような準垂直的統合の諸制度が、70年代半ば以降の日本車の国際競争力に大きく貢献している。表4-19は、80年代後半に行なわれた、日、米、欧のサプライヤーの製造能力、設計能力に関するいくつかの調査結果をまとめたものである。これによると、日本のサプライヤーの能力は欧米を大きく上回っている。

(5) 欧米における準垂直的統合の展開

日本車の競争力の源泉のひとつが準垂直的統合というかたちのメーカー・サプライヤー関係にあることが明らかにされると、欧米においても準垂直的統合を形成しようとする動きが始まった。しかし、多くの困難も存在する。たとえばアメリカでは、部品製造を事業部として組み込む垂直的統合という形態がすでに構築されているので、社外のサプライヤー重視に転換するには、次のような障害がある。「新車開発部門の責任者が、〔……〕社外のサプライヤーを指名すれば、社内の部品事業部の人間は直ちに本社に出向いて、この部品に関する取引を失えば他のGM製品向けに現在供給している同種の部品の価格を引き上げなくてはならない、と主張するだろう。規模の経済が失われるし、生産設備が遊んでしまうからである」(Womack, 1990, 邦訳 p. 177)。また、ヨーロッパではボッシュ、GKN、SKFなど強大なサプライヤーが存在する。これらの企業は複数のメーカーと対等に取引を行ない、独立性が強いため、特定のメーカーとのみ特別な関係に入ることは困難である。また、日本ではサプライヤーから提出される報告やサプライヤー工場の視察などによって、メーカーはコストに関する情報を得ているが、欧米ではこうした契約の範囲を超えた内部情報提供は一般に強制できない。したがって価格改訂メカニズムを契約に組み込むことは難しい。

こうした困難はあるにしても、GM、フォード、クライスラーの内製率は70年代以降、徐々に低下している。これは社内の部品事業部優先の方針が変わり始めたことを示している。また、フランスのPSAとルノーは、87年にサプライヤーの品質などの評価制度をつくり、選別を進め、直接納入サプライヤー数を日本のメーカーなみに絞り込もうとしている。直接納入サプライヤー数は、フランスPSAにおいて1980年には2000社であったが、1990年には770社に削減された。またルノーにおいては1985年には1415社であったが、1989年には900社となった(Chanaron et al., 1993, p. 9)。また、ルノーでは小ロットの部品を頻繁に届ける方式も実施され、サプライヤーは1日1回以上納入することが一般化した。

（6） まとめ

　日本のメーカー・サプライヤー関係に関する議論は「系列」という概念を使って論じられることが多い。そして普遍的な市場取引と比べて、系列取引を日本独特の異質なものと捉え、その排他性を取り除くべきものとする見解も多い。このようなアプローチをここではとらなかった。ここでは「マネジメントという目に見える手が、経済活動を調整し、監視するうえで市場の諸力の見えざる手に取って代わる」（A・チャンドラー）現象を説明するための一概念である「垂直的統合」を基本概念として使った。そしてアメリカで展開した垂直的統合と、日本で展開した準垂直的統合とを区別した。メーカーの資本力、サプライヤーの技術力、メーカーとサプライヤーの賃金格差、労働組合の組織形態などによって、アメリカと日本との違いがもたらされた。日本においてはメーカーの資本力が弱体であったこと、賃金格差が大きかったこと、企業別組合であったことなどの条件に規定されて、ヒエラルキーによらずにサプライヤーを統合する様々な制度的仕組みが生まれた。それは基本的にはコーディネーションにもとづくものであり、ヒエラルキーにもとづくアメリカの垂直的統合とは、調整メカニズムが異なる。この準垂直的統合の存在が後に、品質面、コスト面で日本の自動車の国際競争力を支えた。70年代半ばから80年代にかけての日本メーカーの国際市場での躍進に対抗するべく、欧米のメーカーも準垂直的統合の形成にとりかかった。しかし、メーカー内に大きな部品事業部を抱えていることや、強大な独立サプライヤーが存在することなど、諸条件が異なることから、準垂直的統合の形態も日本と同じにはならないと考えられる。

参考文献

青木昌彦（1992）『日本経済の制度分析』筑摩書房。
浅沼萬里（1997）『日本の企業組織革新的適応のメカニズム──長期取引関係の構造と機能』東洋経済新報社。
石原真三子（2003）「パートタイム雇用の拡大はフルタイムの雇用を減らしているのか」『日本労働研究雑誌』第518号。
石原真三子・原ひろみ・佐藤博樹（2005）「日本企業の雇用行動の変遷についての研究　1995年～2001年について」東京大学社会科学研究所人材ビジネス研究寄付部門研究シリーズ No.4。
伊海実（1985）「技術革新の内部化と職務編成」『日本労働協会雑誌』第317号。
宇仁宏幸（1999）「電機」『大阪社会労働運動史　第8巻』大阪社会運動協会。
上井喜彦（1991）「フレキシビリティと労働組合規制」戸塚秀夫・兵藤釗編『労使関係の転換と選択』日本評論社。
厚生労働省（2007）『製造業の請負事業の適正化及び雇用管理の改善に関する研究会報告書』。
塩見治人（1978）『現代大量生産体制論』森山書店。
トヨタ自動車株式会社（1987）『トヨタ自動車50年史』。
中尾和彦（2003）「製造業務請負業の生成・発展過程と事業の概要」『電機総研リポート』第284-287号。
中村精（1983）『中小企業と大企業』東洋経済新報社。
日産自動車株式会社（1965）『日産自動車30年史』。
原ひろみ（2003）「正規労働と非正規労働の代替・補完関係の計測──パート・アルバイトを取り上げて」『日本労働研究雑誌』第518号。
藤本真（2004）「生産請負企業の経営と人事労務管理　第2回　生産請負企業の経営戦略と人事

戦略に関する調査より」佐藤博樹・佐野嘉秀・藤本真・木村琢磨『生産現場における外部人材の活用と人材ビジネス（1）』東京大学社会科学研究所人材ビジネス研究寄付部門研究シリーズ No. 1。
町田勝彦（2008）『オンリーワンは創意である』文春新書。
松下電器産業労働組合（1985）『第 40 回年次大会議案書』。
連合総合生活開発研究所（1998）『賃金制度改革と労働組合の賃金政策の新たな展開に関する調査研究報告書』。
Boyer. R. (1988) *The Search for Labour Market Flexibility*, Oxford University Press. （井上泰夫訳『第二の大転換』藤原書店、1992 年）
Chanaron, J. J. *et al*. (1993) "Constructeurs/Fournisseurs: spécificités et dynamique d'évolution des modes relationnels", GERPISA.
Chandler Jr., A. D. (1977) *The Visible Hand : The Managerial Revolution in American Business*, Belknap Press. （鳥羽欽一郎・小林袈裟治訳『経営者の時代──アメリカ産業における近代企業の成立』東洋経済新報社、1979 年）
Cusumano, M. (1989) *The Japanese Automobile Industry*, Harvard University Press.
Ford, H. (1926) *Today and Tomorrow*, Doubleday, Page. （稲葉襄監訳『フォード経営──フォードは語る』東洋経済新報社、1968 年）
Houssiaux, J. (1957) 'Le concept de «quasi-intégration» et le rôle des structures industrielles', *Revue Economique*, mars.
Sloan Jr., A. P. (1963) *My Years with General Motors*, Doubleday. （田中融二ほか訳『GM とともに』ダイヤモンド社、1967 年）
Womack, J. P. *et al*. (1990) *The Machine that Changed the World*, Rawson Associates. （沢田博訳『リーン生産方式が世界の世界の自動車産業をこう変える』経界界、1990 年）

第5章　成果主義的賃金制度とアウトソーシング
——NTT 西日本のケース

1　IT 化と NTT の経営危機

　1990 年代末から 2000 年代初めにかけて、インターネットが急速に普及した。インターネットの急速な普及は、当然インターネットに関係する通信サービスや情報サービスの市場を拡大させる。そして、このような市場拡大は、通信サービスや情報サービスを提供する日本最大の企業 NTT にとっては、事業拡大、利益向上および雇用増加の絶好の機会にみえる。しかし、現実はまったく逆であり、1990 年代末から 2000 年代初めにかけて、NTT 西日本の経営状態は危機的ともいえる状況に陥り、そのなかでほぼ全社員を対象とする成果主義的賃金制度が導入された。さらに、大部分の 50 歳以上の職員を退職させ、関連会社（「アウトソーシング会社」と呼ばれる）で再雇用するという、賃金引き下げをともなう大規模な「間接雇用化」が行なわれた。また、かつてない規模の希望退職も行なわれた。本章では、その背景について、最初の 3 つの節で分析する。1 では通信技術の変化について、2 では 1999 年の NTT 再編成について、3 では電気通信事業規制の変化について分析する。そして、4 では「新たな人事・賃金賃金制度」と呼ばれる成果主義的賃金制度の導入について説明する。5 では、「さらなる構造改革」と呼ばれる大規模な間接雇用化について説明する。

　NTT における成果主義的賃金制度の導入は、労働組合が主導するかたちで行なわれた点が特徴的である。それは、企業内での労使の協力という、まさに企業単位のコーディネーションを通じて企業業績を向上させようとする試みであった。しかしながら、このような企業内に閉じられた努力だけでは対処できないほど、事業規制環境や競争環境など外的環境が、NTT にとっては不利な

方向に変化していった。したがって成果主義的賃金制度導入は収入増加といった企業業績向上には結びつかず、NTT はコスト削減を迫られることとなった。効果の大きいコスト削減策は雇用削減であるが、日本の雇用制度のもとでは正社員の大規模な雇用削減は困難であった。このような制約条件のもとで、賃金コストを大幅に引き下げる手段として、大部分の高年齢層社員をアウトソーシング会社に移すという間接雇用化を NTT は選択した。この間接雇用化に関しても、雇用の保障は社会単位や産業単位ではなく企業単位や企業グループ単位で行なわれるという、雇用に関する日本的コーディネーションのあり方が深く関わっている。具体的には「雇用確保の 3 条件」と呼ばれる 3 点の労使妥協が「間接雇用化」の枠組みを決定づけた。

1.1 ブロードバンド・インターネットの普及

97 年末においてわずか 9.2％であったインターネットの人口普及率は、2000 年末には 37.1％となり、2003 年末には 60.6％に達した。その後はインターネット普及の速度は鈍化し、2007 年末で 69.0％である（総務省, 2008）。この急速な普及を可能にしたのは、通信ネットワークのいわゆる「ブロードバンド化」と常時接続化である。従来のアナログ公衆電話回線や 1988 年にサービスが始まった ISDN のデータ伝送速度は 64kbps であり、テキストデータ中心のホームページ閲覧や電子メール送受信には十分な速度であったが、音楽 1 曲のダウンロードに 10 分を要するなど、動画像や音楽データの処理には適していなかった。インターネットの利用に適した高速データ伝送を可能にする技術としては主に次の 3 つがあり、これらの総称が「ブロードバンド」である。第 1 に、従来の電話回線と同じメタリックケーブルを使用して約 10 倍の伝送速度を実現する ADSL と呼ばれる方式が 1999 年に登場した。第 2 に、ケーブルテレビ用の回線を利用する「ケーブルインターネット」というサービスも 1996 年に出現した。第 3 に、さらに末端加入者まで光ファイバケーブルを敷設する FTTH と呼ばれるサービスは、NTT などが 2001 年から開始した。これらの新しいブロードバンド・サービスの大部分は、利用時間に応じた従量料金制ではなく、常時接続の定額料金サービスとして提供された。

2000 年 3 月にわずか 22 万契約にすぎなかったブロードバンド契約数は、2004 年 3 月には 1500 万契約に達し、インターネット利用者の 3 人に 1 人がブ

第5章 成果主義的賃金制度とアウトソーシング——NTT 西日本のケース

ロードバンドを利用している状況となった（総務省, 2004）。ブロードバンド・インフラとしての加入者系光ファイバケーブルの敷設は、政府の「高度情報通信ネットワーク社会推進本部」（略称「IT 戦略本部」）が 2001 年 1 月に決めた「e-Japan 戦略」にもとづいて、主として NTT が精力的に行なった。FTTH サービス加入可能世帯数は 2004 年 2 月には 1800 万世帯を超えた。しかしながら、その時点の FTTH サービスの実際の契約数は、その 1 割にも満たない 114 万世帯にとどまった。このような誤算はなぜ生じたのか。

　総務省「21 世紀における情報通信ネットワーク整備に関する懇談会」が 2000 年 12 月に行なったブロードバンド契約世帯数に関する試算では、2004 年に FTTH は 755 万世帯となると予想された。また ADSL は 796 万世帯、ケーブルインターネットは 473 万世帯と予想された（総務省, 2001）。しかし、2004 年 2 月の現実は、FTTH が 114 万世帯、ADSL が 1120 万世帯、ケーブルインターネットが 258 万世帯であった（総務省, 2004）。つまり 2000 年代前半は ADSL の一人勝ち状態となり、2005 年には FTTH が第 1 位となるという予想も完全に外れ、2007 年においても FTTH は 1133 万世帯であり、ADSL の 1313 万世帯より少ない。2000 年代前半に ADSL の一人勝ち状態が生まれた主な要因は、「Yahoo. BB」と名づけられた ADSL サービスを提供するソフトバンクの低価格攻勢であった。2003 年 4 月時点の月額料金は Yahoo. BB が 2648 円、NTT 東日本の ADSL が 3450 円、NTT 東日本の FTTH が 6500 円であった（総務省, 2003）。Yahoo. BB の 2648 円という料金水準は国際的にみても格段の最安料金であった。このような原価をも下回る可能性の高いソフトバンクの低料金設定によって、日本のブロードバンド市場は、契約数では急速な拡大を遂げたものの、その反面では事業者にとっては利益を生み出せない市場となった。このような不毛な価格競争の結果、日本の電気通信事業者全体の収入は 2001 年度をピークに減少傾向に陥った。当然、ADSL サービスにおける各社の 2004 年 3 月時点の契約数シェアをみると、ソフトバンクなど新規通信事業者（NCC）が 63.5％を占め、NTT 東日本と西日本は 36.5％と劣勢に立たされた（総務省, 2004）。

　NTT が莫大な建設費用を投じて敷設した加入者系光ファイバケーブルが、FTTH サービスの不振により利用率がきわめて低いという結果となり、また ADSL サービスでもソフトバンクに遅れをとる結果となった。このように、ブ

123

ロードバンド化という通信技術とサービスの大転換は、NTT の経営にとっては大きな打撃となった。

1.2 既存サービスの衰退

かつての NTT の主要サービスは電話サービスと専用線サービスであった。電話サービスにおいては、携帯電話の普及によって固定電話（ISDN を含む）加入数が頭打ち状態となり、2000 年には携帯電話（PHS を含む）加入者が固定電話加入数を上回った。さらに深刻な問題は、携帯電話を含めた電話の総通話時間が、2000 年度の 70.3 億時間をピークに減少し始めたことである。2002 年度には 57.5 億時間となり、2 年間で約 2 割も減少した。2006 年度には 43.3 億時間となった。これはインターネットおよび電子メールの急速な普及の影響とみられる。さらに、ネットワークの一部または全部に IP ネットワーク技術を利用して音声電話サービスをほぼ無料で提供する「IP 電話」の発展も、固定電話サービスの衰退の一因である。

一方、1987 年の通信自由化後、電話サービス市場に新規参入した新規通信事業者（NCC）との激しい競争の結果、電話料金も着実に低下した。日本銀行「企業向けサービス価格指数」によると、1995 年を 100 とすると、国内固定電話料金は 2000 年 89.1、2003 年 78.1 である。また、国内携帯電話料金は 2000 年 52.6、2003 年 47.9 である。通信回数でみた NTT の市場シェアは、1997 年において県間通信で 62.7％、県内通信で 89.1％であったが、2003 年においては県間通信で 46.2％、県内通信で 58.1％にまで縮小している。ただし、携帯電話では NTT ドコモのシェアは 1997 年 55.4％、2003 年 62.6％と健闘している（総務省, 2005）。このような電話の総通話時間の減少と NTT のシェアの低下は、NTT 東日本と西日本の電話サービス収入の低下をもたらす。

さらに、ブロードバンド・インターネットの普及は専用線サービスにも打撃を与えた。すでに 1990 年代半ばから一般専用回線数は減少していたが、それに代わって高速デジタル回線数が増加していた。しかし、2002 年度からは高速デジタル回線まで減少し始めた。2002 年度から 2007 年度にかけて、50％を超える大幅な減少が生じた。

2　1999年のNTT再編成

2.1　企業分割案の提示

1985年にNTTは民営化されたが、NTT法の附則には「会社設立から5年以内に、会社の在り方を見直す」という条項があった。郵政大臣の諮問を受けた電気通信審議会は、1989年にNTTの組織再編成の具体案として、「地域別再編成」「市内市外分離で市内全国1社」「市内市外分離で市内複数社」の3方式の企業分割案を提示した（本項の記述は、主として情報通信総合研究所, 2006, pp. 366-385による）。この中間答申に対して、NTTは反対、公正取引委員会、経団連、電気通信産業連盟などは「時期尚早」、郵政省とNCC各社が支持、という立場であった。1990年の電気通信審議会最終答申では、1995年度を目途とする「市内市外分離で市内全国1社方式」での企業分割が提示された。また、携帯電話部門は2年以内にNTTから分離したうえで完全民営化することが提言された。しかし、株主の不安を招いてNTT株の株価が低迷し、政府・与党内部での調整がつかず、結局、自民党の判断で1995年まで議論を凍結することになった。

1995年、再び郵政大臣による電気通信審議会への諮問によって、NTT再編成の検討が開始された。また、公正取引委員会の情報通信分野競争政策研究会、行政改革委員会の規制緩和小委員会および経団連情報通信委員会も、NTTの経営形態に関する報告書をまとめた。これらの報告書が共通して指摘していることは、地域通信分野におけるNTTの事実上の独占、NTT地域通信網への接続制度の未整備、NTT地域通信部門での効率化の必要性である。また、いずれの報告書も明言は避けているもの、NTTの再編成の必要を示唆していた。NTTは反論を展開し、分割による料金・サービスの地域格差の発生、経営リソースの分散による総合力の弱体化と国際競争への立ち遅れ、研究開発力の弱体化、株主への資産分配にともなう株主の権利侵害の恐れなど、分離・分割の問題点を指摘した。しかし、結局1996年2月の電気通信審議会答申は、「1998年を目途に、現行NTTを長距離通信会社と2社の地域通信会社に再編成する」と提言した。NTTは上記の反対理由に加えて、「地域通信会社が赤字会社になる」と指摘して、この答申に反対した。ここでも政府・与党内部での調整は難航し、結論は1997年1月まで先送りされた。

2.2 持株会社のもとでの再編成へ

1996年11月に、イギリスのブリティッシュ・テレコム社がアメリカ長距離電話業界第2位のMCIコミュニケーションズ社を吸収・合併することで交渉しているという事実が明らかになり、NTT再編論議の流れが変化した。つまり、欧米で大手事業者どうしの合併が行なわれているなかで、NTT分割による弱体化は避けなければならないという意見が強まったのである。1996年12月、郵政省は、純粋持株会社のもとに長距離通信会社1社と地域通信会社2社に再編成するという方針を発表した。純粋持株会社を設置するというこの方針によって、株主の権利保護、研究開発力の維持、国際進出などの課題がクリアされ、NTTも次の2点を条件として受け入れることを表明した。ひとつは、会社の資産を別会社に移し替える際に発生する事業譲渡益課税を減免する措置である。もうひとつは、税負担を減らすための連結納税制度である。NTT分割後の収支見通しでは、西日本会社が当面赤字経営となるが、連結納税制度がない場合、赤字会社の損失を黒字会社の利益で相殺することができないからである。大蔵省との協議の結果、前者は認められたが、後者の連結納税制度の導入については認められなかった。しかし、黒字が予想される東日本会社から赤字が予想される西日本会社に対しての所得移転を非課税とする措置が、新会社設立後3年間に限り認められることとなった。これにより、NTTは1999年7月の再編成に向けて動き出すこととなった。また、この大蔵省の決定により、再編成後3年以内にNTT西日本の経営を黒字化しなければならないという制約が課されたのである。

3 電気通信事業規制の変化

3.1 非対称規制の導入

1で述べたように、2000年前後からNTTの既存の主力事業であった電話サービスと専用線サービスの双方で収入の減少が起き、また新しい事業であるADSLやFTTHというブロードバンドサービスでは苦戦が続いた。このような2000年代前半におけるNTTの苦境の重要な要因は、郵政省（総務省）による電気通信事業に対する規制のあり方にもある。

アメリカからの市場開放圧力もあり、郵政省（総務省）は、1985年の通信

第5章 成果主義的賃金制度とアウトソーシング――NTT 西日本のケース

自由化と NTT 民営化以降も電気通信分野の競争促進政策を次々と打ち出した。1997 年の金融危機以降、政府が規制緩和政策を中心に据えた「構造改革」路線を明確にしてからは、電気通信分野の規制緩和のテンポも速まった。電気通信分野の規制緩和の特徴は、NTT に対する規制は継続し、NTT 以外の新規事業者に対する規制は緩和するという非対称的な形態をとったことである。NTT の寡占的地位を理由とするこのような「非対称規制」の結果、NTT の事業展開はかなり制約されることになり、それが先に述べたような既存サービスと新規サービス双方における NTT の不振の一因となった。

1998 年 5 月の電気通信事業法改正により、第一種電気通信事業者の電気通信サービスに関する料金が、原則認可制から原則届出制へ変更された。しかし、NTT が大きなシェアをもつ地域通信分野については、「行政による一定の規制が必要であり」「事業者に経営効率化を進める誘因を付与することにより料金低廉化を促していく必要がある」として、次のような上限価格方式（プライスキャップ規制）が導入された。つまり、郵政省が、適切な料金水準である基準料金指数を設定し、基準料金指数以下の料金は届出対象料金とする一方、基準料金指数を超える料金は認可対象料金とすることとなった（郵政省, 1999）。また、この年には、電話会社事前登録制（マイライン：2001 年 5 月実施）と番号ポータビリティ（2001 年 3 月実施）の実現の方針が打ち出された。

1999 年 7 月に NTT の再編成が実施された。事実上の独占状態になっている NTT の地域通信部門（県内通信）と、競争状態にある長距離通信部門（県間通信）が分離されることによって、電電公社時代から行なわれていた長距離通信部門の黒字（たとえば 1990 年では約 9400 億円の黒字）で地域通信部門の赤字を補填するという「内部相互補助」は不可能となった。地域部門は東西の 2 社体制となり、それぞれ NTT 持株会社の傘下として別会社化されたが、この NTT 東日本と西日本の経営赤字の顕在化をどのようにして回避するかという問題が、NTT 労使に突きつけられることとなった。本来、地域通信部門の赤字は、3 分 10 円という市内電話料金の低価格設定によって発生しているのであるから、それを値上げすれば解決することであるが、値上げという料金改定の道は、前年に導入された上限価格方式（プライスキャップ規制）によって封じられていた。

1999 年には、第二電電（DDI）、KDD、日本移動通信（IDO）の 3 社は翌年の合併を決定した。またブリティッシュ・テレコム（イギリス）と AT ＆ T（アメ

リカ）は、日本テレコムに対して合計 30％の出資を実施し、日本テレコムは外資系通信会社傘下に入る道を歩み始めた。NTT は分社化、NCC は統合合併という逆の動きが生じたことになる。

2000 年には、長距離・国際通信事業者や地域通信事業者と、NTT 東日本と西日本との接続料の見直しが実施された。地域通信部門とくに加入者線を NTT 東日本と西日本がほぼ独占している状況においては、他の事業者は自身のサービス提供のためには NTT 東日本と西日本の加入者線を利用せざるをえないが、接続料とはその利用料のことである。長距離通信部門からの内部相互補助を分社化によって禁じられた NTT 東日本と西日本にとっては、この接続料の水準が企業経営にかなり大きく影響する。1987 年の電気通信事業法改正によって決めれらた制度では、接続料は実際費用方式（指定電気通信設備の管理運営において実際に発生した費用を原価として算定）によるとされていた。しかし、2000 年の電気通信事業法改正により、接続料は長期増分費用方式（現時点で利用可能な最も低廉で最も効率的な設備と技術を利用するとの前提により算定）によることになり、NTT 東日本と西日本は、実際に発生した費用を接続料で完全に回収することができなくなった。また日米政府間の規制緩和対話では、3 年間で 22.5％の引き下げを行なうこと、3 年間のうちの当初 2 年間に引き下げを前倒し実施することなどについて 2000 年 7 月に合意した。

3.2 電気通信審議会からの圧力

2000 年 12 月に電気通信審議会（現・情報通信審議会）から、IT 革命を推進するための電気通信事業における競争政策のあり方について第 1 次答申が公表された。この第 1 次答申は NTT のあり方にも踏み込み、「東・西 NTT の高コスト構造の解消」や役員兼任の制限などを意味する「ファイアウォールの徹底」などを提言した。さらにこの答申には「地域通信市場における競争が確実に進展すると見込まれる場合にのみ、東・西 NTT の業務範囲の拡大の認可」をすることや、「2 年経過後もなお、地域通信市場で十分な進展が見られない場合は、完全資本分離を含め持株会社形態の抜本的な見直しを実施」するといった「インセンティブ活用型競争促進方策」も盛り込まれていた。このような内容に対しては、NTT および NTT 労組が強力に反対し様々な方面にはたらきかけた結果、2001 年 4 月に閣議決定され国会に上程された電気通信事業法改正案で

は「インセンティブ活用型競争促進方策」は盛り込まれなかった。この法改正（6月成立、11月施行）では、料金認可に関して行なわれていた非対称規制が契約約款や接続約款に拡大された。つまり、NTTの地域固定通信事業については現状どおり認可制を維持するが、その他の事業者については届出制に変更された。また、純粋持株会社を中心とする現行のグループ運営体制での構造改革の推進が基本フレームとして採用され、またNTTの自主的実施計画を東・西NTTの業務範囲の拡大の認可の条件としないこととなったが、この2000年12月の強圧的な1次答申は、2001年4月に持株会社が提示した「NTTグループ3ヵ月経営計画」およびその中で示された「さらなる構造改革」の内容に大きな影響を及ぼした。

最終答申は2002年8月に提出され、それを受けて、電気通信事業法改正は2003年7月に成立した。この法改正（2004年4月施行）では、一種・二種の事業区分の廃止、一種事業の参入許可制の廃止、料金・契約約款の作成・届出義務の原則廃止などの規制緩和が行なわれたが、NTT東西の一種指定設備などに関する接続ルール規制（接続約款の認可など）や、支配的事業者に対する禁止行為規定、違反に対する停止・変更命令などは維持された。

以上述べたように、NTTの市場支配力を弱めることを直接的に狙った非対称規制が展開された結果、NTTの収入、とくにNTT東日本と西日本の収入には強い下方圧力がかかり、その結果、NTTは赤字経営を避けるための経費削減とくに人件費の削減に追い込まれていった。その試みは、まず2000年に提案された「新たな人事・賃金制度」として暗黙的に行なわれ、2001年の「さらなる構造改革」では明示的に行なわれた。

4 新たな人事・賃金制度の導入

4.1 成果主義的賃金制度

第3章5で説明したように、日本において、1960年代までは、年功賃金制度が主流であったが、70年代以降、「職能給」が主流の賃金制度となった。この賃金制度改革を主導した。この職能給は査定とセットの存在であり、「職能資格制度」と呼ばれる日本独特の人事・賃金制度を構成しているが、職能を客観的に数値化することはきわめて困難であり、実際には、上司による査定では

勤続年数や経験年数が重視されることが多かった。このような「職能資格制度の年功主義的運営」は、能力主義が生み出す個人間の賃金格差を抑制する機能も果たした（楠田, 2002）。

バブル崩壊後の日本経済の長期停滞、グローバル化による国際競争の激化、従業員の高齢化による人件費の自然増などに対処するために、1990年代以降、多くの日本企業は総額人件費の抑制を迫られた。1995年に発表された日経連「新時代の『日本的経営』」は、今後の賃金制度改革の方向として、「職能・業績の伸びに応じて賃金が上昇するシステム」への移行を主張した。1990年代半ば頃から、賃金を抑制する手段のひとつとして「成果主義的賃金制度」を導入する企業が増えていった。成果主義賃金では、「職能資格制度の年功主義的運営」が払拭され、賃金は労働者個人の短期的な成果にリンクする。

このような方向に対し、連合など労働組合の全国組織は反対を表明したが（連合, 1995）、企業別組合役員に対するアンケート調査（連合総合生活開発研究所, 1998）によると、個々の労働組合の多くは成果主義的賃金制度に賛成していた。このことが急速な成果主義的賃金制度の普及をもたらした。内閣府経済社会総合研究所『平成16年度　企業行動に関するアンケート調査報告書』は、2004年における成果主義的賃金制度の導入率を職業別資本金規模別で調査しているが、専門的・技術的職業従事者でみると、資本100億円以上の企業では86.7％が導入していた。

しかし、成果主義的賃金制度は次のような根本的な難点をもつ。日本の技能形成・人材育成は、長期雇用を前提とした企業内における長期的な教育・訓練を特徴とする。これが、労働者の高いチームワーク、密接なコミュニケーションや長期的なコミットメントという日本企業独自の競争力を生み出している。ところが、成果主義的賃金制度のもとでは、チームではなく個人の短期的な成果によって賃金に差がつくので、労働者は短期的成果の個人主義的追求に駆り立てられる。つまり、長期雇用を前提とした日本的な技能形成制度と成果主義的賃金制度とは基本的に整合していないのである。このような成果主義の賃金制度の根本的な難点は、2001年3月に富士通の成果主義的賃金制度見直しがマスコミで報道されることによって社会的に知られるようになった。それ以降は成果主義的賃金制度の普及は減速し、一部では廃止する企業も現われた。以下でみるNTTにおける成果主義的賃金制度導入（実施は2001年4月）に関する

議論は、成果主義の流れが力を失う直前の 2000 年の出来事であり、日本の経営者と労働組合の大部分がこの大きな流れに絡めとられていた時期の出来事である。

4.2　NTT 労組執行部による提案

1999 年 7 月の NTT 再編成後も、**1** で述べたように、収入の大部分を占める固定電話収入の減少が続き、拡大が期待されるブロードバンド分野でも、厳しい競争環境下で NTT の苦戦が続いていた。とくに NTT 東日本、NTT 西日本の経営を軌道に乗せる展望は依然としてみえない状況であった。NTT の経営側は「このような熾烈な競争に打ち勝ち、新たなビジネスチャンスを獲得していくためには」「社員の働き方やモチベーションのあり方そのものにまでに踏み込んだ処遇体系の見直しが必要」であると考えた（情報通信総合研究所, 2006, pp. 462-463）。

事業構造の転換にともない、社員の働き方も大きく変化することになった。新たな事業の企画やシステム開発部門では、「社員個々人が新たなビジネスチャンスを模索しながら事業展開していく必要性が高まり」、固定電話部門など既存分野では、光通信技術やディジタル技術への転換によって「過去の経験・スキルが通用する可能性が縮小し、自主・自律的に課題を発見し、行動・解決していくことがより強く求められる」と捉えられた（同上）。NTT の経営側は 2000 年 4 月の「NTT グループ 3 ヵ年経営計画」の中で、第 1 に「これまでの処遇における年功的要素や画一性を極力排除するとともに、個人の成果・業績の反映幅をより拡大していくことにより、グローバル情報流通企業グループにふさわしい、個人の積極性やチャレンジ精神を最大限発揮できる処遇の確立を図る」という考え方を公表した。また第 2 に、1999 年 11 月の「中期経営改善施策（2000 〜 2002 年度）」（次項で詳述）で示されたコスト削減計画の一環として、成果・業績重視の人事・給与制度を位置づけた。

NTT 労働組合執行部は、第 1 の点については会社側に同意し、第 2 の点については「慎重な対応が必要」というスタンスであった（『NTT 労組新聞』2000 年 7 月 15 日号）。そして、「組合員のモチベーションを高めるためには、年功的要素を縮小して成果と業績がタイムリーに報われる人事・賃金制度へと転換するために」、成果・業績を重視する新たな制度を要求する方針を固め、2000 年

8月の第3回定期全国大会で、「新たな人事・賃金制度」に関する執行部提案を行なった。執行部はこの大会で決定し、大会後ただちに会社に要求する予定であった。しかし、この提案に対し、「組合員に対する説明と制度に対する理解が不十分であり、結論を出すには時間が不足しているという意見が多く出され、最終的には、本大会を制度改革議論の出発点として、次期中央委員会に向けての組織論議のスタートとするとの方向性を確認・決定した」（NTT 労働組合, 2002, p. 64）。

執行部が提案した「新たな人事・賃金制度」の概要は次のようなものであった。人事制度では、従来5ランクであったエキスパート職能を3ランクに改定するなど、社員資格グループの統合および資格等級の大括り化が実施された。これは「課長、係長、主任などの中間管理職（1999年から新任の課長は組合員となった）の労働意欲を高めようとするもの」と賃金専門家から評価されている（岩崎, 2002, p. 98）。社員の評価においては、成果・業績をより重視する観点から、評価基準として「業績評価基準」と「行動評価基準」の2つを設定し、業績評価のウエイトを70％とした。

従来の賃金制度では、賞与の基礎となる基準内賃金は年齢賃金と職能賃金の二本建てであり、これに扶養手当や都市手当が加算されるという単純で年功的色彩が濃いものであった。また基準外賃金には、資格手当などその他の諸手当があった。新たな賃金制度の基準内賃金では、年齢賃金は全年齢層で大幅に減額したうえで、若年層の昇給カーブの早期立ち上げと、50歳以上を同額とする昇給打ち止めが組み込まれた。また、職能賃金に代えて資格等級別定額の資格賃金が創設され、さらに「成果加算」を毎年の評価結果に応じて一定限度まで積み上げることとした（以下、名称は確定した制度での名称を使う）。新しい基準外賃金では、資格手当が廃止され、毎年の評価結果を洗い替えで反映する「成果手当」が新設された。つまり、年齢に応じて平等に上昇する年功的部分である年齢賃金が大幅に縮小され、4段階の成果・業績評価によって格差がつく成果加算と成果手当が新設された。そして新制度の「年齢賃金＋資格賃金＋成果加算・成果手当」は、現行の「年齢賃金＋職能賃金＋資格手当」の原資を充てるとされ、総額人件費を削減しない制度改革であった。

「第3回定期全国大会付属討議資料」に記された35歳の旧制度基本給を100とするモデル賃金によると、35歳一般2級の職員では、旧制度の年齢賃金は

53 であったが、新制度の年齢賃金は 35 に縮小する。また旧制度の職能賃金は 47 であったが、新制度の資格賃金は 52 と微増する。新制度の「年齢賃金＋資格賃金」は 87 となり、これに中ランク評価の成果加算 13 が加わると 100 となり、旧制度の基本給と同額となる。高ランク評価の成果加算を獲得した職員の基本給は旧制度の基本給を上回ることになる。他方、50 歳一般 1 級の職員では、旧制度の年齢賃金は 64 であったが、新制度の年齢賃金は 44 に縮小する。また旧制度の職能賃金は 82 であったが、新制度の資格賃金は 59 とかなり減少する。新制度の「年齢賃金＋資格賃金」は 103 となり、これに最高ランク評価の成果加算 31 が加わるとしても 134 となり、旧制度の基本給 146 を下回ることになる。このような高年齢・低資格層で発生する賃下げを避けるために、このようなケースでは現行基本給との差額（上記のケースでは 12）を「暫定調整」として加算支給することとした。しかし、このような経過措置をとるとしても、50 歳以上の高年齢・低資格層にとっては、昇格しない限り賃金増額がないということになり、厳しい新制度であった。この点については、大会代議員から「これでは中高年層の活力が見いだせない」という批判が出された（『NTT 労組新聞』2000 年 8 月 12 日号）。

　また、他社の成果主義的賃金制度と比べた場合の NTT の制度の特徴は、組合員である課長職を含む全組合員が対象となっている点である。しかし、成果主義的賃金制度の対象者は、富士通では係長相当職に限られ、東芝では主任・係長相当職に限られているなど、一般には成果主義は「適用対象者を限定してこそ効果があがる」と考えられていることからみて、NTT の制度は「やや異質」であった（岩崎, 2002, pp. 6, 13）。これについては執行部は「現状、技能・労務職群については、評価を行う仕組みとはなっていませんが、全体を成果・業績重視に見直していく中で、ここにだけ年功的賃金体系を残すことはむしろ問題をもたらす」と説明した（『NTT 労組新聞』2000 年 7 月 15 日号）。

4.3　職場討議から妥結まで

　大会後、中央本部とグループ 8 社間の交渉および各企業本部・持株会社労使間の交渉が行なわれ、具体的な評価基準や賃金額を含め、新たな人事・賃金制度の細部が明らかにされていった。

　そして 10 月に、執行部は『職場討議資料　新たな人事・賃金制度の確立に

向けて』を発行し、これにもとづいて、10月下旬から11月上旬にかけて対話会・職場討議が開催された。8月の大会提案では「成果加算」は基本給に含まれていたが、この職場討議資料では「成果加算」は基本給から外され、その結果、退職金の算定基礎から外れた。その理由について執行部は「会社側としては、退職手当は移行時点の基本給の水準を個々人の額として維持・管理するという考えが示された」(『NTT労組新聞』2000年10月28日号)からと説明した。

10月27日、大阪で中央本部との対話会が開催され、約200名の組合員が参加した。そこでの質疑では、「成果加算については、基本給とすべき」「経過措置保持者のがんばりに報いる制度化を」「中高年層が大半を占め、〔成果・業績が〕反映される組合員が少ない職場でのやりがい、メリハリ感の担保を」「エキスパート資格グループへの間口を狭くすることの無いよう慎重な対応を」「成果加算の上限額の引き上げを」「退職手当について移行時のみならず現行水準の維持を」「管理者の不足等による評価の不備を生じさせない評価制度へ」など多くの意見が出された(『NTT労組新聞』2000年11月4日号)。

職場討議をふまえて、12月13日NTT労組第3回中央委員会が開催され、新たな人事・賃金制度に関する方針が議論され、会社への要求書が決定された。おおむね職場討議資料の内容どおりで決定されたが、経過措置(暫定調整)適用者つまり高年層に限定したモチベーション維持・向上策として、A・B評価を得た場合の賃金増額(暫定加算)を追加要求することとなった(『NTT労組新聞』2000年12月16日号)。

この要求書は12月16日にグループ8社に提出され、会社側の回答は12月19日に示された。中央本部は組合要求をすべて満たすものと判断し、妥結した。ぎりぎりの段階まで対立していた、①暫定調整の基準内賃金化、②暫定加算の創設、③成果加算の退職手当算定基礎化、④現行制度における4月1日定期昇給の実施、という4つの課題については、組合側要求がほぼ認められた(③は退職手当見直しまでの暫定措置)(『NTT労組新聞』2000年12月23日号)。

5 さらなる構造改革

5.1 NTT西日本の赤字問題

2の最後に記したように、NTT東日本からのNTT西日本への所得移転(補

第5章　成果主義的賃金制度とアウトソーシング——NTT西日本のケース

墳）が3年間限りの特例措置となったために、2002年度までにNTT西日本の黒字化を図ることがNTT再編成後の最大の課題となった。NTT西日本は、首都圏のような巨大マーケットをもたないうえ、離島などを多く抱え、施設管理や保守コストが高いという構造的な問題を抱えていた。

　こうしたなか、**1**で述べたように加入電話収入は予想を超えて減少が進み、また**3**で述べたような「長期増分費用方式」の採用によって接続料収入も大幅に減少する見込みとなった。NTT西日本の経常利益は、1999年度には430億円の赤字、2000年度は1057億円の赤字となり、2002年度までの黒字化は困難な状況に追い込まれた。

　1999年11月、NTT東日本、NTT西日本は、「中期経営改善施策（2000～2002年度）」を公表した。そこではコスト削減のため、人件費削減や設備投資削減が計画された。人件費削減としては、営業拠点を当時の3分の1程度に集約することや、新規採用の2年間見合わせ（結果的には3年間）、4000人規模（その後、構造改革の一環として約6500人に拡大）のグループ企業への転籍・出向によって、NTT東日本に6万人、NTT西日本に6万8000人いた社員のうち、2002年度までにおよそ2万1000人を削減することが計画された。この「中期経営改善施策」による収支改善効果は、2002年度末までに、NTT東日本約1600億円、NTT西日本約1900億円が見込まれた。さらにNTT東日本、NTT西日本では、希望退職募集も実施された。最終的に、2000年度と2001年度の2年間で、約1万6600人、2003年度には約4400人の社員が募集に応じ退職した（情報通信総合研究所, 2006, p. 453）。

　しかし、上記のような電話収入と接続料収入の予期しない減少が生じたため、中期経営改善施策の実行のみでは黒字化は不可能となった。このような状況のなか、聖域なき抜本的コスト削減に向けた構造改革、いわゆる「さらなる構造改革」の検討が本格的に開始された。その際、「NTT東日本、NTT西日本の高コスト体質は、そのまま経営資源活用会社であるNTT-ME等受託会社の高コスト構造を反映していることから、NTT東日本、NTT西日本の費用の約23％を占める約1.3兆円の人的コストに加え、費用の約17％を占める約1兆円のNTT-ME等への委託費を、トータルとしていかに低減させるかが最大の検討ポイントとなった」（同上, p. 455）。

　「さらなる構造改革」案は、2001年4月、「NTTグループ3ヵ年経営計画

135

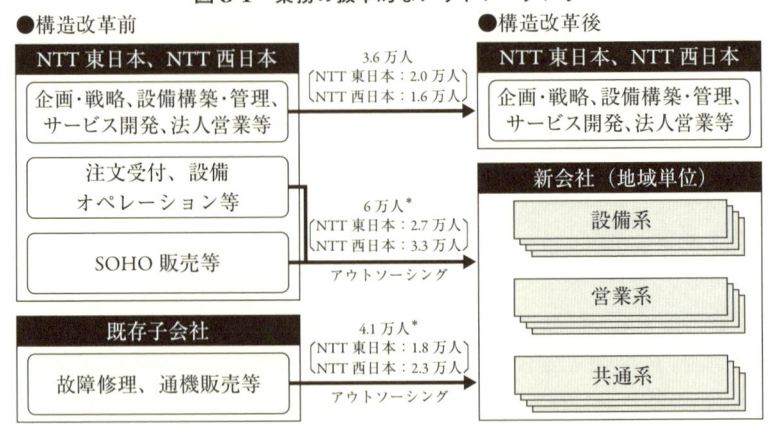

第Ⅱ部　日本の制度的調整の特徴と限界

図 5-1　業務の抜本的なアウトソーシング

●構造改革前

- NTT東日本、NTT西日本
  - 企画・戦略、設備構築・管理、サービス開発、法人営業等
  - 注文受付、設備オペレーション等
  - SOHO販売等
- 既存子会社
  - 故障修理、通機販売等

3.6万人
(NTT東日本：2.0万人
 NTT西日本：1.6万人)

6万人*
(NTT東日本：2.7万人
 NTT西日本：3.3万人)
アウトソーシング

4.1万人*
(NTT東日本：1.8万人
 NTT西日本：2.3万人)
アウトソーシング

●構造改革後

- NTT東日本、NTT西日本
  - 企画・戦略、設備構築・管理、サービス開発、法人営業等
- 新会社（地域単位）
  - 設備系
  - 営業系
  - 共通系

NTT東日本：17支店単位に、設備系・営業系・共通系会社を設立
NTT西日本：30支店を統合した16支店単位に、設備系・営業系・共通系会社を設立
注：＊51歳以上の社員は退職・再雇用（賃金水準は15％～30％ダウン）
　　50歳以下でアウトソーシング業務に従事する社員は在籍出向
出所：情報通信総合研究所（2006）p. 457.

（2001～2003年度）」として公表された。その骨子は図5-1に示されているが、次のような内容であった。

> NTT東日本、NTT西日本の本体機能を企画・戦略等に特化させ、注文受付や設備保守・運営等の業務については、地域単位（県又は複数県を束ねたブロック）の経営資源活用会社等へアウトソーシングすること、また、これに合わせて、経営資源活用会社等は徹底した効率化を図るとともに、地域密着型の事業活動によりグループ内外に向けた業容の拡大に取り組むこと、さらに、これらの施策に合わせ、社員のライフプランの多様化等を踏まえつつ、退職・再雇用により雇用形態と処遇の多様化に取り組み、人的コストの低減を図ること。（同上）

この「さらなる構造改革」に関する労使交渉に先立ち、NTT労組は、2001年3月の春闘交渉のなかで次のような「雇用確保について」の会社見解を引き出した。

①本人の意思に反した解雇は行なわない。
②いわゆる清算事業団のごとく将来の展望もなく、仕事もないまま雇用契約だけを継続しているということが経営としての雇用責任を果たすものとは考えていない。
③施策などの検討にあたっては、雇用形態の多様化・処遇の多様化など、選択肢の多様化に配慮していく考えである。

この「雇用確保の3条件」とよばれる3点の確認が、「さらなる構造改革」の交渉において、労使共通の議論のベースとして大きな意味をもつことになった（NTT労働組合, 2002, p. 83）。

5.2 さらなる構造改革をめぐる労使交渉

2001年4月26〜27日に、会社は「さらなる構造改革」案を労組に提案し労使交渉が開始された。争点は、アウトソーシング会社への移行形態とそこでの労働条件であった。会社側提案では、アウトソーシング対象業務に従事する社員で年度末年齢50歳となる社員は、次の3つの雇用形態のうちから1つを選択することとされた。

①NTT東日本、NTT西日本において、現行の人事・賃金制度のもとで、勤務地を問わず、企画戦略、法人営業などに60歳定年まで従事する（60歳満了型）。
②NTT東日本、NTT西日本をいったん退職し、アウトソーシング会社に勤務地限定で60歳まで再雇用され、さらに60〜65歳は契約社員として雇用される。月例給水準はNTT勤務時と比較して低下（地域によるが15〜30％減を想定）するが、この低下は60歳以降の賃金で一定程度（50％）緩和する（繰延型）。
③雇用形態は②と同じであるが、月例給低下は退職再雇用時の一時金で一定程度（金利相当分を差し引き40％）緩和する（一時金型）。

また、アウトソーシング対象となる業務に従事する50歳までの社員については、退職再雇用を希望しない限り、在籍出向によりアウトソーシング会社に

移行することとされた。

　会社側提案を受けて以降、NTT 労組中央本部は会社側との労使交渉をいったん凍結し、会社提案についての組織討議の展開を西日本本部など企業本部などに要請した。西日本本部は 5 月に「職場討議資料」を発行し、職場討議を進めた。6 月 14 日の第 17 回拡大企業本部委員長会議では、次のような基本認識の意思統一が行なわれた（『NTT 労組新聞』2001 年 6 月 16 日号）。

① 現状の雇用は危機的な状況に陥っていること。したがって激痛はあるが「雇用確保の 3 条件」をベースに構造改革の総仕上げを行ない、次への展望を切り拓く条件をつくり、反転攻勢をかけるとの積極的な姿勢でとりくむ。
② 交渉にあたっては、再度事態の悪化を招くような結果を出してはならない、との決意で対応する。
③ 構造改革にともなう痛みは、グループ各社、社員・組合員みんなで分かち合う。
④ 退職再雇用にともなう不利益は、一時金などにより不利益とならない具体的措置を求める。

　これらの確認をふまえて各社との労使交渉は再開され、諸制度に関わる具体的な制度内容や水準などについて会社側の提案を労組は受けた。

　6 月 18 日、西日本本部は拡大支部委員長会議を開き、西日本本部の基本スタンスなどを提起し、白熱した質疑討論を行なった（『NTT 労組新聞』2001 年 6 月 23 日号）。さらに 6 月 20 日から 3 日間、西日本 8 ブロックで「ブロック対話会」が開催された。ここでは、「労働条件の切り下げに対する職場のショックは大きかった。そのこともあり、現在、職場には、中央本部への不信感があるのは事実だ。〔……〕中央本部に対しては、激変緩和措置について 100％が確保できるよう取り組みの強化を要請したい」という意見や、「今回の提案に対し、職場では、競争力強化のためには止むを得ないという気持ちもある一方、特に中高年はこれまで事業を支えてきたという自負を持っており、なぜ賃金カットなのかという怒りもある」といった意見が出された（『NTT 労組新聞』2001 年 6 月 30 日号）。

第5章 成果主義的賃金制度とアウトソーシング——NTT西日本のケース

　7月10日の企業本部三役・支部代表者会議では、①会社提案の大枠について受けて立つ、②そのうえで、激変緩和措置について万全を期す、③雇用確保が大前提との決意に立って要求の実現に組織の総力をあげて闘う、ことについて意思統一が図られた。続いて、8月29〜30日の第4回全国大会で「さらなる構造改革」に対するとりくみ方針が決定され、労働条件については「退職・再雇用に伴う所定内賃金の減額分は100％保障すること」「新たな退職手当制度への移行にあたっては、移行に伴う経過措置を設けること」「諸手当の廃止に伴う経過措置を設けること」などを要求することが決定された（NTT労働組合, 2002, p. 96）。

　2001年9月、NTT労働組合は、激変緩和措置、諸手当廃止にともなう経過措置など、構造改革受け入れの諸条件について、会社に対し要求を行なった。しかし、会社側は当初の提案（激変緩和措置については繰延型50％、一時金型40％とするX値）に固執し、一歩も譲歩しないという厳しい交渉が続いた。NTT労組は、こうした会社側の厳しい姿勢を打ち破るには、組織の総力を結集して闘う以外ないとの判断に立ち、総がかり体制をもってとりくみを進めた。具体的には、全組織をあげて、執行委員会の闘争委員会への切り替え、徹底した支店長交渉の展開、1週間にも及ぶ時間外労働拒否闘争、ストライキ批准一票投票による組合員の意思の結集（全国では95.4％、西日本では94.6％の高率でストライキ権が確立された）などが行なわれた（NTT労働組合, 2002, p. 97）。

　10月22日、ようやく会社側は「当初提案にはこだわらない。決着を図るために、今後具体的に検討する」との見解を示した。しかし、提示された検討結果は組合側が納得できるものではなかった。10月30日、会社側は次のような最終見解を提示した。

　激変緩和措置については、2002年度の移行者に対する措置として、年齢別・地域別に2〜10％の措置率を当初提案に加算する。また、賃金が3割減となる地域では、2003年度移行者には5％を当初提案に上積みし、3年間で逓減させる。退職手当見直しについては、移行直前の退職手当額を保障する。諸手当見直しに関わる経過措置については、要求どおり24ヵ月分を支払う（『NTT労組新聞』2001年11月3日号）。

　激変緩和措置に関する回答は全国大会決定の要求からほど遠い内容であったが、中央本部はこれをぎりぎりの到達点と受けとめ、11月8日の臨時中央委

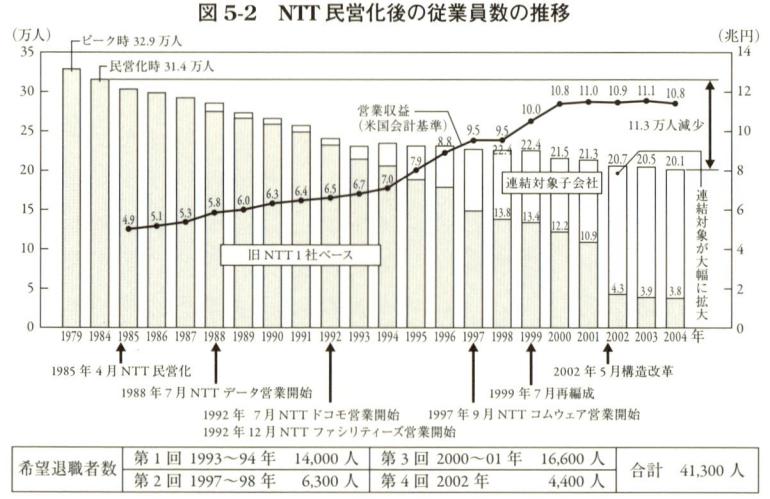

図 5-2　NTT 民営化後の従業員数の推移

（グラフ）

ピーク時 32.9 万人／民営化時 31.4 万人／営業収益（米国会計基準）／旧 NTT 1 社ベース／連結対象子会社／11.3 万人減少／連結対象が大幅に拡大

1985 年 4 月 NTT 民営化
1988 年 7 月 NTT データ営業開始
1992 年 7 月 NTT ドコモ営業開始
1992 年 12 月 NTT ファシリティーズ営業開始
1997 年 9 月 NTT コムウェア営業開始
1999 年 7 月再編成
2002 年 5 月構造改革

希望退職者数	第 1 回 1993〜94 年	14,000 人	第 3 回 2000〜01 年	16,600 人	合計	41,300 人
	第 2 回 1997〜98 年	6,300 人	第 4 回 2002 年	4,400 人		

出所：情報通信総合研究所（2006）p. 458.

員会で報告し、その承認について中央委員による一票投票が行なわれることとなった（NTT 労働組合, 2002, p. 98）。臨時中央委員会の前日、11 月 7 日には、西日本本部の態度を決定する臨時西日本本部委員会が、構成員、傍聴者など約 300 人の参加のもとで行なわれた。質疑討論ではそれぞれの支部委員会での苦悩の論議を反映して、予定時間を大幅に超える白熱したものとなった。臨時中央委員会での一票投票の結果は、賛成 123、反対 28 で承認され、それを受けて交渉は決着した（『NTT 労組新聞』2001 年 11 月 17 日号）。

2002 年 5 月に実施されたこの「さらなる構造改革」により、NTT 東日本約 4.5 万人、NTT 西日本約 5.6 万人、あわせて約 10.1 万人の社員が、全国各地に設立された約 100 の新会社に移行した。その結果、1985 年の民営化時に約 31 万人いた NTT 本体の職員数は、図 5-2 に示すように 2002 年には約 4 万人にまで減少した。連結対象の 330 社をあわせたグループ各社合計は 17 万 5000 人となり、NTT グループ全体では 22 万 1000 人の社員規模となった。グループ全体のほぼ半数の社員がアウトソーシング会社で働いていることになる。

NTT 西日本では、支店数を 30 支店から 16 支店に集約したうえで、営業系アウトソーシング会社「NTT マーケティングアクト」と設備系アウトソーシング会社「NTT ネオメイト」という統括会社を新設し、そのもとに 16 地域ご

との営業系、設備系の地域会社を設立し、共通系に関しては「NTT-BA」の地域会社をつくった。

　以上のような痛みをともなう構造改革の結果、NTT 西日本は 2002 年度には会社設立後初めての黒字を計上した。

参考文献
岩崎馨（2002）『成果主義は有効か』社会経済生産性本部。
NTT 労働組合（2002）『NTT 労組発足以降の運動をふりかえって』
楠田丘（2002）『日本型成果主義』生産性出版。
情報通信総合研究所（2006）『NTT グループ社史　1995 〜 2005』。
総務省（2001）『情報通信白書　平成 13 年版』。
───（2003）『情報通信白書　平成 15 年版』。
───（2004）『情報通信白書　平成 16 年版』。
───（2005）『情報通信白書　平成 17 年版』。
───（2008）『情報通信白書　平成 20 年版』。
内閣府経済社会総合研究所（2004）『平成 16 年度　企業行動に関するアンケート調査報告書』。
郵政省（1999）『通信白書　平成 11 年版』。
連合（1995）「日経連の新時代の『日本的経営』論に関する連合の考え方」社会経済生産性本部編『春闘再構築』社会経済生産性本部。

第Ⅱ部　日本の制度的調整の特徴と限界

第6章　バブル崩壊後の経済再生プロセスの国際比較
―― 日本と北欧諸国

1　本章の課題 ―― 金融再生と産業再生

　1980年代には、金融自由化の影響などを受け、多くの国で不動産企業などの過剰投資と、金融機関による過剰貸付が発生した。そして、地価や株価など資産価格が暴騰した。このバブルは90年代初めまでには崩壊し、資産価格は暴落した。返済見込みがなくなった貸付、つまり不良債権を多く抱えた金融機関は経営危機に陥った。この銀行危機は、金融システム全体の危機へと発展する例も多かった。アメリカ、日本、スウェーデン、ノルウェー、フィンランドである。資産デフレや金融危機は経済活動の停滞や縮小を招き、上記の各国経済は深刻な不況に陥った。表6-1に示すように、スウェーデンとノルウェーは数年後には景気回復を果たし、順調な経済成長軌道に戻っている。
　日本においては、実体経済の停滞と金融システムの不安定な状況が10年以上続いた。バブルの発生は多くの国に共通する現象であるが、バブル崩壊後の長期停滞は日本特有の現象である。したがって、日本の長期停滞の原因を解明するうえで、国際比較という方法が有益であると考えられる。本章では、日本、スウェーデン、ノルウェーを比較することにより、1990年代における日本の長期停滞の原因を検討する。比較対象としてスウェーデンとノルウェーを選んだのは、直接金融よりも間接金融が大きな比重を占めている点、雇用関係の長期性が存在する点、およびバブルの規模と時期という点において、日本との類似点が多いからである。
　2では、この3つの国のバブル形成プロセスにおいて、多くの類似点があることを説明した後、バブル崩壊後の金融再生プロセスには大きな違いがあるこ

第6章　バブル崩壊後の経済再生プロセスの国際比較――日本と北欧諸国

表6-1　バブル崩壊後の経済パフォーマンスの比較（単位：年率%）

	日本	スウェーデン	ノルウェー
実質GDP成長率（最初の4年間）	1.0	−1.0	1.5
実質GDP成長率（次の6年間）	1.1	2.8	4.2
製造業雇用成長率（10年間）	−1.6	−2.5	−0.5
製造業産出高成長率（10年間）	−0.9	3.1	3.4
製造業労働生産性上昇率（10年間）	0.8	5.7	3.9

注：いずれもバブル崩壊後10年間の平均値である（実質GDP成長率は2つの期間に分けた）。計算期間の起点は、日本1991年、スウェーデン1990年、ノルウェー1988年である。
出所：OECD, *Main Economic Indicators*.

とを指摘する。北欧2国は公的資金投入に関する国民的合意を早期に形成したが、日本はそれができなかった。3では、スウェーデンと日本における産業再生プロセスを分析する。ここにも次のような大きな違いがある。スウェーデンでは低生産性部門の縮小と高生産性部門の拡大が急激に起きたのに対し、1990年代の日本ではすべての部門が停滞した。2000年代の日本で起きたのは、企業単位での高成長事業への「選択と集中」という動きであった。この違いをもたらした制度的要因としては、スウェーデンではサプライサイドで構造変化を促進する制度的仕組みが社会レベルにおいて存在することが挙げられる。他方、日本において主として企業単位で存在する雇用制度や賃金制度は、資本と労働の企業間移動を妨げる効果をもっている。4では、金融再生と産業再生において北欧2国と日本との差異が生じた根拠を検討する。

　主な結論は次のとおりである。バブル崩壊後の経済再生に関して、北欧2国が短期間で成功し、日本が10年かけても成功していない基本的理由は、コーディネーションの仕組みの違いにある。スウェーデンとノルウェーのコーディネーションは主として産業や社会全体を基本単位として行なわれる。これに対して、日本でのコーディネーションは主として企業単位、企業グループ単位である。バブル崩壊後の金融再生と産業再生の過程では、企業や産業を越えた資本と労働の移動や、損失と痛みの社会全体での分配が必要である。このような課題に関しては、企業や企業グループを単位とするコーディネーションは有効性が低い。したがって、日本はこれらの課題を先送りしてきた。これが日本の長期停滞を導いたのである。

　さらに章末の補足では、サブプライム問題に端を発する金融危機へのアメリ

カの対応について大まかな特徴を説明する。コーディネーションや国家規制よりも市場的調整の比重が大きいアメリカでは、金融機関への公的資金の注入に関する国民的合意の形成は、日本以上に困難である。また、他国と比べてアメリカでは株主の力が大きいので、既存株式の価値をゼロにする銀行国有化策に対して株主の反発が大きい。市場的調整の比重が大きいアメリカでは、このような諸制約が、バブル崩壊後の金融再生の足かせとなっている。

2　金融再生プロセスの違い

　日本、スウェーデン、ノルウェーは、1980年代にほぼ同じ規模の実質資産価格の急騰（日本2.5倍、スウェーデン3倍、ノルウェー2倍）と1990年前後からの急落を経験した（BIS, 1993, 邦訳 p. 175）。この3国のバブルは、実体的要因が最初の契機となって発生し、その自己増殖は金融的要因によって支えられた。バブル形成プロセスには次の3つの類似点がある。

　第1に、3国とも、1980年代前半の好調な輸出により生み出された輸出関連企業の余剰資金がバブル発生の実体的要因であった点で共通している。日本の株価バブルの契機は、1980年代前半の輸出主導型成長のなかで形成された企業の余剰資金である。この時期に日本の輸出が急増した要因のひとつはアメリカの「強いドル」政策によるドルの過大評価、つまり円の過小評価である。ノルウェーでは、1980年代初めに原油価格が高く、石油関連企業が多くの余剰資金をもっていたことが、地価および株価バブル発生の契機となった。スウェーデンでは、1980年代初めの紙、パルプの高価格がバブル発生の契機となった。また1982年の通貨切下げが大きすぎて景気が過熱したこともひとつの契機である（Martin, 2000）。

　第2に、競争制限規制の緩和によって銀行間競争が激化する状況下で、リスクの高い融資に傾斜していくという銀行の貸出態度の変化が大量の投機資金供給につながった点においても、3国は類似している。日本においては、80年代半ばから始まる競争制限規制の緩和は、長期間かけて漸進的に行なわれた。しかしこの規制緩和は収益悪化をもたらす可能性をもつので、その対処策として、銀行はリスクの高い貸出に関しても積極的になった。銀行行動を変化させたもうひとつの要因は、大企業の銀行離れである。その対策として、銀行は中小企

業や個人向け融資を拡大しようとした。ノルウェーは1980年に貸出金利の規制を緩和した。また海外市場からの銀行の借入も自由化した。さらに1984年には貸出量の規制も廃止し、85年には金利規制をほとんど廃止した。スウェーデンも、83年に貸付の量的規制を緩和し、85年には貸付金利の上限を引き上げた。このような規制緩和によって銀行の貸出行動も変化した。貸出金利自由化後は、貸出金利を戦略的に使った顧客獲得競争が激化した。自由化以前に存在した銀行と顧客との密接な長期的関係は弱まったので、銀行のリスク審査能力や顧客モニタリング能力も低下した。以上の結果として、1980年代後半のノルウェーとスウェーデンにおいて銀行の貸出量は急増した。

　第3に、背景にある事情は異なるが、低金利状態が長期間続いた点でも3国は似ている。日本銀行は、低い公定歩合を86年から89年5月まで維持した。この背景には85年9月の先進5ヵ国の「プラザ合意」によるドル安誘導がある。その結果生じた急激な円高対策として内需拡大が求められた。内需拡大のためには拡張的財政政策と金融緩和策という2つの政策手段がある。当時、財政再建が最大の政治課題であったので、拡張的財政政策は採用されなかった。そのために、金融政策に過度の負担がかかった（西村, 1999, p. 36）。これが低金利状態が長期化した一因である。また日本が金利を引き上げて、アメリカが引き上げないならば、当時の円高はさらに激しくなる恐れがあった。そして当時、アメリカは不況回復局面にあり、金利を引き上げうるマクロ経済状況ではなかった（安田, 1996）。このような国際的制約も、低金利状態が長期化した一因である。ノルウェーとスウェーデンで低金利状態が生まれた要因は、第1に、銀行が顧客獲得のために貸出金利を戦略的に引き下げたこと、第2に、税制改正の遅れから、支払金利の課税控除制度が存在したことである。この課税控除制度が廃止されたのは、ノルウェーで1988年、スウェーデンでは1990年である。それ以前は、税引き後の実質金利はゼロかマイナスであった。

　このように、3国におけるバブルの形成プロセスについては類似点が多いが、バブル崩壊後のプロセスには大きな違いがある。以下では国別に金融再生プロセスを概観する[1]。

（1）　以下の記述は主にOECD（1993; 1994）にもとづいている。さらに以下の文献も参考にした。Drees and Pazarbasioglu（1998）、Nagano（2000）、吉川（1995）、蕗谷（2001）。

2.1 ノルウェーの金融再生プロセス

　金融自由化後、ノルウェーとスウェーデンの銀行は国際インターバンク市場からの借入を拡大した。これは、為替リスクにさらされやすくなったことを意味し、バブル崩壊後、日本と比べてノルウェーとスウェーデンでは早期に銀行危機が発生する要因となった。ノルウェーでは、3国のうち最も早く、1988年から銀行危機が始まった。1986年からの原油価格の低下が景気悪化のきっかけとなり、さらに88年からの金融引締めと支払金利課税控除制度廃止によってバブルを支えていた条件が消失した。87年から地価が、88年から株価が低下し始めた。1988年秋、いくつかの中規模銀行の経営危機が起きた。このときは、商業銀行保証基金で支援が行なわれた。公的管理に移行したのは小規模銀行1行だけであった。1990年には、資産規模国内第4位のフォーカス銀行の経営危機が深刻化し、この基金だけでは不十分になり、政府は新たな法律にもとづいて91年3月に「政府銀行保険基金」を設立した。1991年8月、国内第2位のクリスチャニア銀行の資本不足が表面化し、この銀行とフォーカス銀行に対して、政府銀行保険基金を使った資本注入が商業銀行保証基金を介して行なわれた。また国内第1位のデンノルスケ銀行も資本不足に陥る見込みとなり、政府に支援を要請した。1991年11月、政府銀行保険基金の資本金増額や、この基金を民間銀行に直接的に資本注入できるようにするための権限強化などの、一連の金融再生策をノルウェー国会は承認した。この金融再生策に従って、破綻していない銀行にも政府が長期的資金を供給するために「政府銀行投資基金」が設立された。また、75％以上自己資本を失った銀行株式をゼロ評価で償却する権限を政府に与える法律もつくられた。91年12月から92年にかけて、上記の3大銀行に対して、政府銀行保険基金と政府銀行投資基金から資本注入が実施された。その結果、従来の株式は償却されたので、クリスチャニア銀行とフォーカス銀行は一時国有化された。また政府は、デンノルスケ銀行の筆頭株主になった。こうして1993年以降、銀行経営は回復した。銀行救済に使われた公的資金の合計は約300億クローネであり、GDP比では4％に相当する。

2.2 スウェーデンの金融再生プロセス

　スウェーデンでは、1990年から株価と地価の急落が始まった。1990年からのインフレ抑制政策実施と支払金利課税控除制度廃止とによって、バブルを支

えていた条件が消失した。銀行貸出が減少するとともに、銀行の収益も減少していった。91年から貸倒損失が増加し、貸倒損失控除後の利益がマイナスとなった。1991年秋、資産規模国内第3位のノード銀行が自己資本不足に陥り、政府による新規発行株の買い取りが行なわれた。さらに92年12月には政府が全株式を買収し、国有化した。また、92年9月には国内第2位のゴータ銀行が経営危機に陥り、政府は12月に全株式を買収し、国有化した。ゴータ銀行の既存株式はゼロ評価で償却された。ノード銀行とゴータ銀行の不良債権は分離され、新たに設立された資産管理会社に移された。このような公的資金注入による一時国有化と並行して、政府は1991年9月に全銀行の債務保証を宣言した。さらに、12月には銀行支援法が議会で成立し、金融再生の原則と方策が承認された。1993年に金融支援庁が設立されたが、その頃から銀行の収益は回復し始めた。資産管理会社による債権回収はかなり成功した。銀行救済に使用された公的資金合計は653億クローネであり、GDPの4.3％に相当する。

2.3 日本の金融再生プロセス

日本銀行は、1989年5月、それまでの超金融緩和政策を転換し、公定歩合を引き上げた。この金利引き上げは短期的であるという見方があり、株価上昇傾向は90年初めまで続いた。しかし日銀は高金利を維持し、90年から株価は急落し始めた。また、90年4月からの不動産向け融資の総量規制が行なわれた。これが効果を発揮し、91年から地価の低下が始まった。株価、地価の下落は、銀行の不良債権を増加させた。1992年に日銀は、受け皿銀行の設立や公的資金投入を柱とする金融危機対応策を作成した。また1992年8月に宮沢首相は、演説において公的資金投入の必要性を述べたが、大蔵省はそれを否定した。金融当局の一部には「内外の公的資金注入時の金融システムの状況と比較して、現在のわが国の問題が小さいとは言い切れない」(日本経済新聞社編、2000, p. 128) との判断が存在したことは事実ではあるが、公的資金注入は実行されなかった。1994年に東京の2つの信用組合が経営危機に陥った。東京都と日銀と大蔵省は密かに協議し、東京都と日銀と民間金融機関とが出資して新しい受け皿銀行を設立し、この2つの信用組合の預金などをそこに移行する案をつくった。しかし、東京都民の多くは東京都が出資することに反対し、95年の東京都知事選挙では、都の出資反対を公約に掲げた青島幸男が当選した。

1995年6月、大蔵省は、預金保険の資金に限定して経営破綻した銀行に注入するスキームをつくった。同じ頃、大蔵省による住宅金融専門会社（住専）各社への立ち入り調査が実施され、6.41兆円の損失があることが公表された。住専の清算にともなう損失の分担については92年から問題になっており、親会社の銀行、その他の銀行と農林系金融機関という3つの債権者グループ間で、損失をどのように分担するかが協議されていた。また大蔵省と農林省の間でも協議が行なわれ、農林系金融機関の負担を軽くする密約が92年に交わされた。債権者協議では、大蔵省と農林省の密約を理由にして農林系金融機関が譲歩せず、合意に至らなかった。結局、95年12月、政府は農林系金融機関の負担軽減分にあたる6850億円を公的資金で埋める法律案をつくった。しかし、この法案に野党は猛反発し、国会の議論は延々と続けられた。1996年6月、この法案は成立したが、その後公的資金投入は銀行救済策としてはタブーとなった。1997年、日本債券信用銀行が経営危機に陥ったが、経営支援のための資金は他の民間銀行が寄附する方式で集められた。しかし、金融危機はさらに拡大し、公的資金を投入せざるをえなくなった。1998年3月、大手行21行に1兆8156億円が注入された。また、同年10月には金融機能再生緊急措置法と金融機能早期健全化法などが国会において成立し、公的資金投入の法的枠組みがようやく整った。そして、日本長期信用銀行と日本債券信用銀行の特別公的管理（一時国有化）による破綻処理が決定された。さらに、1999年3月には、大手行15行など32行に8兆6000億円が注入された。銀行救済に使用された公的資金合計は、99年までで約70兆円であり、GDPの14%に相当する。

　スウェーデンとノルウェーでは、ともに金融危機本格化から約1年後の1991年に、金融再生のための法律が国会で成立した。そして、国民的合意にもとづいて、経営危機に陥った銀行へ公的資金が早期に投入された。両国は93年には危機を脱した。両国で金融再生に関する国民的合意が早期に成立した理由は、「すべての関係者への時宜を得た情報提供」「銀行経営の透明化と情報開示」や「政府の銀行支援策の意味に関する預金者や投資家への説明」にある（Drees and Pazarbasioglu, 1998, p. 35）。これとは対照的に、日本では金融再生のための法律が国会で成立したのは非常に遅く、98年であり、それまでは危機の深刻さと公的資金投入の必要性を認識していたのは金融当局の一部などだけで

あった。当時の大蔵省銀行局長の言によると、「混乱を恐れるあまり、処理のプロセスを秘密にしすぎた」(西村, 1999, p. 107)。これが、乱脈経営の金融機関を密室行政で救済したとの批判を国民の中に生み、公的資金投入に関する国民的合意形成を妨げたのである。

3 産業再生プロセスの違い

3.1 産業別雇用数、産出量および労働生産性の変化

表 6-2 は、バブル崩壊後のスウェーデンと日本における雇用の変化を示している[2]。スウェーデンでは1990年から94年にかけて総雇用の急激な減少が起きた。4年間で総雇用の約1割が失われたが、94年以降、総雇用は緩やかな増加傾向に転じた。産業別の推移は、次のとおりである。製造業の雇用は90年から93年にかけて約2割減少した。製造業の中の成長部門である機械工業の雇用はその後増加に転じ、97年には、90年の約1割減の水準にまで回復した。しかし機械工業以外の製造業各部門では、93年以降も雇用の減少が続いている。建設業の雇用は90年から93年にかけて約3割も減少し、その後も回復していない。第3次産業をみると、運輸・通信業、卸売・小売業の雇用は93年までに約1割減少し、その後もほとんど回復していない。一方、金融・保険などを含む企業向けのサービス業の雇用は90年から93年にかけても減少せず、その後は増加し、結局1990年代の10年間で1.5割増えた。

日本の総雇用変化は、スウェーデンとは対照的である。日本の総雇用はバブル崩壊後も97年まで緩やかな増加を続けた。1990年から97年にかけて約310万人も増加した。これは1990年の総雇用数の約5％に当たる。その後は緩やかな減少に転じ、1997年から2001年にかけて150万人の雇用が失われた。産業別にみると、製造業の雇用は1992年から減り始めた。2001年までの累計で290万人の雇用が失われた。しかし、97年までは、このような製造業の雇用減を建設業やサービス産業の雇用増が相殺したため、総雇用は増加したのである。土木建設中心の景気対策を通じて、建設業の雇用は1990年から97年にか

---

(2) 以下、スウェーデンの雇用数については、OECD, *National Accounts* の経済活動別就業者数および伊藤 (2001) に掲載されている産業別就業者数を使用した。日本の雇用数としては、総務省『労働力調査』の就業者数を使った。

表 6-2　スウェーデンと日本における産業別就業者数の推移
（スウェーデンは 1991 年 =100、日本は 1993 年 =100）

	スウェーデン			日本		
	1991	1994	1999	1993	1997	2001
総就業者数	100	89	93	100	102	99
製造業	100	82	86	100	94	84
建設業	100	70	70	100	107	99
金融・保険・不動産	100	98	125	100	97	92

出所：スウェーデンのデータは二文字・伊藤編（2002）による。日本のデータは総務省『労働力調査』による。

けて約 100 万人も増加した。その結果、総雇用のうちで建設業が占める割合は 10％を超えた。この割合は、他の先進諸国では 5％前後である。しかし、97 年以降、建設業の雇用も減り始め、2001 年までは 50 万人の雇用が失われた。金融・保険などを含むサービス産業の雇用は、一貫して増加傾向を維持している。ただし、これらサービス産業の雇用増だけでは、97 年以降の製造業と建設業両方の雇用減を相殺できなくなり、97 年以降において総雇用は減少している。

次に、製造業の産出量と労働生産性の変化について、スウェーデンと日本を比較しよう[3]。スウェーデンでは、1990 年の産出量を 100 とすると、1998 年の産出量は、電気機械 259、輸送機械 191、精密機械 170 である。しかし、これら機械工業部門以外の諸部門では、産出量は横ばいあるいは縮小しているケースが多い。したがって、製造業内部における構造変化、すなわち成長部門の拡大と衰退部門の縮小が、1990 年代のスウェーデンにおいては急激に進んだといえる。また 90 年代の労働生産性上昇率[4]をみると、上記の 3 部門に一般機械を加えた機械工業においては年率 9.4％であるのに対し、機械工業以外の諸部門の平均は 4.5％である。このような高い労働生産性上昇が、スウェーデンの機械製品の国際競争力を支えていると考えられる。

一方、日本においては、1990 年の産出量を 100 とすると、1998 年の産出量は、一般機械は 121 であるが、電気機械 92、輸送機械 82、精密機械 71 と減少している。それ以外の諸部門の推移をみても、ほとんどは横ばいか縮小である。要するに、1990 年代の日本では製造業内部での構造変化がほとんど進まず、製

---

(3) UNIDO, *Industrial Statistics Database 3-digit level of ISIC Code, 1980-98* による。
(4) ここでの労働生産性上昇率は、UNIDO, *Industrial Statistcs Database 3-digit level of ISIC Code, 1980-98* から算出した就業者 1 人当たり産出量の伸び率である。

造業全体がおしなべて低迷している。労働生産性上昇率をみても、1980年代においては機械工業で年率5％の労働生産性上昇があったが、90年代には年率1％にまで鈍化した。機械工業以外の諸部門の平均労働生産性上昇率は、1980年代から今日までずっと年率1％台である。日本では、製造業内部での高成長部門への特化が90年代においてほとんど進まず、製造業全体の停滞が続いていることを、以上のデータは示している。

3.2　1990年代における構造変化のパターン

前項では日本とスウェーデンというきわめて対照的な2国を比較したが、本項では比較対象国を増やして、1990年代の先進諸国における産業と雇用の構造変化について「定型化された事実（stylized facts）」を明らかにしたい[5]。表6-3は、先進諸国の第2次産業と第3次産業における雇用数と生産高と労働生産性の、1年当たり変化率を示している[6]。先進諸国では第1次産業の比重は小さいので、第2次産業と第3次産業の動向が経済全体の動向をほぼ決定する。

まず、雇用変化率の欄をみると次のことがわかる。①第3次産業の雇用変化率は、90年代前半のスウェーデンを除くすべてにおいてプラスであり、また、国による差異も小さい。②第2次産業の雇用変化率はプラスの国とマイナスの国とがあり、国による差異も大きい。③80年代と90年代の雇用変化率とを対照すると、第3次産業の雇用変化率の時系列変化は小さく、第2次産業では大きい。

次に、生産高変化率と労働生産性上昇率の欄をみると、次のことがわかる。④第3次産業の生産高変化率と労働生産性上昇率ともに、国による差異は小さい。⑤第2次産業については、国による差異が大きい。⑥80年代の変化率と対照すると、第3次産業の生産高変化率と労働生産性上昇率の時系列変化は小さく、第2次産業では大きい。とくに生産高変化率の時系列変化が大きい。

以上の①〜⑥の事実は、総雇用や国内総生産の動向に関して国による差異があるとすれば、それは第3次産業よりも第2次産業における差異の影響のほう

---

(5) 原田（1997）は、先進国における産業構造変化の定性的な考察を通じて、「アメリカ型」と「ヨーロッパ型」という典型的構図を仮説として提示している。原田の仮説と本章の定量的分析結果を対照させると、1980年代までの変化は原田の仮説どおりであるが、90年代のアメリカの動向は「アメリカ型」とは逆の変化である。

(6) OECD, *National Accounts* の経済活動別実質GDPを生産高、経済活動別就業者数を雇用数として使い、就業者1人当たり実質GDPを、労働生産性とした。

表 6-3 第2次産業と第3次産業における雇用、生産高、労働生産性の1年当たり変化率（単位：%）

	第2次産業			第3次産業		
	雇用変化率	生産高変化率	労働生産性変化率	雇用変化率	生産高変化率	労働生産性変化率
日本	−0.8 (0.8)	0.3 (4.0)	1.1 (3.3)	1.4 (1.8)	2.4 (4.0)	1.0 (2.2)
アメリカ	0.2 (−0.1)	3.1 (2.2)	2.9 (2.3)	2.0 (2.6)	3.2 (3.0)	1.2 (0.4)
ドイツ	−2.5 (−0.3)	0.1 (1.3)	2.6 (1.6)	1.7 (1.6)	2.8 (3.2)	1.1 (1.7)
フランス	−1.4 (−1.6)	1.3 (1.4)	2.7 (3.0)	1.6 (1.7)	1.8 (3.3)	0.2 (1.6)
イギリス	−2.2 (−2.2)	1.0 (2.5)	3.2 (4.8)	1.0 (2.1)	3.1 (2.5)	2.1 (0.5)
スウェーデン	0.9 −6.2 (−0.9)	6.1 −0.2 (2.1)	5.1 6.4 (3.0)	1.0 −1.9 (1.7)	2.6 0.4 (2.3)	1.6 2.3 (0.7)

注：OECD, *National Accounts* より算出した。各欄の上段の数字は1990～2000年の10年間の平均変化率を示し、下段の括弧内の数字は1980～90年の10年間の平均変化率を示す。ただしドイツについては、上段は東西統一後の数字で、1991～2000年の9年間の平均変化率である。下段は旧西ドイツ地域の数字で、1980～90年の10年間の平均変化率である。またスウェーデンについては、本文で述べたように、94年を境にしてトレンドの大きな変化があるので、90年代を2つの期間に分割して示している。スウェーデンの上段は1994～2000年の6年間の平均変化率を示し、中段の数字は1990～94年の4年間の平均変化率を示す。

が大きいことを示している。そして第2次産業の大半を占めるのは製造業である。したがって、この結果は「成長のエンジンとしての製造業」というカルドアのとらえ方 (Kaldor, 1966) にも沿うものである[7]。

雇用変化率＝生産高変化率－労働生産性上昇率[8]、という関係があることを念頭において、もう一度第2次産業の欄をみると、次のことがわかる。⑦ドイツ、フランス、イギリスと1990～94年のスウェーデンにおいては、第2次産業生産高が停滞するなかで、高い労働生産性上昇率が維持されており、それが雇用数の減少に結びついている。⑧日本では、生産高の伸びの鈍化と並行して、労働生産性上昇率も低下したので、雇用の減少は小さい[9]。⑨1990年代のア

---

(7) Kaldor (1966) は、GDP成長率を被説明変数、製造業産出高成長率を説明変数とする式を使った回帰分析結果にもとづいて議論した。

(8) 本章では就業者1人当たり生産高を労働生産性と定義しているので、このような式が成り立つ。もし、労働生産性を労働時間1時間当たり生産高で定義する場合は、労働時間変化率が左辺に加わる。

メリカと 1994～2000 年のスウェーデンにおいては、労働生産性上昇率を上回る第 2 次産業生産高の高い伸びが実現し、雇用増加が起きた。

次項では、⑨の事実、すなわち 90 年代のアメリカと 90 年代後半のスウェーデンで起きた第 2 次産業の雇用増加の背後にあるメカニズムを詳しく分析したい。そして、製造業内部における構造変化、すなわち高成長部門への特化が、製造業の雇用増加にとって重要であることを明らかにしたい。

3.3 製造業における構造変化の速さ

製造業内部には、生産物と技術を異にする様々な諸部門が存在する。各部門は、景気変動の影響を受けて短期的な変化も示すが、各生産物に対する需要の長期的変化や技術変化などの影響を受け、長期的にも変化する。そして数十年というタイムスパンでみた場合、明らかな衰退傾向を示す諸部門と成長傾向を示す諸部門とがある。この各部門の衰退と成長の結果として、製造業の構造変化が進行する。構造変化の速さは、各部門の衰退や成長のスピードに左右される。先進各国における製造業の構造変化の速さを比較するために、UNIDO の *Industrial Statistics Database* のデータをもとにして以下のような処理を行なった[10]。①各部門（計 28 部門）[11]について 1980～98 年の 18 年間の平均産出成長率を計算したうえで、産出成長率が高い順に製造業内の 28 部門を並べ替える。②この並べ替えた 28 部門を、高成長グループ、中成長グループ、低成長グループの 3 グループに集計する[12]。③各グループについて 1980 年代と 90 年代の平均産出成長率と平均労働生産性上昇率を算出する。④以上と同様の処理を 1963～80 年のデータについても行なう。

表 6-4 はその結果のうち、1990 年代の雇用変化率、産出成長率と労働生産

---

(9) 1990 年代の日本において、第 2 次産業の雇用変化率は －0.8％ であるが、これは先に述べたとおり、年率 1.0％ で増えた建設業雇用の膨張の影響もある。製造業の雇用変化率は －1.7％ である。

(10) UNIDO の *Industrial Statistics Database* は各国政府が行なう工業統計調査結果にもとづいている。日本もそうであるが、工業統計調査においては従業員 3 人以下の事業所など零細企業は調査対象から除外されることが多い。したがって、とくに *Industrial Statistics Database* の雇用者数は、OECD, *National Accounts* の経済活動別就業者数よりも数割少ない。そのため、その動向に違いが出ることもありうる。

(11) おおむね日本標準産業分類の産業中分類に相当する。

(12) このグループ分けは、1980 年の付加価値で測って約 3 等分になるように行ない、産出量の集計には 1980 年の名目産出額をウェイトとして用いた。

表 6-4 製造業各グループにおける雇用、産出量、労働生産性の1年当たり変化率（単位：%）

	高成長グループ			中成長グループ			低成長グループ		
	雇用変化率	産出量変化率	生産性変化率	雇用変化率	産出量変化率	生産性変化率	雇用変化率	産出量変化率	生産性変化率
日　　本	−1.7 (2.3)	1.1 (8.1)	2.8 (5.7)	−1.4 (0.6)	−0.7 (2.9)	0.7 (2.2)	−2.2 (0.0)	−1.0 (0.4)	1.2 (0.4)
アメリカ	0.6 (−1.0)	10.2 (4.5)	9.6 (5.5)	0.4 (−0.2)	2.1 (2.8)	1.7 (3.0)	−1.0 (−1.5)	1.6 (0.8)	2.6 (2.4)
フランス	−1.4 (−0.3)	1.8 (2.5)	3.2 (2.8)	−2.6 (−1.9)	−1.6 (0.3)	1.0 (2.3)	−3.9 (−3.1)	−1.5 (−2.1)	2.5 (1.0)
イギリス	−0.8 (−2.2)	4.1 (3.5)	5.0 (5.9)	−2.3 (−3.3)	0.3 (1.3)	2.6 (4.7)	−2.8 (−3.1)	−0.1 (−0.8)	2.8 (2.4)
スウェーデン	−2.6 (−1.2)	7.2 (4.1)	10.0 (5.4)	−3.3 (−2.0)	2.3 (1.3)	5.8 (3.3)	−2.5 (−1.8)	−1.0 (0.8)	1.5 (2.6)

注：UNIDO, *Industrial Statistics Database 3-digit level of ISIC Code, 1980-98* より、製造業28部門を本文に記載した手順に従ってグループ分けを行なったうえで算出した。各欄の上段の数字は1990〜98年の8年間の平均変化率を示し、下段の括弧内の数字は1980〜90年の10年間の平均変化率を示す。ただし、フランスについては上記の原データが1995年までしかないために、上段の数字は1990〜95年の5年間の平均変化率である。ドイツについては原データが不完全なため計算できなかった。

性上昇率を各グループ別に示している。まず、雇用変化率に着目すると、90年代において雇用が増加しているのは、アメリカの高成長グループと中成長グループだけであることがわかる。また1993年以降においてはスウェーデンの高成長グループの雇用は増加している[13]。括弧内に記している1980年代の値に着目すると、日本の高成長グループと中成長グループで、それぞれ年率2.3％と0.6％の雇用増加があった。雇用増加が起きた1990年代のアメリカとスウェーデンおよび1980年代の日本という3つのケースに関して、産出成長率と労働生産性上昇率をみると、これらのケースに共通する次のような顕著な特徴が見いだせる。

第1に、高成長グループの産出成長率と労働生産性上昇率とが非常に高くなっている。90年代アメリカでは両者ともに年率約10％にも達している。第2に、中成長グループと低成長グループの産出成長率と労働生産性上昇率は低い。すなわち、1990年代のアメリカとスウェーデンおよび1980年代の日本では、産出量の急増と労働生産性の急上昇とが、製造業の一部の部門に偏って生

---

[13] *Industrial Statistics Database* の雇用者は先に述べたような限定があるので若干のマイナスとなるが、*National Accounts* の就業者数レベルで考えると、プラスのはずである。

じたのである。どの部門が高成長グループに属するかについては国により多少の差異があるが、3つのケースで共通するのは、電気機械製造業が最も高成長を遂げている点である。製造業の産出の構成において、電気機械を中心とする高成長諸部門が占める比率が急速に高まるという構造変化がこれらの国で起きたのである。

一方、フランスやイギリス、1980年代のアメリカやスウェーデン、および1990年代の日本においては、産出成長率と労働生産性上昇率に関して各グループの間の差はそれほど大きくない。このように製造業内部の構造変化の速度が遅い場合は、いずれのケースにおいても製造業の雇用は減少している。以上の事実から推測すると、製造業内部で構造変化が進展する速度が、製造業の雇用の増減と密接に関連していると考えられる。日本についていえば、1960年代から80年代までは、成長傾向を示す諸部門の産出成長率と労働生産性上昇率はきわめて高く、衰退傾向を示す諸部門のそれとの間に大きな差が存在した。したがって製造業の構造変化は急速であり、製造業の雇用も増加傾向にあった。しかし1990年代には、成長諸部門の産出成長率と労働生産性上昇率はきわめて低くなり、衰退諸部門との差は小さくなってしまい、製造業における雇用の減少が始まった。

3.4 構造変化を促進する制度的仕組み

高成長を遂げるような製造業製品を創出できるかどうか、製造業内部で高成長部門を拡大する構造変化が急速に進展するかどうかは、直接的には企業がミクロレベルで展開する諸活動に依存している[14]。研究開発、投資、生産、販売など企業の全活動がそれに関わっている。しかし、この問題は単にミクロレベルだけの問題、サプライサイドだけの問題ではない。ミクロレベルの企業の活動は、マクロ経済の状況によって制約されている。とくに、製品販売の伸びが需要の伸びによって制約され、さらに需要の伸びは所得の伸びによって制約されているからである[15]。したがって、高成長部門の創出と育成という問題は多岐にわたる側面をもち、ここですべてを論じることはできない。以下では、低成長部門から高成長部門への雇用のシフトを容易にするための制度的条件は

---

(14) 中岡編(2002)は、日本的独創製品と呼ばれる諸製品のケーススタディを通じて、日本の技術形成の諸特徴を明らかにしている。

何かという点に限定して論じる。

　議論をわかりやすくするために、日本とスウェーデンとを比較することにより、雇用増加に必要な制度的条件を明らかにしたい。スウェーデンではかなり長期にわたって、産業構造の高度化を目標とする総合的な政策が実施されてきた。この総合的政策は「レーン・メイドナー・モデル」と呼ばれ、1950 年代に労働組合が提案し、それを社会民主党政府と経営者団体が受容して実施された（宮本, 1999 参照）。この総合的政策は、選択的経済政策と普遍主義的福祉政策とを組み合わせたものである。選択的経済政策の中心は、「連帯的賃金政策」と「積極的労働市場政策」と呼ばれる 2 つの労働政策である。連帯的賃金政策とは、個別企業や個別産業の労働生産性の大小に左右されない同一労働同一賃金をめざす政策である。このようなかたちの同一労働同一賃金が実現すると、就業者 1 人当たり付加価値で測られる労働生産性が低い企業の利潤シェアは、経済全体の平均的利潤シェアよりも低くなる。したがって、いわゆる利潤圧縮が生じるので、事業の拡大や存続が困難になり、経営者は廃業や事業転換の方向を探ることになるだろう。一方、労働生産性が高い企業の利潤シェアは平均よりも高くなり、投資の増大が可能になるので、事業は拡張に向かうだろう。このように賃金の平等性を高める政策は、利潤シェアの不均等化を生じさせることを通じて、低生産性部門から高生産性部門への資本の移動を促す効果をもつ[16]。もうひとつの柱である積極的労働市場政策とは、高生産性部門への労働力の移動を促す政策である。低生産性部門の縮小の結果として生まれる余剰労働者に対し、再就職に必要な職業訓練を施し、高生産性部門にスムースに送り込むために、様々なかたちの労働力供給促進型プログラム、労働力需要喚起型プログラム、需給マッチング型プログラムが公的機関において実行されている。このようにスウェーデンでは、サプライサイドで構造変化を促進する

（15）　このようにサプライサイドの変化とデマンドサイドの変化とが相互に依存しあう関係は、「需要レジーム」と「生産性レジーム」という概念を用いて図示すると理解しやすい。需要の成長を決定する諸関係を定式化したものが需要レジーム関数であり、労働生産性の上昇を決定する諸関係を定式化したものが生産性レジーム関数である。需要成長率を横軸、生産性上昇率を縦軸とする平面に、この 2 つの関数を描くことによって、経済成長の時間的経路をある程度判定できる。詳しくは本書第 10 章と第 11 章や宇仁（1998）を参照されたい。

（16）　資本が部門移動する際に参照される指標は利潤シェアよりも利潤率である。ただし、利潤率＝利潤シェア×産出高資本比率、という関係があるので、産出高資本比率に大きな差異がないとすれば、利潤シェアの大小が利潤率の大小を左右する。

制度的仕組みが社会レベルにおいて存在する。

　日本では、労働政策の重点は現就業先企業での雇用維持を促進することにあった。たとえば雇用保険法にもとづいて労働保蔵を行なう企業に対して、賃金の一部補填のための補助金給付が行なわれてきた。また、企業内に存在する雇用調整に関わる労使協定や慣行も、雇用維持を最も重視する仕組みとなっている。たとえば不況期において産出量が減少した際、雇用の調整よりも労働時間調整や賃金調整が先行する。また雇用を削減せざるをえない段階に至ったとしても、正社員の希望退職募集や解雇よりも、非正規社員の解雇や正社員の下請企業への出向・転籍などが先行する。さらに、職業訓練の大部分は企業内で行なわれているため、公的な職業訓練施設やプログラムはきわめて貧弱である。そして、政府が産業間の労働力移動を直接誘導し支援したことはほとんどなかった。例外的に、炭鉱閉鎖や国鉄分割民営化など大きな社会問題となったケースに限って、離職者の再就職支援策が事後的に実施されたにすぎない。

　また、日本の賃金制度の特徴も労働力の移動を妨げている。日本の賃金制度の特徴は、第1に、年功的要素を強くもつ職能給、第2に、大きな企業規模別賃金格差という点にある。1つの職能内部には複数の職務が含まれているために、企業内では柔軟な職務編成が可能である。しかし職能資格とは大部分当該企業に固有の資格にすぎず、他企業で通用する部分は少ない。また、年功的要素が強い賃金体系であるため勤続年数別の賃金格差が大きいことはいうまでもないが、企業規模別格差やフルタイム・パートタイム間格差についても、先進諸国と比べた場合、日本での格差は大きい。このような特徴をもつ賃金システムによって、日本では多くの場合、転職は、賃金と労働条件が悪くなる方向での転職しか可能でない。転職にともなうこのような大きな経済的損失の存在は、労働者に対して現就業先企業での雇用継続への執着を促進する圧力として作用している。

　さらに、企業規模別の賃金格差やフルタイム・パートタイム間賃金格差が大きいことは、資本の移動を妨げる効果をもつ。たとえば**3.3**で定義した高成長グループの就業者1人当たり賃金を100とすれば、低成長グループのそれは、スウェーデンでは95であるのに対し、日本では77である[17]。このように、

---
　　(17)　1990年のデータである。厳密には労働時間1時間当たり賃金を比較すべきであるが、UNIDOには労働時間データは存在しないので、就業者1人当たり賃金で比較した。

日本では低成長部門の賃金水準が低いので、低成長部門でも高成長部門と同等の利潤シェアを確保することが可能である。大きな賃金格差を利用して、低生産性企業でも事業を存続させることが可能になっている。以上みたように、日本では労働力の面でも資本の面でも、サプライサイドで構造変化を促進する制度的仕組みは貧弱である。

にもかかわらず、第二次大戦後から1980年代までの日本で製造業内部の構造変化がかなり急速に進行し、累積的な雇用増加が続いたのは、異なる内容のデマンドサイドの構造変化が連続的に起きたからである[18]。しかし、1990年代に入ると、日本経済の外部環境と内部環境両方が変化した結果、それまでデマンドサイドで作用してきた構造変化推進力は弱まってしまった。そして、サプライサイドで構造変化を促進する制度的仕組みも依然として構築されていないので、製造業全体がおしなべて低迷する状態が続いている。ドイツ、フランスやイギリスなどでは、政府は1970年代以降高まった失業率を改善するために、80年代からサプライサイドで構造変化を促進する制度的仕組みの構築をめざし始めた[19]。その制度的仕組みの重点のひとつは賃金の平等化と雇用の部分的弾力化である。日本においても、企業規模間、男女間やパートタイム・フルタイム間に残る大きな賃金格差を縮小すること、公的職業訓練を充実すること、転職による経済的損失を減らすことなどを目標とする制度的仕組みを社会レベルで構築することが必要である。

しかし、2000年代の小泉政権のもとで、このような社会レベルでの制度的仕組みの構築とは逆の新自由主義的な「構造改革」が実施された。上記のような制度的仕組みがない状況下で、企業が収益性を高める手段として選択したのは、第3章で説明したような成果主義的賃金制度導入や第4章で説明したような派遣・請負労働による正規労働の代替という方法であった。つまり、1990年代のスウェーデンでは、社会全体というレベルで低成長部門から高成長部門への資本と労働のシフトが起きたが、1990年代末以降の日本で起きたのは、企業単位での低成長事業から高成長事業への資本と労働のシフトという、企

---

(18) 1950年代は「投資主導型」構造変化、60年代は「消費主導型」構造変化、70年代前半は所得分配変化、70年代後半と80年代前半は「輸出主導型」構造変化、80年代後半は「バブル主導型」構造変化であった。詳しくは、宇仁（1999）を参照されたい。
(19) ドイツ、フランスやイギリスにおける80年代以降の労働法制度改革の概略は、本書第8章4.1、4.2にまとめられている。

業内での事業の「選択と集中」であった。その結果として、企業の収益性は2000年代半ばには回復したが、雇用と賃金の低迷は続いた。また企業規模別格差など賃金格差は拡大した。

4　日本の長期停滞の原因 ── 企業単位のコーディネーションの限界

　Hall and Soskice（2001）によれば、資本主義には多様性があり、大きく分けると、「自由な市場経済（Liberal Market Economies）」と「コーディネートされた市場経済（Coordinated Market Economies）」という2つのタイプの資本主義が共存している。「自由な市場経済」では、自由競争市場あるいはヒエラルキー組織を通じた経済調整が中心的役割を果たす。アメリカやイギリスがその代表例である。他方、「コーディネートされた市場経済」では、市場あるいはヒエラルキーによる調整に加えて、制度的調整が重要な役割を果たす。制度的調整には様々な形態があるが、その共通する性質はネットワーク内の情報交換と協働的関係を基礎にしているという点である。後に述べるようにコーディネーションが行なわれる単位は異なるが、日本、スウェーデン、ノルウェーはともに「コーディネートされた市場経済」に属している。「自由な市場経済」と「コーディネートされた市場経済」とでは、労使関係、職業訓練、コーポレートガバナンス、企業間関係などに関わる諸制度が大きく異なる。また、「自由な市場経済」と比較すると、「コーディネートされた市場経済」における雇用関係と信用関係は長期的である。

　バブル崩壊後、日本経済の停滞が続く原因を政府による規制や指導などに求める見解が多かった。たとえばメインバンク制や護送船団方式などを金融危機の原因として捉え、規制緩和や規制撤廃を通じて「市場による規律づけ」を回復させるべきだという見解である（堀内, 1999）。これらの見解は、市場による調整を効率的で公正な結果をもたらす唯一の方法だと捉え、「自由な市場経済」を望ましい資本主義のタイプと捉えている。しかし、本章でみたように、「コーディネートされた市場経済」に属するスウェーデンとノルウェーも、バブル崩壊後の経済再生を短期間でなし遂げた。そこでは、公的資金投入や銀行国有化、および積極的労働市場政策による技能形成と労働移動の促進など制度的調整が多用された。したがって、制度的調整すべてを有害なものとみることは正しく

ない。以下では、バブル崩壊以降の日本経済の長期停滞は制度的調整それ自体にあるのではなく、制度的調整の特殊な形態に起因することについて説明したい。

スウェーデンとノルウェーの経済調整では、産業あるいは社会全体を基本単位とするコーディネーションが大きな役割を果たしている。これに対して、日本でのコーディネーションは主として企業や企業グループを基本単位として行なわれる。たとえば職業訓練や賃金交渉が行なわれる単位は、日本では企業であるが、スウェーデンとノルウェーでは産業あるいは社会全体である。日本にも産業や社会全体を単位とするコーディネーションはいくつか存在するが、それらは制度化されていないことが多く、調整能力も弱い。そして、以下の2つの理由から、企業や企業グループを基本単位とするコーディネーションだけでは、バブル崩壊後の経済調整をうまく処理できない。

第1に、バブル経済の後処理とは、基本的には、資産価格の低下によって収益性を失った産業部門を消滅させ、そこにあった労働と資本とを収益性が見込める別の産業部門へ移すことである。社会全体に及ぶ巨大なバブルの場合、この労働と資本の移動は一企業内の事業部間移動にとどまるものではない。したがって企業内の職業訓練や事業再編だけでは不十分であり、新たな産業に必要な技能形成や資金調達を促進する仕組みが社会レベルで必要である。

第2に、経済再生過程は一時的な経済活動水準の低下や失業などの損失や痛みをともなう。不良債権の実体的処理は、銀行からみれば不採算企業への融資打ち切りや担保資産の回収を意味するが、大企業の場合、大量解雇を発生させる可能性がある。失業後の所得補償、職業訓練および再就職活動を支援する制度や施設が不十分な場合、解雇という措置は正統性が得られず、労働側の強力な抵抗が起きる。また、中小企業の場合、不良債権の実体的処理の影響は経営者の個人財産の喪失まで及び、一部に残る健全事業の遂行能力や新規事業への参入能力はほぼ失われてしまう（山口, 2002）。バブル崩壊後の経済調整にともなうこのような損失や痛みをどのように分かちあうか、公的資金を使ってどのように緩和するかについても社会全体での合意が必要である。

企業や企業グループを基本単位とするコーディネーションは発達していても、社会全体を単位とするコーディネーションを支える制度や組織が不十分な日本のような国は、バブル経済の後処理に関する多くの課題を解決することが困難

である。1990年代以降、日本経済の停滞が長期にわたって続く基本的原因は、日本におけるコーディネーションのこのような特徴にあると考えられる。不良債権処理の先送りや、産業構造変化や雇用構造変化の停滞、企業の低収益性の持続はその結果である。

このような観点からすれば、日本経済が長期停滞を脱するには2つの道が考えられる。1つはアメリカやイギリスのような「自由な市場経済」へ向かう道、すなわち市場とヒエラルキーの経済調整機能を高める道である。もう1つは、ドイツやスウェーデンのような「コーディネートされた市場経済」に向かう道、すなわち産業や社会全体でのコーディネーションの仕組みを拡充する道である。

前者の道をとる場合、低収益部門から高収益部門へと資本と労働を移動させる主な手段は市場メカニズムである[20]。資本市場では、利潤率や株価など短期の指標にもとづいて、投資資金が自由に移動するメカニズムを整備する必要がある。そのために、銀行と貸出先企業との長期的関係を収益性を重視した短期的関係に変更することや、資金調達方法を間接金融から直接金融へシフトすること、ディスクロージャーの拡充などにより証券取引制度を整備することなどが必要となろう。労働市場では、経営者がもつ解雇の自由を基本的に認め、景気の変動に応じたフレキシブルな雇用調整、いわゆる雇用の流動化を実現する必要がある。そのために、雇用保障や解雇抑制のための法規制や労使協約による規制を緩和あるいは撤廃していくことが求められる。また年功賃金、新規学卒採用の重視や年齢制限など、企業の賃金体系や人事制度を変更し、中途転職にともなって労働者側が被る不利益を減らすことも必要となろう。

ドイツやスウェーデン型の「コーディネートされた市場経済」の道をとるとすれば、収益性を喪失した産業から収益見込みのある産業へ資本と労働を移動

---

[20] たとえば宮川（2003）は、90年代日本経済の停滞の主な原因として、サプライサイドの構造変化の遅さに着目する。宮川は1970年代から90年代までの日本における産業別就業者構成比の変動率を計測し、それを労働市場の流動性の指標としている。また、銀行の業種別貸出残高についても同様の変動率を計測し、それを資金市場の流動性の指標とみなす。この2つの指標が1990年代に低下していることにもとづいて、「資金市場や労働市場などでの資源配分が硬直化し、そのために生産性の高い部門へ生産資源が移動せず、経済全体の生産性上昇率も鈍化している」(p.58) と宮川は述べ、労働と資金をより流動化させるための規制改革を提唱する。小泉政権が実行した「構造改革」は基本的にはこの道をめざした。しかし、この市場重視の改革案は既存の日本型コーディネーションの仕組みとは大きくかけ離れているため、諸勢力の抵抗も大きく、社会保障改革などその多くは中途半端なものに終わった。

させるための制度的仕組みを、社会全体というレベルで、合意にもとづいて構築する必要がある。この制度的仕組みの運営主体は、必ずしも国家である必要はなく、労働組合と経営者団体との共同運営、地方自治体の運営など様々な形態がありうるが、税金を原資とする国家資金の投入は必要であろう。労働移動を促進するためには、将来必要とされる技能分野に重点をおいた本格的な職業訓練を行なう公的機関が必要となろう。また再就職を支援するための制度や組織も必要である。一時的な失業の激化を緩和するために、国家セクターの雇用を増やすことも必要である。資本移動を促進するためには、不採算企業の事業のうち、不良事業と健全事業と適切に分離して、健全事業の継続、発展を可能とする措置が重要である。また、不良事業の整理と健全事業の継続を支援するために、一時的に公的資金を活用することも重要である。

〈補足〉 アメリカの経済再生プロセス

　経済調整に関して、社会単位のコーディネーションの比重が大きい北欧諸国や、企業単位のコーディネーションの比重が大きい日本とは異なり、アメリカにおいては市場的調整が大きな役割を果たす。したがって、日本や北欧諸国との対比において、アメリカにおける金融再生と産業再生プロセスを検討することは、本章の内容をより包括的なものにするうえで大きな意味をもつ。しかし、本補足を執筆中の2009年2月末現在、産業再生策については、オバマ政権が「グリーン・ニューディール」と呼ぶ青写真が2月17日に成立した景気対策法で明らかにされたばかりである。これは、今後の成長が見込めない自動車産業などの成熟分野から、環境対策や代替エネルギー関連分野へ資本と労働力を移動させるという産業再生策である。その具体化はこれからなので、アメリカの産業再生について評価できる段階ではないが、一般的には次のことがいえる。日本と同様に、アメリカでは本格的な職業訓練を行なう公的機関や、失業期間における技能再訓練をバックアップする制度的仕組みも不十分である。積極的労働市場政策に関してアメリカでは否定的見解が根強い。技能転換や再雇用に関する、社会的な保障を欠いた状況では、成熟産業での大規模な雇用削減には労働者は強く抵抗する。債務超過に陥り、破産か公的資金注入による破綻回避かで揺れるゼネラル・モーターズ（GM）において、経営再建計画に関する労働組合の合意がなかなか得られないのは、このような制度的調整の仕組みの不備にも原因があると考えられる。
　一方、アメリカにおける金融再生のプロセスは、2007年9月のリーマン・ブラザーズの破綻の前後から開始され、ある程度の特徴がみえている。以下では、アメリカの金融再生プロセスの大まかな特徴について、暫定的な見解を述べる。
　最初に、アメリカにおけるバブル形成の要因を説明しておこう。要因として挙げられるのは、第1に2001年のIT不況後、約2年半続けられた低金利政策であり、第2は80年代から90年代にかけて行なわれた金融規制の緩和である。第3の要因は、近

第6章　バブル崩壊後の経済再生プロセスの国際比較 —— 日本と北欧諸国

年急速に発展した金融技術を駆使した証券化の行き過ぎである。第1と第2の要因は、80年代の日本や北欧諸国とも共通する要因である。第3の要因は、今回のアメリカのバブルに特有の要因であり、これはバブル崩壊の悪影響を世界各国に波及させる原因ともなった。

　低金利政策には、次のような背景があった。90年代半ばに、パソコン、インターネット、携帯電話が本格的に普及し、アメリカを中心にIT関連投資の急増やIT関連企業の株価の急上昇などいわゆる「ITブーム」が起きた。しかし、パソコンや携帯電話市場は90年代末には飽和した。この飽和を乗り越えるため、パソコン分野では新機能や新サービスを可能にするハードウェアやソフトウェアが投入されたが、爆発的な普及とはいかず、パソコンの過剰在庫が発生した。また携帯電話分野では、第3世代携帯電話への移行が計画されたが、事業免許料の高騰や技術面の問題などから、サービス開始の延期が相次いだ。そのため携帯電話端末についても過剰在庫が発生し、パソコンの過剰在庫とともに、半導体需要の減退をもたらした。そして半導体価格が低下し、半導体メーカーの利益の減少、投資の減少が起きた。これらは株式市場にも影響し、IT関連企業の株価の急低下が起きた。さらに2001年9月のアメリカ同時多発テロは、全般的な消費と投資の減退を決定的なものにし、2001年のIT不況は深刻なものとなった。米連邦準備理事会（FRB）は、政策金利を1％台に引き下げ、2004年まで低金利政策を続けた。これが住宅価格高騰の誘因となった。

　また、銀行と証券の垣根を定めたグラス・スティーガル法の撤廃などの規制緩和と証券化技術の発展が同時進行した。これによって、証券会社が住宅ローン会社を経営し、融資した住宅ローンを証券化することも可能になった。こういった証券化商品の中には、サブプライムローンと呼ばれる、信用力の低い個人向けの住宅ローンも組み込まれていた。さらにそれを金融デリバティブに組み替え、金融監督官庁の規制が及ばない傘下のファンドや投資ビークルで取引することも行なわれた。このような証券化商品は複雑で難解な仕組みであったこともあり、投資家や金融機関はそのリスクを過小評価した。また、金融機関の経営健全性を監視する役割を果たす金融監督官庁の体制にも不備があった。2006年をピークに住宅価格は下落に転じ、サブプライムローンの焦げつきが発生し始めると、これを契機に2007年には住宅ローン会社の破綻が始まり、2008年には大手証券会社や銀行の経営危機が起きた。

　ブッシュ政権は、2008年9月までは、証券会社や銀行の経営危機には個別に公的救済策をとることで対処できると考えていた。しかし2008年9月15日のリーマン・ブラザーズの破綻の影響は政府の予想を超えたものであり、急遽、全金融機関を対象とする包括的な対応策を採用することにして、最大7000億ドルの公的資金の使用許可を求めて、金融安定化法案を議会に提出した。しかし、9月29日の下院での採決では、税金でウォール街を救うことに対する多くの国民の反発を受けて、共和党から大量の造反議員が出て、法案は否決された。大幅な修正を加えて、10月3日に金融安定化法は成立した。しかし、アメリカの銀行が保有する不良資産総額は5兆ドルを超えるため、この法の主な目的であった不良資産買取りには、資金枠が足りないことなどが判明して、この公的資金の多くは金融機関の資本注入やGMとクライスラーへのつなぎ融資に使用されることとなった。

　2009年1月にオバマ政権が成立して、2月10日に「新たな金融安定化策」が発表された。しかし、公的資金枠の上積みを議会で成立させるのは困難という判断により、

163

公的資金での不良資産買取りではなく、官民共同の投資ファンドを設立して不良資産を買い取ることになった。しかも買取額は最大 1 兆ドルという小規模な計画となった。

銀行の不良資産が分離できない状況のもとで、資産価格の下落が続くと、銀行の潜在的な損失が拡大し、資本不足に陥る可能性が高まる。資本不足を避けるには追加的な公的資本注入が必要である。また債務超過に陥った場合は、銀行のすべての株式を強制的に政府が無償で買い取り、国有化するという処理策を採用せざるをえなくなる。この場合も損失を穴埋めするために多額の公的資金が必要となる。この国有化に関しては、既存の銀行株主がもつ株式は無価値となるために、株主の反発は大きく、また既存経営陣は更迭され、責任追及されるので銀行経営陣の反発も大きい。2 月 24 日、このような反発や懸念に配慮してバーナンキ FRB 議長は銀行国有化の計画は一切ないと明言した。2 月 25 日にアメリカ政府は大手銀行 19 行を対象に資産査定を開始した。その審査基準をアメリカ金融機関全体に当てはめると数千億ドルの資本不足が存在するとの予測もある。2 月 27 日、最も経営危機が深刻なアメリカ第 2 位銀行のシティグループに対する追加支援策をアメリカ政府は発表した。その主な内容は、公的資金注入の見返りとして政府が保有する優先株の一部を議決権のある普通株に転換し、アメリカ政府がシティ株の最大 36％を握ること、また経営陣の大幅な刷新であった。

「米英は公的資金で金融機関の資本を増強したが、最終的に国有化が必要なら逐次投入よりも一気に完全国有化するほうがいい。1990 年代初めの金融危機で国がすべての銀行負債を保証、生き延びる銀行と破綻すべき銀行を線引きし、独立監督機関を設けたスウェーデンが参考になる」（国際決済銀行前主任エコノミスト、ウィリアム・ホワイト。『日本経済新聞』2009 年 2 月 20 日付）。

このように、アメリカにおいても、スウェーデン型の金融再生策が有効であるとの見解も存在するが、上記のような約半年間の経過をみる限り、市場的調整の比重が高いアメリカでは次のような制約があり、スウェーデン型の金融再生策を採用することは困難であると考えられる。第 1 の制約は、金融機関救済に公的資金を使用することについての国民的合意形成が難しいことである。第 2 の制約は、銀行の完全国有化にともなう既存株式価値の棄損を嫌う株主の反発が大きいことである。

参考文献
伊藤正純（2001）「高失業状態と労働市場政策の変化」篠田武司編『スウェーデンの労働と産業』学文社。
宇仁宏幸（1998）『構造変化と資本蓄積』有斐閣。
―――（1999）「戦後日本の構造変化と資本蓄積」山田鋭夫／ロベール・ボワイエ編『戦後日本資本主義』藤原書店。
中岡哲郎編（2002）『戦後日本の技術形成』日本経済評論社。
西村吉正（1999）『金融行政の敗因』文春新書。
日本経済新聞社編（2000）『金融迷走の 10 年』日本経済新聞社。
二文字理明・伊藤正純編（2002）『スウェーデンにみる個性重視社会』桜井書店。
原田裕治（1997）「脱工業化の理論モデル的考察」『経済科学』第 45 巻第 3 号。
蕗谷硯児（2001）『先進国金融危機の様相』桃山学院大学総合研究所。
堀内昭義（1999）『日本経済と金融危機』岩波書店。
宮川努（2003）「失われた 10 年と産業構造の転換」岩田規久男・宮川努編『失われた 10 年の真

因は何か』東洋経済新報社。
宮本太郎（1999）『福祉国家という戦略』法律文化社。
安田隆二（1996）「北欧諸国における不良債権処理と日本の異質性」『国際問題』第 439 号。
山口義行（2002）『誰のための金融再生か』ちくま新書。
吉川雅幸（1995）「北欧諸国の金融機関救済」『財界観測』5 月 1 日号。
BIS (1993) *The 63rd Annual Report*. （東京銀行調査部訳『経済セミナー増刊　国際金融レポート '93』日本評論社）
Drees, B. and C. Pazarbasioglu (1998) *The Nordic Banking Crises*, IMF Occasional Paper, No. 161.
Hall, P. A. and D. Soskice eds. (2001) *Varieties of Capitalism*, Oxford University Press. （遠山弘徳ほか訳『資本主義の多様性』ナカニシヤ出版、2007 年）
Kaldor, N. (1966) *Causes of the Slow Rate of Economic Growth of the United Kingdom*, Cambridge University Press. （笹原昭五ほか訳『経済成長と分配理論』日本経済評論社、1989 年、第 4 章）
Martin, A. (2000) "The Politics of Macroeconomic Policy and Wage Negotiations in Sweden", in T. Iversen, J. Pontusson and D. Soskice eds., *Unions, Employers and Central Banks*, Cambridge University Press.
Nagano, M. (2000) "Banking Crisis and the Choice of Resolution Scheme: Japanese Experience", *Journal of Mitsubishi Research Institute*, No. 36, March.
OECD (1993) *OECD Economic Surveys Norway*.
―――― (1994) *OECD Economic Surveys Sweden*.

第7章　通貨統合の諸条件の比較分析
――アジアとヨーロッパ

1　輸出に偏った生産性上昇と為替レート調整

　本章の目的は、輸出財と非貿易財とに分けて労働生産性上昇率を計測することにより、アジア諸国およびEU諸国における通貨統合の諸条件を考察することである。通貨統合を長期的に存続可能にするために必要な経済的条件のひとつは、共通通貨を採用する各国の輸出財の相対価格に大きな変化が生じないことである。たとえば、ドイツの輸出財価格が不変であるのにイタリアの輸出財価格が上昇していくと、イタリアにおいて累積的な貿易赤字が発生する可能性が高い。通貨統合以前であれば、イタリア通貨リラの切り下げあるいはドイツ通貨マルクの切り上げという為替レート調整によって、このような累積的貿易不均衡は回避できたのであるが、通貨統合後はこのような調整は不可能となるからである。各国輸出財の相対価格の安定という通貨統合のための条件は、EUのオリジナル・メンバー諸国においては、各国の国内インフレ率をできるだけゼロに近づけるというマーストリヒト経済収斂基準の一項目を各国が達成することを通じて実現された。この点をもう少し詳しくみよう。
　図7-1は、EUオリジナル・メンバー諸国の輸出財価格指数と非貿易財価格指数（卸売物価指数）の比を示している。この比は各国ともほぼ1で安定的に推移している。これは、EUオリジナル・メンバー諸国においては、輸出財価格と非貿易財価格の変化率はほぼ等しかったことを意味している。したがって、インフレ率つまり非貿易財価格上昇率をゼロに近づけると、輸出財価格上昇率もゼロに近づく。こうしてすべての国で輸出財価格が不変になると、当然、各国の輸出財の相対価格の安定という通貨統合のための条件が達成される。

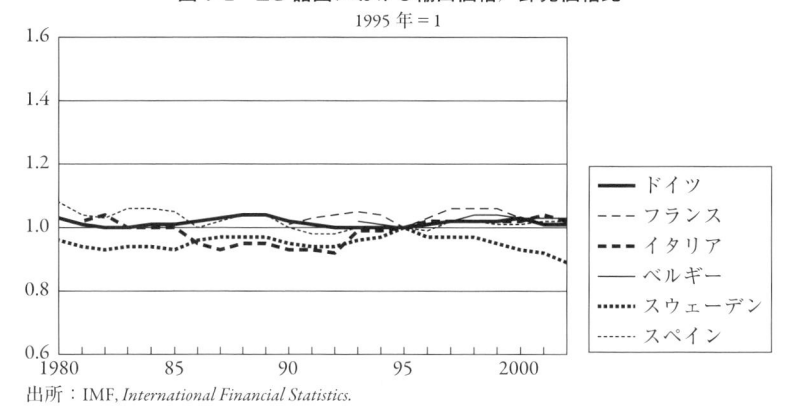

図 7-1　EU 諸国における輸出価格／卸売価格比
1995 年＝1

出所：IMF, *International Financial Statistics.*

　議論を単純化するために、第 1 に、輸出財生産部門の賃金と非貿易財生産部門の賃金は均等であり、第 2 に、各財の価格は単位労働コスト（賃金率×労働投入係数＝賃金率÷労働生産性）に一定のマークアップ率を乗じた値であるとし、第 3 に、このマークアップ率は不変であると仮定して考えよう。この場合、輸出財と非貿易財の価格変化率が等しいということは、輸出財生産部門の労働生産性上昇率と非貿易財生産部門のそれとが等しいことを意味する。そして、この均等労働生産性上昇率と均等賃金率上昇率とを等しくすることによって、輸出財価格上昇率と非貿易財価格上昇率はともにゼロになる。したがって、各国の国内インフレ率をできるだけゼロに近づけるというマーストリヒト経済収斂基準の達成手段の根幹は、従来は労働生産性上昇率をしばしば上回りがちであった賃金率上昇率を抑制して、労働生産性上昇率と等しい値にまで引き下げることであった。

　図 7-2 は、アジア諸国の輸出財価格指数と非貿易財価格指数（卸売物価指数）の比を示している。多くの国において、この比は低下傾向を示している。つまり、多くのアジア諸国においては非貿易財価格と比べると、輸出財価格は低下している。したがってマーストリヒト経済収斂基準のような措置を通じて国内インフレ率をゼロにしたとしても、各国の輸出財価格は様々な率で低下し続けるために、各国の輸出財の相対価格の安定という通貨統合のための条件は達成されない。

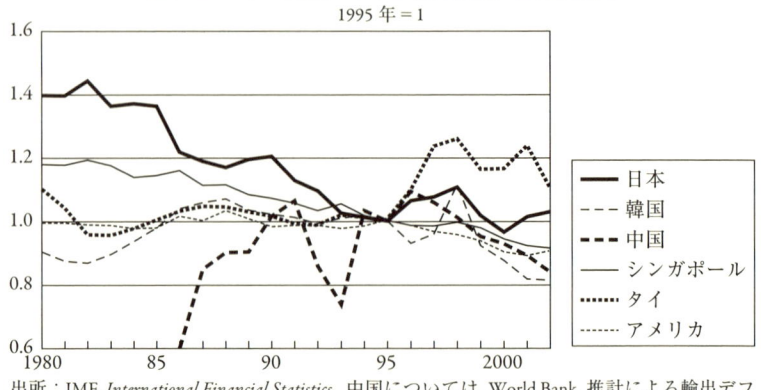

第Ⅱ部　日本の制度的調整の特徴と限界

図7-2　アジア諸国における輸出価格／卸売価格比
1995年＝1

出所：IMF, *International Financial Statistics*. 中国については World Bank 推計による輸出デフレータと GDP デフレータの比である。

　以下で説明するように、アジア諸国において非貿易財価格と比べて輸出財価格が低下する基本的理由は、輸出財の労働生産性上昇率が非貿易財のそれを上回ることにある。この「輸出に偏った生産性上昇（export-biased productivity increase）」（Hicks, 1953）の存在は、通貨統合にとって決定的な障害である。通常、アジア通貨統合をめぐる議論では、日中韓の政治的利害対立による合意の不足などの政治的障害に焦点が当てられる。経済的な議論では、最適通貨圏理論にもとづいて、外的ショックに対する各国の短期的反応の対称性に焦点が当てられることが多い。本章では、輸出財と非貿易財の労働生産性上昇率格差という長期的問題に焦点を当てて、通貨統合の経済的条件について考察する。

　輸出財と非貿易財の労働生産性上昇率格差は、いわゆる「バラッサ＝サミュエルソン効果」との関連で議論されることが多いが、その実証研究の大部分では、製造業を貿易財部門とみなし、諸サービス業を非貿易財部門とみなすというきわめて安易な区分法が採用されている（Canzoneri *et al.*, 1999; Égart, 2002; Kovács, 2004; Kawai, Kasuya and Hirakata, 2003）。本章では、産業連関表を利用して商品別の垂直的統合労働係数を算出することにより、輸出財と非貿易財の労働生産性をより正確に計測する。

　輸出財の労働生産性上昇率が非貿易財のそれを上回るという格差は、固定為替制度のもとではインフレーションあるいは累積的な貿易不均衡をもたらす可能性がある。インフレーションは、いわゆるバラッサ＝サミュエルソン効果を

第7章 通貨統合の諸条件の比較分析 ── アジアとヨーロッパ

図7-3 輸出に偏った生産性上昇がインフレーションをもたらすケース
（バラッサ＝サミュエルソン型）

A国：輸出財労働生産性上昇（−）→輸出財価格 不変；賃金上昇（＝、＋）；賃金上昇（＋）→非貿易財価格 上昇（インフレーション）；非貿易財労働生産性上昇（−）→非貿易財価格；為替レート 固定

B国：輸出財価格 不変；非貿易財価格 不変

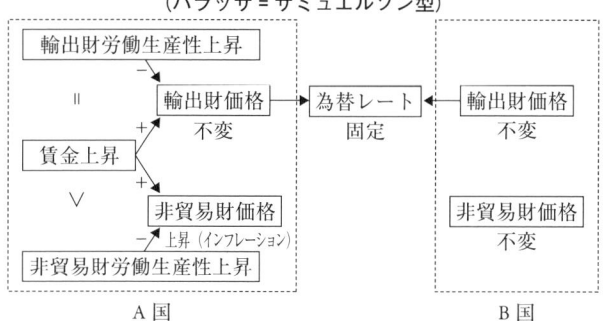

図7-4 輸出に偏った生産性上昇が累積的貿易不均衡をもたらすケース

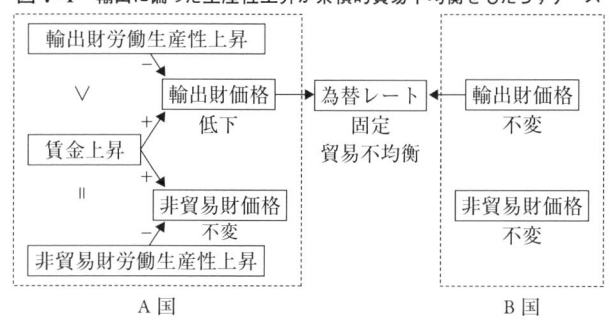

A国：輸出財労働生産性上昇（−、∨）→輸出財価格 低下；賃金上昇（＋、＝）→非貿易財価格 不変；非貿易財労働生産性上昇（−）；為替レート 固定・貿易不均衡

B国：輸出財価格 不変；非貿易財価格 不変

通じた非貿易財の価格上昇に起因する。つまり、図7-3のように、輸出財の労働生産性上昇率に準拠して全部門の賃金が上昇するとき、非貿易財の価格が上昇する。図7-3のような構図を、以下では「バラッサ＝サミュエルソン型」と呼ぶ。逆に、図7-4のように、非貿易財の労働生産性上昇率に準拠して全部門の賃金が上昇するときには非貿易財価格は安定的であるが、輸出財の価格が低下する。固定為替レートのもとでは、これは貿易黒字の累積的拡大をもたらす可能性が高い。

インフレーションと累積的な貿易不均衡は、ともに通貨統合つまり共通通貨の採用にとって決定的に不利な条件となる。つまりアジアにおいて、通貨統合のための基本的な経済的前提条件がまだ整っていないということになる。しかし、現行のアジアの為替体制である一国的な管理フロート制のままでよいというわけではない。一国的な管理フロート制は次のような欠陥をもつからである。

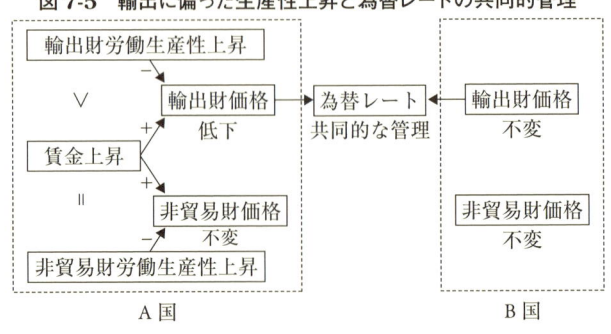

第Ⅱ部　日本の制度的調整の特徴と限界

図7-5　輸出に偏った生産性上昇と為替レートの共同的管理

```
   ┌─ 輸出財労働生産性上昇 ─┐
   │          −            │
   │          ∨    ┌─────────┐                    ┌─────────┐
   │               │輸出財価格│ → 為替レート ←    │輸出財価格│
   │          +    │ 低下    │   共同的な管理    │ 不変    │
   │   賃金上昇 →  └─────────┘                    └─────────┘
   │          +                                    
   │          =    ┌─────────┐                    ┌─────────┐
   │               │非貿易財価格│                 │非貿易財価格│
   │          −    │ 不変    │                    │ 不変    │
   └─ 非貿易財労働生産性上昇 ┘                    
              A国                                      B国
```

　輸出財の労働生産性上昇率が非貿易財のそれを上回るという格差が域内のいくつかの国に存在するとき、インフレーションあるいは累積的な貿易不均衡を回避するためには、当該国の通貨価値の切り上げが必要となる。しかし、各国の通貨当局が一国的利害にもとづいて為替レートを管理する現行為替体制のもとでは、このような切り上げは嫌われ、実行されない可能性が高い。また、裁量的切り下げが行なわれるリスクもある。各国為替レートの長期的な調整を確実に行なうためには、一国的管理フロート制ではなく、図7-5に示すように、多国的な制度化されたコーディネーションによって為替レートを調整する共同的な為替体制が有効であると考えられる。本章の結論では、通貨統合の前提条件が整うまでの過渡的な為替体制として、このような共同的な為替体制の基本的な制度的仕組みを説明する。

　本章の構成は次のとおりである。2では、産業連関表にもとづいて、輸出財と非貿易財とに分けて労働生産性上昇率を計測する方法を説明する。3では、拡大EU諸国に関する計測結果を示し、それが有する意味と制度的背景について考察する。ERM Ⅱという共同的な為替レート調整メカニズムが存在するために、通貨の過小評価や過大評価が起きていないことを示す。4では、アジア諸国に関する計測結果を1990年代前半と後半に分けて示し、それが有する意味や制度的背景について考察する。1994年の中国人民元の裁量的切り下げによって、ドル・ペッグ制を採用する他の諸国では対人民元為替レートの過大評価が発生した。その修正は1997年の通貨危機という急激で暴力的な形態で行なわれた。通貨危機後、ほとんどのアジア諸国は管理フロート制に移行した

が、為替レート管理のターゲットの設定の仕方は一律ではなく 2 通りに分岐していることを明らかにする。**5** では、アジアにおける通貨統合の諸条件を考察し、現状の一国的管理フロート制では、通貨価値の長期的調整にとっては限界があることを示す。そして輸出に偏った生産性上昇傾向が顕著なアジアにとって望ましい多国的協調にもとづく為替体制を提示する。

2　輸出財と非貿易財の労働生産性上昇率の計測

輸出財と非貿易財の労働生産性上昇率は、産業連関表などから次のように算出される（詳しくは宇仁, 1995 参照）。

記号は次のとおりである。

　　列ベクトル X：国内生産総額

　　列ベクトル Y：最終需要（国内最終需要 D と輸出 F の和）

　　行列 A：国産品の投入係数行列[(1)]

　　行ベクトル a：諸商品 1 単位の生産に直接的に必要な労働量（産業部門別就業者数÷産業部門別生産額）[(2)]

　　スカラー L：総労働量（総就業者数）

数量に関して次の 2 つの方程式が成立する。

　　$(I - A) X = Y$

　　$aX = L$

---

(1) Eurostat 産業連関表は競争輸入型であるので、輸入品投入を分離して国産品投入を求めるために、輸入比率を対角要素とする対角行列を使用した（この処理について、詳しくは総務省『産業連関表（総合解説編）』を参照のこと）。

(2) 産業連関表取引額表に対応する部門別の就業者数データ、いわゆる「雇用表」を使用する。ハンガリーとドイツについては、2003 年の部門別就業者数は公表されているが、1998 年の部門別就業者は公表されていない。またアジア国際産業連関表では、2000 年の雇用表は作成されているが、1990 年と 95 年の雇用表は作成されていない。雇用表が存在しない年の部門別就業者数は、取引額表にある各部門の雇用者報酬額が各部門の就業者数と比例的関係にあることを利用して、次のように推計した。ハンガリーとドイツの例で説明する。

　　1998 年の第 i 産業の暫定就業者数 = 2003 年の第 i 産業の就業者数 ×（1998 年の第 i 産業の雇用者報酬 ÷ 2003 年の第 i 産業の雇用者報酬）

　　1998 年の第 i 産業の就業者数 = 1998 年の第 i 産業の暫定就業者数 ×（1998 年の暫定就業者数合計 ÷ 1998 年の総就業者数）

以上の2式から、

$$a(I-A)^{-1}Y = L \tag{1}$$

$a(I-A)^{-1}$は、商品財1単位を生産するために直接的・間接的に必要な労働量、すなわちPasinetti（1993）のいう「垂直的統合労働係数」である。それをv（行ベクトル）と表わすと、次の（2）式が得られる。

$$vY = v(D+F) = L \tag{2}$$

dとfをそれぞれ国内最終需要と輸出の商品別構成比（列ベクトル）とすると、次の（3）（4）式が得られる。

$$D = d\Sigma D \tag{3}$$
$$F = f\Sigma F \tag{4}$$

（3）（4）式を（2）式に代入すると、

$$v(d\Sigma D + f\Sigma F) = vd\Sigma D + vf\Sigma F = L$$

vdとvfはスカラーとなり、それぞれ国内最終需要財と輸出財1単位を生産するために直接的・間接的に必要な労働量である。ただし、Eurostat産業連関表およびアジア国際産業連関表はともに名目表であるために、上記の「1単位」は、各国の名目通貨価値で測った1単位である[3]。物的労働生産性は、物量で測った1単位を生産するために直接的・間接的に必要な労働量の逆数である。そのために、vdには『国民経済計算』[4]から算出した国内需要[5]のデフレータを、vfには「財およびサービスの輸出」のデフレータを乗じる。これが垂直的

---

[3]　『アジア国際産業連関表』はドルが単位となっているので、当該年の為替レートを用いて各国の通貨単位に換算した。

[4]　『国民経済計算』データは、EU諸国についてはOECD, *National Accounts* から、アジア諸国とアメリカについてはUnited Nations, *National Accounts Main Aggregates Database*（http://unstats.un.org/unsd/snaama/dnllist.asp）から得た。台湾についてはアジア開発銀行, *Statistical Database System*（www.adb.org/Statistics/sdbs.asp）から得た。これらの原データは各国政府が公表している国民経済計算データであるが、中国政府が非公表にしている中国の輸出デフレータだけは、世界銀行の推計値である。

[5]　United Nations, *National Accounts* でいえば、国内需要はFinal consumption expenditureとGross capital formationの合計である。

統合労働係数である。垂直的統合労働係数の低下率が、本章での労働生産性上昇率である[6]。

さらに本章では、輸出財の垂直的統合労働係数に製造業の賃金率を乗じて得られる「輸出財の単位労働コスト」についても検討する。輸出財価格の構成要素としては、この単位労働コストのほかに輸入原材料コストと資本コスト（利潤など）がある。本章では、次の理由で単位労働コストに焦点を当てる。第1に、一般的に価格に占める比重は単位労働コストが最も大きい。第2に、顕著な長期的トレンドを有するのは単位労働コストを構成する垂直的統合労働係数と賃金率である。輸入原材料コストと資本コストは明確な長期的トレンドをもたない[7]。本章のような長期分析の分析対象にふさわしいのは単位労働コストである。第3に、輸入原材料コストはアジアの小国においては輸出財価格に占める割合が大きいが[8]、次の理由で、輸入原材料コストの変動は為替レート変化を通じて直接的に調整することはできない。アジア諸国においては貿易の大部分はドル建てで行なわれる。ドル建ての輸出財価格は、「(単位労働コスト＋資本コスト)÷対ドル為替レート」と「ドル建て輸入原材料コスト」とで構成される。したがって、単位労働コストの変動は対ドル為替レートの変化によって調整できるが、もともとドル建てである輸入原材料コストの変動は、為替レート変化を通じて直接的に調整することはできない。

(6) チェコとスロバキアについては、両年とも部門別就業者数が公表されていないので、以下に説明する方法で垂直的統合単位賃金コストを求め、名目賃金上昇率からこの単位賃金コスト上昇率を差し引くという間接的な方法で労働生産性上昇率を計算した。各産業の雇用者報酬を各産業の生産額で除することにより、各産業の単位賃金コストが求まる。この単位賃金コストからなる行ベクトルを W で表わす。$w = W(I - A)^{-1}$ は商品1単位を生産するために直接的・間接的に必要な賃金コストを要素とする行ベクトルである。つまり w は、「垂直的統合単位賃金コスト」である。この方法では自営業者の労働コスト分は算入されないので、垂直的統合単位賃金コストは垂直的統合単位労働コストの近似値にすぎない。しかし、チェコとスロバキアについては総就業者に占める自営業者の比率が1割程度なので、大きな影響はないと考えられる。
(7) ただし発展途上国においては、工業化の進行にともなって、部品輸入の増加などが生じて中間財輸入が増加する傾向がみられる。
(8) 『アジア国際産業連関表』から得られる輸入中間投入係数行列にレオンチェフ逆行列を乗ずることにより、財1ドル当たりに占める垂直的統合輸入中間財コストを求めることができる。輸出財の垂直的統合労働係数を求めた際に用いた方法と同じ方法により、輸出財1ドル当たりの垂直的統合輸入中間財コストを計算すると、2000年において、シンガポール0.52、マレーシア0.50、フィリピン0.42、台湾0.39、タイ0.36、韓国0.34、中国0.19、インドネシア0.17、アメリカ0.12、日本0.10である。

2国間の為替レートを考察する際のベンチマークとして、本章では、この「輸出財の単位労働コスト」を2国間で均等化させる「単位労働コスト平価（以下ではULCPと略記する）[9]」に着目する。

ULCP ＝ A国の輸出財単位労働コスト／B国の輸出財単位労働コスト
＝（A国の輸出財垂直的統合労働係数×A国の賃金率）／（B国の輸出財垂直的統合労働係数×B国の賃金率）

したがって、次の式が成立する。

ULCP変化率＝（A国の賃金上昇率－A国の輸出財労働生産性上昇率）－（B国の賃金上昇率－B国の輸出財労働生産性上昇率）

たとえば、A国が日本、B国がアメリカとして、アメリカの賃金上昇率は輸出財の労働生産性上昇率と等しい場合に、日本の輸出財の労働生産性上昇率が賃金上昇率を上回ると、日本の対米ULCPの値は低下する。つまり日本の対米ULCPは増価する。

拡大EU諸国に関しては、対ユーロ為替レートと対ドイツULCPを比較検討する。アジア諸国に関しては対ドル為替レートと対米ULCP、対人民元為替レートと対中国ULCPを比較検討する。

3　拡大EU諸国の計測結果

Eurostatが作成している標準化された産業連関表[10]を利用して、1998～2003年のハンガリー、チェコ、スロバキア、ドイツにおける労働生産性上昇

---

[9] 単位労働コスト平価（ULCP）はPasinetti（1993）が「自然レート」と呼ぶものと同じである。通貨価値のベンチマークとしてよく使われるのは、購買力平価（PPP）である。購買力平価の算定には、消費者物価指数、卸売物価指数、輸出価格指数などが使われる。為替レートの変動を説明するための購買力平価の算定には、消費者物価指数や卸売物価指数よりも輸出財の価格指数を使うことが望ましい。いわゆる国際的な一物一価が成り立つのは、貿易が行なわれる財に限られるからである。輸出価格指数には、単位労働コスト以外に、輸入原材料コストと資本コストが含まれる。しかし、本文でも述べたような3つの理由により、長期的な通貨価値のベンチマークとしては、輸出財価格のコア部分を占める単位労働コストを使って算定した平価が適切であると考えられる。

[10] 産業部門数は、ハンガリー57部門、チェコ58部門、スロバキア57部門、ドイツ56部門である。

第7章 通貨統合の諸条件の比較分析——アジアとヨーロッパ

表7-1 拡大EU諸国における労働生産性、賃金率および為替レート（1998〜2003年、単位：%）

	労働生産性上昇率		名目賃金上昇率	インフレ率	為替レート増価率	ULCP増価率
	非貿易財	輸出財				
ハンガリー	3.2	11.1	11.9	7.5	0.1	−0.7
チェコ	3.3	9.1	5.8	2.5	2.9	3.3
スロバキア	2.9	8.3	8.0	8.0	1.9	0.1
ドイツ	0.8	1.9	1.9	1.3		

注：成長率は対数偏差の年当たり平均である。為替レートは対ユーロ、ULCPは対ドイツの値である。

出所：労働生産性とULCPはEurostat, *Input-Output Tables*とOECD, *National Accounts*のデフレータとを使用して算出した。名目賃金率はILO, *Labour Statistics Database*の製造業の月当たり賃金（ドイツは時間当たり賃金）である。他の変数はIMF, *IFS*による。

率（垂直的統合労働係数の低下率）を算出した結果が表7-1である。ハンガリー、チェコとスロバキアにおいて、輸出財の労働生産性上昇率は非貿易財のそれを上回る。つまり「輸出に偏った生産性上昇」が顕著である。その主な要因は、直接投資の流入である。これらの国が2004年にEUに加盟することが確実になった1997年末以降、直接投資の流入量は急増した。部門別にみるといずれの国でも約4割が製造業への投資である。とくに自動車、電気・電子機器産業の多国籍企業が、完成品や部品の生産工場を建設するケースが多い。これらの工場では、国際分業の一環として組み込まれ、最新の技術や設備を利用するので、生産性上昇率も高い。また、これらの工場の製品の大部分は輸出される。2003年の産業連関表によると、機械製造業（部門コードでは29〜35）の国内生産額に占める輸出の割合は、ハンガリーで89%、チェコで77%、スロバキアで88%である。2000年代のこれらの国における輸出の実質伸び率は年率約10%であり、実質経済成長率の2倍以上である。

このように、これらの国において、輸出財の労働生産性上昇率は非貿易財のそれを上回る。そしてハンガリーとスロバキアにおいては、賃金上昇率は輸出財の労働生産性上昇率とほぼ等しい。この場合、非貿易財の労働生産性上昇率よりも賃金上昇率が大きくなる。これは、非貿易財の価格上昇を引き起こす要因となる。このようなハンガリーとスロバキアのケースはバラッサ＝サミュエルソン・モデル（Balassa, 1964; Samuelson, 1964）が描く状況に近い。バラッサ＝サミュエルソン・モデルでは、貿易財に関する一物一価の成立という第1の仮定に加えて、賃金上昇率が輸出財部門の労働生産性上昇率に等しいという第2の

仮定が採用されることが多い[11]。この2つの仮定のもとで、貿易財部門の労働生産性上昇率が非貿易財部門のそれを上回るとき、貿易財の価格は不変であり、非貿易財の価格は上昇する。その結果、この2つの加重平均である一般物価は上昇するので、自国通貨の名目為替レートが不変である場合、実質為替レートが切り上がる。したがって、ハンガリーとスロバキアのようなケースは、図7-3の「バラッサ゠サミュエルソン型」に当たる。実際、表7-1のインフレ率をみると、ハンガリーとスロバキアはかなり大きな値を示す。

他方、チェコの賃金上昇率は、非貿易財の労働生産性上昇率に近い値となっている。したがって、非貿易財の価格上昇圧力も小さいので、チェコのインフレ率はハンガリーとスロバキアよりも低い。チェコにおいても、1993～97年の賃金上昇率は年率14%、インフレ率は9%であったが、表7-1に示すように、1998～2003年の賃金上昇率とインフレ率は大幅に低下した。その主な要因は、97年に投機的資本の流出によって経済危機が起き、それまで約4%であった失業率が倍増して約8%になったため、賃金上昇が抑えられたことにある。

チェコにおいては、輸出財の労働生産性上昇率は賃金上昇率よりも大きい。このとき輸出財の単位労働コストは低下する。もし相手国においては輸出財の労働生産性上昇率は賃金上昇率と等しいとすると、この相手国に対するチェコのULCPは増価する。実際、チェコでは、対ドイツのULCPは年率3.3%で増価した。そして、注目すべきことは、ULCPの増価率とほぼ同じ率でチェコの対ユーロ為替レートも増価したことである。「バラッサ゠サミュエルソン型」のハンガリーとスロバキアにおいては、もし相手国において輸出財の労働生産性上昇率は賃金上昇率と等しいとすると、この相手国に対するハンガリーとスロバキアのULCPは不変となる。そして表7-1に示すように、ハンガリーとス

---

(11) バラッサ゠サミュエルソン・モデルから、主として技術的要因にもとづく産業間の生産性上昇率格差によって実質為替レートの変化がもたらされるという、バラッサ゠サミュエルソン効果が導かれる。しかし、このようなバラッサ゠サミュエルソン・モデルの通常の解釈においては、制度的要因が無視されている。上述のように、第1の仮定の成立は為替制度に依存しているために、必ずしも自明ではない。また、第2の仮定の成立も賃金制度に依存しているために、必ずしも自明ではない。現に、バラッサ゠サミュエルソン効果に関するいくつかの実証研究は、第1の仮定の不成立、つまり貿易財に関する一物一価の不成立を証明している。したがって、実質為替レートの変化は産業間の生産性上昇率格差だけでは説明できないことになる（Canzoneri *et al.*,1999; Égart,2002; Kovács,2004; Kawai *et al.*, 2003 など）。また、表7-1～7-3をみると、第2の仮定も成立していないケースが多い。

ロバキアの為替レートもほぼ不変である。この拡大 EU 3 国において、ULCP 増価率と為替レート増価率との間にほとんど差がないことは、後でみるアジア諸国における大きな差とは対照的であり、注目すべき事実である。

このような ULCP の変化に応じた為替レート変化を促しているのは、EU 新規加盟国の為替体制である。新規加盟国の多くは、ERMⅡ、あるいはそれに準拠した為替体制を採用している。ERMⅡは、EC 加盟諸国の為替レートの共同的調整メカニズムとして 1979 年に創設された ERM（European exchange rate mechanism）の改良版である。Bofinger and Wollmershauser（2002）によると、ERMⅡの基本的仕組みは次の 4 点である。①中心レートと変動幅の共同的決定、②為替市場への共同的介入のルール、③介入に必要な短期資金の相互融通、④退出オプション、である。経済統合の持続性にとっては、①の仕組みが決定的に重要である。通常の管理フロート制では、当該国が中心レートを変更する権限をもつ。そのために、自国の利益のために近隣窮乏化をもたらす裁量的通貨切り下げも起こりうる。ERMⅡでは、中心レートの変更には参加国間の合意が必要であるので、近隣窮乏化的な裁量的な切り下げは防止される。

EU 新規加盟国がユーロ圏に参加するための条件のひとつは、最低 2 年間 ERMⅡに参加し、中心レートの切り下げを行なわないことである。スロバキアは、1998 年から切り下げを行なうことなく管理フロート制を採用していたが、2005 年 11 月に ERMⅡに参加し、2009 年のユーロ導入をめざした。ハンガリーは、ERMⅡにはまだ参加していないが、2001 年 10 月から ERMⅡと同様な中心レートと変動幅を一国で決めて、ERMⅡへの一方的な追随（shadowing）を行なっている。チェコも ERMⅡにはまだ参加していないが、1998 年以来、直接的インフレ・ターゲットの枠組みをもつ管理フロート制を採用している（Rawdanowicz, 2006）。

4　アジア諸国の計測結果

4.1　1990〜95 年のアジア諸国

アジア経済研究所が作成している『アジア国際産業連関表[12]』を利用して、1990〜95 年および 1995〜2000 年のアメリカを含む 10 ヵ国における労働生産性上昇率（垂直的統合労働係数の低下率）などを算出した結果が表 7-2 と表 7-3

表 7-2 アジア諸国における労働生産性、賃金率および為替レート（1990～95年、単位：％）

	労働生産性上昇率		名目賃金上昇率	インフレ率	対ドル増価率		対人民元増価率	
	非貿易財	輸出財			為替レート	ULCP	為替レート	ULCP
中　　国	12.0	19.2	18.3	12.1	−11.1	1.7		
韓　　国	4.6	11.0	12.9	6.0	−1.7	−1.1	9.4	−2.8
台　　湾	4.2	8.7	7.8	3.7	0.3	1.7	11.5	0.0
インドネシア	11.4	6.6	14.9	8.5	−0.4	−7.5	7.2	−9.2
タ　　イ	7.7	9.1	7.9	4.7	0.5	1.9	11.7	0.2
マレーシア	10.4	10.7	8.4	3.9	1.5	3.1	12.7	1.4
シンガポール	5.0	8.9	8.7	2.5	4.9	0.9	16.1	−0.8
フィリピン	−0.5	4.9	9.6	9.3	−1.1	−4.0	10.0	−5.7
日　　本	0.8	3.9	2.0	1.3	8.6	2.7	19.8	1.0
アメリカ	2.4	3.2	3.9	3.1			11.1	−1.7

注：成長率は対数偏差の年当たり平均である。
出所：労働生産性とULCPは『アジア国際産業連関表』と United Nations, *National Accounts* のデフレータとを使用して算出した。名目賃金率は製造業の月当たり賃金であり、日本については厚生労働省『毎月勤労統計調査』、アメリカについては U.S. Department of Commerce, BEA, *NIPA* (www.bea.gov)、インドネシアについては Stuivenwold and Timmer（2003）による。その他の国の名目賃金率は ILO, *Labour Statistics Database* による。他の変数は IMF, *IFS* による。

である[13]。

　表 7-2 に示す 1990～95 年においては、中国、韓国、台湾、シンガポールおよびフィリピンにおいて、輸出に偏った労働生産性上昇は顕著である。多くのアジア諸国において、輸出財の労働生産性上昇率が非貿易財の労働生産性上昇率を大きく上回る原因は次の点にある。NIEs における輸出志向工業化の成功以来、多くの東アジア諸国は、先進国資本と先進国技術を積極的に導入して、輸出財の生産を促進する戦略を採用している。その結果、最新技術を装備して大規模生産を行なう輸出向け製品生産工場では、高い労働生産性上昇率が実現するのである。この輸出に偏った生産性上昇という傾向は、先進国へのキャッチアップが完了するまで続くと考えられる。

　労働生産性上昇率と名目賃金上昇率との格差に注目すると、次のことがいえ

---

(12) 産業部門数はすべての国において、1990 年と 95 年は 78 部門、2000 年は 76 部門である。
(13) Uni（2007）では、日本、中国、韓国が公表している『産業連関表』データを用いて、輸出財と非貿易財の労働生産性上昇率を計測している。日本と韓国については、本章の『アジア国際産業連関表』を使った計測結果とほぼ同様であるが、中国については少し異なる。その主な原因は、中国の輸出デフレータの違いにある。Uni（2007）では、中国税関による推計値を使用したが、今回は世界銀行による推計値を使用した。

る。1990〜95年において、輸出に偏った労働生産性上昇が起きた中国、韓国、台湾、シンガポールおよびフィリピンのうち、フィリピン以外では輸出財の労働生産性上昇率と名目賃金上昇率とがほぼ等しい。つまり「バラッサ＝サミュエルソン型」になっている。その結果、これらの国では、非貿易財の労働生産性上昇率が名目賃金上昇率を下回ることになり、これは非貿易財の価格上昇圧力を生み出す。実際に、これらの国のインフレ率は、非貿易財の労働生産性上昇率と名目賃金上昇率との差にほぼ相当する値となっている。

ハンガリーとスロバキアのケースで述べたように、「バラッサ＝サミュエルソン型」の国の場合は、もし相手国においても輸出財の労働生産性上昇率は賃金上昇率と等しいとすると、相手国に対するこの国のULCPは不変となる。大部分のアジア諸国にとって最大の貿易相手国はアメリカである。また、大部分のアジア諸国にとって、輸出における最大の競争相手国は、輸出額が最大である中国である。したがって本章では、対ドルと対人民元の通貨価値を検討する。1990〜95年においては、アメリカでも輸出財の労働生産性上昇率は賃金上昇率とほぼ等しいので、「バラッサ＝サミュエルソン型」の中国、韓国、台湾、シンガポールの対米ULCPも対中国ULCPもともに、表7-2に示すようにほぼ不変であった（タイとマレーシアは、輸出財と非貿易財の労働生産性上昇率がほぼ等しく、名目賃金上昇率もそれに近い値であるために対米でも、対中国でもULCPの変化は小さかった）。

この時代においては、ほとんどのアジア諸国の通貨は、「ドル・ペッグ制」により各国の通貨当局によって固定的に管理されていた。したがって表7-2に示すように、対ドル為替レートはほぼ不変であった。賃金上昇率が輸出財部門の労働生産性上昇率に等しく、ULCPが不変にとどまるという「バラッサ＝サミュエルソン型」の構図は、「ドル・ペッグ制」を維持するための前提条件のひとつであった。

他方で、中国は「バラッサ＝サミュエルソン型」であったにもかかわらず、1993年の5.76人民元／ドルから1994年の8.62人民元／ドルへ、この1年間だけでも33％にも達する大幅な切り下げを実施した。その結果、表7-2に示すように、アジア諸国の対人民元為替レートは大幅に増価した。小国が固定的ドル・ペッグを維持するためのもうひとつの条件は、輸出での競合度が高い他の諸国が固定的ドル・ペッグを続けることであるが、中国人民元の切り下げによ

第Ⅱ部　日本の制度的調整の特徴と限界

図 7-1　中国の為替レートと ULCP

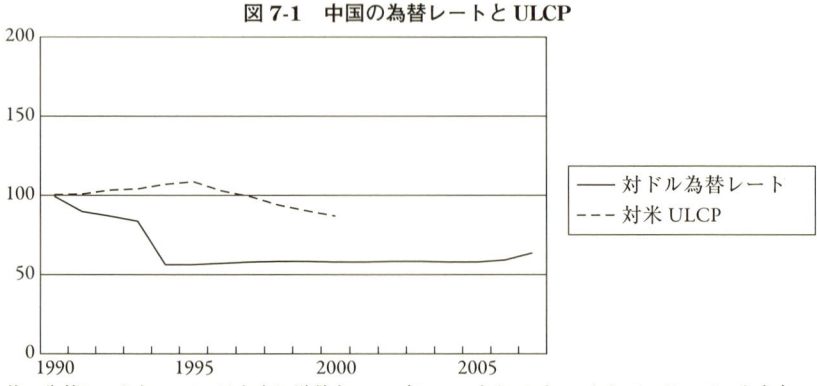

注：為替レートと ULCP はともに逆数を 1990 年＝100 としてプロットしているので、上方向の変化が増価、下方向の変化が減価を表わす。図 7-2〜7-9 も同様である。

図 7-2　韓国の為替レートと ULCP

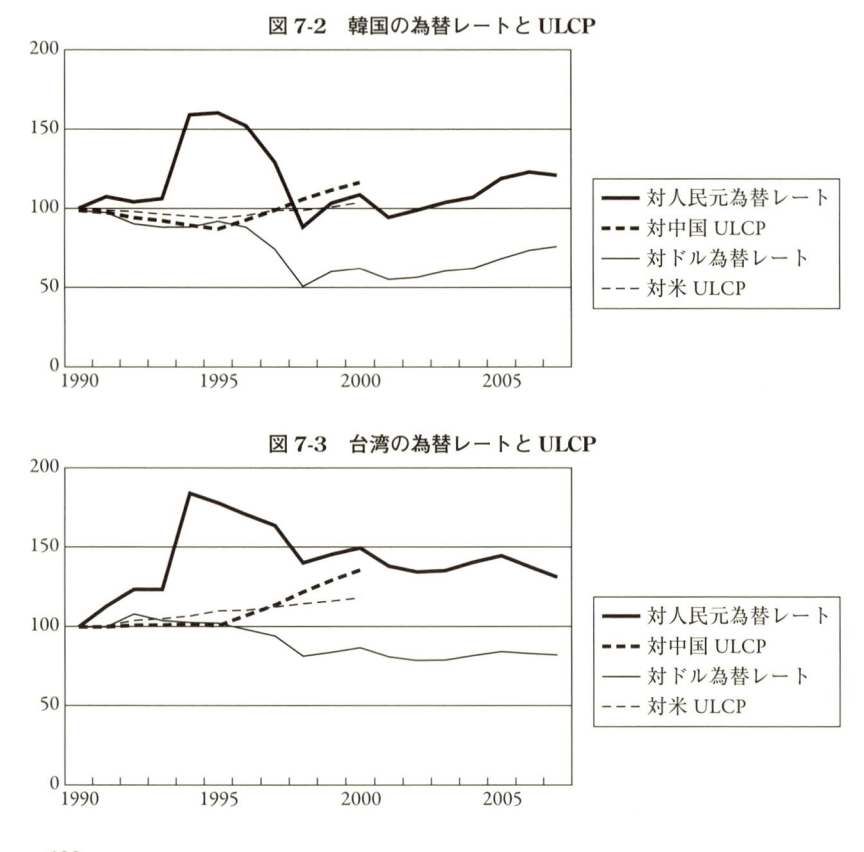

図 7-3　台湾の為替レートと ULCP

第7章 通貨統合の諸条件の比較分析 —— アジアとヨーロッパ

図7-4 インドネシアの為替レートとULCP

— 対人民元為替レート
--- 対中国ULCP
— 対ドル為替レート
--- 対米ULCP

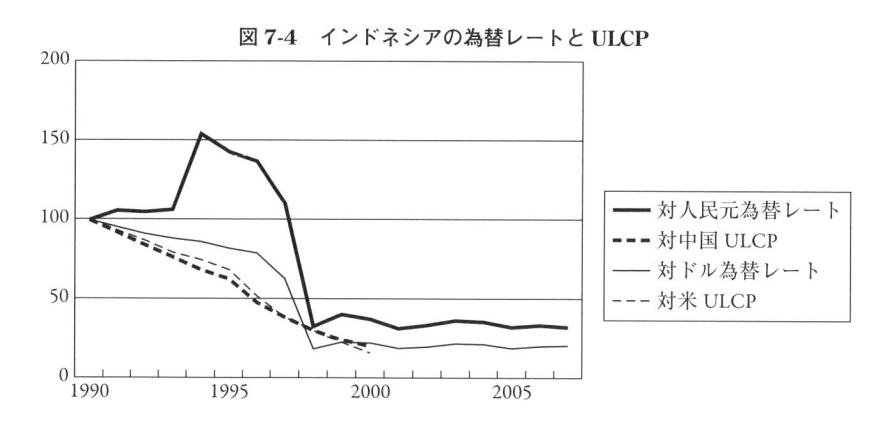

図7-5 タイの為替レートとULCP

— 対人民元為替レート
--- 対中国ULCP
— 対ドル為替レート
--- 対米ULCP

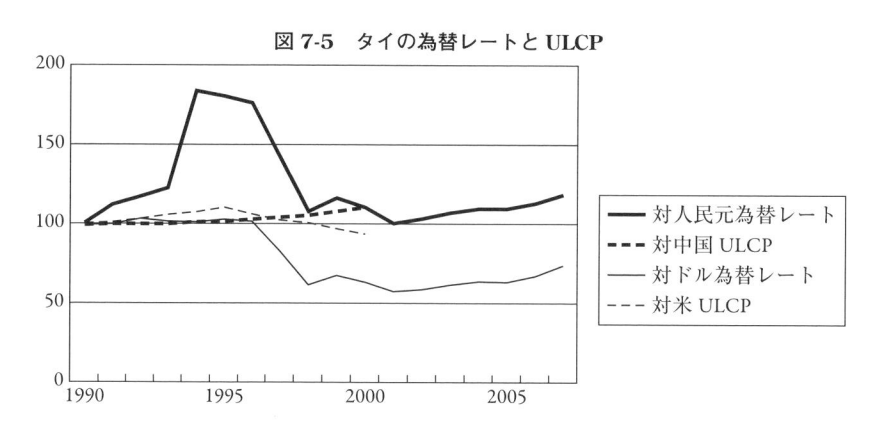

図7-6 マレーシアの為替レートとULCP

— 対人民元為替レート
--- 対中国ULCP
— 対ドル為替レート
--- 対米ULCP

181

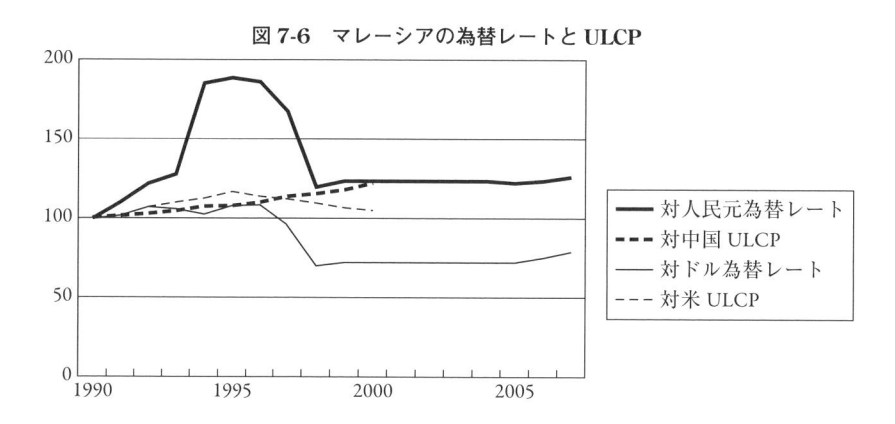

図 7-7　シンガポールの為替レートと ULCP

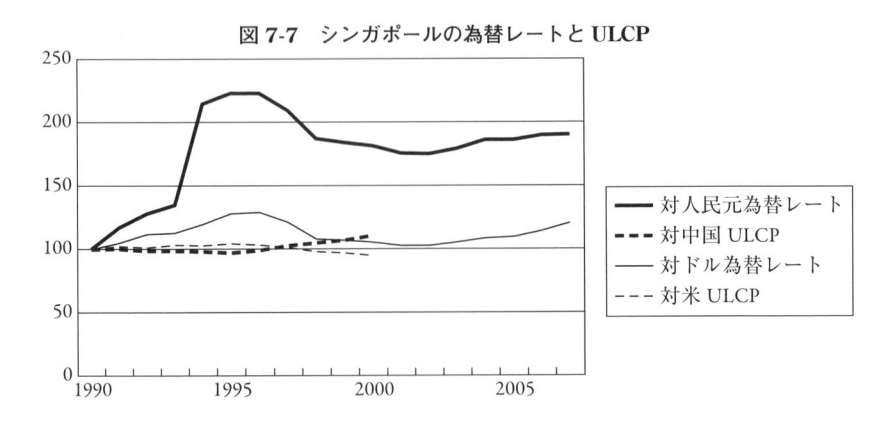

図 7-8　フィリピンの為替レートと ULCP

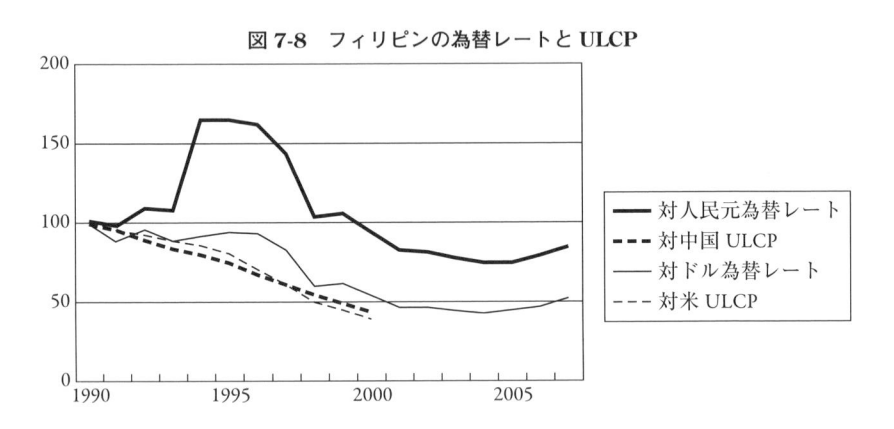

図 7-9　日本の為替レートと ULCP

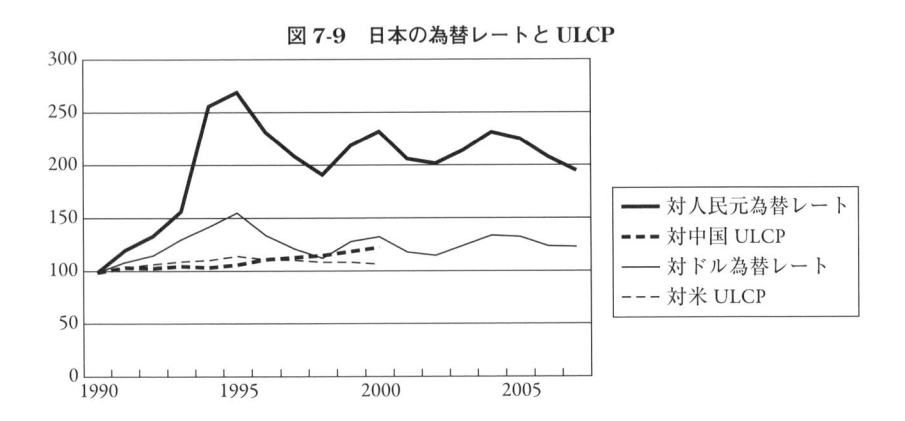

り、この条件は崩れた。したがって、アジア諸国は、新たな為替体制を何にするかという為替体制の選択問題と、新たな為替レート水準をどの程度にするかという為替レート水準の選択問題に直面することになる。

また、インドネシアとフィリピンについては、名目賃金上昇率が輸出財の労働生産性上昇率を大きく上回ったために、インドネシアとフィリピンの対米と対中国の ULCP は低下した。

図 7-1 ～ 7-9 は、アジア各国について、対ドルと対人民元の為替レートおよび対アメリカと対中国の ULCP の逆数の推移を、1990 年の値を 100 として図示したものである[14]。1990 ～ 95 年においては、中国とインドネシアとフィリピン以外では、対ドル為替レートと対米 ULCP はほぼ一致して不変を維持している。しかし、図 7-1 に示すように中国は対ドルで人民元を大幅に切り下げたため、対ドル為替レートが減価し、対米 ULCP から乖離している。インドネシアとフィリピンは、図 7-4 と図 7-8 に示すように、対米 ULCP が減価するかたちで対ドル為替レートから乖離している。

対人民元では、ほとんどの国の通貨は、為替レートが増価するかたちで対中国 ULCP の推移と大きく乖離している。対中国 ULCP がほぼ不変であることは、輸出財の単位労働コストは中国と比較して大きく変化していないことを意味する。この状況でアジア諸国通貨の対人民元での為替レートが増価すると、これらの諸国の輸出競争力は中国に比して低下する。アジア諸国は、輸出に関して中国と競合しているケースが多いが、1990 年代半ばから、中国からの輸出の加速的増大と他のアジア諸国の輸出の減速傾向が現われた。『国連国民経済計算』での実質輸出額の推移をみると、1990 年を 100 とすれば、2005 年の値は、中国 1074、韓国 701、台湾 342、インドネシア 245、タイ 360、マレーシア 414、シンガポールは 450、フィリピン 257 となっている。また、日本の全品目輸入額の地域別シェアでみると、中国のシェアは 1990 年の 5.1% から、1995 年 10.7%、2000 年 14.4%、2005 年 21.0% へ一貫して増加しているのに対し、NIEs と ASEAN4 のシェアは、1990 年 21.4%、1995 年 23.7%、2000 年 25.1%、2005 年 21.2% と停滞している（国際貿易投資研究所『日本の商品別国・地域別貿易指数』2007 年版 CD-ROM、原資料は財務省『通関統計』）。

---

(14) 増価をグラフの上方向への変化として表わすために、為替レートと ULCP はともに逆数にしてプロットした。

表 7-3 アジア諸国における労働生産性、賃金率および為替レート（1995～2000年、単位：%）

	労働生産性上昇率		名目賃金上昇率	インフレ率	対ドル増価率		対人民元増価率	
	非貿易財	輸出財			為替レート	ULCP	為替レート	ULCP
中　　国	5.8	7.4	10.5	1.8	0.2	−4.4		
韓　　国	4.1	10.1	7.1	3.9	−7.7	1.7	−7.8	6.1
台　　湾	4.5	6.5	3.5	1.4	−3.3	1.7	−3.5	6.1
インドネシア	−2.9	−8.4	18.9	16.4	−26.4	−28.6	−26.6	−24.1
タ　　イ	−0.6	1.6	3.1	4.1	−9.5	−2.9	−9.7	1.6
マレーシア	−0.6	5.7	6.5	3.1	−8.3	−2.1	−8.5	2.3
シンガポール	9.5	6.3	6.8	0.9	−3.9	−1.9	−4.1	2.6
フィリピン	3.8	−5.9	7.5	6.2	−10.8	−14.7	−11.0	−10.3
日　　本	1.3	0.8	0.9	0.3	−2.7	−1.4	−2.9	3.1
アメリカ	3.5	5.8	4.4	2.4			−0.2	4.4

注、出所：表 7-2 と同じ。

4.2　1995～2000年のアジア諸国

前項で述べたように、1990～95年においては、単位労働コストの相対的変化がほとんどないにもかかわらず、人民元が中国政府の裁量によって一方的に切り下げられたことによって、アジア諸国通貨の対人民元での為替レートとULCPとの乖離が生じた。それは、中国の輸出の急増とその他アジア諸国の輸出の低成長という不均衡をもたらした。1995～2000年においては、このような乖離を是正する動きが生じた。この是正は、過大評価された通貨への投機アタックとして1997年に開始され、短期間での通貨価値の暴落というプロセスを通じて行なわれた。このような急激で暴力的な為替レート調整は、短期資本の流出、株価など資産価格の暴落、銀行危機、産出の低下や失業の増加など実体経済にも多くの破壊的影響を及ぼした。

表 7-3 に示すように、1995～2000年においても、輸出に偏った労働生産性上昇の傾向は中国、韓国、台湾およびマレーシアでみられる。1997年のアジア通貨危機に付随する経済危機を反映して、インドネシアやフィリピンでは労働生産性が急速に低下した。インドネシア以外では、名目賃金上昇率が前の時期と比べて低下した。これは経済危機による失業率の上昇が賃金上昇圧力を抑える役割を果たしたことで説明できる。その結果、インフレ率も前の時期と比べて低下した。

輸出に偏った労働生産性上昇が続く韓国と台湾については、名目賃金上昇率

が低下したことにより、「バラッサ゠サミュエルソン型」の性格はなくなった。つまりチェコと同様に、輸出財の労働生産性上昇率は賃金上昇率を上回る。このとき輸出財の単位労働コストは低下する。もし相手国においては輸出財の労働生産性上昇率は賃金上昇率と等しいとすると、この相手国に対する韓国と台湾のULCPは増価する。表7-3に示すように、とくに対中国のULCPが大きく増価した。反対に、輸出財の労働生産性が低下したにもかかわらず、大幅な名目賃金上昇が続くインドネシアとフィリピンでは、対米でも対中国でもULCPは減価した。

　為替レートは、1997年の通貨危機を通じて、中国を除くすべての国で急速に減価した。また、マレーシアと中国以外の国では為替制度も通貨危機を契機に変更され[15]、従来のドル・ペッグ制から、主として中央銀行の為替市場介入により非公表ターゲットレートの維持を図る「管理フロート制[16]」に移行した。1997年の通貨危機を通じて生じた為替レート減価によって、1994年の人民元の裁量的切り下げにより発生した為替レートとULCPとの乖離はかなり小さくなった。

　通貨危機以降のアジア諸国の為替レート減価には、2つのパターンがある。第1のパターンは、対中国ULCPをターゲットとする減価である。第2のパターンは対米ULCPをターゲットとする減価である。第1の為替レート調整パターンは、韓国、台湾、タイおよびマレーシアでみられる。図7-2、7-3、7-5、7-6をみればわかるように、1995～2000年において、これらの国の対人民元為替レートは、対中国ULCPとほぼ等しくなる水準に減価した。そして対ドルの為替レートは、対米ULCPを大幅に下回る結果となっている。このような対中国ULCPをターゲットする為替レート調整によって、韓国、台湾、

---

(15) ドル・ペッグ制を維持したマレーシアも通貨切り下げを行なった。
(16) IMFの定義では、管理フロート制は次のようになっている。「通貨当局は、為替レートターゲットを明示せずに、為替レートに影響を及ぼそうとする。為替レートを管理するための諸指標は広く定義され（たとえば貿易収支、国際準備、並行市場の展開）、調整は自動的でないこともある。直接的介入も間接的介入もありうる」。独立フロート制の定義は次のとおりである。「市場により為替レートが決定される。通貨当局の為替市場介入はあるが、一定の為替レート水準を維持するためではなく、介入はレートの変化率を緩和するためや過度の変動を防ぐために行なわれる」。韓国、インドネシア、タイとフィリピンはIMFの1999年時点の分類では「独立フロート制」となっているが、通貨当局の裁量的な市場介入もかなり行なわれているので、実質的には管理フロート制に近い（Corden, 2002）。

第Ⅱ部　日本の制度的調整の特徴と限界

タイおよびマレーシアの輸出競争力は、中国と対抗できる水準に回復した。対ドル為替レートの過小評価状態も輸出競争力にとって有利に作用するが、輸入価格上昇など輸入面では不利に働く。

　第2の為替レート調整パターンは、インドネシア、シンガポールとフィリピンにおいてみられる。図7-4、7-7、7-8をみればわかるように、1995～2000年において、これらの国の対ドル為替レートは対米ULCPとほぼ等しくなる水準に減価した。そして対人民元為替レートは、対中国ULCPと比べて大幅に増価した状態が続いている。つまり、インドネシア、シンガポールとフィリピンの輸出競争力は、中国と十分に対抗できる水準にはまだ回復していないことになる。先に述べたように『国連国民経済計算』での実質輸出額の推移をみると、1990年を100とすれば、2005年の値は、インドネシア245、フィリピン257であり、中国の1074に劣るのはもちろんのこととして、他のアジア諸国と比べても輸出の伸びが小さい[17]。このように、インドネシア、シンガポールとフィリピンが対米ULCPを為替レート調整のターゲットに設定した背景要因としては、インドネシアとフィリピンの経済発展水準が中国よりかなり低いので、中国との輸出の競合度は、韓国、台湾、タイおよびマレーシアと比べて小さいという事情が考えられる[18]。また、インドネシアとフィリピンについては、高止まりするインフレ率を抑えるためには、対ドル為替レートの過小評価によって生じる輸入インフレは避けねばならないという事情もある。また、都市国家であるシンガポールは貿易立国であり、生産コスト全体に占める輸入中間財コストの割合が大きく[19]、さらに、その輸入の大部分はドルベースで行なわれているので、対ドル価値の維持が重要である。

（17）インドネシアとフィリピン以外の諸国の為替レートは2000年以降は安定もしくは増価傾向にあるのに対し、インドネシアとフィリピンの対ドルおよび対人民元為替レートは、2000年以降も不安定であり、減価傾向が続いている。
（18）2000年の『アジア国際産業連関表』（76部門）の中国の輸出の品目別構成比と他の各国の輸出の品目別構成比を計算して、その相関係数を求めると、中国とフィリピンとの間の相関係数は0.27、中国とインドネシアとの間の相関係数は0.31となり、他の国よりもかなり小さな値となる。これはインドネシアとフィリピンの輸出の品目別構成が中国の輸出の品目別構成とかなり異なることを意味する。
（19）注（8）に記した方法により、非貿易財と輸出財それぞれ1ドル当たりの垂直的統合輸入中間財コストを計算すると、2000年のシンガポールにおいては、0.32、0.52となり、10ヵ国のうちでは最大となる。

以上みたように、1997年の通貨危機によってアジア諸国の通貨価値は暴落した。また通貨危機を契機に、ほとんどのアジア諸国は管理フロート制を採用した。危機以前と比べてかなり低い特定の通貨価値水準を、通貨当局の為替市場介入により維持しようとした。ただし、その為替レート調整のターゲットの設定は国によって異なる。韓国、台湾、タイおよびマレーシアでは、輸出面で中国との競合度が高いため、対中国 ULCP がターゲットに設定された[20]。他方、輸出面で中国との競合度が比較的低いインドネシア、シンガポールとフィリピンでは、対米 ULCP がターゲットに設定された。このように、中国における、対米 ULCP からの人民元の対ドル為替レートの大きな乖離と一国的な管理フロート制の帰結として、各国のターゲット設定が2通りに分岐することは、次のような問題を含んでいる。つまり中国の対米 ULCP からの人民元の対ドル為替レートの大きな乖離が続く限り、対中国 ULCP をターゲットに設定した諸国においては対ドル為替レートの過小評価状態が続き、対米 ULCP をターゲットに設定した諸国においては対人民元為替レートの過大評価状態が続くことになる。このような状態は、一般的にみて、前者の輸出成長にとっては有利に作用し、後者の輸出成長にとっては不利にはたらく。したがって、アジア諸国の経済成長率の格差につながる可能性をもつ。実際、アジア通貨危機以降、現在までの成長率をみると、後者に属するフィリピンとインドネシアの成長はかなり劣っている。

5　結論 ── 共同的に管理されたフロート制の提案

前節でみたように、1994年の中国人民元の裁量的切り下げによって、他のアジア諸国通貨の対人民元為替レートが ULCP と比べて大きく増価した。この乖離は、投機筋による過大評価通貨へのアタックのきっかけとなった。投機的アタックの結果として、急激で暴力的な通貨価値の調整が行なわれ、実体

---

[20] McKinnon (2001) は、通貨危機後のアジア諸国の為替制度は「事実上のドル・ペッグ制」であると主張している。1995〜2005年においては、人民元の対ドル為替レートは固定されていたので、「事実上のドル・ペッグ制」は「事実上の人民元ペッグ制」をも意味する。しかし、為替レート水準と ULCP 水準との対応関係を考慮に入れると、韓国、台湾、タイおよびマレーシアについては「事実上の人民元ペッグ制」と呼ぶ方が正確であるかもしれない。ただし現時点では、2001年以降の ULCP の推移が不明なため、確定的なことはいえない。

経済も大きな悪影響が及んだ。また、通貨危機後の一国的管理フロート制のもとでターゲット設定が分岐しており、それは経済成長率格差の一因となっている。他方、ヨーロッパの拡大 EU 諸国では ERM II という共同的な管理フロート制によって、ULCP と為替レートとの乖離が抑止されていることを考えると、アジアにおける一国的管理フロート制の不十分性は否めない。

いくつかのアジア諸国において、輸出財の労働生産性上昇率が非貿易財の労働生産性上昇率を大きく上回る原因は、先進国資本と先進国技術を積極的に導入して、輸出財の生産を促進するという開発戦略にある。したがって、この輸出に偏った生産性上昇という傾向は、先進国へのキャッチアップが完了するまで、今後も数十年にわたり続くと考えられる。さらに通貨危機後、名目賃金上昇率が抑制され、インフレ率が低下したが、この傾向は 2000 年以降も現在まで続いている。したがって、輸出財労働生産性上昇率が名目賃金上昇率を上回る状態は、いくつかのアジア諸国において発生しやすいと考えられる。その結果、そのような状態の国の、そうでない国に対する ULCP は、長期的にみて増価していくことになる。通貨の過小評価状態や過大評価状態を引き起こさないためには、ULCP の変化に応じて、為替レートを長期的観点で調整する仕組みが必要である。

したがって、アジアにおいては、このような調整を可能とする為替体制を構築することが今後求められる。ヨーロッパの経験を参照すると、この調整をアジア諸国の合意にもとづいて行なうことが重要である。ほとんどのアジア諸国が現在採用しているような一国的な管理フロート制では、通貨切り上げは嫌われ実行されない可能性が高く、また、一国的利害にもとづく裁量的切り下げのリスクをともなうがゆえに、上記のような為替レートを長期的観点で調整する仕組みとして不適当である。

結局、ERM のような「共同的に管理されたフロート制」の採用が望ましいと考えられる。この場合の「フロート」とは、各国の ULCP の変化に沿った為替レートの長期的観点での調整を意味する。また「共同的な管理」とは、このような調整の必要性と責任を共有する各国政府の制度化された協力にもとづく管理を意味する。

この「共同的に管理されたフロート制」は、次の 4 点に関してアジア諸国間で締結された協定によって支えられるだろう[21]。

第7章 通貨統合の諸条件の比較分析──アジアとヨーロッパ

① 為替レート管理のターゲット設定のための ULCP を客観的データにもとづいて算出する算定式を定める。
② 労働生産性上昇率格差や賃金上昇率格差などによって、ターゲットレートと為替レートの長期的な乖離が生じたときに、ターゲットレート変更を行なうルールを定める。
③ 乖離をきっかけに、投機的なアタックが発生したときに、各国が協調して為替市場に介入するルールを定める。
④ ターゲットレートからの為替レートの短期的乖離をある限度内に食い止めるための、政策協調の必要性について合意する。

これと同様の仕組みによって、ERM は 1979〜99 年の間、EU 諸国の為替レートの安定性に貢献した。この間、マルク-ドルレートはきわめて大きく変動し不安定であったが、域内諸通貨間のレートは、見直し（réalignement）と呼ばれる共同的なターゲットレート調整と共同的な為替市場介入によって、比較的安定的に維持された。また、ヨーロッパ諸通貨のドルからの自立を可能にした。さらに、そのことによって基軸通貨国としての責任を放棄したアメリカを実践的に批判した。資本移動を自由化した 1990 年代には ERM は投機的なアタックにもさらされたが、中心レートからの許容変動幅を拡大することによって、危機から脱出した。1999 年の通貨統合以降は、EU 新規加盟国がユーロ圏に参加するまでの間の過渡的な為替レート調整制度として、ERMII は機能している。

ERM が数十年に及ぶ試行錯誤のプロセスを経て整備されたように、アジア諸国間のコーディネーション体制を制度化するためには、かなりの時間を要するだろう。そこで当面の措置として、ドルだけではなく、密接な貿易・投資関係にある複数の主要国の通貨バスケットを目安としながら、各国の競争力の変動を反映する管理フロート制を導入すべきだとの提案がある（French and Japanese

---

(21) 田中（1996）と Aglietta *et al.*（1995）を参照した。また、本章の提案は、Williamson（2007）が提唱した "参考レートシステム（reference rate system）" とも似ている。参考レートシステムのルールのひとつは、「参考レート（reference rates）の構造は、あらかじめ決められた周期で、かなり規定された国際的手続きに従って、改定される」ことである。参考レートの決定原理として、ウィリアムソンは 3 つのアプローチを推奨している。第 1 は大規模マクロモデル、第 2 は調整された購買力平価アプローチ、第 3 はゴールドマン・サックスの動学的均衡為替レートである。本章の提案は、第 2 のアプローチに属している。

Staff, 2001; Asian Policy Forum, 2000; Kawai, 2002)。実際に、いくつかの国やアジア開発銀行などでは、それを具体化しようとする努力も行なわれている。しかし、アジアのように不均等生産性上昇が顕著な地域においては、このような通貨バスケットによるターゲットレート設定という措置だけでは不十分であり、上記①〜④のような為替レートの調整メカニズムを多国レベルで制度化することが、拡大EU諸国と同様に必要である。上記の提案は、現時点では多くのアジア諸国が個々別々に追求しているULCPに応じた通貨価値の調整という目標を、制度化された多国間コーディネーションによって実現しようとするものである[22]。

---

(22) さらにWilliamson（2007）が述べているように、「グローバルなアンバランスをともなう現在の成長は、ドルの崩壊を引き起こすことで終焉する恐れがある。〔……〕それゆえに、すぐには採用される展望がなくても、参考レートシステム（reference rate system）のメリットについて現時点で論じておく必要があるのである」。

参考文献

宇仁宏幸 (1995)「日本の輸出主導型成長」『経済理論学会年報』第 32 号。
田中素香 (1996)『EMS——欧州通貨制度』有斐閣。
Aglietta, M. et P. Deusy-Fournier (1995) "Internationalisation des monnaies et organisation du système monétaire", in M. Aglietta ed., *Cinquante ans après Bretton Woods*, Economica.
Asian Policy Forum (2000) *Policy Recommendations for Preventing another Capital Account Crisis*, Asian Development Bank Institute.
Balassa, B. (1964) "The Purchasing Power Parity Doctrine: A Reappraisal", *Journal of Political Economy*, Vol.72, No.6.
Bofinger, P. and T. Wollmershauser (2002) "Exchange Rate Policies for the Transition to EMU", in U. Sepp and M. Randveer eds., *Alternative Monetary Regimes in Entry to EMU*, Bank of Estonia.
Canzoneri, M. B., R. E. Cumby and B. Diva (1999) "Relative Labor Productivity and the Real Exchange Rate in the Long Run: Evidence for a Panel of OECD Countries", *Journal of International Economics*, Vol.47.
Corden, W. M. (2002) *Too Sensational: On the Choice of Exchange Rate Regimes*, The MIT Press.
Égart, B. (2002) "Estimating the Impact of the Balassa-Samuelson Effect on Inflation and the Real Exchange Rate During the Transition", *Economic Systems*, Vol.26.
French and Japanese Staff (2001) "Exchange Rate Regimes for Emerging Market Economies", Discussion Paper Jointly Prepared by French and Japanese staff for the Third Asia-Europe Finance Ministers Meeting.
Hicks, J. (1953) "An Inaugural Lecture", *Oxford Economic Papers*, Vol.5, No.2. (Republished in J. Hicks, *Classics and Moderns*, Basil Blackwell, 1983)
Kawai, M. (2002) "Exchange Rate Arrangements in East Asia: Lessons from the 1997-98 Currency Crisis", *Monetary and Economic Studies*, December (Special edition).
Kawai, M., M. Kasuya and N. Hirakata (2003) "Analysis of the Relative Price of Nontradable Goods in the G7 Countries", *Bank of Japan Working Paper Series*, No. 03-E-5.（河合正弘・粕谷宗久・平形尚久「G7 諸国における非貿易財相対価格の分析」『日本銀行ワーキングペーパーシリーズ』No. 03-J-8）
Kovács, M. A. (2004) "Disentangling the Balassa-Samuelson Effect in CEC5 Countries in the Prospect of EMU Enlargement", in G. Szapáry and J. von Hagen eds., *Monetary Strategies for Joining the Euro*, Edward Elgar.
McKinnon, R. I. (2001) "After the Crisis, the East Asian Dollar Standard Resurrected: An Interpretation of High-Frequency Exchange Rate Pegging", in J. E. Stiglitz and S. Yusuf eds., *Rethinking the East Asian Miracle*, Oxford University Press.
Pasinetti, L. L. (1993) *Structural Economic Dynamics*, Cambridge University Press.（佐々木隆生ほか訳『構造変化の経済動学』日本経済評論社、1998 年）
Rawdanowicz, L. W. (2006) "EMU Enlargement and the Choice of Euro Conversion Rates", in M. Dabrowski and J. Rostowski eds., *The Eastern Enlargement of the Eurozone*, Springer.
Samuelson, P. A. (1964) "Theoretical Notes on Trade Problems", *The Review of Economics and Statistics*, Vol.46, No.2.
Stuivenwold, E. and M. Timmer (2003) "Manufacturing Performance in Indonesia, South Korea and Taiwan Before and After the Crisis. An International Perspective, 1980-2000", *Research Memorandum* GD-63, University of Groningen, Groningen Growth and Development Centre.
Uni, H. (2007) "Export-Biased Productivity Increase and Exchange Rate Regime in East Asia", *The Kyoto Economic Review*, Vol. 76, No. 1.
Williamson, J. (2007) *Reference Rates and the International Monetary System*, Peter G. Peterson Institute for International Economics.

第Ⅲ部

制度的調整をともなう経済動学

第8章　先進諸国の景気循環パターンの変化と多様性

1　本章の課題 —— 制度的調整と景気循環

　20世紀初めに資本主義は大転換を遂げた。すなわち、商品市場および労働市場の調整メカニズムが大きく変化した。商品価格や賃金は、単に需要と供給のギャップに反応して動くものではなくなった。この意味で、20世紀の資本主義はいわゆる純粋市場経済とはかけ離れたものとなった。20世紀の資本主義は当初は不安定であったが、労使関係の転換を経て、第二次大戦後には先進諸国で高度経済成長が実現した。その成長メカニズムは、フォーディズムあるいは大量生産経済として定式化されている。しかし、20世紀初めの大転換から約100年がたち、フォーディズムの潜在力は涸渇し始めた。また一方で、近年の情報通信技術の急激な発展や、途上国の工業化、国際資本移動の活発化などによって、資本主義の調整メカニズムは再び大転換を遂げつつあるようにもみえる。本章の目的は、1970年代以降の約40年間における先進諸国の景気循環パターンを実証的に分析することにより、資本主義の調整メカニズムが変化したのか否か、変化したとすればそのように変化したかを明らかにすることである。2では、大量生産経済における景気循環パターンを説明する概念的モデルを示す。3では、この概念モデルにもとづき、雇用、賃金、価格など主要変数の産出量に関する弾力性を計測する。そして、先進5ヵ国の景気循環パターンの国別の差異および時間的変化を数量的に明らかにする。4では、国別の差異や時間的変化に影響している制度的構造の違いについて考察する。章末の補足においては、2000年代の景気循環パターンについて暫定的な説明を行なう。

　本章の主な結論を先に述べておこう。本章の分析によると、5ヵ国のうち、

アメリカは典型的な大量生産経済の景気循環パターンに最も近い。アメリカ以外の4ヵ国は、一応大量生産経済ではあるが、賃金所得や雇用などの弾力性や調整速度においてアメリカとはかなり異なる。しかし1980年代以降、これら4ヵ国において賃金あるいは雇用の弾力化が起き、アメリカとの差は縮まっている。日本では賃金が弾力化し、他の3ヵ国では雇用が弾力化するという違いがある。賃金あるいは雇用の弾力化の要因として、労働法制度の規制緩和や女性パートタイム労働の増加が挙げられる。しかし男女平等やパートタイム労働者の均等待遇の制度化については、国によってその形態や程度が異なり、それが先進諸国の景気循環パターンの多様性につながっている。つまり、賃金や雇用の調整メカニズムとしては、第1章で述べたように、市場的調整に加えて様々な制度的調整がある。男女別雇用形態別にみて、どの調整メカニズムがどこに配置されるかということによって、景気循環パターンの変化と多様性がもたらされるのである。

2 景気循環パターンの歴史的転換

2.1 クラフト経済の景気循環パターン

20世紀初めに起きた資本主義の「大転換（Great Transformation）」(Polanyi, 1944)を通じて、第1章で説明したように制度的調整の領域は拡大した。それは景気循環パターンの転換もともなった。この景気循環パターンの転換を説明する理論として、E・ネルは transformational growth theory を提唱した。transformational growth の基本的な着想は Lowe (1965) にあるが、ネルは実証的な検証も行なったうえで理論的に体系化した (Nell, 1988; 1992; 1998; Nell ed., 1998)。ロウの着想を簡単に紹介したうえで、景気循環パターンとマクロ経済の安定性との関連に関するネルの議論をみよう。

ロウは、経済過程と物理過程との決定的な違いを次の点にみる。

> 後者〔物理過程〕では、盲目の刺激に対して、法則には従うが盲目的に反応するにすぎない無感覚な分子が出てくるが、前者〔経済過程〕では、自分の行動領域を目標とか常識的な知識といったもので解釈してからはじめて動くような、意図的な行為者が出てくる。(Lowe, 1965, 邦訳 p. 72)

第 8 章　先進諸国の景気循環パターンの変化と多様性

　新古典派経済学は、市場経済の行為者がいつでもどこでも極値原理と安定型の期待に従うと仮定している。しかしロウによると、行動パターンは社会的、技術的「システム外的要因」に応じて変化しうる。社会的要因としては、「競争の程度という形であらわれる交換の制度的形態、価格統制や賃金統制のような、取引条件に対する公的規制、関税、金融政策など」が挙げられる。技術的要因としては「技術の状態、とくに実物資本の特性や分割不可能性のような、工業生産形態のある種の特徴」が挙げられる。このような社会的、技術的要因が変化すると、市場での行動パターンが転換（transform）する。したがって、新古典派のように資本主義の運動を単一の普遍的原理で説明しようとするのは間違っている。ロウによると、西欧資本主義は次の3つの段階に分けられ、それぞれの市場調整のパターンは異なっている。第1は18世紀の半ばから19世紀の半ばまでの「古典的」段階である。第2の段階は「新古典的」段階であり、第一次大戦開始の頃までである。第3の段階は第一次大戦以降の時代であり「組織された資本主義」と呼ばれる。

　以上のようなロウの着想を、ネルは歴史的研究や実証的研究もふまえて精緻化し、体系的な理論として提示した。第1の段階は「職人小経営、伝統的農業（artisan shops, traditional agriculture）」と呼ばれる。第2の段階は「クラフトベースの工場、機械化農業（craft-based factories, mechanized agriculture）」と呼ばれる。第3の段階は「大量生産、法人農業（mass production, corporate agriculture）」と呼ばれる。さらにネルは第4の段階である「コンピュータ化生産、バイオ技術農業（computerized production, bio-tech agriculture）」も視野に入れている。現時点の先進国は第3の段階から第4の段階への移行期であるという。ネルの transformational growth theory の最大の成果は、第2の段階（クラフト経済）と第3の段階（大量生産経済）とでは、技術的、社会的な条件が異なり、その結果として市場調整メカニズムおよび景気循環パターンが根本的に転換したことを明らかにしたことである。

　まず、クラフト経済については次のように描かれる（表8-1参照）。スキルは職人が個人的に保有しており、親から子へ、または親方から弟子へと伝承される。生産は小規模であり、多くは単品生産や受注生産である。作業をコントロールしているのは熟練労働者を核とする作業集団であり、そのメンバーは固

表 8-1 クラフト経済と大量生産経済の景気循環パターン

	クラフト経済	大量生産経済
産 出 量	弱いプロサイクル	プロサイクル（数量調整）
雇 用 量	ノンサイクル （技術的制度的に硬直的）	プロサイクル （技術的制度的に可変的）
商品価格	プロサイクル（価格調整）	弱いカウンターサイクル （マークアップ率のカレツキ的調整）
名目賃金	弱いプロサイクル	非常に弱いプロサイクル （物価と生産性へのインデクセーション）
実質賃金	カウンターサイクル	プロサイクル
総実質賃金所得	カウンターサイクル	プロサイクル
実質消費	カウンターサイクル	プロサイクル
実質投資	プロサイクル	プロサイクル
総 需 要	安定的	不安定的

出所：Nell (1998) の記述をもとに筆者が作成した。循環的変動だけでなくトレンドについても違いがあるが、その説明は省略した。

定的である。動力は蒸気機関などであるが、その出力調整は簡単ではない。したがって雇用量と産出量はかなり固定的である。需要量と供給量の不一致は価格変化によって調整される。好況期には需要超過のため商品価格が上昇する。不況期には供給超過のため商品価格が低下する。すなわち商品価格はプロサイクリカルに変動する。名目賃金も労働市場の需給状態に応じて変動し、好況期に上昇し、不況期に低下する。しかし、スキルや作業のコントロール力を労働者が保持しているため、既存労働者の賃金率の変更は容易ではなく、名目賃金は商品価格よりも変動が小さくなる。その結果、実質賃金はカウンターサイクリカルに動く[1]。つまり好況期に低下し、不況期に上昇する。雇用量は固定的なため、実質賃金率と労働時間と雇用量の積である総実質賃金所得もカウンターサイクリカルに動く[2]。総賃金所得のほぼすべてが消費支出となるとすれば、消費支出もカウンターサイクリカルに動く。投資支出は、小規模工場を複製するという形態が主であるが、当然プロサイクリカルに動くので、結局、投

---
(1) 実質賃金＝名目賃金÷価格という関係があるため、実質賃金変化率＝名目賃金変化率－価格変化率という関係が成り立つ。好況期の価格上昇率が名目賃金上昇率を上回る場合、実質賃金変化率は負値になる。すなわち、好況期に実質賃金は低下する。

資と消費は逆方向に動くことになる。このような投資と消費の逆方向の動きにより、その合計である経済全体の総需要の動きは安定的になる。

　以上みたように、クラフト経済においては、クラフトベースの技術に起因して産出量と雇用量と名目賃金率は硬直的である。したがって、商品価格がフレキシブルに動くことを通じて市場での需給ギャップが調整される。このような市場調整パターンは、マクロ経済面での実物的安定性につながっている。ただし、実物面での安定的な動きは、当時の脆弱な貨幣・金融システムによって妨げられることが多く、実際には弱い安定性しか示さなかったとネルは述べる。

2.2　大量生産経済の景気循環パターン

　ネルによれば、20世紀に支配的になった大量生産経済においては、商品価格、産出量、賃金および雇用の調整メカニズムは次のようになる。テーラーシステムが典型的であるが、生産に必要なスキルは単純化、半熟練化され、マニュアルに記述されたり、機械に埋め込まれたりする。作業を統括するのは熟練労働者ではなく管理者であり、作業集団のメンバーの変更や、作業量に応じた人数の変更も容易になる。アメリカのレイオフ制度が典型的であるが、雇用調整ルールの確立も雇用量の増減を容易にした。また、動力は電力が中心となったため、その出力のフレキシブルな調整も容易になった。こうして大量生産経済においては雇用量と産出量はかなりフレキシブルになり、ともにプロサイクリカルに変動するようになった。また、投資は新技術を体化した資本財の導入を通じて生産能力を拡大するという形態が主になり、このような投資形態は過剰生産能力を一般化した。以上のような条件下では、需要と供給の不一致は供給数量の変化によって調整される。価格のプロサイクリカルな上下運動は観察されなくなり、トレンド的な上昇傾向を示すようになる。さらに、カレツキが述べるように、寡占企業がカウンターサイクリカルにマークアップ率（生産コストに対する利潤上乗せ率）を調整する場合[3]には、商品価格はカウンターサイクリカルに変動することが多い。また、名目賃金についても、労働市場の需給状

---

(2)　総賃金所得の実質値＝実質賃金率×労働時間×雇用量という関係があるため、総実質賃金所得変化率＝実質賃金変化率＋労働時間変化率＋雇用量変化率という関係が成り立つ。雇用量変化率と労働時間変化率がゼロの場合、総実質賃金所得変化率は実質賃金変化率と等しくなる。

態が及ぼす影響は弱まり、団体交渉を通じて物価上昇率や生産性上昇率を参照して賃金が決定されるようになる。こうして、名目賃金についてもプロサイクリカルな上下運動は弱くなり、トレンド的な上昇傾向を示すようになる。以上のような商品価格の動きと名目賃金の動きの結果として、実質賃金はプロサイクリカルに変動する。また、名目賃金の上昇トレンドは生産性上昇率の分だけ商品価格の上昇トレンドよりも大きいため、その分実質賃金も上昇トレンドをもつ。そして雇用量が強くプロサイクリカルに変動するので、総実質賃金所得もプロサイクリカルに動く。消費支出は賃金所得にかなり依存するので、プロサイクリカルに変動する。そしていうまでもなく、投資支出は景気に敏感に反応するので、プロサイクリカルに動く。このようにして、消費支出と投資支出が同じ方向に動くようになり、経済全体の総需要の動きは不安定になる。ネルはこのようなかたちの累積的な不安定性を「乗数的」と表現する。

　以上みたように、大量生産経済においては、大量生産技術の成立という技術的変化やレイオフ制度や団体交渉制度などの制度的変化に起因して、雇用量と産出量がフレキシブルになる。他方で商品価格のサイクリカルな変動は弱まる。その結果、商品市場における需給ギャップは、価格変化を通じてではなく、数量変化を通じて調整される。また雇用と賃金については制度的に調整されるようになる。このような経済調整メカニズムの変化によって、景気循環パターンが転換し、それがマクロ経済の実物的不安定性につながっている。ただし実際には、大量生産経済の実物面での不安定性は、国家のケインズ主義的経済介入や貨幣・金融システムの制度的強化によって軽減されているとネルは述べる。

　以上みたようなネルの議論の特徴は、商品市場と労働市場双方の経済調整メカニズムの歴史的変化を視野に入れている点である。また、紙幅の関係でここでは紹介することはできないが、金融市場の調整メカニズムの変化、および貨幣・金融面の調整と実物面の調整との連関についても、Nell（1998）で論じられている。通常、ポストケインジアンの議論では、金融面から生じる不安定性が強調されることが多いが、ネルは、金融システムが課す諸制約によって、大量生産経済での実物面の不安定性が一定の限界内の循環的変動へと抑え込まれると述べている。結局、ネルの議論では、商品市場、労働市場、貨幣・金融市

---

(3) 好況期には新規参入を阻止するためにマークアップ率を下げ、不況期には商品 1 単位当たり共通費の増加をカバーするためにマークアップ率を上げる（Kalecki, 1954, pp.17-18）。

場、それぞれにおける調整メカニズムの変化を総合した結果として、マクロ経済の安定性、不安定性が導かれる。新古典派は歴史的に観察される技術的制度的変化を無視して、商品市場と労働市場と貨幣・金融市場いずれについても価格調整という唯一の調整メカニズムを仮定することによって、「市場経済」の安定性を導き出す。ネルの議論は、このような新古典派の議論に含まれる決定的な限界を乗り越えている。

　しかし、ネルの transformational growth theory には、未完成な部分も多くある。第1に、ネルの理論の多くは言葉と簡単な図表で説明されているだけであり、数学モデルを使った分析的な検証はほとんど行なわれていない。また、実際の経済データを使った実証は、主要国に関して行なわれているが（Nell ed., 1998)、価格や賃金率などの主要変数の変動と産出量変動との相関を計測している段階にとどまっている。クラフト経済の時代と大量生産の時代とで主要変数の変動パターンが異なるということは数量的に証明されているが、そのような変化をもたらした要因に関する数量的分析は不十分である。第2の不十分点は、制度的調整の多様性が考慮されていない点である。本書第1章で説明したように、制度的調整には多様な調整メカニズムがある。そして市場的調整とこれらの多様な制度的調整の各々が、経済のどの領域にどのように配置されるかについても、時代によって国によって異なる。たとえば、後で説明するように、日本では男性正規労働者の賃金はコーディネーションによって調整されるが、女性パートタイム労働者の賃金は市場的調整に従う。したがって、とくに制度的調整の比重が大きい大量生産経済の景気循環パターンは、多様性がともなうはずである。後に示すように、表8-1 に示される大量生産経済の景気循環パターンは、実際にはアメリカ経済の景気循環パターンに近いものであるが、これを大量生産経済の標準的景気循環パターンとみなすことはできない。それは、レイオフ制度というアメリカの雇用調整制度を世界標準とみなすことができないのと同様の理由による。以下では、制度的調整の多様性を重視しつつ、先進諸国の景気循環パターンを実証的に分析する。とくにジェンダーと雇用形態による賃金調整メカニズムの差異が、景気循環パターンに影響していることを明らかにする。

3 景気循環パターンの計測

3.1 計測の方法と結果

　以下では、戦後の高度成長が終焉した1970年代以降における、先進資本主義諸国の景気循環パターンを実証的に分析する。主な検討課題は、次の3点である。第1は、表8-1に示される大量生産経済の景気循環パターンは各国で観察できるのかという問題である。もしある国において表8-1のパターンとの乖離があるとすれば、どこが違うのか、なぜ違うのかが問題となる。第2の検討課題は、1970年代から現在に至る約40年間において、景気循環パターンは変化しつつあるのか、また、変化しつつあるとすればどのように変化しているのかという問題である。さらに、変化をもたらした要因は何かが問題となる。

　以下のような方法で、景気循環パターンを計測した。先進5ヵ国（アメリカ、日本、ドイツ、フランス、イギリス）の製造業部門を対象として[4]、雇用、賃金や価格など主要変数の「産出量に対する弾力性」を計測した。すなわち、産出量が1％変化したときに各変数は何％変化するかを計測した。主な手順は次の通りである。

- 主要変数の四半期データから変化率（対前年同期増加率）を算出する。
- Yを各変数の変化率、Xを産出量変化率として、推定式 $Y = a + bX$ を用いたOLSによる推定を行なう。
- 時間的変化をみるために、1960年代末から90年代末までの約30年間をほぼ二分し、前半期と後半期について計測する。各期間は、景気循環の谷から谷、あるいは山から山となるように、各国ごとに設定した。それぞれの期には2つ以上の循環が含まれている[5]。
- 調整に要する時間を考慮し、Xに関して、ラグなし、半年ラグ、1年ラグの3通りの推定を行ない、そのうち決定係数の最も高いものを採用する。
- Chowテストも行なった。Chowテストは、前半期と後半期をあわせた通

---

[4]　分析対象を製造業に限定した理由は、産出量データや賃金データが各国共通のデータベースから得られることにある。しかし、先進諸国では製造業が経済全体に占める比重はそれほど大きくないので、製造業の総実質賃金所得の変動と、経済全体の総実質賃金所得の変動との間にはずれが存在する可能性もある。しかし、現在でも製造業に関連する諸データが公式景気指標の中核を占めていることなどを考慮して、上記のずれは無視できるものと仮定して考察する。

第 8 章　先進諸国の景気循環パターンの変化と多様性

表 8-2　主要変数の産出量に関する弾力性

	アメリカ		イギリス		ドイツ		フランス		日	本
	前半	後半	前半	後半	前半	後半	前半	後半	前半	後半
総実質賃金所得	0.96	0.90	0.48	0.45	0.75	0.76	0.35	0.44	0.21	0.45
雇　　　　用	0.61	0.56	0.33	0.53	0.41	0.61	0.25	0.37	0.20	0.20
労 働 時 間	0.18	0.21	0.30	0.19	0.29	0.20	0.08	0.02	0.26	0.21
実質賃金率	0.17	0.13		−0.38	0.15	0.12	0.08			0.12
名目賃金率		−0.21	−0.78	−0.81	0.17	0.08			−0.26	0.21
消費者物価	−0.18	−0.35	−0.64	−0.52			−0.14		−0.16	0.08
工業製品価格	−0.36	−0.34	−0.64	−0.37	0.24	0.11	0.61	0.61		0.21
労働生産性	0.19	0.20	0.41	0.36	0.41	0.26	0.70	0.72	0.64	0.70

注：大部分は 1％水準で有意である。空欄は 5％水準でも有意でない場合である。景気循環の谷から谷（または山から山）を推定期間としたので、期間は国ごとに異なるが、おおむね前半は 1960 年代末から 80 年代半ばまで、後半は 80 年代半ばから 90 年代末までである。詳細な推計結果とデータソースは付録の表 1～5 に記載してある。また 2000 年代に関する推計結果は章末の補足に示す。

期の推計で得られる回帰係数の安定性を調べるテストである。この回帰係数が安定的でない場合は、2 つの期間の間で循環パターンが変化したことになる。

・詳しい計測結果は本章付録に示されている。定数項 a についても産出量変化率の係数 b についても、大部分の推定式において 1％の水準で有意な結果が得られている。

・付録には Chow テストの結果も示されている。かなり多くの変数について、1％の有意水準で循環パターンが変化したことが確認できた。

---

(5) たとえば日本については、1975 年から 99 年までの期間を 2 つに分けた。1975 年第 1 四半期から 1986 年第 3 四半期までが前半期である。1986 年第 4 四半期から 1999 年第 2 四半期までが後半期である。経済企画庁の景気日付によると 1975 年第 1 四半期は第 8 循環の谷（開始点）にあたり、1986 年第 4 四半期は第 11 循環の谷に当たる。また 1999 年第 2 四半期は第 13 循環の谷に近い。したがって、上記の前半期は第 8、第 9、第 10 循環という 3 つのサイクルを含む。後半期は第 11 と第 12 循環という 2 つのサイクルを含む。前半期に含まれる第 9 循環の下降局面は第二次オイルショックによるものである。また第 10 循環の下降局面はプラザ合意以降の急激な円高によるものである。後半期に含まれる第 11 循環の上昇局面がバブル経済期に当たる。90 年代の不況は、この第 11 循環の下降局面と第 12 循環の下降局面からなる。前半期における GDP 成長率（年率）の平均値は 3.8％、標準偏差は 2.4％である。これに対し、後半期の平均値は 2.5％、標準偏差は 4.1％である。この大きな標準偏差は、後半期の循環的変動が大きいことを示している。つまり、前半期はマクロ経済が比較的安定的な時期、後半期は比較的不安定な時期といえよう。

上記の推定式における係数 b の大きさが、各変数の弾力性を表わす。表8-2 はこの弾力性の推定結果をまとめたものである。

表8-2 をみながら、この計測結果のもつ意味を検討しよう。数字がプラスの場合は、その変数がプロサイクリカルに変動することを示す。数字がゼロの場合は、循環的な変動はまったくないことを意味する。数字がマイナスの場合は、その変数がカウンターサイクリカルに変動することを示す。また数字の大きさも意味をもつ。たとえば産出量変化に応じて雇用量が変化するが、現代では雇用保障のための制度や雇用調整ルールが存在するので、産出量の変動よりも雇用量の変動は小さくなる。したがって、雇用量の産出量に対する弾力性は 1 よりも小さい値となる。表8-2 には示されていないが、付録の表において説明変数 X にサフィクスが付記されている場合、その大きさはラグを表わす。たとえばそれが -2 であれば、産出量変化から 2 四半期すなわち半年遅れて雇用量が変化することを示す。したがって、これは調整速度の指標として捉えることができる。

表8-2 によると、次のことがいえる。

①国別の差異

総実質賃金所得は 5 ヵ国ともプロサイクリカルに変動している。この点に限ると、5 ヵ国とも大量生産経済の景気循環パターンの特徴を有している。しかし、総実質賃金所得の弾力性の大きさは国によってかなり異なる。この違いは主として雇用の弾力性の差に起因する。表8-1 で示した大量生産経済の景気循環パターンに最も近いのはアメリカである。また、調整速度についても国による違いがある。調整速度もアメリカが最も速い。

②時間的変化

アメリカでは、すべての変数の弾力性について大きな変化がみられない。しかし、他の諸国については労働に関わる変数の多くについて弾力性の上昇がみられる。イギリス、ドイツ、フランスにおいては雇用が弾力化している。日本では賃金が弾力化している。このような変化により、80 年代後半以降、フランスと日本では総実質賃金所得の弾力性が上昇した。ただしアメリカとの差はまだかなりある。

この 2 点がもつ意味についてより詳しく検討しよう。

3.2 景気循環パターンの多様性

　まず、ネルの議論によれば、総実質賃金所得のプロサイクル化は、大量生産経済が潜在的に有する実物的不安定性の基本原因である。アメリカにおいては総実質賃金所得の弾力性は約 0.9 であり、産出量の変動とほぼ同じだけ賃金所得も変動する。しかし、日本の前半期（1975 〜 86 年）では 0.21 であり、産出量が変化しても総実質賃金所得はその 5 分の 1 しか変化しない。すなわち実物的不安定性に関して、日本とアメリカではかなり大きな違いがある。またドイツ、イギリス、フランスの総実質賃金所得の弾力性は、この順でアメリカと日本の中間に位置する。

　このような総実質賃金所得の弾力性の国別の違いをもたらしている主な要因は、雇用の弾力性の差異である。総実質賃金所得は実質賃金率と労働時間と雇用量の積であるが、表 8-2 によると、労働時間の弾力性と実質賃金率の弾力性は国別の差異が小さいからである。雇用の弾力性の国別差異が大きい理由は次のとおりである。よく知られているように、景気変動に対応して雇用量を調整する制度は国によって様々である。アメリカにおいてはレイオフ制度が存在する。レイオフの実施に際して、労働組合との交渉は必要でなく、レイオフする人数については経営者の判断で決定できる。ただし、誰をレイオフするかについては、先任権に従って自動的に決められるので、経営者の恣意的選別の入り込む余地はない。このようなレイオフ制度があるために、アメリカにおいては産出量の変化に即応して雇用量を調整することが可能である。したがって、雇用量の弾力性についてもアメリカが最も大きい。

　アメリカとは対照的に日本においては、景気後退時でも雇用量の削減を抑制する様々な仕組みが存在する。まず労使双方が共有する規範として「終身雇用」という理念が存在する。現実はこの理念とかなり異なり、雇用削減は行なわれるのであるが、雇用削減の実施を制約する制度や慣行が日本には存在し、実施に至るまでにはかなりの時間を要する。景気が後退し始めたとき、ただちに雇用削減が行なわれるのではなく、操業短縮や配転、出向など雇用契約を維持したうえでの調整が先行する。1975 年に成立した雇用保険法は、このような調整の期間中に企業が支払った賃金の一部を助成することを定めており、不況期の雇用維持を支える役割を果たしている。日本の大企業が人員削減に踏み切るのは、おおむね 2 年間赤字が続いた場合であるといわれている。このよう

に日本では、産出量の減少局面においてもかなりの期間、雇用量は維持される。90年代の長期不況を含む後半期（1986～99年）についても、日本の雇用の弾力性は0.2であり、変化はみられない。

　商品価格の弾力性についても、国別にみて大きな違いがある。商品価格の推計結果においては決定係数が低いので断定はできないが、次のことがいえる。アメリカとイギリスについては消費者物価、工業製品価格ともカウンターサイクリカルに変動している。これは不況期つまり供給超過局面で価格が上がり、好況期つまり需要超過局面で価格が下がることを意味する。これは純粋市場経済で想定される価格の動きとはまったく逆である。このような価格のカウンターサイクリカルな動きは、寡占企業が好況期には新規参入を阻止するためにマークアップ率を下げ、不況期には共通費増加をカバーするためにマークアップ率を上げるというカレツキの説明と符合している（Kalecki, 1954, pp. 17-18）。またドイツと日本については価格変動はプロサイクリカルであるが、その産出量に対する弾力性はかなり小さい。これは需給ギャップに反応して価格が動くことにより需給ギャップが縮小していくという価格調整ではなく、需要と供給の不一致は供給数量の変化によって調整されるという数量調整が商品市場の主な調整メカニズムとなっていることを示唆している。

　本章付録の表において説明変数 X に付けられているサフィクスから、各変数の調整に要するおよその時間がわかる。アメリカはすべての変数がサフィクスなしであり、雇用、労働時間、賃金、価格の変化は、産出量変化に対して時間的遅れがほとんどないことがわかる。すなわちアメリカは調整のきわめて速い国である。しかし、アメリカ以外の国においては、とくに雇用や賃金の変化に関して、産出量変化から半年あるいは1年遅れることがわかる。

3.3　景気循環パターンの変化

　アメリカについては、表8-2の前半期と後半期とで変化がほとんどない。この推計とは別に、1949～70年についても推計を行なったが、その結果も表8-2の数字とほぼ同様であった。つまり、アメリカは戦後一貫して典型的な大量生産経済であり、変化の兆候はみられない。しかし、他の諸国については、前半期と後半期を比べるといくつかの変数の弾力性が変化している。イギリス、ドイツ、フランスにおいては雇用の弾力性が増加している。後半期の値は

図 8-1　産出量変化率（横軸）と総実質賃金所得変化率（縦軸）
　　　　日本：1975 年第 1 四半期〜86 年第 3 四半期　（単位：%）

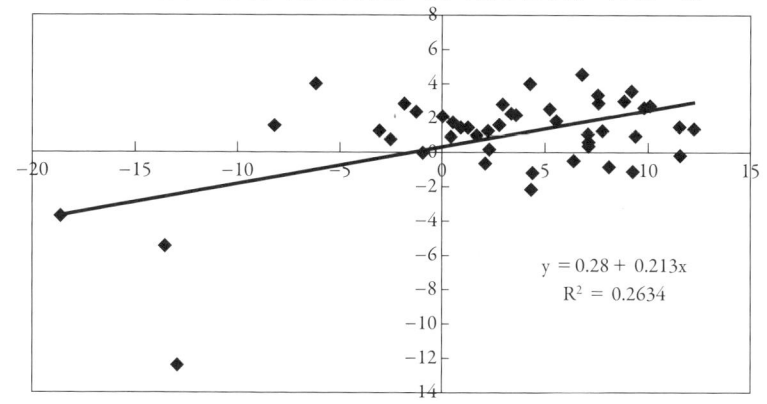

$y = 0.28 + 0.213x$
$R^2 = 0.2634$

図 8-2　産出量変化率（横軸）と総実質賃金所得変化率（縦軸）
　　　　日本：1986 年第 4 四半期〜99 年第 2 四半期　（単位：%）

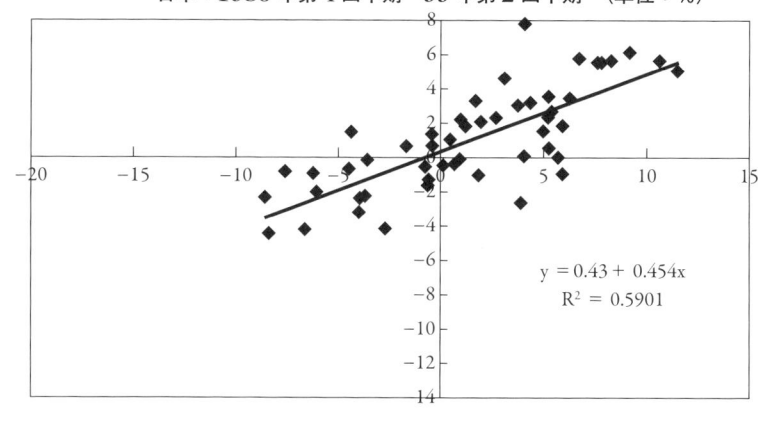

$y = 0.43 + 0.454x$
$R^2 = 0.5901$

前半期の値の約 1.5 倍である。一方、これらの諸国では賃金の弾力性はわずかではあるが減少している。これとは反対に、日本においては、雇用の弾力性には変化がないが賃金が弾力化している[6]。すなわち、日本の名目賃金と実質賃

---

[6]　1990 年代日本の長期不況のなかで、長期雇用制度が変容したという見方も多いが、労働政策研究・研修機構（2007）は、2004 年に行なった企業の人事担当者を対象とするアンケート調査によって「成果主義の普及やコーポレート・ガバナンスの変容が進む中でも、長期雇用を重視する企業が全体の 7 割を占める」ことを確認している。つまり、成果主義的賃金導入などにより賃金制度は変化したが、長期雇用制度はかなりの部分で残っていることが確認されている。このような事実と、本章の計測結果は合致している。

金は前半期には弱いカウンターサイクリカルな変動を示していたが、後半期には弱いプロサイクリカルな変動になった。このように、アメリカ以外の4ヵ国においては、雇用あるいは賃金の調整がより弾力的になった。総実質賃金所得の弾力性をみると、アメリカ、イギリス、ドイツではほぼ不変であるが、フランスと日本では増加している。すなわち、80年代後半以降フランスと日本では、アメリカとの差はまだかなりあるとはいえ、実物的不安定性が高まったといえる。

図8-1と図8-2は、日本の産出量変化率と総実質賃金所得変化率との関係を散布図で示したものである。図8-1は前半期、図8-2は後半期の散布図である。図8-1では、この2つの値の間にある正の相関関係は非常に弱いことがわかる。他の点とはかなり離れて第3象限に位置する3つの点は、1975年の景気後退期の値である。この3つの点を除く点は、第1、第2象限にまたがってほぼ水平に分布していることがわかる。すなわち、横軸で示される産出量変化率が変化しても、縦軸で示される総実質賃金所得変化率はほとんど変化せず、安定している。図にも表示されている産出量変化率の係数の推計値、すなわち回帰直線の傾きが、総実質賃金所得の弾力性を表わす。図8-1ではこの値は0.213であるが、1975年の3つのデータを除外した回帰分析を行なうと、産総実質賃金所得の弾力性は0.112となる。一方、図8-2ではこの値は0.454に増加し、後半期において産出量変化率と総実質賃金所得変化率との間に強い正の相関関係があることを明瞭に示している。すなわち、産出量変化率が1%増加すると総実質賃金所得変化率も0.454%増加し、逆に前者が減少すると後者も減少する。総実質賃金所得は、後半期においては顕著にプロサイクリカルに変動するようになった。

4 賃金と雇用の弾力化の制度的要因

4.1 労働分野の規制緩和

以下では、80年代半ばを境に賃金や雇用がなぜ弾力化したのかという問題を考察したい。この問題に加えて、なぜアメリカの弾力性には変化がなかったのか、またなぜイギリス、ドイツ、フランスでは雇用が弾力化し、日本では賃金が弾力化したのかについても検討したい。

第8章　先進諸国の景気循環パターンの変化と多様性

　1980年代、とくにヨーロッパ諸国では、70年代以降の失業率の上昇を背景に、「労働のフレキシビリティ」に関する議論が盛んに行なわれた（Boyer ed., 1988）。そして労働に関する規制緩和を含むかなり大きな法制度改革も、多くの国において実施された。また「労働力の女性化」やパートタイム労働の増加が進行したのもこの時期の特徴である。

　最初に80年代のイギリス、ドイツ、フランスにおける労働法制度改革の内容を簡単にみておこう。イギリスでは1979年のサッチャー政権成立以降、労働条件決定システムの再編成が始まる（古川, 1999）。以前は産業横断的あるいは地域横断的な労働条件決定、および公務部門労働条件の民間部門への準拠を保障する制度が存在したが、1980年以降このような制度は廃止されていく。また公務部門の民営化や独立行政法人化が進められた結果、公務部門の雇用保障は縮減され、人員削減や外注化、パートタイム労働の導入などが行なわれた。1980年雇用法や85年不公正解雇令は、労働者保護の適用除外を拡大したため、パートタイム労働者などは不公正解雇の救済対象から外された。

　ドイツでも、82年に成立した保守中道政権が、国際競争力の強化や失業対策のため、労働規制の緩和を進めた（和田, 1999）。1985年に制定された就業促進法によって、18ヵ月までの期限付き労働契約が可能になった。また労働者派遣法も同時に改正され、同一使用者への派遣期間が3ヵ月から6ヵ月に延長された。解雇制限法は、一定人数以上の解雇については経営協議会との協議や職業安定所への届出を義務づけているが、85年の改正によって、労働時間週10時間、月45時間未満の労働者は、上記の人数には算入されないことになった。

　フランスでは、1981年のミッテラン政権成立当初は、オールー法と呼ばれる労働者の権利を高める方向での規制強化が実施された。しかし、当初の拡張的経済政策が失敗し、社会党政権は政策転換を行なう。緊縮的政策への転換にあわせて、労働に関わる規制の緩和が行なわれていく。コアビタション（保革共存）のもとで、87年に経済的解雇の行政許可制が廃止される。また同じ年に、期限付き労働契約や派遣労働についての規制緩和が実施された。また労働時間の柔軟な編成も可能になった（盛, 1999）[7]。

　以上のように、これらのヨーロッパ3ヵ国の労働法制度改革は、賃金よりもむしろ雇用のフレキシビリティを高めるものが多い。また以上のような労働法制度改革は、女性パートタイム労働を増加させた需要側要因のひとつである。

表 8-3　雇用者に占めるパートタイム労働者の割合

	男			女		
	1973	1983	1995	1973	1983	1995
アメリカ	8.6	10.8	11.0	26.8	28.1	27.4
イギリス	2.3	3.3	7.7	39.1	42.4	44.3
ド イ ツ	1.8	1.7	3.6	24.4	30.0	33.8
フランス	1.7	2.5	5.0	12.9	20.1	28.9
日　　本	6.8	7.3	10.1	25.1	29.8	34.9

出所：OECD (1996) p.190.

　女性パートタイム労働を増加させた他の需要諸要因や供給側要因については省略し、これら5ヵ国における雇用者全体に占めるパートタイム労働者の割合の変化を表8-3で確認しておこう[8]。パートタイム労働者は圧倒的に女性であること、またとくにドイツ、フランス、日本において顕著な増加がみられる。

4.2　均等待遇原則の法制化

　しかし、これらのヨーロッパ諸国では、上記のような雇用の弾力化が進行する一方で、賃金の男女平等やパートタイム労働とフルタイム労働の均等待遇に関わる規制は強化されている。イギリスでは平等賃金法、性差別禁止法はそれぞれ84年と86年に改正され、労働者の権利が拡充された。ドイツの85年就業促進法はパートタイム労働の均等待遇を義務づけた。フランスでは81年に均等待遇原則が法文化されている（日本労働研究機構, 1994; 菅野・諏訪, 1998）。

　一方、80年代のアメリカでは、レーガン政権のもとで経済分野の規制緩和が進展したにもかかわらず、労働についてはめだった規制緩和はなかった（中窪, 1999）[9]。その理由はアメリカではもともと労働に関する規制が少ないことにある。使用者は解雇の自由を有するし、労働条件に対する法的規制は少ない。派遣労働に関する法的規制もきわめて少ない。人種、性別、宗教、出身国、年

---

(7)　盛 (1999) によれば、フランスの法的規制の緩和は、労使交渉を通じた新たな規制方式の導入をともなった点が特徴的であるという。たとえば解雇の行政許可制は廃止されたが、従業員代表制度が関与する整理解雇手続は強化された。また労働時間を弾力化するためには労働協約の締結が必要となった。

(8)　女性パートタイム労働を増加させた諸要因については、竹中 (1994) 第8章を参照されたい。

(9)　中窪 (1999) によれば、アメリカにおいては、法ではなく労働協約が使用者の恣意を制限して、労働者の利益を守る役割を果たしている。労働組合の組織率低下によって、労働協約がカバーする範囲は次第に狭まっているという。

齢、妊娠、障害などによる雇用差別を禁止する法律は次第に拡充されているが、パートタイム労働の低い賃金、労働条件は差別であるとはみなされない。アメリカにおけるフルタイムとパートタイムの賃金格差は日本と同程度であり、日本と同様の格差拡大傾向もみられる（今田・脇坂・水町, 1998）。

日本では1975年に成立した雇用保険法などの法的措置や、労働時間調整や配置転換を先行させる労働協約やいわゆる終身雇用慣行が存在し、正規社員の雇用保障に関しては、アメリカと大きな違いがある。これらの雇用保障の仕組みを見直そうという議論は常にあるが、実現には至っていない。一方、期限付き労働やパートタイム労働に関する規制はもともとほとんどないため、この点ではアメリカと同様にめだった変化はなかった。1986年労働者派遣法の施行により、特定の専門的業務に限定して派遣労働が正式に認められた。また86年には、採用や処遇の男女平等を促進することを目的として男女雇用機会均等法が実施された。均等法の成立とともに、労働基準法上の女子保護規定の一部が緩和された。しかし平等賃金の基準となる産業横断的な賃金率がもともと存在しないことや、パートタイム労働の低い賃金、労働条件が容認されていることもあり、後に詳しく述べるように、均等法施行後も賃金、労働条件の男女格差はそれほど縮小していない。

4.3 賃金と雇用の弾力性の男女格差

以上みてきたような各国の制度的変化や女性パートタイム比率の考慮すると、表8-2で示される雇用、賃金の弾力性の変化がかなり理解できる。アメリカではめだった制度的変化はなく、女性パートタイム比率の変化も小さい。これらは、アメリカの雇用、賃金の弾力性がほとんど変わっていないことを説明する。アメリカ以外の4ヵ国では、雇用保障を弱めたり、パートタイム労働や派遣労働の利用を促進したりするための制度改革が実施された。また実際に70年代から90年代にかけて女性パートタイム比率も大幅に増加した。これらは雇用の弾力性を増加させるはずである。

しかし表8-2では、イギリス、ドイツ、フランスにおいては雇用の弾力性が増加しているが、日本については変化がみられない。この問題を解明するために、日本、アメリカ、ドイツについて、男女別に雇用の弾力性を計測した。結果は表8-4のとおりである。日本では80年代半ばを境として、男性雇用の弾

表 8-4　男女別雇用量の産出量に対する弾力性

	日　本		アメリカ		ドイツ
	前半	後半	前半	後半	1977:I〜87:IV
男性雇用量	0.18	0.14	0.54	0.59	0.36
女性雇用量	0.35	0.42	0.79	0.51	0.38

注：すべての推定値は 1％水準または 5％水準で有意である。日本とアメリカの推定期間およびデータソースは本章付録の表 1、2、3 と同じである。ただし、日本の製造業男女別雇用量は、総務庁『労働力調査月報』の 30 人以上事業所のデータである。ドイツの製造業男女別雇用量は ILO, *Bulletin of Labour Statistics* によるが、1977:I 〜 87:IV のデータしか得られなかった。説明変数である産出量変化率のラグは、日本とドイツについては 2 四半期、アメリカについてはゼロとした。また、2000 年代に関する推計結果は章末の補足に示す。

表 8-5　男女別名目賃金の産出量に対する弾力性

	日　本		ドイツ	
	前半	後半	前半	後半
男性名目賃金	−0.25	0.16	0.16	0.08
女性名目賃金	−0.22	0.21	0.18	0.09

注：すべての推定値は 1％水準または 5％水準で有意である。推定期間およびデータソースは本章付録の表 1、3 と同じである。ただし、日本の製造業男女別名目賃金は、労働省『毎月勤労統計調査月報』の 30 人以上事業所の現金給与総額を総実労働時間で除した値である。ドイツの製造業男女別名目賃金は ILO, *Bulletin of Labour Statistics* による。説明変数である産出量変化率のラグは、日本については 2 四半期、ドイツについては 4 四半期とした。

力性は減少し、女性雇用の弾力性は増加している。その結果、表 8-2 でみたように、男女計での弾力性は不変に維持されているが、雇用の弾力性の男女格差は増加している。アメリカでは 70 年代は女性の雇用の弾力性はかなり大きく、男女格差があったが、80 年代以降については女性の雇用の弾力性は小さくなった結果、男性の値を少し下回っている。ドイツについてはほとんど男女格差はない。欧米と比較して日本では男女平等の法制化が遅れ、またその法的強制力も弱いことがこのような違いを生み出している。結局、日本においては男性正規労働者の高い雇用保障は、女性パートタイム労働者の雇用の弾力的な増減を通じて確保されている。また 80 年代半ば以降、この傾向は強まったといえる。

このような傾向は日本における賃金の弾力化に関してもいえる。表 8-5 は日本とドイツの男女別名目賃金の弾力性を示している。日本では、80 年代半ばを境として男女とも名目賃金はプロサイクリカルな変化に変わった。賃金の弾力性の大きさを比べると、雇用の弾力性ほど顕著ではないが、女性の方が男性よりも大きい。ドイツでも賃金の弾力性に男女差があるが、日本よりも小さい。

4.4 日本の賃金弾力化の理由

日本の賃金が弾力化した理由について、詳しく検討しよう。名目賃金は、単純に産出量変化だけに反応して動くわけではない。名目賃金変化には様々な要因が関係するが、主要な要因は、消費者物価上昇率、労働生産性上昇率、労働市場の需給状態の 3 つである。消費者物価上昇率と労働生産性上昇率の和におおむね相当する賃上げを行なうことが労使間の合意となっていることが多い。したがって、消費者物価上昇率と労働生産性上昇率に対応した賃金の調整は制度的調整として捉えることができる。一方、労働市場の需給状態も賃金率上昇率に影響を及ぼす。産業予備軍効果として知られているように、失業の水準が高いほど、名目賃金変化率は小さくなる。産業予備軍効果は賃金の市場的調整を表わす。

図 8-3 には、実質賃金上昇率と労働生産性上昇率と有効求人倍率の推移が示されている。実質賃金上昇率は、名目賃金上昇率から消費者物価上昇率を減じた値である。図 8-3 から実質賃金の変動パターンが時代によりかなり異なることがわかる。70 年代初めまでの高度経済成長期においては、循環的変化に加えて、実質賃金上昇率自体が上昇トレンドをもっていた。すなわち実質賃金水準が加速的に上昇した。これは、生産性上昇の加速や、有効求人倍率の上昇の影響によると考えられる。実質賃金上昇率と労働生産性上昇率とがほぼ等しいことも、高度経済成長期の特徴である。この 2 つの値が等しいとき、労働分配率は安定的である。1975 年以降において実質賃金上昇率はかなり小さくなり、生産性上昇率をかなり下回るようになった。また 80 年代後半以降、実質賃金上昇率の変動がやや大きくなった。

消費者物価上昇率、労働生産性上昇率、労働市場の需給状態の 3 つの要因が賃金に及ぼす効果は、どの程度であるかを回帰分析により明らかにしよう。図 8-3 では、見やすくするために実質賃金上昇率が示されているが、以下の回帰

第Ⅲ部　制度的調整をともなう経済動学

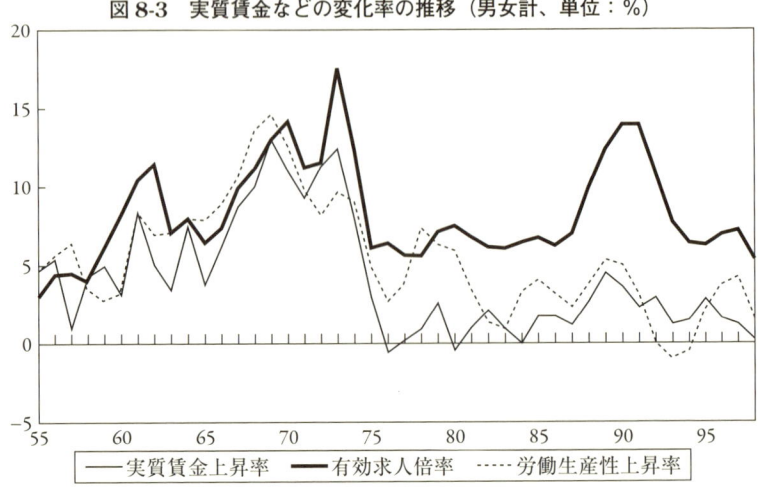

図 8-3　実質賃金などの変化率の推移（男女計、単位：％）

――実質賃金上昇率　――有効求人倍率　……労働生産性上昇率

注：労働省『毎月勤労統計調査』製造業 30 人以上事業所のデータをもとに算出した。労働生産性上昇率は 3 年移動平均の前年値である。有効求人倍率は見やすくするために 10 倍にしてある。

分析では名目賃金上昇率を被説明変数とし、上記の 3 つの要因を説明変数とする賃金決定式を推計する。表 8-6 は、男女計に関する推計結果を示している。3 つの期間に分けられているが、3 つの要因が及ぼす効果の大きさは、期間によってかなり異なる。1956～75 年においては、3 つの要因の係数推計値すべてが有意となっている。たとえば、物価が 1％上昇すると名目賃金は 0.82％上昇する。また、労働生産性が 1％上昇すると名目賃金は 0.29％上昇する。有効求人倍率が 0.1 増加すると、名目賃金は 0.63％上昇する。しかし、75～86 年においては、物価上昇率の係数だけが有意である。労働生産性上昇率と労働市場の需給状態の影響は不明確になった。また 86～98 年においては、物価上昇率の係数に加えて労働市場の需給状態の係数も有意である。86～98 年において労働市場の需給状態の影響が強まったこと、すなわち賃金の市場的調整の比重が高まったことは重要である。なぜなら図 8-3 にも示したように、80 年代後半から有効求人倍率の循環的変動が大きくなったからである。このような変化は賃金の循環的変動の幅を大きくすることにつながった。

次に、男女別に賃金変動要因を考察しよう。表 8-7 は男女別の推計結果を示している。75～86 年においては、男女とも物価上昇率の係数だけが有意であ

表 8-6　名目賃金の変動パターン（男女計）

被説明変数	名目賃金変化率
1956〜75	$0.82P+0.29Q+6.3H$　$R^2=0.88$ (9.6)　(1.9)　(4.2)
1975〜86	$0.94P+0.09Q+1.6H$　$R^2=0.76$ (8.5)　(0.4)　(1.0)
1986〜98	$0.77P+0.12Q+2.4H$　$R^2=0.73$ (2.5)　(0.9)　(3.5)

注：労働省『毎月勤労統計調査』の製造業 30 人以上事業所の年次データで推計した。説明変数の P は、消費者物価指数上昇率、Q は労働生産性上昇率（期間 3 年移動平均の前年比）、H は有効求人倍率である。労働生産性上昇率は産出量変化率から労働投入量変化率を減じて求めた。（　）内は t 値を示す。

表 8-7　名目賃金の変動パターン（男女別）

被説明変数	名目賃金変化率（男）	名目賃金変化率（女）
1975 年第 1 四半期 〜86 年第 3 四半期	$1.09P+1.6H$　$R^2=0.58$ (8.5)　(1.3)	$1.06P+0.6H$　$R^2=0.54$ (7.7)　(0.4)
1986 年第 4 四半期 〜98 年第 4 四半期	$0.72P+2.5H$　$R^2=0.49$ (2.6)　(5.0)	$0.78P+3.1H$　$R^2=0.55$ (2.7)　(5.7)

注：製造業 30 人以上事業所の四半期データで推計した。データの出所は表 8-6 と同じである。説明変数に労働生産性上昇率を加えた推計も行なったが、労働生産性上昇率の係数はすべてのケースで有意とならなかった。

り、その大きさはほぼ同じである。86 〜 98 年において、物価上昇率の係数と労働市場の需給状態の係数はともに有意になっている。このうち労働市場の需給状態の係数の大きさは男性より女性の方が大きい。すなわち、女性の賃金については労働市場の需給状態の影響が大きい。とくに女性の賃金に関して、市場的調整の比重が高くなる理由はいくつか考えられる。第 1 に、男性のパートタイム労働者率は低いが、女性のパートタイム労働者率はかなり高く、しかも持続的に高まっている。そして以下に述べるように、日本のパートタイム賃金は労働市場の需給状態によって大きく左右される。パートタイム労働者の均等待遇原則が法制化されているフランスやドイツなどでは、賃金はフルタイム労働者と同一の賃率で計算される。したがってパートタイム労働者の賃上げ率も、労使交渉で決まるフルタイム労働者とほぼ同等である[10]。しかし日本では均等待遇原則が法制化されておらず、フルタイム労働者の賃上げをパートタ

---

(10) フランスやドイツでも、労働組合組織率（1990 年）はそれぞれ 10％、32％と低いが、労使交渉での合意が適用される範囲は、全労働者の 92％、90％と高い（OECD, 1994, p. 173）。

イム労働者に波及させる制度がない。加えてパートタイム労働者の労働組合組織率はきわめて低いため、パートタイム労働者は労働条件についての交渉力をもっていない[11]。このような状況下で、パートタイム賃金は当該地域における労働市場の需給状態の影響を強く受ける。したがって、制度的に決められる最低賃金と連動する面もあるが、市場的調整の比重が高いことは当然である。
　第2に、90年代に入って、女性正規労働者の絶対数が減少し始めた。このような女性フルタイム労働者の削減傾向によって、パートタイム労働者率の変動パターンが変わった。この比率が長期的に上昇していることは2で述べたが、87年以降、その上昇率は景気拡大局面よりも景気後退局面において高い[12]。2で述べたように、フルタイム労働者とパートタイム労働者の賃金水準にはかなりの差があるので、仮に両者の賃金水準が不変であっても、景気後退局面でパートタイム労働者率が高まると、女性全体の平均賃金は低下するだろう。
　以上、賃金の循環的変動パターンを男女別に分析した。まとめると、80年代半ば以降、とくに女性賃金が労働市場の需給状態に強く左右されるようになった。すなわち女性賃金の決定において、制度的調整の比重が低下し、市場的調整の比重が高まった。また、女性賃金の弾力化には、女性パートタイム労働者率の変動、およびフルタイムとパートタイムとの間の賃金交渉力の格差も関係している。

5　結論──大量生産経済の実物的不安定性

　以上の分析を要約しておこう。先進5ヵ国の1970年代以降約30年間の景気循環パターンに関する定型化された事実として、次の4点を挙げることができる。第1に、アメリカは戦後一貫して典型的な大量生産経済の景気循環パター

---

(11)　90年の労働省の調査によると、組合員規模30人以上の労働組合において、女性労働者に占めるパートタイム労働者の比率は26.8％であるのに対し、女性組合員に占めるパートタイム労働者組合員の比率は3.2％にすぎない（労働省, 1990）。このようにパートタイム労働者の組織化が進んでいないために、「雇用の女性化」は急速に進んでいるにもかかわらず、「労働組合員の女性化」は停滞している。この30年間、組合員全体に占める女性の比率は30％弱でほとんど変わっていない。
(12)　総務庁『労働力調査』にもとづいて非農林業雇用者に占める短時間労働者の比率を月次で算出すると、その平均上昇率は87年以降の景気拡大局面では1年当たり3.7％であるのに対し、景気後退局面においては4.6％である。

ンを示す。第2に、アメリカ以外の4ヵ国は、総実質賃金所得の変動がプロサイクリカルであるという点では大量生産経済の特徴をもつが、賃金や雇用などの弾力性や調整速度がアメリカよりもかなり小さい。第3に、1980年代以降、アメリカ以外の4ヵ国においては賃金あるいは雇用の弾力化が起き、アメリカとの弾力性の差は縮まった。第4に、賃金あるいは雇用の弾力化の要因は、労働法制度の規制緩和や女性パートタイム労働の増加である。ヨーロッパ諸国では、男女平等やパートタイム労働者の均等待遇の法制化とあわせて、雇用の弾力化が進められた。日本では、このような法制化が進まないなかで、男女格差をともないつつ賃金が弾力化した。このように、労働法制度の規制緩和のやり方が国によってかなり大きく異なる。これが先進諸国の景気循環パターンになお存在する国別多様性につながっている。

　最後に、このような景気循環パターンの変化に関わる経済政策について簡単に述べておこう。第1に、投資と消費がともにプロサイクリカルに変動するということは、大量生産経済が実物面で潜在的な不安定性をもつことを意味する。しかし現代の先進諸国においては、金融システムや財政システムが不安定性の顕在化を抑える役割を果たしている。したがって、日本など賃金所得の弾力性が増加傾向にある国においては、金融システムや財政システムがもつビルド・イン・スタビライザー機能を高度化することが必要となるだろう。

　第2に、マクロ経済の動態を分析する場合には、長期的に進行する構造変化を無視することができない。そして、雇用が非弾力的で賃金が弾力的な経済と、逆に雇用が弾力的で賃金が非弾力的な経済とは、構造変化が資本蓄積に及ぼす影響が異なる。本章では詳しく述べる余裕がないが、前者においては、最終需要の構造変化が進行する場合には、部門間の生産性上昇率格差が発生し、それが資本蓄積の加速や減速をもたらす（宇仁, 1998, 第5章）。4でみたように、イギリス、フランス、ドイツでは雇用が弾力化しているのに対し、日本では賃金が弾力化している。このような弾力化形態の違いは、構造変化が進行する場合には、経済成長率の差となって現われる可能性がある。

　第3に、日本は賃金や昇進の男女格差やパートタイム労働の不平等な取り扱いが根強く残っている点で欧米とは異なる。日本において雇用全体の弾力性は国際的にみて低く維持されているが、雇用の弾力性の男女格差は拡大している。また女性賃金の決定において、制度的調整の比重の低下と市場的調整の比重の

上昇が顕著である。経済以外の分野でも男女平等化が進む流れのなかで、このような格差が今後も持続するとは考えにくい。日本が雇用保障を重視した経済を今後もめざす場合、ジェンダー的公正と両立するような雇用保障の仕組みをつくり出すことが必要となるであろう。日本において総実質賃金所得が不安定化した主な要因は、女性の名目賃金に関して市場的調整の比重が高まりつつある点にある。そしてこの変化には、雇用形態構成の男女差、そして雇用形態による賃金交渉力格差が関係している。したがって男女格差を内包する既存の雇用制度や賃金制度を改革し、ジェンダー的公正と両立する制度に刷新することが、経済の安定化にも寄与すると考えられる[13]。

〈補足〉2000年代の景気循環パターン

2009年2月時点での最新データを使って、2000年代の景気循環パターンを推計した結果を表8-8に示す。推計期間の終点は2008年第3四半期あるいは第4四半期となっているが、この時点においては各国とも2007年のサブプライム・ショックに始まる景気後退が進行中であり、景気の谷にはまだ達していない。雇用削減もまだ始まったばかりであり、本格的な雇用減少局面はこの推計期間には含まれていない。したがって、この推計結果は暫定的なものであるが、表8-8をみると次の3点が指摘できる。

表8-8 2000年代における主要変数の産出量に関する弾力性

	アメリカ 2000:I〜2008:IV	イギリス 1995:IV〜2008:III	ドイツ 1996:III〜2008:III	フランス 1998:I〜2008:III	日本 1999:III〜2008:IV
総実質賃金所得	0.62	0.62	0.50	0.41	0.39
雇用	0.77	0.65	0.49	0.54	0.25
労働時間	0.22		0.15	−0.33	0.20
実質賃金率	−0.28		−0.15	0.25	0.10
名目賃金率	−0.08	0.15	−0.09	0.21	0.16
消費者物価	0.21				0.05
工業製品価格	1.23	0.27	0.26	0.23	0.20
労働生産性	0.25	0.61	0.56	0.96	0.75

注:大部分は1%水準で有意である。空欄は5%水準でも有意でない場合である。イギリスの労働時間以外は、付録の表1〜5記載のデータソースを使って推計した。イギリスの労働時間は、U.K. Statistics Authority の全産業週当たり労働時間である。調整速度を表わす説明変数のラグについては、**3.1** に記載した方法で決定したが、下記以外では付録の表1〜5に示すものと同じであった。アメリカの雇用、実質賃金率、名目賃金率、消費者物価、工業製品価格について、半年ラグに変わった。

---

[13] フルタイム労働者とパートタイム労働者の均等待遇を実現するための方策については、島田(1998)を参照されたい。

第8章　先進諸国の景気循環パターンの変化と多様性

①5ヵ国とも2000年代においても総実質賃金所得はプロサイクリカルに変動している。つまり、5ヵ国とも大量生産経済の景気循環パターンの特徴を依然として維持しており、マクロ経済の実物的不安定性を抱えている。また、主に雇用の弾力性の国による違いを反映して、総実質賃金所得の弾力性が国によって異なるという特徴も維持されている。

②ドイツ以外の4ヵ国において2000年代の雇用の弾力性が、表8-2に示した1990年代以前と比べて上昇した。たとえば、日本の雇用の弾力性は、0.20から0.25に上昇した。しかし、日本のこの値は、他の4ヵ国と比べると、なおかなり小さい。日本について、この雇用の弾力性の上昇が男性雇用で生じたのか女性雇用で生じたのかを検証するために、1999年第3四半期～2008年第4四半期における男女別雇用量の産出量に対する弾力性を、表8-4と同様の方法により、計測した。その結果、2000年代における男性雇用の弾力性は0.28であり、女性雇用の弾力性は0.42であった。ともに1%水準で有意であった。表8-4に示した1990年代の値（男性：0.14、女性：0.42）と比べると、雇用の弾力性の増加は男性で生じたことがわかる。この点は、第4章で説明したように、1990年代末から男性雇用の非正規化が本格化したという事実と符合する。

③消費者物価上昇率は、2000年代においては、日本では0%前後、ヨーロッパ3ヵ国では2%前後の値でほぼ横ばいであったので、ヨーロッパ3ヵ国では弾力性の推計値は有意にはならなかった。他方、アメリカの消費者物価は、2000年代において、プロサイクリカルな変動（弾力性：0.21）を示している。これは以前にはどの国においてもみられなかった新しい現象である。これには、工業製品価格の変動が、1990年代のカウンターサイクリカルな変動（弾力性：−0.34）から、強いプロサイクリカルな変動（弾力性：1.23）に変わったことが影響している。このようなプロサイクリカルな商品価格変動は、表8-1に示すように19世紀のクラフト経済においてみられた現象である。ただし、クラフト経済と2000年代のアメリカ経済とでは、この現象の背景がまったく異なる。プロサイクリカルな商品価格変動は、クラフト経済においては、主として産出量調整が技術的に困難であることに起因するが、2000年代のアメリカにおいては、競争制限的な規制の緩和や投機的な商品先物取引の拡大など、市場的な調整の比重を政策的に高めた結果であると考えられる。プロサイクリカルな消費者物価の変動は、カウンターサイクリカルな実質賃金の変動（弾力性：−0.28）をもたらし、これが、以前のアメリカでは格段に高かった総実質賃金所得の弾力性の低下につながった（0.90→0.62）。しかし、アメリカの雇用の弾力性（0.77）は他の国よりかなり大きいので、総実質賃金所得の弾力性は、5ヵ国の中ではなお高水準であり、マクロ経済の実物的不安定性は存続している。したがって、上記のような価格変動パターンの変化をもって、2000年代のアメリカにおいて、大量生産経済に代わる新たな景気循環パターンが出現したとはいえない。

〈付録〉データの出所と推計結果

データソースは各表の注に示されている。すべて四半期データを使用した。説明変数のXは産出量変化率である。これを含めてすべての変化率は対前年同期増加率（単位：%）を使用した。式の下の（　）内はt値を示す。R^2は自由度修正済み決定係数である。変数名に付記されている*と**はそれぞれChowテストの結果が5%と1%の水準で有意であることを示す。

第Ⅲ部　制度的調整をともなう経済動学

表1　日本の推定結果

被説明変数	1975:I〜1986:III	1986:IV〜1999:II
総実質賃金所得変化率**	$0.3 + 0.21X_{-2}$　$R^2=0.26$ (0.7) (4.0)	$0.4 + 0.45X_{-2}$　$R^2=0.58$ (1.5) (8.4)
雇用量変化率	$-1.1 + 0.20X_{-2}$　$R^2=0.44$ (-4.5) (6.2)	$-0.5 + 0.20X_{-2}$　$R^2=0.28$ (-2.2) (4.5)
労働時間変化率*	$-0.6 + 0.26X$　$R^2=0.79$ (-4.6) (13.2)	$-1.0 + 0.21X$　$R^2=0.47$ (-6.4) (6.7)
実質賃金変化率**	$1.4 - 0.09X_{-2}$　$R^2=0.02$ (3.1) (-1.5)	$1.9 + 0.12X_{-2}$　$R^2=0.09$ (7.5) (2.5)
名目賃金変化率**	$7.0 - 0.26X_{-2}$　$R^2=0.10$ (9.1) (-2.4)	$3.0 + 0.21X_{-2}$　$R^2=0.16$ (9.1) (3.2)
消費者物価変化率**	$5.6 - 0.16X_{-2}$　$R^2=0.07$ (10.2) (-2.1)	$1.1 + 0.08X_{-2}$　$R^2=0.10$ (6.4) (2.5)
工業製品卸売物価変化率**	$1.6 + 0.20X_{-2}$　$R^2=0.05$ (2.1) (1.8)	$-0.9 + 0.21X_{-2}$　$R^2=0.31$ (-4.2) (4.9)
労働生産性変化率	$1.4 + 0.64X$　$R^2=0.86$ (5.2) (16.8)	$1.3 + 0.70X$　$R^2=0.91$ (8.3) (22.9)

注：産出量：鉱工業生産指数（通産省『鉱工業指数年報』）、雇用量：製造業常用雇用指数（労働省『毎月勤労統計調査』、30人以上事業所）、労働時間：製造業総実労働時間（同上）、名目賃金：製造業現金給与総額指数÷（総実労働時間＋0.25×所定外労働時間）、実質賃金：名目賃金÷消費者物価、消費者物価：総合消費者物価指数（総務庁『消費者物価指数年報』）、工業製品卸売物価：工業製品卸売物価指数（日本銀行『物価指数年報』）、総実質賃金所得：雇用量×1人当たり名目賃金÷消費者物価。

表2　アメリカの推定結果

被説明変数	1969:IV〜1979:IV	1980:I〜1999:IV
総実質賃金所得変化率**	$-2.2 + 0.96X$　$R^2=0.95$ (-8.5) (28.9)	$-3.7 + 0.90X$　$R^2=0.91$ (-21.9) (28.1)
雇用量変化率**	$-1.5 + 0.61X$　$R^2=0.83$ (-4.5) (13.8)	$-2.4 + 0.56X$　$R^2=0.75$ (-12.5) (15.6)
労働時間変化率	$-0.7 + 0.18X$　$R^2=0.66$ (-4.6) (8.8)	$-0.5 + 0.21X$　$R^2=0.45$ (-3.6) (8.5)
実質賃金変化率**	$0.0 + 0.17X$　$R^2=0.30$ (0.05) (4.3)	$-0.9 + 0.13X$　$R^2=0.15$ (-5.1) (3.9)
名目賃金変化率**	$7.6 + 0.002X$　$R^2=-0.03$ (29.9) (0.05)	$4.4 - 0.21X$　$R^2=0.16$ (16.1) (-4.0)
消費者物価変化率**	$7.7 - 0.18X$　$R^2=0.19$ (18.1) (-3.2)	$5.4 - 0.35X$　$R^2=0.25$ (15.4) (-5.3)
工業製品卸売物価変化率**	$9.6 - 0.36X$　$R^2=0.14$ (9.7) (-2.7)	$3.7 - 0.34X$　$R^2=0.09$ (6.3) (-3.0)
労働生産性変化率*	$2.2 + 0.19X$　$R^2=0.40$ (7.7) (5.2)	$2.8 + 0.20X$　$R^2=0.28$ (15.8) (5.7)

注：産出量：製造業生産指数（FRB, *Industrial Production Indexes*）、雇用量：製造業雇用者数（BLS, *National Employment, Hours and Earnings*）、労働時間：製造業生産労働者週当たり労働時間（*Ibid.*）、名目賃金：製造業生産労働者時間当たり収入（*Ibid.*）、実質賃金：名目賃金÷消費者物価、消費者物価：総合消費者物価指数（BLS, *Consumer Price Indexes*）、工業製品卸売物価：工業製品生産者価格指数（BLS, *Producer Price Indexes*）、総実質賃金所得：雇用量×労働時間×実質賃金。

第8章　先進諸国の景気循環パターンの変化と多様性

表3　ドイツの推定結果

被説明変数	1971:IV〜1983:II	1983:III〜1996:II
総実質賃金所得変化率	$-1.5+0.75X_{-2}$　$R^2=0.70$ $(-4.4)(10.4)$	$-0.9+0.76X_{-2}$　$R^2=0.54$ $(-2.1)(7.8)$
雇用量変化率	$-2.3+0.41X_{-2}$　$R^2=0.71$ $(-12.6)(10.6)$	$-2.2+0.61X_{-2}$　$R^2=0.54$ $(-6.2)(7.8)$
労働時間変化率	$-0.8+0.29X$　$R^2=0.69$ $(-5.9)(10.2)$	$-0.8+0.20X$　$R^2=0.33$ $(-4.7)(5.1)$
実質賃金変化率	$1.6+0.15X_{-4}$　$R^2=0.12$ $(5.9)(2.7)$	$1.8+0.12X_{-4}$　$R^2=0.12$ $(9.0)(2.9)$
名目賃金変化率**	$6.8+0.17X_{-4}$　$R^2=0.09$ $(20.2)(2.3)$	$4.2+0.08X_{-4}$　$R^2=0.05$ $(22.3)(2.0)$
消費者物価変化率**	$5.2-0.04X$　$R^2=-0.01$ $(25.1)(-0.8)$	$2.3-0.06X$　$R^2=0.01$ $(12.1)(-1.3)$
工業製品卸売物価変化率**	$4.6+0.24X_{-2}$　$R^2=0.08$ $(9.3)(2.3)$	$1.0+0.14X_{-2}$　$R^2=0.12$ $(4.3)(2.8)$
労働生産性変化率	$3.0+0.41X$　$R^2=0.45$ $(9.4)(6.2)$	$3.1+0.26X$　$R^2=0.12$ $(7.6)(2.8)$

注：すべてのデータソースはOECD, *Main Economic Indicators*である。産出量：製造業生産指数、雇用量：製造業雇用者数、労働時間：製造業週当たり労働時間、名目賃金：製造業manual workers時間当たり収入、実質賃金：名目賃金÷消費者物価、消費者物価：総合消費者物価指数、工業製品卸売物価：製造業生産者価格指数、総実質賃金所得：雇用量×労働時間×実質賃金。このうち労働時間、名目賃金、消費者物価および工業製品卸売物価については旧西ドイツ地域の値である。また、産出量と雇用量については1992年まで旧西ドイツ地域の値である。

表4　フランスの推定結果

被説明変数	1970:I〜1984:III	1984:IV〜1998:IV
総実質賃金所得変化率**	$1.1+0.35X_{-2}$　$R^2=0.34$ $(2.8)(5.6)$	$-1.5+0.44X_{-2}$　$R^2=0.64$ $(-9.6)(10.1)$
雇用量変化率**	$-1.1+0.25X_{-2}$　$R^2=0.55$ $(-6.3)(8.5)$	$-2.1+0.37X_{-2}$　$R^2=0.66$ $(-16.4)(10.4)$
労働時間変化率**	$-1.2+0.08X$　$R^2=0.27$ $(-12.5)(4.7)$	$-0.1+0.02X$　$R^2=0.09$ $(-2.8)(2.5)$
実質賃金変化率**	$3.3+0.08X_{-2}$　$R^2=0.05$ $(12.8)(2.0)$	$0.7+0.05X_{-2}$　$R^2=0.05$ $(7.0)(1.9)$
名目賃金変化率**	$13.7-0.06X_{-2}$　$R^2=0.00$ $(33.8)(-0.9)$	$3.5-0.03X_{-2}$　$R^2=-0.01$ $(19.6)(-0.5)$
消費者物価変化率**	$10.0-0.14X_{-2}$　$R^2=0.06$ $(25.2)(-2.2)$	$2.8-0.08X_{-2}$　$R^2=0.02$ $(14.3)(-1.4)$
工業製品卸売物価変化率**	$7.4+0.61X_{-2}$　$R^2=0.16$ $(7.0)(3.5)$	$0.5+0.61X_{-2}$　$R^2=0.32$ $(1.3)(4.9)$
労働生産性変化率	$2.2+0.70X$　$R^2=0.92$ $(13.7)(25.9)$	$2.1+0.72X$　$R^2=0.76$ $(10.8)(13.5)$

注：ドイツと同様にOECD, *Main Economic Indicators*による。ただし、工業製品卸売物価：工業製品卸売物価指数。また、労働時間はILO, *Bulletin of Labour Statistics*記載の製造業週当たり労働時間である（1996:Iまではwage earnersそれ以降はemployees）。

表5 イギリスの推定結果

被説明変数	1966:VI〜1978:VI		1979:I〜1995:III	
総実質賃金所得変化率	$0.1+0.48X$ $(0.2)(4.1)$	$R^2=0.25$	$-1.1+0.45X$ $(-3.2)(5.8)$	$R^2=0.33$
雇用量変化率**	$-1.8+0.33X_{-2}$ $(-8.2)(7.3)$	$R^2=0.52$	$-3.9+0.53X_{-2}$ $(-13.1)(8.3)$	$R^2=0.51$
労働時間変化率**	$-1.0+0.30X$ $(-4.7)(6.8)$	$R^2=0.49$	$-0.0+0.19X$ $(-0.03)(6.4)$	$R^2=0.38$
実質賃金変化率	$3.1-0.16X_{-2}$ $(4.9)(-1.3)$	$R^2=0.01$	$3.0-0.38X_{-2}$ $(9.3)(-5.4)$	$R^2=0.30$
名目賃金変化率**	$14.5-0.78X$ $(17.0)(-4.5)$	$R^2=0.29$	$10.3-0.81X$ $(20.0)(-7.3)$	$R^2=0.44$
消費者物価変化率**	$11.3-0.64X$ $(13.3)(-3.7)$	$R^2=0.21$	$7.1-0.52X$ $(15.3)(-5.2)$	$R^2=0.29$
工業製品卸売物価変化率**	$11.1-0.64X$ $(11.5)(-3.3)$	$R^2=0.17$	$6.2-0.37X$ $(18.2)(-5.0)$	$R^2=0.27$
労働生産性変化率	$2.8+0.41X$ $(9.1)(6.5)$	$R^2=0.46$	$4.1+0.36X$ $(10.8)(4.5)$	$R^2=0.22$

注：ドイツと同様にOECD, *Main Economic Indicators* による。ただし、名目賃金：製造業週当たり収入÷製造業週当たり労働時間。

参考文献

今田幸子・脇坂明・水町勇一郎（1998）「座談会　非正規労働者の労働条件」『日本労働研究雑誌』第462号。
宇仁宏幸（1998）『構造変化と資本蓄積』有斐閣。
菅野和夫・諏訪康雄（1998）「パートタイム労働と均等待遇原則」北村一郎編『現代ヨーロッパ法の展望』東京大学出版会。
島田陽一（1998）「非正規雇用の法政策」『日本労働研究雑誌』第462号。
竹中恵美子（1994）『戦後女子労働史論』有斐閣。
中窪裕也（1999）「労働法の規制緩和と弾力化──アメリカ」『日本労働法学会誌』第93号。
日本労働研究機構（1994）『諸外国のパートタイム労働の実態と対策』資料シリーズNo. 43。
古川陽二（1999）「イギリスにおける労働法の規制緩和と弾力化」『日本労働法学会誌』第93号。
盛誠吾（1999）「フランスにおける労働法の規制緩和と弾力化」『日本労働法学会誌』第93号。
労働省（1990）『労働組合活動等実態調査』。
労働政策研究・研修機構（2007）『日本の企業と雇用』労働政策研究・研修機構。
和田肇（1999）「ドイツ労働法の変容」『日本労働法学会誌』第93号。
Boyer, R. ed. (1988) *The Search for Labour Market Flexibility*, Clarendon Press.（井上泰夫訳『第二の大転換』藤原書店、1992年）
Kalecki, M. (1954) *Theory of Economic Dynamics*, Allen and Unwin.（宮崎義一・伊東光晴訳『経済変動の理論』新評論、1958年）
Lowe, A. (1965) *On Economic Knowledge*, Harper & Row.（竹内靖雄訳『経済学の認識』ダイヤモンド社、1973年）
Nell, E. (1988) *Prosperity and Public Spending*, Unwin Hyman.
─── (1992) *Transformational Growth and Effective Demand*, New York University Press.
─── (1998) *The General Theory of Transformational Growth*, Cambridge University Press.
Nell, E. ed. (1998) *Transformational Growth and the Business Cycle*, Routledge.

OECD (1994) *The OECD Employment Outlook 1994*
―――― (1996) *The OECD Employment Outlook 1996*
Polanyi, K. (1944) *The Great Transformation*, Rinehart & Comppany.（吉沢英成・野口建彦・長尾史郎・杉村芳美訳『大転換』東洋経済新報社、1975 年）

第9章　制度的補完性とマクロ経済的安定性

1　本章の課題——雇用制度と金融制度の補完性

　市場による経済調整は、イノベーションを促進するというメリットをもつ一方で、特定の条件下では経済の不安定性を累積させるというデメリットももつ。また、第8章で説明したように、現在の先進諸国の大量生産経済は実物面で不安定性を内包している。金融、財政、労働などに関わる法制度は、資本主義経済が潜在的にもつ不安定性の顕在化を抑える役割を果たしている。さらに、各分野の制度は独立して存在するのではなく、諸制度の間には補完性が存在することも明らかになっている。個々の制度が資本主義経済の不安定性を抑えるメカニズムはすでに十分研究されているが、諸制度全体の補完的構造とマクロ経済の安定性との関連については、完全に解明されているとはいえない。たとえば、近年多くの先進諸国において、金融、財政、労働の各分野で大きな法制度改革が実施されている。個々の新制度をみれば必要な機能は確保されているとしても、諸制度間の補完性が損なわれるケースも考えられる。このようなケースでは、経済全体の安定性は低くなると推測できるが、なぜそうなるかは十分明らかでない。貨幣・金融制度、国家・財政制度、企業・労使関係制度などの諸制度の補完的構造が、どのようにマクロ経済の安定性と結びついているかを明らかにすることが求められる。制度的補完性とマクロ経済的パフォーマンスの関係について、近年、様々なアプローチが行なわれている。たとえばレギュランオン学派は、諸制度が補完性をもちながら、ある制度が他の制度の内容を制約するといった階層的構造に着目して、その歴史的変化や国別の多様性を分析している（Amable, 2003）。また青木昌彦の提唱する比較制度分析も、制度

的補完性を重視して、国別の制度構成の多様性やマクロ経済パフォーマンスの違いを説明しようとしている (Aoki, 2001)。しかし、両者とも、制度の補完的構造や階層的構造が市場とどのような関連をもち、マクロ経済の安定性にどのような影響を及ぼしているかについては、十分に解明しているとはいえない。

　貨幣金融制度と賃労働関係制度との補完性とマクロ経済との関係について、近年多くの研究成果を生み出しているのは、Hall and Soskice (2001) に代表される「資本主義の多様性アプローチ」である。「資本主義の多様性アプローチ」におけるこの分野の研究としては、中央銀行の独立性と賃金交渉制度との補完性に関する研究 (Franzese and Hall, 2000) がよく知られている。彼らは、中央銀行の独立性は無条件に経済パフォーマンスを高めるという通説を次のような観点から批判する。通説では、独立的中央銀行は反インフレ政策というシグナルを国民に対して発信することにより、高めの賃金・価格設定を抑制できると考えられている。しかし、この通説はシグナリング過程の複雑さ（情報と合理性の限界）を考慮していない。金融政策は専門家でさえ予測できないし、それゆえ不正確な予測にもとづいて行動する諸経済主体の影響が大きい。中央銀行のシグナリングが有効であるためには、「集合行為問題」を解決しうる制度が必要である。とくに重要なのは賃金交渉制度である。この制度がモニタリング、相互への配慮、信頼できるコミットメントの基盤となる。こうして、中央銀行の独立性の効果は、賃金交渉制度によって強められる。つまり中央銀行制度と賃金交渉制度との間には補完性がある。

　同様の方法で、Iversen (2000) と Soskice and Iversen (2000) は、貨幣供給ルールと賃金交渉制度との補完性を研究している。また、レギュラシオン・アプローチでも、Amable, Ernst and Palombarini (2002) が、金融市場の圧力と労使関係制度との補完性を研究している。これらの研究は、いずれも制度的補完性とマクロ経済を媒介する変数として、賃金に焦点を当てている。また、賃金決定におけるコーディネーション、つまり協議を通じた合意が果たす役割に注目している。

　これらの先行研究と同様に、本章でも貨幣金融制度と賃労働関係制度との補完性を分析する。しかし、賃労働関係制度として本章で焦点を当てるのは、賃金制度ではなく雇用制度である。雇用制度に着目する理由は次のとおりである。1970年代以前にみられたような賃金 - 物価スパイラルは、近年の先進諸

国においてはすでに収束しており、近年の労使間の課題としては雇用の問題が重要になってきている。また、本章で分析する貨幣金融制度は、中央銀行制度ではなく、銀行または資本市場と企業との間の資金取引に関わる金融制度である。Epstein（1994）や野下（1995）が述べるように、中央銀行だけでなく、企業や金融機関、また金融諸制度から構成される金融構造が重要であると考えるからである。企業の外部資金調達に着目して分類するならば、間接金融つまり銀行借入が主なルートとなる「銀行主導型金融構造」と、直接金融つまり資本市場での株式や債券の発行が主なルートとなる「市場主導型金融構造」という2つの類型がある。本章ではこの分類を活用して分析を進める。

　また方法の面でも、本章は先行研究とは一部異なる。先行研究では、制度的補完性がマクロ経済に及ぼすプラス効果の静学的な分析が主であった。つまり諸制度の存在を所与として、この既存の諸制度が相互強化を通じてどのようにしてマクロ経済的好パフォーマンスをもたらすかが主として研究された。本章では、このような静学的研究だけでなく、補完的関係にある諸制度の一部が変化したときにマクロ経済にどのような影響が現われるかも検討する。制度変化としては、雇用の弾力化をもたらす雇用制度の変化と「直接金融化」をもたらす金融制度の変化をとりあげる。

　2では、雇用の弾力性と、直接金融と間接金融の比重に焦点を当てて、国別多様性と時間的変化を説明する。3では、雇用制度と金融制度の制度的補完性に関する理論的仮説を述べる。4では、日本とアメリカの製造業のデータを用いて、この理論的仮説の実証を行なう。5では、2で説明した制度変化が、マクロ経済的安定性に対してどのような効果を及ぼしたのかを検討する。6では、結論を述べる。

2　雇用制度と金融制度の変化と多様性

2.1　雇用の弾力性とその変化

　雇用に関する制度の差異は、勤続年数や雇用の弾力性の国による違いとなって現われることはよく知られている。表9-1に示すように、アメリカは短期的雇用、日本は長期的雇用の代表である。アメリカにおいてはレイオフ制度が存在する。レイオフの実施に際して、労働組合との交渉は必要でなく、レイオフ

表 9-1 雇用と資金調達の多様性と変化

	平均勤続年数(1995年)	製造業雇用数の産出量に関する弾力性（1970～84年頃→85～99年頃→2000～08年頃）	非金融法人企業の外部資金調達総額に占める借入金の割合（1970～84年→85～99年→2000～07年）
アメリカ	7.4	0.61→0.56→0.77	45％→51％→
イギリス	7.8	0.33→0.53→0.65	82％→42％→59％
ド イ ツ	9.7	0.41→0.61→0.49	95％→85％→45％
スウェーデン	10.5	0.47→0.66→0.53	→71％→39％
フランス	10.7	0.25→0.37→0.54	72％→25％→42％
日 本	11.3	0.20→0.20→0.25	79％→68％→

出所：平均勤続年数は OECD, *Employment Outlook 1997* による。製造業雇用数の産出量に関する弾力性は，本書第 8 章の表 8-2 と 8-8 による。非金融法人企業の外部資金調達に関するデータソースは OECD, *National Accounts* であるが，詳細は図 9-1～9-6 の出所に記載した。ドイツ，フランスと日本については 99 年ではなく 97 年で期間区分した。アメリカと日本の空欄は，調達額が負値となっている年が多く計算不能であるためであり，スウェーデンの空欄はデータの欠損のためである。

する人数については経営者の判断で決定できる。ただし、誰をレイオフするかについては、先任権に従って自動的に決められるので、経営者の恣意的選別の入り込む余地はない。このようなレイオフ制度があるために、アメリカにおいては、産出量の変化に即応して雇用量を調整することが可能である。したがってアメリカにおける雇用量の弾力性はかなり大きい。

　日本の雇用システムの特徴は「長期勤続と中程度の流動性」といわれる（宮本光晴，1999）。どの国においても労働市場は、長期雇用層と流動的雇用層という 2 つの市場に分断されている。日本における長期雇用層は大企業男性正規社員である。他の先進国ではこの層に属するのはホワイトカラーがほとんどであるが、日本の大企業の雇用慣行では男性ブルーカラーも長期雇用層に属する。そのためもあり、雇用者全体に占める長期勤続者の割合が他の国よりも高くなっている。日本においては、長期雇用層に関して景気後退時でも雇用量の削減を抑制する様々な仕組みが存在する。まず労使双方が共有する規範として「終身雇用」という理念が存在する。現実はこの理念とかなり異なり、雇用削減は行なわれるのであるが、雇用削減の実施を制約する労使協定や判例や慣行が日本には存在し、実施に至るまでにはかなりの時間を要する。景気が後退し始めたときただちに雇用削減が行なわれるのではなく、操業短縮や配転、出向

表9-2 日本における企業規模別男女別雇用の弾力性

従業員数	男女計	男	女
30～99人	0.16	0.09	0.24
100～499人	0.29	0.21	0.45
500人以上	0.21	0.15	0.46

注:労働省『労働力調査』の製造業雇用者数の対前年同期増加率をYとし、通産省『鉱工業指数年報』の鉱工業生産指数の対前年同期増加率をXとし、$Y = a + bX_{-4}$を推計式として推計した。推計期間は1975年第1四半期～99年第2四半期である。

など雇用契約を維持したうえでの調整が先行する。日本の大企業が人員削減に踏み切るのは、おおむね2年間赤字が続いた場合であるといわれている。これらは日本で不況期においてかなりの労働保蔵が発生する理由となっている。また雇用保険法にもとづいて労働保蔵を行なう企業に対して、賃金の一部補塡のための補助金給付が行なわれる。このような現就業先企業での雇用維持に重点をおく雇用政策も、雇用の非弾力性を側面から支える役割を果たしている。表9-2は日本の雇用の弾力性を、企業規模別、男女別に計測した結果である。間接雇用の派遣、請負労働者は除外されていることを考慮する必要があるが、中小企業においても大企業と同様に男性正規社員の雇用の弾力性は小さいことは興味深い。また、パートタイム労働者の比率が高い女性雇用の弾力性は男性と比べてかなり大きいことも日本の特徴である。

表9-1によると、ヨーロッパ諸国における雇用の弾力性は日本とアメリカの中間の値を示す。日本とアメリカの雇用の弾力性の時間的変化は小さいが、ヨーロッパ諸国の雇用の弾力性は、1980年代半ば以降増加している。多くのヨーロッパ諸国では、70年代以降の失業率の上昇を背景に、「労働のフレキシビリティ」を高めることにより失業率を下げるという狙いで、労働に関する規制緩和を含むかなり大きな法制度改革が多くの国において実施された（Boyer ed., 1988）。またこの時期には「労働力の女性化」やパートタイム労働の増加も進行した。

80年代のイギリス、ドイツ、フランスにおける労働法制度改革については、本書第8章4.1と4.2にまとめられている。この3ヵ国では、労働法制度改革を通じて、賃金よりもむしろ雇用のフレキシビリティが高まった。イギリスでは1980年以降、産業横断的あるいは地域横断的な労働条件決定、および公

務部門労働条件の民間部門への準拠を保障する制度が廃止されていった。また公務部門の民営化や独立行政法人化が進められた結果、公務部門の雇用保障は縮減され、人員削減や外注化、パートタイム労働の導入などが行なわれた。1980年雇用法や85年不公正解雇令は、労働者保護の適用除外を拡大したため、パートタイム労働者などは不公正解雇の救済対象から外された（古川,1999）。

ドイツでも、1985年に制定された就業促進法によって18ヵ月までの期限付き労働契約が可能になった。また労働者派遣法も同時に改正され、同一使用者への派遣期間が3ヵ月から6ヵ月に延長された。解雇制限法は一定人数以上の解雇については、経営協議会との協議や職業安定所への届出を義務づけているが、85年の改正によって、労働時間週10時間、月45時間未満の労働者は、上記の人数には算入されないことになった（和田,1999）。

フランスでは、1981年のミッテラン政権成立当初の拡張的経済政策が失敗した後、緊縮的政策への転換にあわせて、労働に関わる規制の緩和が行なわれていく。コアビタション（保革共存）のもとで、87年に経済的解雇の行政許可制が廃止される。また同じ年に、期限付き労働契約や派遣労働についての規制緩和が実施された。また労働時間の柔軟な編成も可能になった（盛,1999）。

スウェーデンではかなり長期にわたって、産業構造の高度化を目標とする総合的な政策が実施されてきた。この総合的政策は「レーン・メイドナー・モデル」と呼ばれ、1950年代に労働組合が提案し、それを社会民主党政府と経営者団体が受容して実施された。この総合的政策は選択的経済政策と普遍主義的福祉政策とを組み合わせたものである。選択的経済政策の中心は「連帯的賃金政策」と「積極的労働市場政策」と呼ばれる2つの労働政策である。積極的労働市場政策とは、高生産性部門への労働力の移動を促す政策である。低生産性部門の縮小の結果として生まれる余剰労働者に対し、再就職に必要な職業訓練を施し、高生産性部門にスムースに送り込むために、様々なかたちの労働力供給促進型プログラム、労働力需要喚起型プログラム、需給マッチング型プログラムが公的機関において実行されている（宮本太郎,1999）。スウェーデンにおける雇用の弾力化の特徴は、このような公的仕組みを通じて行なわれていることである。

2.2 企業の資金調達の方法とその変化

企業は設備投資を行なう際、その企業内部で蓄積した自己資金を使うこともできるし、外部から調達した資金を使うこともできる。外部からの調達方法としては、銀行など金融機関から借り入れる方法（間接金融）と、株式や社債を発行することにより株式市場などの資本市場から調達する方法（直接金融）とがある。企業の資金調達額の中で、自己資金、間接金融による資金および直接金融による資金が占める構成比は、国によって、また時代によってかなり異なる。対 GDP 比で、この3種の資金調達額を示すと図 9-1 〜 9-6 のようになる。

他国と比べて、間接金融の比重が低く直接金融の比重が高いことが、図 9-1 に示されているアメリカの特徴である。つまりアメリカ企業は株式や社債を発行することによってかなりの外部資金を調達している。その裏返しとして、家計の金融資産構成においても債券や株式の構成比が他国よりかなり高く、現金・預金の構成比を上回っている（日本銀行, 2001, p. 125）。

アメリカとは逆に、図 9-2 に示す日本と図 9-3 に示すドイツにおいては、1990 年までの直接金融の比重は間接金融と比べてかなり小さい。日本では、「メインバンク」と呼ばれる特定の銀行が企業と密接な関係をもち、安定的に長期資金を貸し出していた。またこのメインバンクや関連企業などとの間で株式持ち合いが広く行なわれていたことも日本の特徴である。また、ドイツでは証券業務なども含む総合的機能をもつユニバーサル・バンクと呼ばれる大銀行が存在し、多種の金融仲介機能を担っている。また銀行の役員が取引先企業の監査役に就任するなど、銀行は日本以上に企業と密接で長期的な関係をもっている。このように、間接金融が中心で銀行主導型金融構造をもつ日本やドイツにおいても、直接金融の拡大に向けての制度改革が 80 年代半ばから行なわれた。ドイツでは 85 年のマルク建て外債市場の自由化に始まり、資本市場の規制緩和や取引手数料引き下げが実施された（高木・黒田・渡辺, 1999）。

ヨーロッパ諸国の中で最もドラスティックな改革を実施したのはイギリスである。とくに 1986 年の「ビックバン」と呼ばれる証券市場改革において、株式売買手数料の自由化や外国資本参入制限緩和が実施された。その結果、海外市場に逃げ出していた取引をロンドン市場に再び引き戻すことに成功した。図 9-4 にみるように、この頃からイギリス企業による直接金融による資金調達が急増していった。しかしイギリスでは、地価の急騰と急落という金融自由化の

第 9 章　制度的補完性とマクロ経済的安定性

副作用も生じた。フランスやスウェーデンにおいても、80年代半ばから政府が主導する形で金融自由化は実施された。スウェーデンでは、85年の貸出金利自由化後は貸出金利を戦略的に使った顧客獲得競争が激化した。自由化以前に存在した銀行と顧客との密接な長期的関係は弱まったので、銀行のリスク審査能力や顧客モニタリング能力も低下した。以上の結果として、1980年代後半、スウェーデンにおいて銀行の貸出量は急増し、地価と株価のバブルを引き起こした。90年代初めのバブル崩壊後は、深刻な銀行危機が発生した（本書第6章参照）。

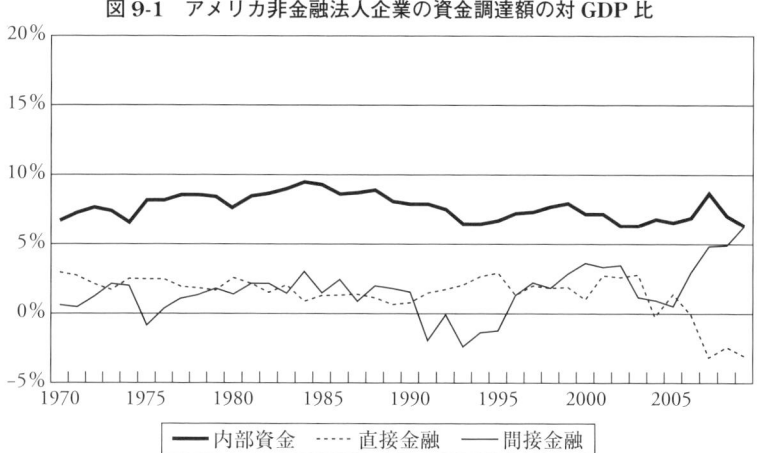

図 9-1　アメリカ非金融法人企業の資金調達額の対 GDP 比

出所：OECD, *National Accounts II* から算出した。95年（アメリカは92年、ドイツは90年）までは旧系列にもとづいており、「内部資金」は Table 7.1, Capital Accumulation Accounts for Non-financial Corporate and Quasi-corporate Enterprises の「1. Consumption of fixed capital」と「2. Net saving」と「3. Capital transfers」の合計を GDP で除した値である。「直接金融」は、Table 11, Capital Finance Accounts of Non-financial Corporate and Quasi-corporate Enterprises の「25. Bills and bonds, short-term」と「26. Bonds, long-term」と「27. Corporate equity securities」の合計を GDP で除した値である。「間接金融」は「28. Short-term loans. n.e.c」と「29. Long-term loans. n.e.c」の合計を GDP で除した値である。

96年（アメリカは93年、ドイツは91年）からは新系列にもとづいており、「内部資金」は Table SII, Accounts for Non-financial Corporaions の「Consumption of fixed capital」と「Net saving」と「Capital transfers, receivable」の合計を GDP で除した値である。「直接金融」は、OECD, *National Accounts IIIa*, Financial Accounts Sector SII, Non-financial Corporations の「F3LINC. Securities other than shares」と「F5LINC. Shares and other equity」の合計を GDP で除した値である。「間接金融」は「F4LINC. Loans」を GDP で除した値である。図 9-2～図 9-6 も同様である。ただし、新系列にはアメリカの内部資金データがないので、アメリカの内部資金は、BEA, *NIPA* の Table 1.14, Gross value added of nonfinancial corporate business の「18. Consumption of fixed capital」と「31. Undistributed profits with IVA and CCAAdj」の合計を使用した。

231

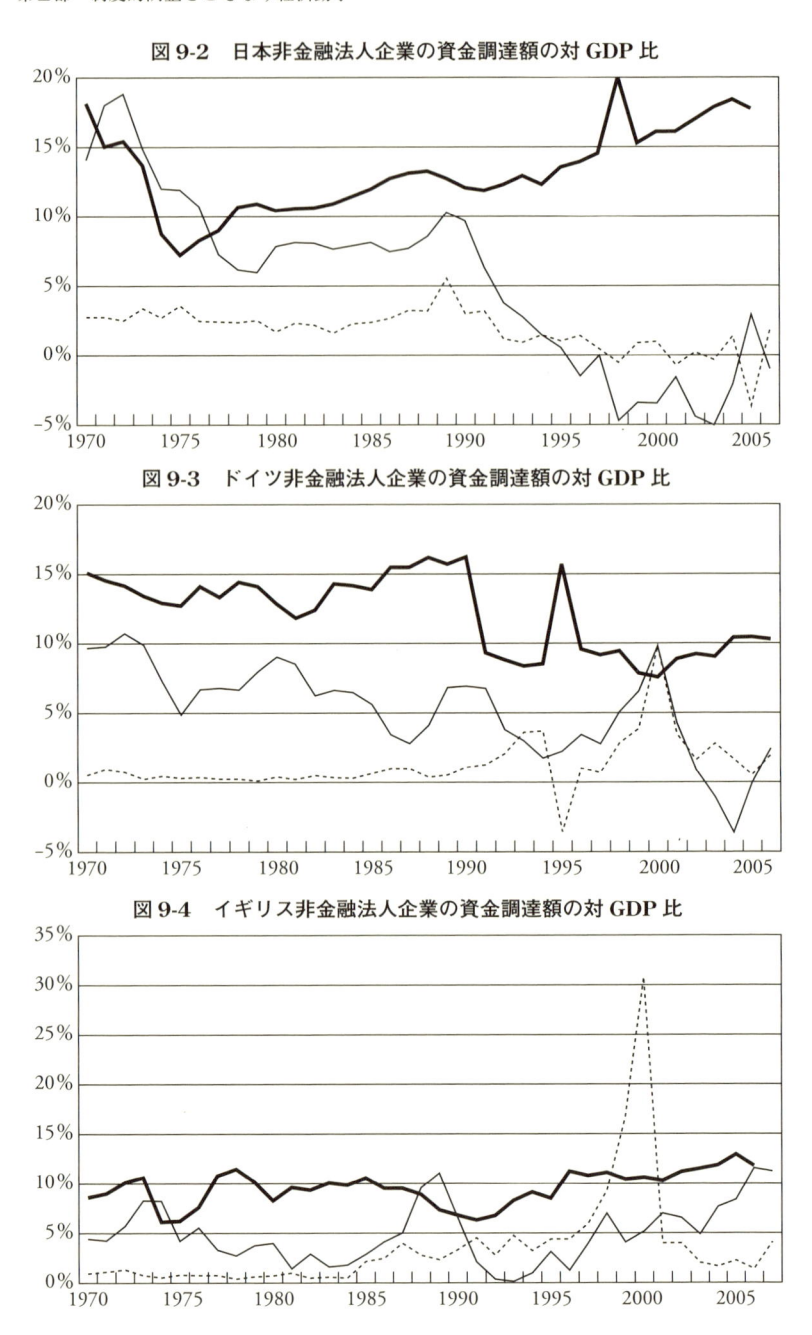

第Ⅲ部 制度的調整をともなう経済動学

図9-2 日本非金融法人企業の資金調達額の対GDP比

図9-3 ドイツ非金融法人企業の資金調達額の対GDP比

図9-4 イギリス非金融法人企業の資金調達額の対GDP比

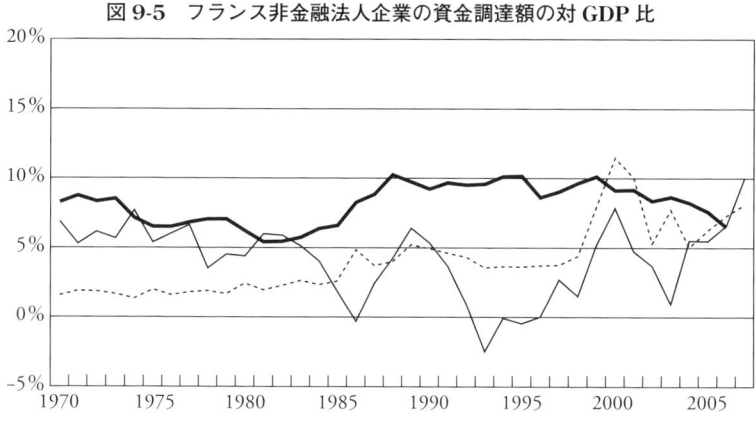

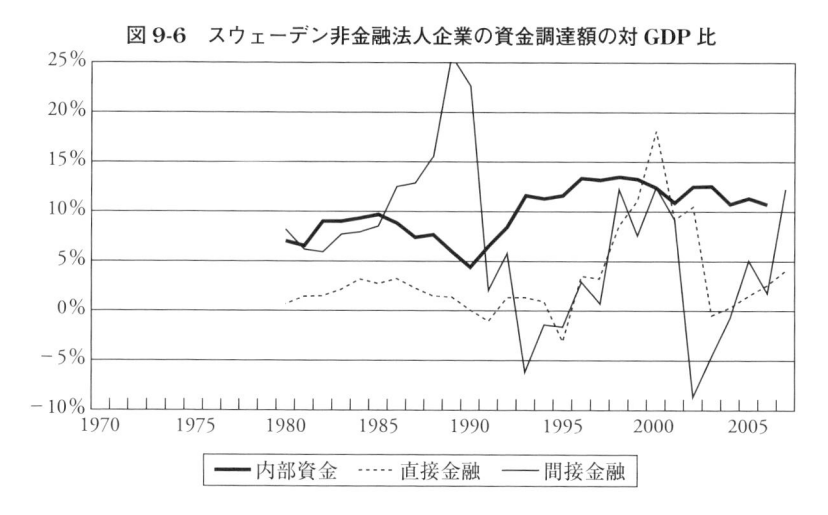

図 9-5 フランス非金融法人企業の資金調達額の対 GDP 比

図 9-6 スウェーデン非金融法人企業の資金調達額の対 GDP 比

——内部資金 ……直接金融 —— 間接金融

　表9-1 および図 9-1 〜 9-6 によると、その水準には大きな差があるとはいえ、80 年代半ば以降、企業の資金調達に占める直接金融の比重の上昇と間接金融の比重の低下がアメリカ以外の国で観察できる。しかし、「直接金融化」とも呼ばれるこの現象はすべての企業において等しく生じているのではなく、大企業に偏って生じていることに留意すべきである。表 9-3 は、総資産に占める借入金の比率を企業規模別に示している。日本では、資本金 10 億円以上の大企業において、借入金比率は 1975 年の 39% から 2000 年の 16% へと減少している。しかし、1 億〜 10 億円企業と 1000 万〜 1 億円企業とにおいては、借入金比率

第Ⅲ部　制度的調整をともなう経済動学

表9-3　企業規模別、総資産に占める借入金の比率（単位:%）

	1970	1975	1980	1985	1990	1995	2000
日本：資本金　10億円以上	36.5	39.2	32.7	27.4	17.8	18.2	16.4
1億〜10億円	34.3	38.5	33.8	36.1	34.0	36.0	30.6
1千万〜1億円			34.6	38.0	41.2	45.2	41.2
アメリカ：総資産10億ドル以上	6.4	3.2	3.3	3.2	6.5	5.0	7.0
1億〜2.5億ドル	12.1	9.4	11.4	13.9	20.4	18.9	19.8
25万〜5百万ドル	12.1	14.9	16.6	18.4	18.7	18.1	20.3

出所：日本については大蔵省『法人企業統計』の製造業合計の短期借入金と長期借入金の和を「借入金」とした。アメリカについては、商務省, Quarterly Financial Report for Manufacturing, Mining and Trade Corporations の All Manufacturing の Short-term loans from banks と Installments, due in 1 year or less, on long-term debt (a) Loans from banks と Long-term debt due in more than 1 year (a) Loans from banks の和を「借入金」とした。各年の第4四半期の数値である。

の減少傾向はみられない。また、アメリカにおいては、総資産1億〜2.5億ドル企業と25万〜500万ドル企業においては借入金比率は長期的な増加傾向がみられる。認知度や信用度の低い中小企業は市場での社債や株式発行が困難な事実を考慮すると、中小企業が間接金融に大きく依存するのは当然のことである。

3　雇用制度と金融制度の補完性の理論的仮説

　資金提供者の側からみると、直接金融と間接金融とでは、リターンとリスクに関して大きな違いがある。複利年率でリターンを表わし、月次リターンの年率の標準偏差でリスクを表わすと、日本において、株式の場合は、リターンは12.7％であり、リスクは19.6％である（1950〜2000年の平均）。債券の場合はそれぞれ、7.6％と3.6％である（1965〜2000年の平均）。転換社債の場合は10.8％と13.4％である（1970〜2000年の平均）（氏家, 2002, p.31）。このように直接金融は、高リターンであるが高リスクである。預貯金の場合、リターンは3.4％と低いが、リスクはほとんどゼロである（1965〜2000年の平均）。このように直接金融と間接金融とでは、リターンとリスクに違いがあるので、キャピタル・ロスの発生確率や企業の倒産確率が高まる不況期などでは、直接金融への資金供給は一般的には減少し、逆にキャピタル・ゲインの発生確率が高まる好況期では、直接金融への資金供給は一般的には増加する。つまり直接金融への資金供給は

プロサイクリカルに変動する可能性が高い。

また、直接金融での需給調整メカニズムは、基本的には価格調整であるが、次のような理由によりその動態は不安定である。価格調整の安定性は、右上がりの供給曲線と右下がりの需要曲線によって保証される。しかし、株式や債券については、需要曲線も右上がりになる可能性が高い。その根本的原因は、株式や債券の価値が将来の収益の現在価値にもとづくことにある。将来の収益を予想するには、当該企業やマクロ経済に関する膨大な情報が必要であり、多くの一般投資家にはそのような情報の取得も処理も不可能である。したがって彼らは、他の投資家の売買行動をみてその行動を模倣する。このような模倣行動の連鎖の結果として、価格が上昇する局面において、キャピタル・ゲインを求めての「買い」つまり需要量が増加する。また価格が低下する局面では、キャピタル・ロスを回避するための「売り」が増える。こうして需要曲線が右上がりになる。この場合、何らかの要因で需要量と供給量とのギャップが生じると、価格の変化はそのギャップをさらに拡大するように作用する。その結果、需要量と供給量と価格の累積的上昇、あるいは累積的低下が発生する。

一方、間接金融の場合、資金供給者と資金需要者との資金取引は直接的に行なわれるのではなく、銀行に代表される金融機関が仲介する。そして内生的貨幣供給論が述べるように、中央銀行が決定する金利を所与のベースにして、銀行の貸出量は企業の設備投資計画量に応じる（accommodate）かたちで決定される。つまり価格である金利の変動を通じて需要量と供給量のマッチングが行なわれるのではなく、資金需要量の変動に対応して柔軟に資金供給量が変動して需給が一致する。つまり間接金融での需給調整は、基本的には価格調整ではなく数量調整である。

雇用制度と金融制度の補完性について考察しよう。本章での焦点は、雇用の弾力性と企業の資金調達との関係である。以下では、「弾力性」はすべて産出量に対する弾力性の意味で用いる。つまり弾力性とは、産出量が1％変化したとき、当該変数が何％変化するかを表わす数値である。また第8章の表8-2に示されているように、実際に、雇用の弾力性と比べて賃金率と労働時間の弾力性は小さいので、賃金率と労働時間は非弾力的であると仮定して議論を進める。日本のように雇用の弾力性が小さい場合（Jモデル）と、アメリカのように雇用の弾力性が大きい場合（Aモデル）とを比較しよう。Aモデルと比べて、Jモデ

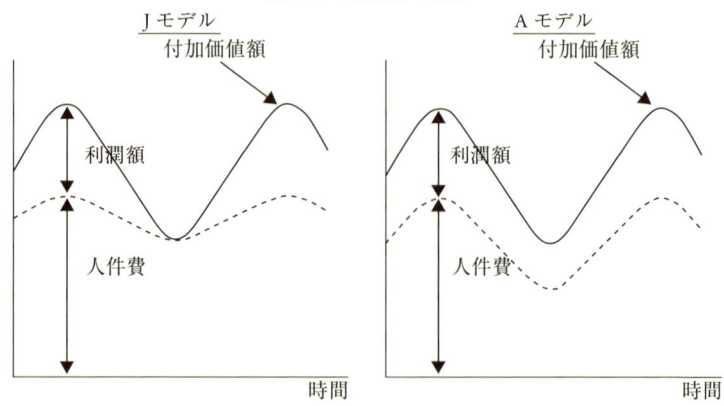

第Ⅲ部　制度的調整をともなう経済動学

図 9-7　利潤額の変動

ルでは雇用の弾力性が小さいので、人件費の弾力性が小さくなる。そのため、図 9-7 に示すように、利潤所得額のプロサイクリカルな変動は大きくなる。利潤所得の一定部分が内部資金に回されるとすると、A モデルと比べて J モデルでは内部資金の弾力性も大きい。つまり J モデルでは、好況期には潤沢な内部資金が確保できるが、不況期には内部資金は小さくなってしまう。深刻な不況の場合には内部資金がゼロになり、設備投資資金だけでなく運転資金も外部調達する必要も生じるかもしれない。これに対して A モデルでは、内部資金のプロサイクリカルな変動はそれほど大きくはないだろう。小さな変動はともなうが好況期も不況期もある程度の内部資金を確保できるだろう。

次に、このような内部資金の変動の違いを前提に、外部資金への需要の変動を考えよう。企業は主に、設備投資や金融資産投資のために資金を必要とする。一般に、この企業の資金需要総額は内部資金額を上回っており、またプロサイクリカルに変動する。議論を簡単にするために、この資金需要総額の弾力性は A モデルと J モデルとで同一と仮定し、A モデルの内部資金の弾力性（b で表わす）に等しいケースを考えよう。資金需要総計から内部資金額を引いた金額が外部資金に対する需要額である。図 9-8 に示すように、A モデルでは、外部資金需要の弾力性も b に等しくなる。すなわち、景気変動に応じて、資金需要額、外部賃金および内部賃金が同じ変化率でプロサイクリカルに変動する。一方、J モデルでは、内部資金の弾力性が資金需要総額の弾力性 b よりも大きいので、

第9章　制度的補完性とマクロ経済的安定性

図9-8　投資資金額の変動

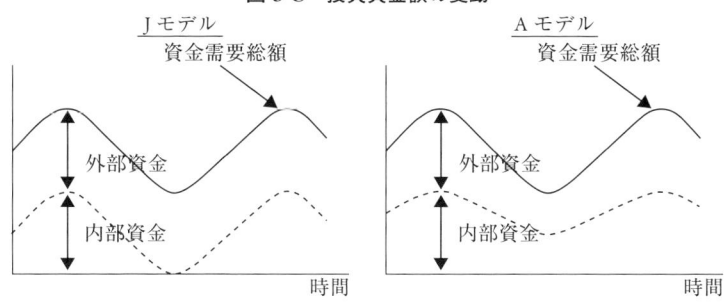

外部資金需要の弾力性はbよりも小さくなる。内部資金の弾力性が資金需要総額の弾力性よりもかなり大きいときは、外部資金の弾力性はマイナスになることもありうる。つまりJモデルでは、外部資金需要の変動は、内部資金よりも弱いプロサイクリカルな変動になるか、カウンターサイクリカルな変動になる。

　さらに、外部資金需要と外部資金供給との整合性の問題を考察しよう。先に述べたように、直接金融による資金供給はプロサイクリカルな変動を示す可能性が大きい。一方、間接金融においては、銀行は資金需要のどのような変動にもかなり柔軟に対応する能力をもっている。Aモデルでの外部資金需要はプロサイクリカルな変動を示すので、直接金融とも間接金融とも整合性をもつ。しかし、Jモデルでの外部資金需要は、弱いプロサイクリカルな変動もしくはカウンターサイクリカルな変動を示すので、間接金融としか整合性をもたない。Jモデルでの外部資金需要が直接金融による資金供給と組み合わされた場合に、どのような結果が生じるかをみてみよう。Jモデルでは、好況期においては比較的潤沢な内部資金が確保されるので、外部資金需要は比較的小さい。にもかかわらず、直接金融のプロサイクリカルな資金供給によって膨大な資金供給が行なわれる。これは資金の過剰供給につながる。この過剰資金は、企業による過剰な設備投資や過剰な金融資産投資につながるかもしれない。さらに、先に述べたように、株式市場などでいったん需要と供給が乖離すると累積的な価格上昇が起きる可能性が高いので、この過剰投資は資産価格バブルを生むかもしれない。一方、不況期にはこれと逆のことが起きる。Jモデルでは、不況期においては、内部資金はかなり小さくなってしまうので、外部資金に対する需要は比較的大きくなる。にもかかわらず、直接金融の場合、資金供給量はプロ

237

サイクリカルに変動するので、不況期の外部資金供給は低下する。したがって企業は投資資金不足に直面することになり、過小投資が発生する。結局、雇用の弾力性が小さいJモデルが直接金融中心の金融システムと組み合わされると、不安定なマクロ経済状況が生まれる可能性が高くなる。

このように、雇用の長期性を保障する企業は、好不況に比較的左右されない安定的な外部資金を必要とする。間接金融は、このような需要に柔軟に対応する比較的安定的な資金供給を可能にすることによって、雇用保障を支える。また逆方向からみれば、企業と銀行との双方での長期的な雇用は、資金の貸し手と借り手の間での密接で長期的な関係を築く前提であり、両者の間での緊密な情報交換は、長期的な融資の継続を支える。このように雇用の長期性を保障する制度と、間接金融制度との間には、一方が他方を支え強化するという補完性が存在する。

注意すべきことは、この2つの制度のうち一方が変化したときの、マクロ経済への影響が非対称的なことである。雇用が弾力化する方向へ雇用制度だけが変化した場合は、貸し手と借り手の間での密接で長期的な関係の構築がいくぶん困難になるだろうが、間接金融の存続は、企業の資金需要の変動に応じた資金供給を引き続き可能にするので、マクロ経済への悪影響は小さいだろう。しかし、直接金融を拡大する方向に金融制度だけが変化した場合は、雇用保障を重視する企業は、必要とする安定的な外部資金の調達が困難になる。好況期には需要量を超える資金の調達が可能になるが、逆に不況期には調達資金は需要量を下回る可能性が高くなる。このような企業における資金の過剰や不足は投資の大きな変動を引き起こし、マクロ経済の不安定化につながる。

4 補完性の実証

前節で述べた仮説の実証を試みよう。日本とアメリカの製造業の法人企業全体のデータを用いる。表9-4に示すように、雇用の弾力性については、日本はアメリカの約3分の1である。また、利潤額の弾力性も、仮説どおり日本のほうが大きい。外部資金需要の計測は困難がともなう。銀行は企業の借入需要に応じる（accommodate）と考えると、間接金融だけしか存在しない場合は、企業の借入金の額が企業の外部資金需要量にほぼ対応すると考えられる。しかし、

第9章 制度的補完性とマクロ経済的安定性

表 9-4 補完性の仮説と実証

	仮説	実証 日本	実証 アメリカ
雇用の弾力性	Jモデル ＜ Aモデル	0.20 ＜	0.61
利潤額の弾力性	Jモデル ＞ Aモデル	3.97 ＞	2.84
外部資金需要の弾力性	Jモデル ＜ Aモデル	下欄で代理	
借入金ストックの弾力性	Jモデル ＜ Aモデル	−0.37 ＜	0.87

注：日本については大蔵省『法人企業統計』の製造業合計の四半期データを用いた。利潤額には「営業利益」を用いた。また借入金ストックは「短期借入金」＋「長期借入金」である。各値の対前年同期増加率を Y とし、通産省『鉱工業指数年報』の鉱工業生産指数の対前年同期増加率を X とし、$Y = a + bX$ を推計式として、弾力性 b を OLS で推計した。推計期間は 1975 年第 1 四半期〜2002 年第 1 四半期である。

　アメリカについては、商務省、*Quarterly Financial Report for Manufacturing, Mining and Trade Corporations* の All manufacturing の四半期データを用いた。利潤額は Income from operations である。また借入金ストックは Short-term loans from banks ＋ Installments, due in 1 year or less, on long-term debt (a) Loans from banks ＋ Long-term debt due in more than 1 year (a) Loans from banks である。推計方法は日本と同様である。FRB, *Industrial Production Indexes* の製造業生産指数の対前年同期増加率を X として用いた。借入金ストックの弾力性については $Y = a + bX_{-4}$ を推計式として用いた。推計期間は 1975 年第 1 四半期〜99 年第 4 四半期である。

実際には間接金融と直接金融がともに存在する。直接金融が存在する場合、先に述べたように需要量と供給量と価格の累積的増加や累積的減少が発生し、現実の外部資金需要量が本来の需要量から乖離する可能性がある。したがって、ここでは企業の本来の外部資金需要に比較的正確に対応していると考えられる借入金の弾力性を、外部資金需要の弾力性の代理変数として捉える。借入金ストックの弾力性は、日本ではマイナスの値となり、カウンターサイクリカルな変動をしている。一方、アメリカにおいては、プロサイクリカルな変動をしている。この結果は、A モデルでの外部資金需要はプロサイクリカルな変動を示し、J モデルでの外部資金需要は弱いプロサイクリカルな変動もしくはカウンターサイクリカルな変動を示すという、前節で述べた仮説と一致している。

5　制度変化とマクロ経済的安定性の変化

図 9-9 は、表 9-1 のデータをもとにして、横軸を雇用の弾力性、縦軸を直接金融と間接金融との比率とする平面に、各国の位置をプロットしたものである。

図 9-9　雇用制度と金融制度との補完性モデル

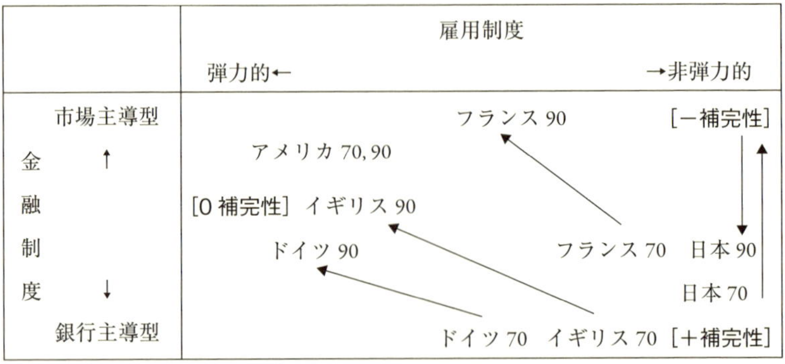

```
                            雇用制度
            弾力的 ←                                → 非弾力的

市場主導型                  フランス 90        ［－補完性］
  金　↑       アメリカ 70,90
  融
  制           ［0 補完性］ イギリス 90
  度
      ↓                    ドイツ 90    フランス 70   日本 90
                                                     日本 70
銀行主導型                            ドイツ 70 イギリス 70 ［＋補完性］
```

注：「70」は、1970 年代初めから 80 年代半ばまでの期間における各国の位置を示す。「90」は 80 年代半ばから 90 年代末までの期間の位置を示す。

3 で述べた仮説によれば、図の右下のコーナーに当たる位置は、非弾力的雇用構造と間接金融中心の銀行主導型金融構造の組み合わせを示し、これはマクロ経済の安定性にとってはプラスの効果をもつ。したがって図 9-9 では［＋補完性］と記されている。一方、［－補完性］と記されている右上のコーナーは、非弾力的雇用構造と直接金融中心の市場主導型金融構造の組み合わせを示し、これは、3 の最後で述べたように、マクロ経済の安定性にとってはマイナスの効果をもつ。また、雇用が弾力的な場合つまり図の左のほうでは、銀行主導型金融構造とも市場主導型金融構造とも整合性をもつので、図では［0 補完性］と記されている。イギリス、フランス、ドイツは、1980 年代半ば以降、直接金融の比率を高めているが、それは雇用の弾力化と並行して行なわれた。そのため、図におけるこれらの国の位置は左上方向に移動している。もし雇用の弾力化が行なわれなかったとしたら、これらの国の位置は右上のコーナーに向かって移動し、その結果、マクロ経済の不安定化が生じたかもしれない。しかし、現実には 1980 年代半ば以降、金融制度改革と雇用制度改革が同時進行したために、多くの場合この不安定化は回避され、市場主導型金融構造への移行はスムーズに行なわれた。

日本は、図 9-9 ではほとんど位置を変えていないようにみえる。しかし先に示した図 9-2 をみればわかるように、1980 年代後半に直接金融が急増し、90 年代には急減するという経過を辿っている。1980 年代後半に日本の大企業はエクイティ・ファイナンス（増資、転換社債、新株引受権付社債）を活発に行なっ

た。80年代前半の5年間ではエクイティ・ファイナンスにより、15.3兆円が調達されたが、80年代後半の5年間ではその4倍の66.6兆円が調達された。このように膨れ上がった資金は金融資産への投融資や、短期有価証券を含む手元流動性の増加を引き起こした（氏家，2002, p. 224）。90年代に入ると株価の下落が始まり、80年代後半に積み上がった金融資産の収益性は急速に低下していった。90年代前半のエクイティ・ファイナンスは22兆円にとどまった。大企業の資金調達は、普通社債による調達にシフトしていくが、その伸びは小さい。このような日本の金融構造の変化は、図9-9によれば、次のように理解できる。80年代後半に、日本の位置は、右下のコーナーから右上のコーナーに向けて移動したが、それによって、過剰投資によるバブルの形成とその崩壊後の投資停滞というマクロ経済の急激な不安定化が生じ、再び右下のコーナーに戻った。結局、間接金融中心の金融構造から、直接金融中心の金融構造への移行は、日本においては挫折した。

6　結論――日本における銀行主導型金融構造の重要性

Nell（1998）によると、大量生産経済においては、大量生産技術の成立という技術的変化やレイオフ制度や団体交渉制度などの制度的変化に起因して、雇用量と産出量がフレキシブルになる。他方で商品価格のサイクリカルな変動は弱まる。その結果、市場における需給ギャップは、価格変化を通じてではなく、数量変化を通じて調整される。このような市場調整パターンの変化が、大量生産経済におけるマクロ経済の実物的不安定性につながっている。ただし実際には、大量生産経済の実物面での不安定性は、国家のケインズ主義的経済介入や貨幣・金融システムの制度的強化によって軽減されているとネルは述べる。このようなネルの観点からみると、本章は、雇用の弾力性の制度的差異に留意しながら、どのような金融システムがマクロ経済の実物的不安定性を抑制するかという問題を考察した。本章の考察の前提は、次のような間接金融と直接金融の性質の違いである。間接金融による銀行からの資金供給は、企業の資金需要に柔軟に対応することができる。これとは対照的に、株式市場など直接金融のルートからの資金供給は、本来的にプロサイクリカルに変動する傾向をもち、またこのルートで生ずる資産需給ギャップは、さらに大きな需給ギャップを生

む可能性も高い。このことを前提に考察すると、日本のように雇用の弾力性が小さい経済においては、企業は、好況期、不況期を問わず、比較的安定的な外部資金調達を必要とするので、間接金融中心の銀行主導型金融構造だけがマクロ経済的安定性をもたらす。また、このような経済において直接金融中心の市場主導型金融構造が制度化されると、マクロ経済的不安定性が発生する。一方、雇用の弾力性の大きな経済においては、企業の外部資金需要はプロサイクリカルに変動するので、その供給は銀行主導型金融構造を通じてでも可能であるし、市場主導型金融構造を通じてでも可能である。

本書第4章で説明したように、1990年代以降の日本において派遣・請負労働者の拡大というかたちで、とくに大企業における企業内分業構造は変化している。他方、本書第8章で明らかにしたように、日本において、男女別に違いはあるとしても、全体としての雇用の弾力性は他の先進諸国と比べて低い状態が続いている。これは人事管理戦略において長期雇用を重視する企業が、2000年代においても多数を占めていることによる。したがって、今後も日本では雇用の弾力性が低い状態が続くとすれば、間接金融中心の銀行主導型金融構造を維持していくことが、マクロ経済的安定性を確保するために重要である。

参考文献

氏家純一編（2002）『日本の資本市場』東洋経済新報社。
高木仁・黒田晁生・渡辺良夫（1999）『金融システムの国際比較』東洋経済新報社。
日本銀行（2001）『入門　資金循環』東洋経済新報社。
野下保利（1995）「金融構造と金融不安定性の諸類型」青木達彦編『金融脆弱性と不安定性』日本経済評論社。
古川陽二（1999）「イギリスにおける労働法の規制緩和と弾力化」『日本労働法学会誌』第93号。
宮本太郎（1999）『福祉国家という戦略』法律文化社。
宮本光晴（1999）『日本の雇用をどう守るか』PHP新書。
盛誠吾（1999）「フランスにおける労働法の規制緩和と弾力化」『日本労働法学会誌』第93号。
和田肇（1999）「ドイツ労働法の変容」『日本労働法学会誌』第93号。
Aoki, M. (2001) *Toward a Comparative Institutional Analysis*, MIT Press.（瀧澤弘和・谷口和弘訳『比較制度分析に向けて』NTT出版、2001年）
Amable, B. (2003) *The Diversity of Modern Capitalism*, Oxford University Press.（山田鋭夫，原田裕治ほか訳『五つの資本主義』藤原書店、2005年）
Amable, B., E. Ernst and S. Palombarini (2002) "Comment les marches financiers peuvent-ils affecter les relations industrielles? Une approche par la complémentarité institutionnelle", *L'année de la régulation*, No. 6.
Boyer, R. ed. (1988) *The Search for Labour Market Flexibility*, Clarendon Press.（井上泰夫訳『第二の大転換』藤原書店、1992年）
Epstein, G. A. (1994) "A Political Economy Model of Comparative Central Banking", in G. A. Dymski and R.

Pollin eds., *New Perspectives in Monetary Macroeconomics*, University of Michigan Press.
Franzese, R. J. and P. A. Hall (2000) "Institutional Dimensions of Coordinating Wage Bargaining and Monetary Policy", in T. Iversen, J. Pontusson and D. Soskice eds., *Unions, Employers and Central Banks*, Cambridge University Press.
Hall, P. A. and D. Soskice eds. (2001) *Varieties of Capitalism*, Oxford University Press.（遠山弘徳ほか訳『資本主義の多様性』ナカニシヤ出版、2007年）
Iversen, T. (2000) "Decentralization, Monetarism, and Social Democratic Welfare State", in T. Iversen, J. Pontusson and D. Soskice eds., *Unions, Employers and Central Banks*, Cambridge University Press.
Nell, E. (1998) *The General Theory of Transformational Growth*, Cambridge University Press.
Soskice, D. and T. Iversen (2000) "The Nonneutrality of Monetary Policy with Large Price or Wage Setters", *The Quarterly Journal of Economics*, February.

第Ⅲ部　制度的調整をともなう経済動学

第10章　制度的調整をともなう累積的因果連関

1　本章の課題──累積的因果連関概念を用いた経済成長論

　累積的因果連関とは、簡単にいえば、複数の要因の間ではたらく相互強化作用を通じて、これらの諸要因の変化が並行的・累積的に進行することを意味する。経済理論分野では、1928年のA・ヤングの論文に始まり、A・ハーシュマン、G・ミュルダール、N・カルドアなどが、累積的因果連関という概念を使って経済成長論を発展させてきた[1]。近年、発展がめざましい進化経済学では、累積的因果連関は、収穫逓増や経路依存性といった概念とも関わりをもつ重要な概念とみなされているが、活発な理論的展開がなされているとはいえない。その理由のひとつは、上記のような一般的な定義は定式化されているが、国民経済や国際経済において、累積的因果連関はどこに存在し、どのように作用し、どのような効果をもたらすのかが十分に明確にされていないことにある。国民経済と国際経済における累積的因果連関の配置と作用と効果について、最も包括的な構図を提示したのはミュルダールである。しかし、ミュルダールは、それを数学的に定義された経済モデルとして構成しなかった。カルドアは、ミュルダールの提示した構図を、2部門経済モデルとして構成しようと試みたが、後でみるように、カルドアの試みは不十分なものであった。累積的因果連関の理論的展開が滞っているもうひとつの理由は、制度的調整と累積的因果連関との結びつきが明確に定式化されていないことにある。ミュルダールは「波及効果」という概念を用いて、国際貿易の規制や開発援助制度、福祉制度や教

---
(1)　Toner (1999) は、累積的因果連関論の研究史を概説するとともに、主要な論者の研究の貢献と限界について説明している。

育制度が累積的因果連関と結びついていることを説明した。賃金の制度的調整と累積的因果連関との関わりを初めてモデル化したのはボワイエである。本章の目的は、ミュルダール、カルドアおよびボワイエの試みを引き継ぎ、制度的調整をともなう累積的因果連関を経済モデルとして定式化することにより、その配置と作用と効果を明らかにすることにある。

本章の構成は次のとおりである。2では、ミュルダールが提示した累積的因果連関の構図について説明する。3では、カルドアのモデル化の試みを検討し、その貢献と限界を指摘する。4では、ミュルダールの構図に依拠して、カルドアの限界を超える累積的因果連関モデルを提示する。

2 ミュルダールの累積的因果連関の構図

ミュルダールは『経済理論と低開発地域』(Myrdal, 1957)において、自身の累積的因果連関論の構図を包括的に展開し、この構図にもとづいて、当時の国民経済および世界経済における分極化を体系的に説明した[2]。その本質的内容を失わないかたちで、単純化して図示すると、図10-1に示すような2国2部門からなる構図になる。この図10-1において、単純化のために捨象されているのは次のような事柄である。ミュルダールが分析しているのは、当然、多国、多部門からなる現実経済である。また累積的因果連関が作用する相互連関的な経済量としてミュルダールが挙げているのは、需要と生産性だけではなく、「需要、収益力、所得、投資、生産」(Ibid., 邦訳 p. 31)である。また、複数の国際経済を関係づけるものとしてミュルダールが考察しているのは、貿易だけではなく、資本移動や労働移動も含まれる。

以上のような単純化にもかかわらず、図10-1は、ミュルダールの累積的因果連関論が有する次のような4点の本質的内容を明瞭に示している。

① 1つの国民経済内部に複数の累積的因果連関が存在し、そのうち1つは「好循環」すなわち「上昇的累積過程」であり、もう1つは「悪循環」すなわわ

---

[2] ミュルダールが累積的因果連関という概念を研究において初めて定式化し、自覚的に使用したのは、『アメリカのジレンマ』(Myrdal, 1944)であるが、そこで分析されたのは、マクロ経済の動態ではなくアメリカの人種差別問題である。①黒人の低い経済水準、②黒人の知識、意欲、健康、教育、礼儀作法、モラル、③白人による差別、この三者を取り結ぶ相互強化的関係が、累積的因果連関という概念を使って分析された(p. 218)。

図 10-1 ミュルダールの累積的因果連関論の構図（2国2部門モデル）

B国（発展途上国）------ 部門間格差が大、経済全体としては低成長

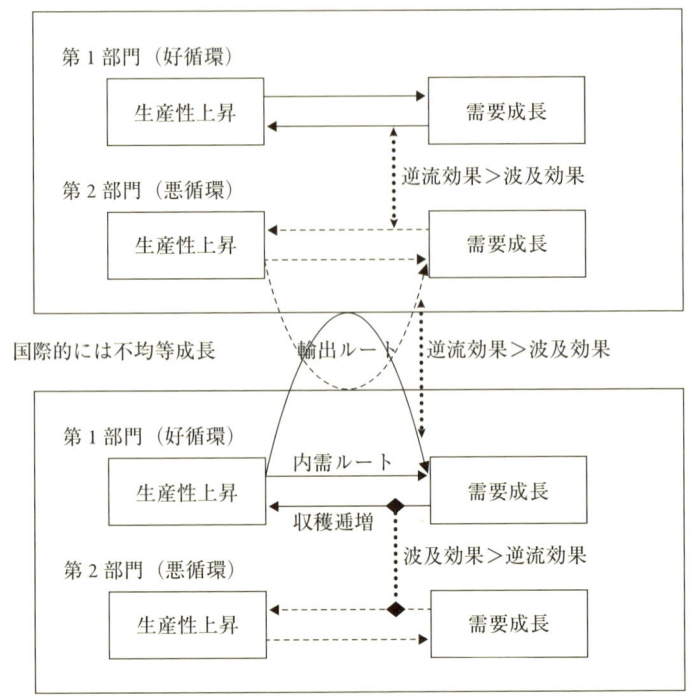

```
第1部門（好循環）
  生産性上昇 ⇔ 需要成長
              逆流効果＞波及効果
第2部門（悪循環）
  生産性上昇 ⇔ 需要成長
```

国際的には不均等成長　　輸出ルート　　逆流効果＞波及効果

```
第1部門（好循環）
  生産性上昇   内需ルート   需要成長
             収穫逓増
              波及効果＞逆流効果
第2部門（悪循環）
  生産性上昇 ⇔ 需要成長
```

A国（先進国）------ 部門間格差が小、経済全体としては高成長

ち「下降的累積過程」である。

②図 10-1 において4つある累積的因果連関は、相互に無関係ではなく、「労働、資本、財貨ならびに労務の移動」などによって「媒介」されている。これらの移動は、好循環する累積的因果連関に対してプラスの結果をもたらし、悪循環する累積的因果連関に対してマイナスの効果をもたらす（*Ibid.*, 邦訳 p.32）。その結果、好循環部門と悪循環部門との格差が拡大する。「労働、資本、財貨ならびに労務の移動」がもつこのような効果は「逆流効果」と呼ばれ、市場諸力が自由な作用に任される場合において顕著となる（*Ibid.*, 邦訳 p. 48）。本書第**1**章の経済調整の分類にもとづくと、逆流効果をもつ例としてミュルダールが挙げているのは、市場的調整である。ミュルダールは明示していないが、また、図 10-1 では一部分しか図示していないが、逆流効果は表 10-1 に示すような4

第 10 章　制度的調整をともなう累積的因果連関

表 10-1　逆流効果の分類

	需要形成に関わるもの	生産能力形成に関わるもの
国際間で作用するもの	リカード型貿易、比較優位商品への生産の特化	先進国への移民と資本移動
国内で作用するもの	（消費、投資、輸出需要の構造変化）	高成長部門への労働力移動と資本移動

注：Myrdal（1957）にもとづき筆者が作成。括弧内はミュルダールによるものではなく、Kaldor（1966）が指摘した事柄である。

表 10-2　波及効果の分類

	需要形成に関わるもの	生産能力形成に関わるもの
国際間で作用するもの	国際貿易の規制	発展途上国への資金援助、技術援助
国内で作用するもの	福祉政策や地域政策による所得移転	教育水準の向上、交通運輸の改善

注：Myrdal（1957）にもとづき筆者が作成。

つの種類に分類できる。「需要形成に関わるもの」とは、生産性上昇から需要成長に至る経路に対して作用し、好循環における需要形成作用を強め、悪循環における需要形成作用を弱める逆流効果である。また「生産能力形成に関わるもの」とは、需要成長から生産性上昇に至る経路に対して作用し、好循環における生産能力形成作用を強め、悪循環における生産能力形成作用を弱める逆流効果である。この生産能力には、設備の能力だけではなく、人的能力も含まれる

③先進国内では、近代的福祉国家によって、所得移転や教育水準の向上や交通運輸の改善などの平等主義的政策が実施されている。これらは、「波及効果」と呼ばれ、「経済的拡張の遠心的波及の諸力を強め、もしくはその作用に対する障害を除去する」（*Ibid.*, 邦訳 p. 41）。表 10-2 に挙げたような国際貿易の規制や開発援助制度、福祉制度や教育制度などの諸制度がもつ「波及効果」の結果として、好循環部門と悪循環部門との格差が縮小する。本書第 1 章の経済調整の分類にもとづくと、波及効果をもつ例としてミュルダールが挙げているのは、すべて制度的調整である。そして、先進国内では「波及効果」が「逆流効果」よりも相対的に強い。しかし、国際間においては、「世界国家の欠如」（*Ibid.*, 邦訳 p. 76）「自由貿易論の勝利」（*Ibid.*, 邦訳 p. 171）などのために、国際貿易や移民や資本移動が無規制におかれる傾向がある。また発展途上国への資金援助や技

術援助もきわめて少額であり⁽³⁾(*Ibid.*, 邦訳 p. 78)、その結果、国際間では逆流効果が波及効果を上回り、「市場諸力は国際間の不平等を累積的に強める傾向がある」(*Ibid.*, 邦訳 p. 67)。波及効果についても、表 10-2 のように分類することができる。

④最後に、貿易は国際間では逆流効果として作用するが、それを国民経済内部の工業部門から捉えると、生産性上昇から需要成長へ至る経路のひとつを構成している[4]。つまり工業部門における生産性上昇から需要成長へ至る経路としては、「需要、収益力、所得、投資、生産」(*Ibid.*, 邦訳 p. 31) の連関からなる内需ルートと輸出ルートが存在する。また、逆方向の、生産性上昇から需要成長に至る経路について、ミュルダールは工業部門での「収穫逓増」の存在を指摘している (*Ibid.*, 邦訳 p. 33)。

ミュルダールの 2 国 2 部門の構図に含まれている以上の 4 点の本質的内容は、いずれもカルドアが重視して、累積的因果連関のモデル化において考慮した事柄である。ただし、次節で述べるように、実際に発表されたカルドアの諸モデルにおいては、4 点のうち一部分が不完全にモデル化されたにすぎない。ミュルダールが叙述的に描いたこのような最低 4 つの累積的因果連関が織りなす構図を抜きにしては、カルドアのモデルを適切に評価することはできないと考えられる。しかしながら、ミュルダールとカルドアの理論的関係を論じた 3 つの先行研究 (Toner, 1999; 藤田, 2004; 2005) は、この 4 つの累積的因果連関の接合関係には着目していないし、重視していない。Toner (1999) は、ミュルダールの累積的因果連関の諸原理を 7 点にまとめているが、いずれも 1 つの累積的因果連関に関する事柄であり、その動作メカニズム、様態、動作要因、コントロール可能性、適用対象、動作限界について述べているだけである。また藤田

---

(3) 国際間での生産能力形成に関わる波及効果について、ミュルダールは悲観的であるが、需要形成に関わる波及効果については楽観的である。「世界国家がなくても、低開発国はいまや自分自身の経済の主人になろうとしており、自国の輸出入品に関する限り、国際貿易を規制することさえできるのである」(Myrdal, 1957, 邦訳 p. 79)。そしてミュルダールは、経済発展に適合するかたちでの外国貿易構造の変化を誘発するような規制政策を発展途上国政府に推奨している (*Ibid.*, 邦訳 pp. 112-118)。

(4) 「貿易は、比較的富裕で進歩的な地域に対しては有利で、他の地域に対しては不利という同じような根本的傾向をもって作用する。市場の自由化や拡張はしばしば、多くの場合、収益逓増の条件の下に操業しているところの、すでに確立された拡張中心地の工業に対して、他の地域に早くから存在する手工業や工業に対してさえ与えられていなかったような競争的な利益を与える」(Myrdal, 1957, 邦訳 p. 33)

第 10 章　制度的調整をともなう累積的因果連関

（2005）は、ミュルダールの累積的因果連関論の諸命題として、「基本命題→逆流効果の命題」「基本命題に反する命題→波及効果の命題」「分析の範囲に関する命題→制度的要因重視の命題」「政策的インプリケーションの命題」の4つの命題を挙げている。2つの累積的因果連関を結びつける媒介として逆流効果と波及効果に焦点を当てていることは藤田の分析の長所であるが、ミュルダールの累積的因果連関論の全体的な構図は示されず、また、逆流効果と波及効果の上記のような分類も示されていない。

　藤田（2005）は、『アメリカのジレンマ』にはなかった逆流効果と波及効果概念が、『経済理論と低開発地域』に登場したことに関して、「格差拡大という両極分解過程だけでなく、均衡への収斂をも含む変化過程を説明しうる論理となっている」（p. 36）と述べ、ミュルダールのこの理論的発展を高く評価している。しかし、逆流効果を「均衡からの乖離」として捉え、波及効果を「均衡への収斂」とする藤田の捉え方は、ミュルダールの考え方に沿っていないと考えられる。ミュルダールは、『アメリカのジレンマ』の「付録3　累積原理に関するノート」において、次のように述べているからである。

> 初期状態で仮定するバランス（balance）は安定な均衡（equilibrium）ではまったくない。〔……〕われわれが説明を簡単にするために仮定する、すぐに変化するバランスという初期状態は、現実の社会問題へのこの理論モデルの応用においては、もちろん、ありえないだろう。われわれが研究しなければならないのは、ひとつの方向あるいは別の方向に、現実に転がっていく諸システムである。その諸システムは、すべての変数を通じて、多種の外からの圧力につねにさらされている。またこの諸システムは、これらすべての圧力の累積的効果と、諸変数間の相互作用によって動いていく。（Myrdal, 1944, p. 1067）。

ミュルダールの逆流効果と波及効果という概念は、1つの累積的因果連関システムの外からこのシステムに対して常に作用する複数の圧力を、より詳しく概念化したものにほかならないと考えられる。また、ミュルダール自身もしばしば使用する「均衡からの乖離」という累積過程のイメージは、説明を簡単にするために用いられている仮構にすぎない点をもっと重視する必要がある。

第Ⅲ部　制度的調整をともなう経済動学

さらに、波及効果をもつ例としてミュルダールが挙げているのは、すべて制度的調整であり、逆流効果をもつ例としてミュルダールが挙げているのは、市場的調整であるという点も興味深い論点であるが、既存研究では注目されていない。制度的調整と累積的因果連関との結びつきを解明することが求められる。

3　カルドアによる累積的因果連関のモデル化

3.1　フェルドーン法則の実証と解釈

カルドアによる累積的因果連関のモデル化の端緒となったのは、1966年のケンブリッジ大学の教授就任記念講義「イギリス経済の低成長の原因」(Kaldor, 1966) である。この論文においてカルドアは、先進国の製造業部門における需要成長率と労働生産性上昇率との間の正の関係、すなわち「フェルドーン法則」あるいは「カルドア第2法則」を実証した。労働生産性上昇率を ρ、需要成長率を g で表わすと、カルドアの推計結果は $\rho = 0.888 + 0.446g$ であった。g の係数の推計値は「フェルドーン係数」と呼ばれるが、この値が 0 と 1 との間の数値であること、および定数項が正の値であることが、後に大きな意味をもつことになる。ミュルダールの構図を示す図10-1でいうと、先進国の第1部門における累積的因果連関のうち、需要成長から生産性上昇に至る経路が、ミュルダールの想定どおり、収穫逓増によって支えられていることが実証[5]さ

---

[5] しかしながら、その実証方法には重大な問題点があった。カルドアの方法は、生産性上昇率を被説明変数、需要成長率を説明変数とする回帰分析である。この2つの変数の観測値として使われたのは、先進12ヵ国の10年間(1950年代半ば～60年代半ば)の平均成長率である。つまり時系列データではなく、パネルデータが使われた。しかし、宇仁 (2007) に示すように、この回帰式の係数推定値すなわちフェルドーン係数は、(1－雇用弾力性) に等しい。そして、雇用制度の国別多様性のために、産出量に対する雇用量の弾力性は国によって大きく異なることはよく知られている。したがって、多数の国のデータをプールして推定するのではなく、Stoneman (1979) が行なったように、一国ごとに時系列データを使って推定することが望ましい。1800～1969年のイギリスに関するStoneman (1979) の推計結果では、フェルドーン係数の値は0.655であった。また、Parikh (1978) は、累積的因果連関は連立方程式体系であるので、OLSではバイアスが生じるとカルドアの方法を批判し、同時方程式推計を試みている。しかし、この批判は正しくない。本書第11章に示すように、需要成長から生産性上昇に至る経路は雇用制度や技術によって規定されているために循環的変動は小さく、他方、生産性上昇から需要成長に至る経路は、とくに投資需要の循環的変動が大きいので、景気循環に応じた大きな変化をともなっていると考えられる。したがって、時系列観測値を使う場合には、労働生産性上昇率を被説明変数、需要成長率を説明変数とする回帰分析によって得られる回帰直線は、需要成長が生産性上昇に及ぼす影響を示すといえる。

れたのである。この関係は単に需要水準と生産性水準の関係ではなく、それぞれの変化率の間の関係であるので、後に「動学的収穫逓増」と呼ばれる。

　このカルドアの論文では、上記の経路とは逆の経路、すなわち生産性上昇から需要成長に至る経路については、モデル化も推定も行なわれていない。ただし、カルドアは、需要形成に関わる国内の「逆流効果」について、以下に引用するような先見的な叙述を行なった。これは逆流効果の種別を示す表10-1においてミュルダールが言及していなかった部分であり、カルドアはこの理論的空白を埋めるという貢献をしたのである。カルドアは、「需要の弾力性」が大きな商品に対する需要が増えるかたちでの、消費、投資、輸出の各需要の構造変化によって、需要形成作用が強まることを、次のように的確に指摘している。

　　供給面で大規模に反応するような商品に需要増加が集中すれば、〔……〕それだけ連鎖反応は急激なものになるかもしれない。〔……〕この過程は3つの源泉に依存している。消費、投資、純輸出がそれである。消費者の需要構造は消費構造の変化に依存するが、それは1人当たり実質所得の増大と関連している。製造業製品の所得弾力性の高率性は、1人当たり実質所得水準の中規模領域に見られる特徴である。(*Ibid.*, 邦訳 p.170-171)。

　少し敷衍するならば、「フォード主義的消費様式」が普及するような発展段階（日本でいえば1960年代）においては、消費を通じた「内需ルート」の作用が強まることをカルドアは示唆している。また投資を通じた「内需ルート」については次のように述べられている。

　　ある1国がひとたび工業化の段階にたどりつき、その国が消費財とはまったくちがって工場や機械に関する自国の必要物資を大部分、まかなうようになれば、それらの生産物にたいする需要の成長率は傾向的にきわめて顕著に引き上げられることになるであろう。(*Ibid.*, 邦訳 p.171、日本でいえば、1950年代にこの現象が見られた)。

　「輸出ルート」については、カルドアは、経済成長にともなう次のような外国貿易の構造変動過程をふまえて考察する。消費者向け製造品の輸入減少と機

械設備の輸入増加→消費者向け製造品の純輸出国→機械設備の輸入減少→機械設備の純輸出国。「爆発的成長に出くわしやすいのは最後のこの段階においてである。つまりその際には重工業製品に対する国外需要の高成長率は、自国の経済拡張に原因する自生的な需要成長と結びつくのである[6]」(Ibid., 邦訳 p. 172)。

これらの指摘は示唆に富むものであり、実際に、4 で説明する「構造変化をともなう 2 部門モデル」では、このような消費、投資、輸出の構造変化をモデルに組み込む。この構造変化が、第 1 部門における需要形成作用を強め、その結果として、第 1 部門において高い需要成長と生産性上昇とが実現し、第 2 部門においては低い需要成長と生産性上昇とが実現する。しかし、この 1966 年のカルドア論文でも、またその後、カルドアが提示した 2 つの 2 部門モデルにおいても、このような逆流効果のモデル化は行なわれなかった。結局、1966 年のカルドア論文では、動学的収穫逓増作用を表わす一方向の因果関係だけが定式化された。そしてこのような累積的因果連関の半分だけのモデル化が、その意義や解釈をめぐるかなり不毛な論争[7]を生む第 1 の原因である。第 2 の原因は「需要は外生的である」とか「労働力不足がイギリス経済の低成長の原因である」とか、累積的因果連関という考え方とも矛盾するカルドア自身の不用意な言明にある[8]。もし需要成長率が外生的に決定するとすれば、フェルドーン法則を通じて労働生産性上昇率が決定する。これは一方向の連関であって累積的因果連関ではない。また先進諸国の経済成長率の多様性に関するこのような説明が、説得力を欠くことは明白であろう。このような欠陥を克服するためには、逆方向の経路である生産性上昇から需要成長に至る経路を明確に定式化し、数量的に実証しなければならない。それとともに逆流効果と波及効果も定式化する必要がある。そのための最初の試みは、生産性上昇から需要成長に至

---

(6) カルドアは、この文章に続けて「戦後日本の驚異的な成長率を説明するものは主としてこのような第 4 段階への移行である」と述べているが、その後の推移も考慮すると、日本で機械輸出が急増し輸出主導型成長が顕著となるのは 1970 年代後半と 80 年代前半である。

(7) とくにローソンとの間の論争がよく知られている（Rowthorn, 1975a; Kaldor, 1975; Rowthorn 1975b）。カルドアによるフェルドーン法則の推定結果を否定するためにローソンが使用したのは、生産性上昇率を被説明変数、雇用成長率を説明変数とする回帰分析である。しかし、ローソンの方法は、注 (5) で指摘したカルドアの実証方法がもつ欠点を共有するとともに、製造業の雇用成長率はゼロ前後の値に集中しており、データの識別性が低いというもうひとつの欠陥も有している。

(8) カルドアは後にこれらの言明を修正した（Targetti, 1992, Ch. 7）。

る経路の2つのルートのうち「輸出ルート」だけを取り出して行なわれた。それが次に説明するカルドアの輸出主導型成長の2部門モデルである。

3.2 輸出主導型成長の2部門モデル

カルドアの累積的因果連関モデルは、農業工業モデルと輸出主導型成長モデルとを一緒にして、「2段階2部門モデル」と呼ばれることがある（Toner, 1999）。経済発展の最初の段階に当たるのが、閉鎖経済を想定した農業工業モデルであり、次の段階に当たるのが、開放経済を想定した輸出主導型成長モデルである。しかし、この2つのモデルは、ともに製造業部門で作用する収穫逓増を考慮した2部門モデルという点では共通しているが、モデルの構造がまったく異なる。輸出主導型成長モデルについて説明する前に、農業工業モデルの概要を簡単に述べる。

農業工業モデルに関するカルドア自身による最も詳細な説明は、1984年にイタリアで行なわれた講義においてなされた（Kaldor, 1996）。このモデルは農業部門と工業部門から構成され、工業部門では動学的収穫逓増が作用し、また需給ギャップは数量調整によって調整される。農業部門では収穫逓減が作用し、価格調整が行なわれる。このように性格の異なる2つの部門は原材料と資本財取引を通じて相互依存している。このような2部門モデルの分析によって、カルドアは1部門マクロモデルでは捉えられない経済の動態を解明しようとしたが、このモデルは多くの不十分な点を有している。カルドア自身も認識し（*Ibid.*, p. 46）、パシネッティやシロス＝ラビーニがコメントにおいて指摘しているように（*Ibid.*, p. 106, 112）、農業部門と工業部門とが均等成長するという基本的仮定は、現実的でもないし、理論的必然性もない。また、工業部門におけるフェルドーン法則を通じた労働生産性の上昇は、外生的に付加されるにすぎず、このモデルは累積的因果連関を構成していない。ミュルダールの構図に描かれたような、累積的因果連関は存在しないし、また部門間の不均等成長は起こりえないので、この農業工業モデルについては本章では詳しく検討しない。以下ではカルドアの輸出主導型成長モデルの概要を説明し、その意義と限界について述べる。

カルドアはいくつかの論文で、累積的因果連関と関わらせながら輸出主導型成長について言及している（Kaldor 1970; 1971; 1973）。また、そこで述べられた

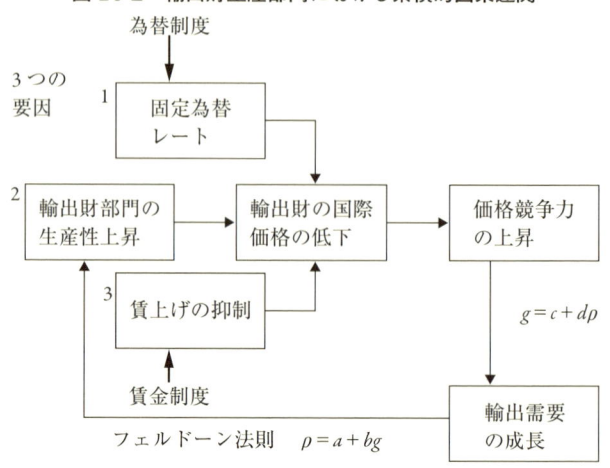

第Ⅲ部　制度的調整をともなう経済動学

図 10-2　輸出財生産部門における累積的因果連関

為替制度 → 1 固定為替レート

3つの要因

2 輸出財部門の生産性上昇 → 輸出財の国際価格の低下 → 価格競争力の上昇

3 賃上げの抑制

賃金制度

フェルドーン法則　$\rho = a + bg$

$g = c + d\rho$

輸出需要の成長

　カルドアの考え方にそって、Dixon and Thirlwall (1975) は、数学的モデルを構築した。以下でのモデルに関する説明は、ディクソンとサールウォールにほぼ従って行なう[9]。

　輸出財生産部門と、非貿易財生産部門からなる2部門経済が仮定される。ただし、この2つの部門間の関係をみれば、非貿易財生産部門の成長は輸出財生産部門の成長率に完全に依存しており、この2つの成長率は、「輸出成長に対する総産出成長の弾力性」でつながっている。すなわち、カルドアの輸出主導型成長モデルでは、ミュルダールが図 10-1 で想定したような部門間の成長率格差は存在するとしても、格差は拡大しない。また、このことは Kaldor (1966) が述べたような需要構造変化にもとづく逆流効果がモデル化されていないことを意味する。さらに、決定的な限界は、生産性上昇から需要成長に至る経路のうち輸出ルートだけが考慮され、内需ルートが無視されていることである。この限界は、カルドアの累積的因果連関モデルでは所得分配が定式化されていな

---

[9] 次の1点だけ、モデルの定式化を変更した。ディクソンとサールウォールは、輸出財生産部門におけるフェルドーン法則の説明変数として、経済全体の産出成長率を採用している。これを輸出財の産出成長率に変更した。ディクソンとサールウォールの定式化の意図は、輸出財生産部門の背後にある産業連関を考慮に入れることにある (Dixon and Thirlwall, 1975, p. 205)。しかし、4で説明するように、部門そのものを垂直的統合部門として捉え、労働生産性上昇率を垂直的統合労働係数の低下率として捉えることで産業連関の問題は処理できる。

第 10 章　制度的調整をともなう累積的因果連関

いというもうひとつの限界とも関わっている（Boyer and Petit, 1991）。

　図 10-2 は輸出財生産部門で作用する累積的因果連関の概念図を示す。輸出ルートの因果関係は Hicks（1953）とほぼ同じものである。ヒックスは 1950 年代における英米間の貿易不均衡問題に触れながら、固定為替制度のもとで生産性の不均等な変化が、生産性の上昇する A 国と生産性の上昇しない B 国に及ぼす影響を理論的に論じている。A 国の生産性上昇が輸出財部門に限定され（export-biased）、両国の賃金率や利潤マークアップ率が不変である場合、A 国の輸出財の価格低下率は生産性上昇率と等しい。B 国の価格は不変であるので、A 国製品の B 国市場での競争力は高まり、A 国から B 国への輸出が増える。A 国の輸出量の価格弾力性を d で表わし、輸出成長率を g、生産性上昇率を ρ で表わすと、(I) $g = c + d\rho$ となる。c は非価格的要因にもとづく輸出成長を表わす。このケースでは、A 国の均等賃金率には輸出財部門の労働生産性上昇はまったく反映されない点に留意すべきである。つまり輸出財ではなく非貿易財の労働生産性上昇に応じて賃金を上昇させるという賃金制度が仮定されている。一方、生産性上昇から需要成長に至る経路の因果連関は、フェルドーン法則にもとづく動学的収穫逓増作用である。フェルドーン係数を b とすると、(II) $\rho = a + bg$ が成り立つ。a は産出増加に依存しない生産性上昇を表わし、たとえば、科学的知識の進歩などが考えられる。

　固定為替制度と輸出財の労働生産性上昇が賃金上昇に影響しない賃金制度という特殊な制度的前提がおかれていることが、このモデルのもつもうひとつの限界である。たとえば、貿易赤字が累積する相手国は、生産性上昇率格差に見合うかたちで為替レートの変更するように要求するかもしれない[10]。あるいは、輸出財生産部門の労働者は、生産性上昇率に見合う賃金上昇を要求するかもしれない。このような要求によってどちらかの制度が変更されたならば、輸出主導型成長は成立しなくなる。

---

[10] Hahn（1989）は「カルドアは、他の諸国の反応関数というものを無視した」（p. 56）とカルドアの輸出主導型成長論を批判している。しかし、ブレトンウッズ体制の崩壊が明白になった後、カルドアの一国主義的傾向はやや変化した。たとえば Kaldor（1973）は、望ましい為替制度の要件として、「各国平価の調和のためになるべく協力しながら合意に達して定期的に調整をおこなうこと」（邦訳 p. 132）を挙げ、「固定されながらも調整可能な平価制度」や「自由変動相場制度」を退けたうえで、「管理された変動相場制度こそが自動的に台頭しそうである」と述べている。

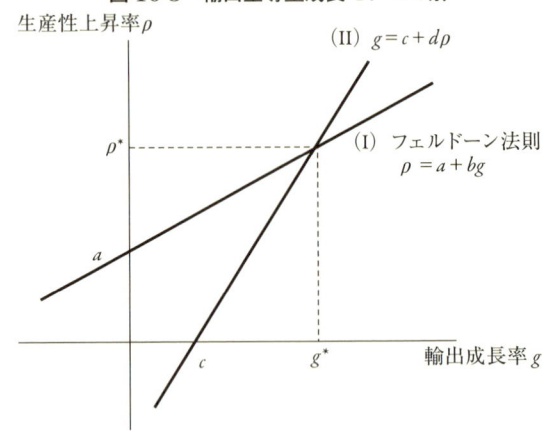

図 10-3　輸出主導型成長モデルの解

（縦軸：生産性上昇率 ρ、横軸：輸出成長率 g）

(II)　$g = c + d\rho$

(I)　フェルドーン法則　$\rho = a + bg$

交点座標：(g^*, ρ^*)

このように、かなり特殊な賃金制度と為替制度という前提のもとではあるが、カルドアの輸出主導型成長モデルによって、A 国における輸出および総産出の高成長と貿易黒字の累積、および B 国における輸出および総産出の低成長と貿易赤字の累積が導かれる。つまり、このモデルによって国内の部門間の不均等成長は説明できないが、国際間の不均等成長は説明できる。カルドアは第二次大戦後から 1970 年頃までの、ドイツと日本の高成長と、アメリカとイギリスの低成長とを、このモデルによって説明した。

また、ディクソンとサールウォールの重要な貢献として次の点がある。このモデル化によって、輸出ルートとフェルドーン法則で構成される累積的因果連関がもたらすのは、一定速度の需要成長と一定速度の生産性上昇であることが証明された。横軸を輸出成長率、縦軸を生産性上昇率とする平面に、上記の (I) 式と (II) 式を図示すると図 10-3 のようになる。パラメータ a, b, c, d がいずれも正の値で、輸出量の価格弾力性 d とフェルドーン係数 b の積が 1 より小さい正の値である場合には、この 2 つの直線の交点の座標も正の値をもつ。そして、輸出成長率と生産性上昇率の初期値がどんな値であっても、つまり図 10-3 のどこから出発しようと、ある程度の時間が経過すれば、輸出成長率と生産性上昇率はこの交点の値に収束する。このことは次のようにして説明された。たとえば、生産能力形成（とくに生産設備の増強や雇用保障制度のもとでの雇用調整）にはある程度の時間を要することを考慮して、フェルドーン法則を示す

（I）式を、次のように 1 期のラグを付けて定式化する。

(I) $\rho_t = a + bg_{t-1}$ 　　　(II) $g_t = c + d\rho_t$

その結果、輸出ルートとフェルドーン法則で構成されるこの連立方程式は、非同次1階線型差分方程式になる。初期値 ρ_0, g_0 をとると、その一般解は、次のとおりである。

$$\rho_t = \left(\rho_0 - \frac{bc+a}{1-bd}\right)(bd)^t + \frac{bc+a}{1-bd} \qquad g_t = \left(g_0 - \frac{ad+c}{1-bd}\right)(bd)^t + \frac{ad+c}{1-bd}$$

明らかに、$0 < bd < 1$ の場合には、右辺の第1項はある程度の時間が経過するとゼロに近づき、そして、一定の輸出成長率 $\rho^* = \frac{bc+a}{1-bd}$ と一定の生産性上昇率 $g^* = \frac{ad+c}{1-bd}$ が最終的に実現する。カルドアらの推定結果によると、フェルドーン係数 b の値は約 0.5 である。また輸出の価格弾力性 d は 2 を超えることはほぼありえない。したがってこの2つのパラメータの現実的な値を考慮すると $0 < bd < 1$ となる。したがって累積的因果連関のもとで実現するのは、加速的成長ではなく、一定速度の輸出成長と一定速度の生産性上昇である[11]。これと同様の結果は、後に 4 で述べるように、「内需ルート」を定式化した 2 部門モデルにおいても成立する。

そして、輸出成長率の増加や生産性上昇率の増加がありうるとすれば、それは輸出ルートとフェルドーン法則で構成される連立方程式の諸パラメータ a, b, c, d の変化によって起きる。つまり、累積的因果連関の外から作用する何らかの力によって、需要形成作用が強められたり、生産能力形成作用が強められたりするときに需要成長率や生産性上昇率は増加する。このことは、ミュルダールが示した逆流効果や波及効果が、累積的因果連関を通じて現われる経済動態

---

[11] Setterfield（1997）は次のような議論（解釈）を Dixon and Thirlwall（1975）のモデルに付け加えて、累積的因果連関それ自体が加速的成長を生むこともあると主張している。それは任意の初期値（正確には任意ではなく収束値よりも小さい値）から収束値に至るまでの途中の経路を累積的因果連関の過程としてみなすというものである（p. 57）。しかし、これはかなり無理のある解釈である。初期値にもよるが、数年で収束値の近くに到達してしまい、それ以降は加速しないので、累積的因果連関のような中長期の現象の説明にはそぐわない。また、カルドアもこのような解釈を支持するとは思えない。Kaldor（1940）は収束過程を実際にはあれこれの理由で収束しないのだと強弁するこの種の立論（Kalecki, 1937）を批判し退けているからである。カレツキは、カルドアの批判を受けて自身の景気循環論を修正した（Kalecki 1990, pp. 526-528）。また、井上（1999）も、カルドアの累積的因果連関論を説明する際、生産性と産出の加速的成長を強調しているが（p. 127）、この部分は不適切である。

や経済パフォーマンスに大きな影響をもつことを意味する。

表10-1に示したミュルダールの挙げた逆流効果について検討してみよう。たとえば、リカード型貿易の進展によって、先進国が製造業製品に特化し、発展途上国が一次産品に特化していくならば、先進国では、非価格要因による輸出成長を表わすパラメータ c の値が増加するだろう。c の増加は図10-3において、(II) の直線を右方向にシフトさせ、上記の輸出成長率 g^* と生産性上昇率 ρ^* を増加させる。また、途上国から先進国への頭脳流出は、先進国では、科学的知識の進歩を表わすパラメータ a の値を増加させる。これは図10-3において (I) の直線を上方向にシフトさせ、g^* と ρ^* を増加させる。

そして、表10-1と表10-2に示されているように、逆流効果と波及効果の多くは、制度や政策に関わっている。累積的因果連関はダイレクトに経済動態や経済パフォーマンスに結びついているのではなくて、その結びつきは制度や政策によって影響を受ける、あるいは媒介されていると考えるべきである。

累積的因果連関を構成する連立方程式内部にある諸パラメータの時間的変化がもつ重要性はディクソンとサールウォールも指摘している（Dixion and Thirlwall, 1975, p. 208）。しかし、方程式の解が複雑になるという理由で、それ以上追求していない。カルドアの限界を超えて、累積的因果連関論を発展させるためには、内需ルートおよび所得分配に関わる制度的調整を定式化するとともに、制度や政策による諸パラメータの変化を明確にしなければならない。

4　カルドアの限界を超えるミュルダール型累積的因果連関モデル

4.1　ボワイエ・モデル（内需ルートと所得分配を定式化した1部門モデル）

カルドアの考え方を引き継ぎ、累積的因果連関モデルとして内需ルートと所得分配に関わる制度的調整を初めて定式化したのは、R・ボワイエである（Boyer, 1988）。しかし、ボワイエ・モデルは1部門モデルであり、ミュルダールが着目した部門間格差の分析には使えない。ボワイエ・モデルについては山田（1991）による詳細な紹介があるので、ここではそれにもとづき、簡単にボワイエ・モデルの内容を説明し、その意義と限界について述べる。

ボワイエ・モデルで使用される変数は次のとおりである。また、記号の上に付されるハット記号＾で変化率を表わす。

PR: 生産性　　*Q*: 総産出＝総需要　　*I*: 投資　　*C*: 消費

RW: 実質賃金率　　*N*: 雇用

ボワイエ・モデルは次の6つの式から構成される。括弧内で説明を加えているパラメータはすべて正の値である

(1) $\widehat{PR} = a + b\hat{I} + d\hat{Q}$ 　　生産性関数（資本深化効果 b とフェルドーン係数 d）
(2) $\hat{I} = f + v\hat{Q}$ 　　投資関数（v は加速度係数）
(3) $\hat{C} = c(\widehat{N \cdot RW}) + g$ 　　消費関数（c は消費の所得弾力性）
(4) $\widehat{RW} = k\widehat{PR} + h$ 　　賃金関数（k は生産性インデクセーションの程度）
(5) $\hat{Q} \equiv \alpha\hat{C} + (1-\alpha)\hat{I}$ 　　定義式（α は総需要に占める消費の割合。$0 < \alpha < 1$）
(6) $\hat{N} \equiv \hat{Q} - \widehat{PR}$ 　　定義式（雇用成長率＝産出成長率－労働生産性上昇率）

(1)(2)式から次の(I)式が導出される。これは生産性レジーム関数と呼ばれる。

(I) $\widehat{PR} = A + B\hat{Q}$

ここで、$A = a + bf$　　$B = bv + d$

(2)〜(6)式から次の(II)式が導出される。これは需要レジーム関数と呼ばれる。

(II) $\hat{Q} = C + D\widehat{PR}$

ここで、$C = \dfrac{\alpha(ch+g)+(1-\alpha)f}{1-\alpha c-(1-\alpha)v}$　　$D = \dfrac{\alpha c(k-1)}{1-\alpha c-(1-\alpha)v}$

この(I)(II)式の形は、**3**で述べたカルドアの輸出主導型成長モデルの式と同じであり、パラメータ A, B, C, D がすべて正の値であり、$BD < 1$ の場合は、図10-3と同じような図で表示でき、安定的な解をもつ。

ボワイエは、このモデルを使って、19世紀から20世紀末に至るまでの先進資本主義の時間的可変性を次のような手順で分析した。19世紀、戦間期、第二次大戦後のフォーディズム期、1970年代以降の危機、という4つの歴史的

段階を区分し、各段階における生産性レジーム関数と需要レジーム関数の位置を特定化する。そして、各時代の需要成長率と生産性上昇率を表わす2つの直線の交点の位置とその安定性が吟味される。また、歴史的段階間の移行については、2つの直線の位置の変化が、どのような要因によるパラメータの変化によってもたらされたのかが検討される。生産性レジーム関数のシフトに関する考察は、カルドアの輸出主導型成長モデルの場合とほぼ同様であるので、ここでは説明を省略する。ボワイエ・モデルの新たな貢献は、カルドア・モデルでは捨象されていた「内需ルート」を需要レジーム関数として定式化し、その位置の変化がどのような要因によって起きるのかを明示したことである。とくにボワイエが重点をおくのは、賃金の生産性インデクセーションという、所得分配面の制度的調整が累積的因果連関にどのような効果をもたらすのかという問題である。

　ボワイエは、需要レジーム関数の傾きとその変化を次のように説明している。19世紀と戦間期は、賃金は労働市場の需給状態によって決定される。生産性上昇によって雇用が削減されると、労働市場では労働供給が労働需要を超過し、賃金は低下する可能性が高い。したがって、賃金の市場的調整が支配的な19世紀と戦間期では、賃金の生産性へのインデクセーションの程度を示す k の値は負となるだろう。k が負となると、需要レジーム関数の傾き $1/D$ も負となり、図10-3では、需要レジーム関数は右下がりである。第二次大戦後のフォーディズム期には、労働組合の合法化や団体交渉制度の創設によって、また、フォード主義的妥協と呼ばれる労使間の歴史的和解（生産性上昇に応じた賃上げとテーラー主義的労働編成とのバーター取引）によって、賃金は労働生産性上昇率に応じて引き上げられるようになった。このような賃金の制度的調整が導入されると k は1より少し大きい値となり、需要レジーム関数の傾き $1/D$ も正となり、需要レジーム関数はかなり急な右上がりとなる。1970年代以降の危機の時代には、労働組合の交渉力が強まり、賃金の生産性へのインデクセーションの程度を示す k の値は1を大きく超える値となる。この場合、需要レジーム関数の傾きは緩やかな右上がりとなる。つまり、フォーディズム期から危機への移行は、過剰なインデクセーションによって需要レジーム関数が時計回りに回転したことによって説明できる。すなわち70年代における先進資本主義の危機の一因は、労使間のコーディネーションが失敗し、インデクセー

ションの程度を示すパラメータ k の上昇によって D が上昇し、交点の安定条件である $BD < 1$ が満たされなくなったことにある、とボワイエは説明する。

しかし、パラメータ k の上昇が、D の上昇つまり需要レジーム関数の時計回りの回転をもたらすかについては議論の余地がある。なぜなら、ボワイエ・モデルにおける諸パラメータはそれぞれ独立ではなく、いくつかのパラメータは連動して動くからである。たとえば賃金の生産性インデクセーションの程度を示すパラメータ k が上昇すると、投資関数での加速度係数を示すパラメータ v は低下すると考えられる。その理由は、次のように説明できる。説明を簡単にするために、(1)〜(6) 式で説明の加えられていないパラメータ g, h, f はゼロであると仮定する。また $c = 1$ と仮定する。そうすると、投資関数の (2) 式は次の (2)' 式になる。また消費関数の (3) 式に (4)(6) 式を代入すると次の (3)' 式となる。

(2)'　$\hat{I} = v\hat{Q}$
(3)'　$\hat{C} = (1-k)\hat{N} + k\hat{Q}$

この 2 つの式を (5) 式に代入すると次のようになる。

(5)'　$1 \equiv \alpha[(1-k)\hat{N}/\hat{Q} + k] + (1-\alpha)v$

(5)' 式で示されるパラメータ k とパラメータ v の関係を図に表わす。まず (5)' 式の右辺の [ ] 内の第 1 項 $(1-k)\hat{N}/\hat{Q}$ を取り除いた式に当たる $1 \equiv \alpha k + (1-\alpha)v$ を描くと、図 10-4 の点線のような右下がりの直線となる。(5)' 式を表わす線は、この点線から $(k-1)\hat{N}/\hat{Q}$ の分だけ上下に乖離する。$\hat{N}/\hat{Q}$ は産出量に対する雇用量の弾力性であり、$(k-1)\hat{N}/\hat{Q}$ はそれほど大きな値ではないので、(5)' 式を表わす線は、図 10-4 の実線のように右下がりとなる可能性が高い。すなわちインデクセーションの程度 k が上昇すると加速度係数 v は低下する。このことは言葉で説明すると次のようになる。k が上昇し、賃上げ率が労働生産性上昇率を大幅に超えるようになると賃金シェアが増加し、消費の伸びは高まるだろう。しかし他方で、利潤シェアが低下し、投資の伸びが低下する。この投資成長率の低下は、(2) 式のような投資関数において加速度係数 v の低下として現われる。実際、1970 年代の危機の時代に、賃上げ率が労働生産性上昇率を大幅に超えると同時に、利潤圧縮による投資の減速が

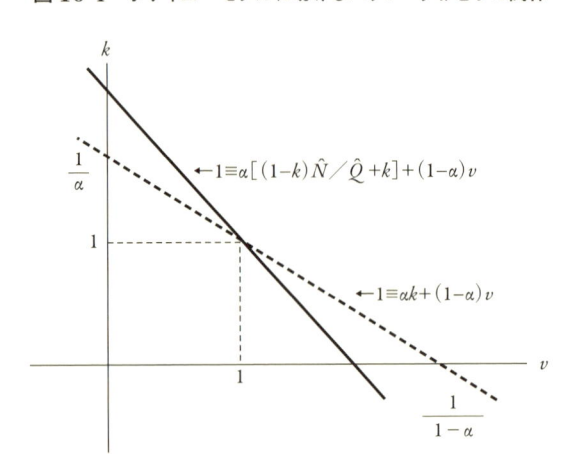

図 10-4 ボワイエ・モデルにおけるパラメータ k と v の関係

起きたことはよく知られた事実である。

内需ルートを含む累積的因果連関を定式化し、そこに賃金の制度的調整を組み込んだことは、累積的因果連関論に関するボワイエの大きな貢献である。しかし、上記のように、賃金の制度的調整の変化が需要レジーム関数に及ぼす効果についての推論は十分なものではない。賃金の生産性インデクセーションの程度の変化だけに着目して、それと並行して生じる投資関数の変化を考慮に入れていない。これを考慮に入れると、k が上昇したとしても、需要レジーム関数の時計回りの回転は起きそうにない。k の上昇によって $D = \dfrac{\alpha c(k-1)}{1 - \alpha c - (1-\alpha)v}$ の分子の値は増加するが、同時に起きる v の低下によって、分母の値も増加するからである。その結果、需要レジーム関数の傾きを示す D の値はほとんど変化しないだろう。

しかし、賃金の制度的調整の変化が需要レジーム関数にほとんど影響を及ぼさないというこのような結果は、ボワイエ・モデルが消費財と投資財を区別しない 1 部門モデルであるから起きることである。ボワイエ・モデルの需要レジーム関数の被説明変数は、消費需要と投資需要の合計値である総需要である。賃金の制度的調整の変化によって、たとえば消費の伸びが高まり、投資の伸びが低下したとしても、総需要では両者の変化は相殺される。したがって 1 部門

モデルの場合は賃金の制度的調整の変化は、（総）需要レジーム関数には大きな影響を及ぼさない。

消費財生産部門と投資財生産部門からなる2部門経済を考えよう。消費財生産部門は消費需要を被説明変数とする需要レジーム関数をもつ。投資財生産部門は投資需要を被説明変数とする需要レジーム関数をもつ。当然、上記のような賃金の制度的調整の変化は、この2つの需要レジーム関数に非対称的な大きな影響を及ぼすだろう。そして、カルドアが農業工業モデルにおいて仮定したように、フェルドーン係数の大きさが違うなど生産性レジーム関数も部門間で異なる場合、需要レジーム関数への非対称的な影響は、生産性レジーム関数で表現される逆方向の因果連関を通じて、増幅されたり、縮小されたりするだろう。制度変化などを通じて起きる所得分配の変化が累積的因果連関を介して生み出す効果を十分に識別するためには、2部門モデルで考察することが必要である。さらに、部門間の需要成長率格差は単に所得分配の変化だけによって起きるのではなく、Kaldor（1966）が指摘したように、消費、投資、輸出それぞれの内部における商品構成の変化によっても起きる。2部門モデルによって、このような需要構造の変化が累積的因果連関を介して生み出す部門間成長率格差という問題を分析できる。そして、以下で説明するこのようなモデル化は、図10-1のミュルダールの構図に沿った試みでもある。

4.2　需要構造変化をともなう2部門モデル

以下では、宇仁（1998）の第3章第4節と第5章第3節と数学付録3で展開されている「内生的生産性上昇モデル」と名付けられた2部門モデルを、ミュルダールの構図に引きつけて再考察する。ミュルダールは、本章1の表10-1と表10-2で示したような逆流効果と波及効果を示した。逆流効果は、高成長部門に対しては需要形成作用あるいは生産能力形成作用を促進する影響をもち、低成長部門に対しては逆の影響をもつ。結果として、高成長部門と低成長部門との格差は拡大する。波及効果は、2つの累積的因果連関に対して、逆流効果とは反対の影響を及ぼし、結果として高成長部門と低成長部門との格差は縮小する。ミュルダールは、国内で生産性レジームに作用する逆流効果として、高成長部門への労働力移動と資本移動を挙げた。このことは、図10-5を使えば容易に理解できる。図10-5において、高成長部門の累積的因果連関は、「生

第Ⅲ部　制度的調整をともなう経済動学

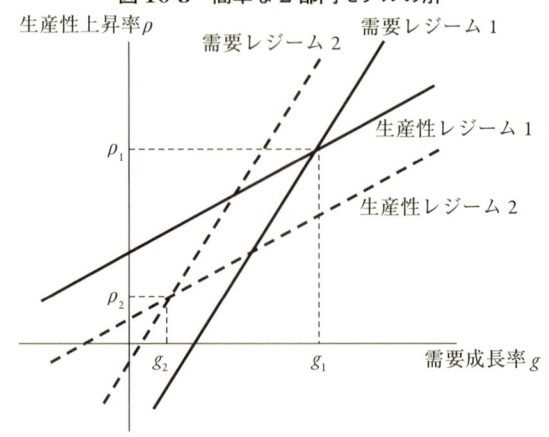

図 10-5　簡単な 2 部門モデルの解

産性レジーム 1」と「需要レジーム 1」で示されている。低成長部門は「生産性レジーム 2」と「需要レジーム 2」で示されている。低成長部門から高成長部門への労働力移動と資本移動によって、生産性レジーム 2 は下方向にシフトし、生産性レジーム 1 は上方向にシフトするだろう。その結果、高成長部門の生産性上昇率と需要成長率は増加し、低成長部門では減少する。すなわち部門間成長率格差が拡大する。成長率に大きな格差があるということは、産出量水準や生産性水準の部門間格差が急速に拡大することを意味する。

　ミュルダールは、国内で需要レジームに作用する逆流効果を挙げなかったが、2 で述べたように、Kaldor (1966) は消費、投資、輸出それぞれの需要構造変化がこの逆流効果として作用することを指摘した。しかし、カルドアが述べたような、消費支出に占める耐久消費財消費の増加、利潤に対する投資の比率の増加、機械輸出の増加が、需要レジームをどのように動かすのかについては、容易に理解できることではない。宇仁 (1998) では、これらの構造変化を総合的に扱えるような 2 部門モデルを構築して、これらの構造変化が部門間成長率格差の拡大を引き起こすことを解析的に証明している。この点を中心に以下では説明する。最初に宇仁 (1998) のモデルの概要を説明する。紙幅の都合で、特徴的な点だけの説明にとどめる。

［部門構造とパラメータ］
　標準産業分類でいえば機械製造業（一般機械、電気機械、輸送機械、精密機械）

と建設業を第1部門、その他の産業を第2部門とする2部門モデルである。最終需要の構成は、次のように想定される。実際の産業連関表で確認できるように、この最終需要構成は、おおむね現実経済と合致している。pは第2商品で測った第1商品の価格である。

	消費	投資	輸出	輸入
第1商品（機械・建設）	pC_1	pI	pE	0
第2商品（その他の財）	C_2	0	0	pE

そして、Kaldor（1966）が指摘したように、この最終需要の各項目の比重が経済発展に応じて変化する。この最終需要構造変化を捉えるために、次のような諸パラメータが定義される。

消費割合 β : $\dfrac{pC_1}{pC_1 + C_2} = \beta$

輸出割合 γ : $\dfrac{E}{I} = \gamma$

需要構造パラメータ k : $k = \dfrac{p(I + C_1 + E)}{rpK} = (\gamma + 1)s + \beta(\lambda + 1 - s)$

需要構造パラメータ k は、言葉でいえば、第1商品最終需要額と利潤所得との比率である。この比率は上式の右辺のように展開できる。

ここで $s = pI / rpK$ は資本家の貯蓄性向である。また $\lambda = \omega L / rpK$ は、賃金所得と利潤所得との比率である。ω は賃金率、L は総雇用量、r は利潤率、K は総資本ストック量である。

[モデルの構造と閉じ方]

以下の（1）～（4）式が数量方程式と価格方程式であるが、中間投入部分の部門間相互依存構造は垂直的統合という処理によって労働係数と資本係数に集約されている。すなわちこの労働係数は、商品1単位の生産に直接的間接的に必要な労働量を示す。各商品の労働係数 v_1, v_2 の低下率、すなわち労働生産性上昇率を ρ_1, ρ_2 で表わす。また、資本係数 b_1, b_2 の増加率を α_1, α_2 で表わす。

需要レジームに関わる方程式は次のとおりである。θ は稼働率を表わすが、簡単にするため1に固定されている。

第Ⅲ部 制度的調整をともなう経済動学

$$b_1\,(I+C_1+E)+b_2\,(C_2-pE)=\theta K \tag{1}$$

$$v_1\,(I+C_1+E)+v_2\,(C_2-pE)=L \tag{2}$$

$$p=v_1\omega+pb_1r \tag{3}$$

$$1=v_2\omega+pb_2r \tag{4}$$

$$srp\,\theta K=pI \tag{5}$$

$$\omega L+(1-s)rp\,\theta K=pC_1+C_2 \tag{6}$$

$$\theta=1 \tag{7}$$

$$\frac{dK}{dt}=I \tag{8}$$

詳しい説明は省略するが、上記の連立方程式から、利潤率 r を導くことができる（宇仁, 1998, pp. 60-62）。

$$r=\frac{2m}{b_1(2m+A+\sqrt{A^2+4m\lambda})}$$

ここで $m=\dfrac{b_1}{v_1}\Big/\dfrac{b_2}{v_2}=\dfrac{b_1v_2}{b_2v_1}$ は資本集約度比率であり、$A=k(m-1)+\lambda-m$ である。

また、各部門の需要レジーム関数は次の2式で表わされる。

$$g_1=(\widehat{I+C_1E})=(\widehat{Krk})=sr+\hat{r}+\hat{k}$$

$$g_2=(\widehat{C_2-pE})=\left(\overline{\frac{K-b_1(I+C_1+E)}{b_2}}\right)=\left(\overline{\frac{K(1-b_1rK)}{b_2}}\right)=sr-\hat{b}_2-\frac{b_1rk}{1-b_1rk}(\hat{b}_1+\hat{r}+\hat{k})$$

以下では、時間を通じて所得分配率が一定であり[12]、資本係数が不変であるという仮定をおく[13]。この場合、需要レジーム関数は次のように、生産性上昇率 ρ_1, ρ_2 の関数となる。

$$g_1=sr+\eta_m\,(\rho_1-\rho_2)+\eta_k\hat{k}+\hat{k} \tag{9}$$

$$g_2=sr-\psi\{\eta_m\,(\rho_1-\rho_2)+\eta_k\hat{k}+\hat{k}\} \tag{10}$$

ここで η_m は利潤率の資本集約度比率 m に関する弾力性であり、η_k は利潤率の需要構造パラメータ k に関する弾力性である。また $\psi=\dfrac{r}{1/kb_1-r}$ である。

(9)(10) 式の右辺はともに、生産性上昇率 ρ_1, ρ_2 の両方を含んでいるので[14]、図10-5のように需要レジームの位置を表示するのは困難である。しかし、この2つの式の両辺を引き算すると次のような需要成長率格差と生産性上昇率格

差との関係を導くことができる。

$$g_1 - g_2 = (1 + \psi)\eta_m(\rho_1 - \rho_2) + (1 + \psi)(\eta_k + 1)\hat{k} \qquad (11)$$

詳しい証明は省略するが、$\psi > 0$、$\eta_k > -1$、$0 < (1 + \psi)\eta_m < 1$ が証明できるので（宇仁, 1998, pp. 62, 200-202）、横軸を $g_1 - g_2$、縦軸を $\rho_1 - \rho_2$ とする平面では、(11) 式は図 10-6 のような位置にある。

一方、生産性レジームについては、それを規定する諸要因の多くは、産業部門に固有の事柄であると捉えて、次のように定式化する[15]。

$$\rho_1 = a_1 g_1 + b_1 \qquad (12)$$
$$\rho_2 = a_2 g_2 + b_2 \qquad (13)$$

a_1, a_2 はフェルドーン係数であるが、機械製造業を含む第 1 部門の方が動学的収穫逓増作用は強いと考え、以下では $0 < a_2 < a_1 < 1$ と仮定する。また、科学的知識の進歩率などを表わす b_1, b_2 についても第 1 部門の方が大きいと仮定する。

---

(12) スラッファ体系の閉じ方としてよく採用されるような、利潤率一定あるいは賃金率一定という式は、生産性上昇をともなう場合には不適当である。利潤率あるいは賃金率のどちらか一方を固定すると、他方が時間とともに上昇するからである。また賃金率上昇率を生産性上昇率にインデックスするという方法は、部門間で生産性上昇率格差がある場合には不適当である。各部門単位でインデックスすると部門間の賃金率水準格差は無限に拡大してしまう。また、経済全体での均等賃金率を維持する場合、その上昇をどちらの部門の生産性上昇にインデックスするかという問題が生ずる。部門間で生産性上昇率格差がある場合に、最も妥当性が高いのは所得分配率を一定に維持するように、賃金率上昇率を決めるという方法である。経済全体ではなく、産業単位や企業単位の賃金交渉を想定すると、この方法は一見、非現実的にみえる。しかし、日本のような企業単位の賃金交渉の場合でも、賃上げ率相場形成に強い影響力をもつリーディング産業やリーディング企業の労使が、自身の産業や企業のことだけを考えて賃上げ率を決めるのではなく、経済全体の事情を考えて賃上げ率を決めているという事実が明らかにされている（佐野, 1981）。また、実際に、経済全体での所得分配率の中長期的な安定性は、「定型化された事実」である。

(13) 中長期的にみれば、労働生産性が持続的に上昇することは「定型化された事実」であるが、資本係数の中長期的トレンドは明確ではなく、国や時代によって異なる。したがって、資本係数が不変という仮定は現実に反するものではない。

(14) このことは、Pasinetti（1993）が指摘するように、所得分配は個別企業や個別産業次元の問題ではなく、国民経済次元の問題であることを示している。

(15) 動学的収穫逓増作用の根拠のうち、learning by doing や新技術を装備した機械設備の導入などは各産業部門に固有である。

第Ⅲ部　制度的調整をともなう経済動学

図10-6　簡単な2部門モデルの解

生産性上昇率格差 $\rho_1 - \rho_2$

$g_1 - g_2 = (1+\psi)\eta_m(\rho_1 - \rho_2) + (1+\psi)(\eta_k+1)\hat{k}$

$\rho_1 - \rho_2 = a_2(g_1 - g_2) + (b_1 - b_2)$

$b_1 - b_2$

需要成長率格差 $g_1 - g_2$

$(1+\psi)(\eta_k+1)\hat{k}$

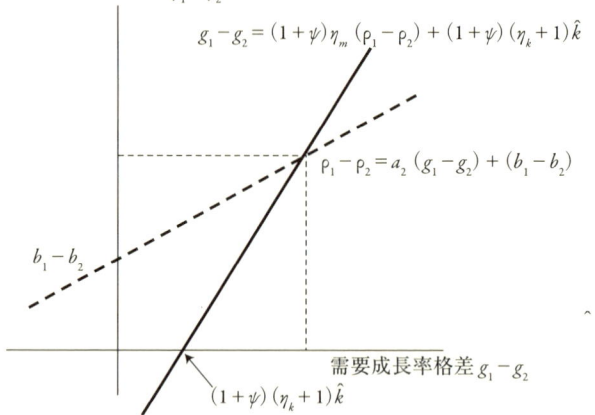

(12)(13) 式の両辺を引き算すると次の式が得られる。

$$\rho_1 - \rho_2 = a_2(g_1 - g_2) + (b_1 - b_2) + (a_1 - a_2)g_1 \tag{14}$$

(14) 式の右辺の第3項を取り除いた式 $\rho_1 - \rho_2 = a_2(g_1 - g_2) + (b_1 - b_2)$ は図10-6 の点線で示される。この点線と (11) 式を示す直線との交点は $0 < (1+\psi)\eta_m < 1$ および $0 < a_2 < 1$ であるので安定である。(9)(10)(12)(13) 式の解 $g_1^*, g_2^*, \rho_1^*, \rho_2^*$ から構成される座標 $(g_1^* - g_2^*, \rho_1^* - \rho_2^*)$ は図10-6 の交点の右上近傍にあると考えられる。したがって (9)(10)(12)(13) 式の解 $g_1^*, g_2^*, \rho_1^*, \rho_2^*$ も安定であるだろう。

このモデルの動態のうち、ミュルダールとカルドアの見解に関わるものとしては次の3点がある。

①需要構造パラメータの変化率 $\hat{k}$ がゼロであっても、すなわち需要構造変化がない場合でも、2部門間の労働生産性上昇率格差 $g_1^* > g_2^*$ と需要成長率格差 $\rho_1^* > \rho_2^*$ が存在する。これは、図10-5 に示すようなかたちで第1部門の生産性レジームの方が上方に位置するという、生産性レジームの部門間の違いによるものである。このような生産性レジームの位置の違いは、ミュルダールが指摘した生産能力形成作用に関わる逆流効果によっても生じるものである。

②需要構造パラメータの変化率 $\hat{k}$ が大きいほど、図10-6 において (11) 式

はより右方に位置し、2部門間の労働生産性上昇率格差と需要成長率格差はより大きい。資本家の貯蓄性向 s、消費支出全体に占める耐久財の割合 β、機械投資と機械輸出の比 γ の、いずれのパラメータの増加も需要構造パラメータ k の増加をもたらす。したがってこのような最終需要の構造変化が持続的に進行する場合、2部門間の成長率格差は大きい。これは Kaldor（1966）が指摘したように、需要構造変化が需要形成作用に関わる逆流効果として作用することを裏づける。

③ここでは詳しく説明しないが、上記のような労働生産性上昇率格差と需要成長率格差が存在するとき、利潤率と資本蓄積率は、ある一定の期間において上昇していく。つまり資本蓄積の加速が起きる（宇仁, 1998, pp. 204-205）。このような、部門間格差がある場合の方が資本蓄積は促進されるという命題は、1970年代以降の東アジア諸国の急成長とは符合するが、Myrdal（1957）が分析したような1950年代以前の現実とは矛盾する。ミュルダールがみたのは、平等主義的政策が実施されている先進国の高成長と、それが行なわれず部門間格差が是正されない発展途上国の低成長であった。ただし、上記の命題は、国際的な要因の一部分しか含まないモデルから得られたものであることに留意する必要がある。図10-1のミュルダールの構図にも示されているように、実際には、国際間で作用する逆流効果と波及効果が、先進国と発展途上国の双方の累積的因果連関に対して影響する。1950年代以前においては、国際間の逆流効果が、発展途上国に対して非常に不利にはたらいていたが、1970年代以降はこの逆流効果が弱まった、あるいは国際間の波及効果が強まったという国際的な変化を考慮に入れると、部門間格差がある場合の方が資本蓄積は促進されるという命題は、1950年代以前の状況と必ずしも矛盾するものではない。

参考文献
井上義朗（1999）『エヴォルーショナリー・エコノミクス』有斐閣。
宇仁宏幸（1998）『構造変化と資本蓄積』有斐閣。
―――（2007）「90年代日本と米国の構造変化と資本蓄積」山田鋭夫・宇仁宏幸・鍋島直樹編『現代資本主義への新視角――多様性と構造変化の分析』昭和堂。
佐野陽子（1981）『賃金と雇用の経済学』中央経済社。
藤田菜々子（2004）「累積的因果関係論の諸潮流とミュルダール」『季刊経済理論』第41巻第2号。
―――（2005）『ミュルダールにおける経済学と福祉国家――累積的因果関係論の視角から』

第Ⅲ部　制度的調整をともなう経済動学

名古屋大学大学院経済学研究科 2004 年度博士論文。
山田鋭夫（1991）『レギュラシオン・アプローチ』藤原書店。
Boyer, R. (1988) "Formalizing Growth Regimes", in G. Dosi *et al.*, *Technical Change and Economic Theory*, London, Pinter Publishers.
Boyer, R. and P. Petit (1991) "Kaldor's Growth Theories: Past, Present and Future", in E. J. Nell and W. Semmler eds., *Nicholas Kaldor and Mainstream Economics*, St. Martin's Press.
Dixon, R. and A. P. Thirlwall (1975) "A Model of Regional Growth-Rate Differences on Kaldorian Line", *Oxford Economic Papers*, No. 27.
Hahn, F. H. (1989) "Kaldor on Growth" in T. Lawson *et al.* eds., *Kaldor's Political Economy*, Academic Press.
Hicks, J. (1953) "An Inaugural Lecture", *Oxford Economic Papers*, Vol.5, No.2. (Republished in J. Hicks, *Classics and Moderns*, Basil Blackwell, 1983).
Kaldor, N. (1940) "A Model of the Trade Cycle", *Economic Journal*, Vol. 50, March.
─── (1966) *Causes of the Slow Growth in the United Kingdom*, Cambridge University Press. (Republished in N. Kaldor, *Further Essays on Economic Theory*, Duckworth, 1978. 笹原昭五ほか訳『経済成長と分配理論』日本経済評論社、1989 年、第 4 章）
─── (1970) "The Case for Regional Policies", *Scottish Journal of Political Economy*, Vol.17, No.3. (笹原昭五ほか訳『経済成長と分配理論』日本経済評論社、第 5 章）
───(1971) "Conflicts in National Economic Objectives", *Economic Journal*, Vol. 81. (笹原昭五ほか訳『経済成長と分配理論』日本経済評論社、第 6 章）
─── (1973) "Problems and Prospects of International Monetary Reform", *The Banker*, September. (Republished in N. Kaldor, *Further Essays on Applied Economics*, Duckworth, 1978. 笹原昭五ほか訳『貨幣・経済発展そして国際問題』日本経済評論社、2000 年、第 5 章）
─── (1975) "Economic Growth and the Verdoorn Law: A Comment on Mr Rowthorn's Article", *Economic Journal*, 85, December.
─── (1996) *Causes of Growth and Stagnation in the World Economy*, Cambridge University Press.
Kalecki, M. (1937) "A Theory of the Business Cycle", *Review of Economic Studies*, Vol. 5, February.
─── (1990) *Collected Works of Michał Kalecki; vol. 1: Capitalism, Business Cycles and Full Employment*, edited by J. Osiatyński, Clarendon Press.
Myrdal, G. (1944) *An American Dilemma*, Harper & Row.
─── (1957) *Economic Theory and Under-Developed Regions*, Gerald Duckworth. (小原敬士訳『経済理論と低開発地域』東洋経済新報社、1959 年）
Parikh, A. (1978) "Difference in Growth Rates and Kaldor's Laws", *Economica*, Vol.45, February.
Pasinetti, L. L. (1993) *Structural Economic Dynamics*, Cambridge University Press. (佐々木隆生ほか訳『構造変化の経済動学』日本経済評論社、1998 年）
Rowthorn, R. E. (1975a) "What Remains of Kaldor's Law?", *Economic Journal*, Vol.85, March.
─── (1975b) "A Reply to Lord Kaldor's Comment", *Economic Journal*, Vol.85, December.
Setterfield, M. (1997) *Rapid Growth and Relative Decline*, Macmillan.
Stoneman, P. (1979) "Kaldor's Law and British Economic Growth 1800-1970", *Applied Economics*, Vol.11, No.3.
Targetti, F. (1992) *Nicholas Kaldor*, Oxford University Press.
Toner, P. (1999) *Main Currents in Cumulative Causation*, Macmillan.

第 11 章　1990 年代における日本とアメリカの成長体制

1　マクロ経済パフォーマンスと 2 部門の動態

　表 11-1 は、1980 年代と 90 年代における日本とアメリカの経済パフォーマンスを示す指標をまとめている。実質 GDP 成長率に関しては、1990 年代における日本の低さがめだつ。同じことは投資の伸び率に関してさらに顕著に現われている。90 年代の日本における非住宅投資の成長率はマイナスであった。このような投資需要に代表される総需要の停滞は、雇用成長率の鈍化に結びついている。90 年代の日本における総雇用の年平均伸び率は 0.4％にすぎない。年ごとの変化をみると、98 年から総雇用の減少が始まった。製造業の雇用に限れば、90 年代を通じて年率 1.7％で減少した。いわゆる脱工業化が急速に進行した。アメリカの製造業雇用の減少は、日本よりも早く始まっているが、90 年代には低下率は小さくなった。このように 1980 年代においては、日本の経済パフォーマンスはアメリカを上回っていたが、90 年代には逆転した。価格変化をみると、90 年代後半の日本においては緩やかなデフレが進行している。

　「失われた 10 年」とも呼ばれる 1990 年代における日本の経済停滞に関しては、全要素生産性低下に原因を求める Hayashi and Prescott（2002）などの新古典派と、需要不足に原因を求める Yoshikawa（2002）などのケインズ派との間で論争が展開された。しかし、この論争は次のような意味で不毛な原理主義的論争である。新古典派理論は、そもそも経済変動に関して供給サイドからの説明しかできない理論構造をもっており、生産性変化に対する需要変化の影響を認めない。また、逆にケインズ派理論は、投資需要の独立的変化を起点にして全理論体系が構築されており、需要変化に対する生産性変化の影響を重視しない。

表 11-1　マクロ経済パフォーマンス（年率、単位：%）

	日本		アメリカ	
	1980～90	1990～2000	1980～90	1990～2000
実質GDP成長率	4.0	1.6	3.2	3.2
実質非住宅投資成長率	6.7	−0.3	5.8	6.8
総雇用成長率	0.9	0.4	1.8	1.6
製造業雇用成長率	0.9	−1.7	−0.5	−0.3
GDPデフレータ変化率	2.2	0.1	4.2	2.1

出所：内閣府社会経済総合研究所『国民経済計算』、The U. S. Department of Commerce, Bureau of Economic Analysis, *National Income and Product Accounts*（以下、*NIPA* と表記）から算出。

注：1980、1990、2000 年はいずれも両国における景気循環の山に近い年であるので、計測値における景気循環のバイアスは少ないと考えられる。

　本章では労働生産性上昇と需要成長との相互規定関係を描いた Kaldor（1966; 1970）の「累積的因果連関」という考え方をベースにして、1990 年代における日本の経済停滞とアメリカの経済成長の原因を、次のような順序で明らかにする。本節の以下の部分では、表 11-1 に示すマクロ経済の状況は、消費財部門と投資財部門の部門別動態と関わりをもつことを明らかにする。そして Baumol（1967）の 2 部門成長モデルを用いて、投資財の需要成長率と労働生産性上昇率とがマクロ経済の成長にとって重要であることを示す。労働生産性上昇から需要成長に至る経路および逆の経路の内容について Kaldor は十分に述べていないが、**2** では、「需要レジーム」「生産性レジーム」と呼ばれるこの 2 つの経路に影響する制度的要因を含む諸要因を明らかにし、この 2 つのレジームを数学的および叙述的に定式化する。**3** では、日本とアメリカに関して、1980 年代と 1990 年代という 2 つの期間に分けて、需要レジームを推計する[(1)]。また、**4** では、同様の区分で生産性レジームを推計する。この推計によって、需要レジームと生産性レジームのうち、主としてどちらの変化が 1990 年代における日本の停滞をもたらしたかが明らかになる。そのことによって、先に述べたような新古典派とケインズ派との不毛な対立を乗り越えることができる。また、1990 年代におけるアメリカの高成長をもたらした原因も明らかになる。**5** で本章の主要な発見を要約する。本章の推計結果によれば、需要レジームの左方向へのシフトが、90 年代における日本の経済停滞の主な原因である。また、

（1）　権（2007）と厳（2007）は、本章と同様の方法を使って、それぞれ韓国と中国の 1990 年代における成長体制を分析している。

表 11-2 部門別の動態（年率、単位：％）

	日本（1990〜2000年）		アメリカ（1987〜1997年）	
	非住宅投資財	消費財	非住宅投資財	消費財
労働生産性上昇率	2.0	1.0	3.3	0.8
最終需要実質成長率	−1.2	1.7	5.2	2.3
価格変化率	−1.2	0.4	0.9	3.2
名目賃金率変化率	1.1		3.7	

注：非住宅投資財と消費財の労働生産性上昇率は次のような手続きで算出した。産業連関表のレオンチェフ逆行列と産業別労働投入係数とを乗じて、各商品1単位を生産するのに直接的間接的に必要な労働量、すなわちパシネッティのいう「垂直的統合労働投入係数」を算出する（Pasinetti, 1973）。この値の低下率を、各商品の労働生産性上昇率とする。さらに、たとえば消費財の場合は、消費支出を構成する諸商品の構成比で加重して商品別垂直的統合労働投入係数の平均値を求める。この値の低下率を、消費財の労働生産性上昇率とする。第7章2を参照されたい。

出所：アメリカの産業連関表については U. S. Department of Commerce, Bureau of Economic Analysis のホームページで公開されている *The U. S. Input-Output Tables in 1987, 1997* を使用した。アメリカの労働投入係数については、*NIPA* の Persons Engaged in Production by Industry から算出した。日本については総務省『平成2-7-12年 接続産業連関表』の統合中分類の取引基本表、雇用表を使用した。消費財、非住宅投資財の最終需要実質成長率と価格変化率は NIPA、『国民経済計算』から求めた。名目賃金変化率は NIPA、厚生労働省『毎月勤労統計調査』から求めた。

生産性レジームの傾きの上昇が、アメリカの高成長をもたらした主な原因である。

1.1 不均等生産性上昇と不均等需要成長

表 11-1 のようなマクロ経済の状況は、表 11-2 に示す部門別の状況と関連をもつ。表 11-2 に示すように、日米ともに投資財の労働生産性上昇率は消費財のそれを上回っている。住宅投資を除く民間投資は、機械投資と建設投資で構成される。この表には示されていないが、労働生産性上昇率が高いのは機械部門である。機械部門のうちでもとくに労働生産性上昇率が大きいのはコンピュータである。これは1990年代に急速に進行したIT化の影響とみられる。

部門別の需要成長率は、日米で大きく異なる。アメリカにおいては投資財需要の成長が消費財需要の成長を上回っている。日本では、消費財需要の成長率はプラスであるが投資財需要の成長率はマイナスである。また表 11-2 に示すように、物価の変化も日米で異なっている。アメリカにおいては、労働生産性上昇率の大きい投資財の価格はあまり変化せず、労働生産性上昇率の小さい消

表 11-3　ボーモル・モデルの 2 つの典型的ケース

	ケース 1（均等需要成長）		ケース 2（不均等需要成長）	
	部門 1	部門 2	部門 1	部門 2
労働生産性上昇率	＋＋＋	＋	＋＋＋	＋
最終需要実質成長率	＋＋	＋＋	＋＋＋	＋
雇用変化率	－	＋	0	0
マクロ経済成長率	低下		不変	

費財の価格が上昇している。両者を総合した総合物価指数は上昇し、経済全体としては緩やかなインフレーションがみられる。しかし、日本では、労働生産性上昇率の小さい消費財の価格があまり変化せず、労働生産性上昇率の大きい投資財の価格が低下している。

マクロ経済成長率と部門別の労働生産性上昇率と需要成長率との関連は、Baumol（1967）の 2 部門成長モデルを使って次のように説明できる。部門間に労働生産性上昇率格差がある経済において、実質需要の商品別構成比が変化しなければ、次第に雇用は生産性上昇率が低い部門に集中していき、マクロの経済成長率は低下していく。このケースは表 11-3 のケース 1 に示されている。まして、1990 年代の日本のように生産性上昇率が低い商品に対する需要の成長率が相対的に大きいケースでは、マクロの経済成長率の低下はより急速である。つまり、このようなタイプの需要構造変化は経済成長率を低下させる効果をもつのである。逆に、表 11-3 のケース 2 に示すように、生産性上昇率が高い商品に対する需要成長率が相対的に大きいケースでは、雇用量の部門別構成比は変化せず、マクロ経済成長率は維持される。表 11-2 に示すアメリカの数値は、このケース 2 に近い。

1.2　生産性変化率格差インフレと生産性変化率格差デフレ

さらに、マクロレベルの物価の動向も、部門別の動態から説明できる。次のような単純化のための仮定を設けて考えよう。第 1 に、第 i 財の価格 p_i は、その財の垂直的統合労働係数 v_i に均等賃金率 w を乗じ、さらに、その財の利潤マークアップ $(1 + m_i)$ を乗じた値であると仮定する。第 2 に、マークアップ率 m_i は時間を通じて不変であると仮定する。また、垂直的統合労働投入係数は時間を通じて低下し、その低下率を労働生産性上昇率とする。

$$p_1 = v_1 w\,(1 + m_1) \tag{1}$$
$$p_2 = v_2 w\,(1 + m_2) \tag{2}$$

このような仮定のもとでは、賃金率の上昇率がどの部門の労働生産性上昇率と連動するかによって、次の2つのケースが生じる。

第1に、労働生産性上昇率が高い部門1の労働生産性上昇率に賃金上昇率が等しい場合は、部門1の商品価格は変化しないが、労働生産性上昇率が低い部門2では、賃金上昇率が労働生産性上昇率を上回るので、商品の価格が上がる。その結果、経済全体の総合物価指数は上昇していく。この現象を高須賀(1962)は、「生産性変化率格差インフレーション」と名づけた[2]。この説の概要は次のとおりである。独占部門と非独占部門からなる経済を想定する。独占部門の労働生産性上昇率は、非独占部門のそれを上回る。独占部門での高い労働生産性上昇率は超過利潤をもたらし、製品価格の引き下げの余地をつくり出すが、独占企業は市場価格をコントロールする力を有しているので、価格を引き下げない。むしろ、協調的な労使関係を維持するために、この超過利潤を労働者に賃金上昇として分配する。したがって、独占部門における賃金上昇率は労働生産性上昇率とほぼ等しくなる。一方、非独占部門では超過利潤はないので、賃金を引き上げる力はないのであるが、次のような2つの理由により、独占部門とほぼ同率の賃上げを強制される。1つは、全体として労働市場が逼迫しているときには、賃金上昇率が低いと必要な労働力を確保できない。もう1つは、独占部門と非独占部門の労働組合が、共同闘争を通じて同率の賃上げをめざすことである。このような2つの理由により、賃金上昇率の「高位平準化」が生じる。その結果、非独占部門においては賃金上昇率が労働生産性上昇率を上回り、このままだと利潤が減少する。非独占部門は、製品価格の引き上げを通じて社会的平均利潤を確保する。このようにして、独占部門の製品価格は変化せず、非独占部門の製品価格が上昇することを通じて、経済全体の総合物価指数は上昇する。表11-2に示すアメリカの緩やかなインフレーションは、このような生産性変化率格差インフレーションのケースに当てはまる。

---

(2) 当初,高須賀は「生産性格差インフレーション」と名づけたが,後にこの論文を著書(高須賀,1972)に収録する際、「生産性格差インフレーション」という言葉は不正確であって、正しくは「生産性変化率格差インフレーション」とすべきであった、と記している。

第Ⅲ部　制度的調整をともなう経済動学

　第 2 に、第 1 のケースとは逆に、労働生産性上昇率が低い部門 2 の労働生産性上昇率に賃金上昇率が等しい場合、部門 2 の商品価格は変化しないが、「生産性変化率格差インフレーション」とは逆の現象、いわば「生産性変化率格差デフレーション」が生じる。労働生産性上昇率が高い部門 1 では、賃金上昇率が労働生産性上昇率を下回るので、商品の価格が下がる。こうして、経済全体の総合物価指数は低下していく。日本の緩やかなデフレーションは、この生産性変化率格差デフレーションのケースに該当する。日本の賃金上昇率については、1990 ～ 2000 年の平均値および全部門の平均値をみると表 11-2 に示すように年率 1.1％であるが、時期区分して部門別にみると次のとおりである。『毎月勤労統計調査』の事業所規模 5 人以上のデータを使うと、賃金上昇率は消費者物価上昇率と同じく、1998 年まではプラスで、1999 年からはマイナスである。1993 ～ 98 年の時間当たり現金給与総額でみると、産業全体では年率 1.3％で上昇しているが、機械製造業（一般機械、電気機械、輸送機械の単純平均）では 2.2％の上昇である。このように、1998 年までは、機械製造業部門においては、賃金上昇率は労働生産性上昇率をやや下回り、その他の部門においては、やや上回っていたと考えられる。したがって、機械製品の価格は緩やかに低下し、その他の財やサービスの価格は緩やかに上昇することになる。実際に、『国民経済計算年報』でみると、1991 ～ 98 年において消費財価格は年率 0.5％で上昇し、投資財のうち機械設備の価格は年率 1.1％で低下した。1998 ～ 2003 年は状況が一変する。まず、労働 1 時間当たりの現金給与総額は、産業全体では年率 0.8％で低下し、機械製造業でも 0.5％の低下である。賃金上昇率格差は縮小し、「低位平準化」が起きたことになる。これは高須賀のいう「高位平準化」とは逆の現象である。結局、1998 年以降は、機械製造業部門においては賃金上昇率は労働生産性上昇率を大幅に下回り、その他の部門においてはやや下回ったと考えられる。したがって、機械製品の価格は大幅に低下し、その他の財やサービスの価格は緩やかに低下することになる。こうして総合物価指数の持続的下落、すなわちデフレーションが発生した。実際に、『国民経済計算年報』でみると、1998 ～ 2003 年の消費財価格は年率 0.9％で低下し、投資財のうち機械設備の価格は年率 2.4％で低下した。
　1998 年を境に賃金と価格の動きが一変した原因は何だろうか。渡辺（2001）は、生産性変化率格差という視点からデフレーションの説明を試みた論文で、

表 11-4　生産性変化率格差デフレーションとインフレーション

	生産性変化率格差デフレ		生産性変化率格差インフレ	
	部門 1	部門 2	部門 1	部門 2
労働生産性上昇率	＋＋＋	＋	＋＋＋	＋
名目賃金上昇率	＋		＋＋＋	
価格変化率	－－	0	0	＋＋
総合物価変化率	－		＋	

注：部門 2 を消費財部門とすると、実質賃金上昇率は、両方のケースとも、「＋」となり、等しい。

国際競争環境と為替制度の変化を挙げている。機械産業は貿易財産業でもあり、現代では激しい価格競争にさらされている。つまり、現代の機械製造企業が高度経済成長期のような価格支配力を有していない点を渡辺は重視する。また、変動相場制のもとで円高トレンドが存在するので、日本企業は、円建て価格を引き下げないと、ドル建て価格が上昇してしまう。このような事情も機械製品の価格引き下げの要因であると渡辺はいう。高須賀の議論は、寡占企業の価格支配力と労働組合の賃金交渉力という 2 つの対抗する力をベースにしている。渡辺の議論は、寡占企業の価格支配力の変化に着目する議論である。しかし、第 3 章で述べた春闘の形骸化による労働組合の賃金交渉力の変化も、賃金と価格の動きが一変した原因であると考えられる。つまり、労働組合の賃金交渉力の弱体化によって賃金上昇率の高位平準化が不可能になり、低位平準化してしまったことが、デフレーションを発生させたもうひとつの要因である。

表 11-4 は、生産性変化率格差インフレーションと生産性変化率格差デフレーションというこの 2 つの典型的ケースをまとめている。

1990 年代における日本は、表 11-3 のケース 1（均等需要成長）と表 11-4 の生産性変化率格差デフレとが組み合わされた状況に近い。一方、アメリカは表 11-3 のケース 2（不均等需要成長）と表 11-4 の生産性変化率格差インフレとが組み合わされた状況に近い。形式論理上では、これらとは異なる組み合わせもありうる。しかし、以下の 4 で説明するように、表 11-3 のケース 1 のような投資需要の停滞と、表 11-4 の生産性変化率格差デフレのような投資財価格の低下とは、相互に関連している可能性が高い。このような点に留意しながら、以下で展開する分析では、投資財を生産する部門（具体的な産業部門分類では機械製造業と建設業）の労働生産性と需要の動態に焦点を当てる[3]。アメリカでは、

それ以前と比べると1990年代における投資財の労働生産性上昇率と需要成長率は、ともに高い。逆に日本では、ともに低い。このような変化が生じた原因を検討する。

2 成長体制の定式化

2.1 累積的因果連関の諸段階

ボーモル・モデルによると、マクロ経済成長率が低下しないための必要条件は、労働生産性上昇率が高い商品に対する需要成長率が大きいことである。このことは、カルドアの累積的因果連関という概念にもとづいて捉えると、当該商品に関して、労働生産性上昇が需要を成長させる効果、および需要成長が労働生産性を上昇させる効果がともに大きいことを意味する。第10章で説明したように、Boyer（1988）は、労働生産性上昇から需要成長に至る経路を「需要レジーム」、需要成長から労働生産性上昇に至る経路を「生産性レジーム」と呼び、それぞれを表現する関数をマクロ経済モデルから導出し、この2つの関数の変化によって、成長体制の転換を説明している[4]。本章では、各レジームを1つの関数に集約することよりも、制度的要因に留意しながら各レジームの内部で働く因果連関のプロセスを説明することに重点をおく。この因果連関のメカニズムを明らかにするために、労働生産性上昇から需要成長に至る経路および需要成長から労働生産性上昇に至る経路それぞれを、図11-1に示すように2つの段階に分ける。

2.2 需要レジームの定式化

労働生産性上昇から需要成長に至る経路は、所得分配と支出という2つの段

---

(3) 藤田（2008）は、本章と同様の方法により、日本の投資財部門だけではなく、消費財部門の生産性レジームと需要レジームを推計している。投資財部門に関しては、本章の結果とほぼ同様の結果を得ている。また藤田は投資財部門の動態と消費財部門の動態の関連づけるモデル分析も行なっている。

(4) Boyer（1988）のモデルについてはBoyer（2004b）、Petit（2005）でも展開されている。また、Boyer（1988）のモデルは1部門のマクロモデルであるが、労働生産性上昇率の部門間格差をともなう2部門モデルからの需要レジーム関数と生産性レジーム関数の導出については宇仁（1998）を参照されたい。Naastepad（2006）は、オランダの需要レジーム関数と生産性レジーム関数を推計している。

第11章　1990年代における日本とアメリカの成長体制

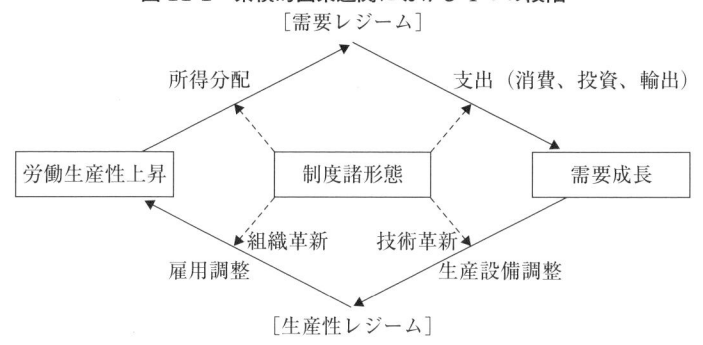

図11-1　累積的因果連関における4つの段階

```
                    [需要レジーム]
              所得分配      支出（消費、投資、輸出）
     ┌─────────┐                    ┌─────────┐
     │労働生産性上昇│── 制度諸形態 ──│ 需要成長 │
     └─────────┘                    └─────────┘
              組織革新      技術革新
              雇用調整      生産設備調整
                    [生産性レジーム]
```

階で構成される。ここで問題となる所得分配とは、労働生産性上昇の成果の配分である。たとえば、これが主として賃金上昇として分配されるか、利潤上昇として分配されるか、あるいは両方に均等に分配されるか、あるいは価格低下として商品購買者に分配されるか、というような選択肢が存在する（Petit, 2005）。この選択に関わる重要な要因は賃金制度であろう。賃金交渉制度は国によって多様である。労働組合の中央組織と経営者団体の中央組織との間の交渉が中心的な役割を果たすような集権的な交渉や、一企業内部の労働組合と経営者との交渉が中心的な役割を果たす分権的な交渉など多様な交渉形態がある。しかし企業別交渉においても、景気予測や「世間相場」や同業他社の交渉結果が参照されることから、名目賃金の決定は個別企業内で完結する過程ではなく、マクロ経済的な次元が関係する過程である。また、利潤率については、高利潤率部門への参入と、低利潤率部門からの退出を通じて、利潤率の社会的平均化が行なわれる。このように所得分配には、マクロ的な次元が関係している。したがって、需要レジームは、主としてマクロ経済レベルで規定される概念である。

需要レジームの第2の段階は、分配された所得の支出である。賃金所得あるいは利潤所得は、消費あるいは投資として支出される。この支出額は、所得額や商品価格に依存して変化するし、また金融制度に関わる要因など別の諸要因の影響を受けて変化する。とりわけ投資支出は、様々な要因の影響を受けてかなり大きく変動することが知られている。

以下では、非常に単純な2部門成長モデルを使って、需要レジームを定式化する。需要レジームを初めて定式化したBoyer（1988）のモデルでは、ケイン

ズ・タイプの独立的投資関数と独立的消費関数が採用され、需要が生産を制約するという前提がおかれている。この前提は通常のマクロ経済学では短期的なものとして捉えられるが、ボワイエは、それを意識的に長期モデルで採用している（Boyer, 2004b）。需要制約を長期モデルの前提とすることに関して、Duménil and Lévy（2003）は、マルクス派の観点から批判し、アメリカ資本主義の戦間期の危機と戦後の成長は、需要の変動の結果ではなく、技術と組織の変化の結果であると主張する。本章では、独立的投資関数と独立的消費関数を最初から仮定せず、需要の変化と技術と組織の変化の双方をともに分析できるフレームワークを提示する。以下では、部門別の需給一致式を恒等式展開することによって、需要成長率と労働生産性上昇率との間の線型の関係、すなわち需要レジーム関数を導く（独立的投資関数は、4 で説明する需要レジームの推計の段階で導入される）。

投資財部門（具体的には機械と建設）における需要合計 Y_1 は、企業の設備投資 I に加えて、家計による機械の消費と住宅建設の計 C_1 と、機械の輸出 E_1 からなる（これらはすべて実質値とする）。

$$Y_1 = I + C_1 + E_1 \tag{3}$$

価格は先に示した（1）（2）式で表わされるものとする。投資財価格を p_1、経済全体の利潤所得合計を Π として、利潤所得の貯蓄率（利潤所得に占める投資額の割合）を s で表わす。

$$p_1 I = s \Pi \tag{4}$$

また、賃金所得のすべてと、利潤所得のうち投資されない部分は消費されると仮定する。そしてこれらの可処分所得全体に占める、機械消費と住宅投資の合計額の割合を β で表わす。総労働量を L で表わす。

$$p_1 C_1 = \beta \left[wL + (1-s)\Pi \right] \tag{5}$$

（4）（5）式から、

$$\begin{aligned} I + C_1 &= (\Pi / p_1)[(1-\beta)s + \beta / \pi] \\ &= [(p_1 Y_1 + p_2 Y_2)\pi / p_1][(1-\beta)s + \beta / \pi] \end{aligned}$$

$$= (Y_1 + p_2 Y_2 / p_1)[(1-\beta)s\pi + \beta] \tag{6}$$

ここで、$\pi = \Pi / (\Pi + wL)$ は利潤シェアである。Y_2 は消費財の需要合計である。

垂直的統合労働係数の低下率すなわち労働生産性上昇率 ρ_1, ρ_2 を次のように表わす。また、マークアップ変化率の部門間格差を Δ で表わす。以下、ハット記号を付した変数は、その変数の変化率を表わし、バーを付した変数は、その変数の期間平均を表わす。

$$\rho_1 = -\hat{v}_1 \tag{7}$$
$$\rho_2 = -\hat{v}_2 \tag{8}$$
$$\Delta = \widehat{(1+m_1)} - \widehat{(1+m_2)} \tag{9}$$

(1)(2) 式を変化率に変換して、w を消去したうえで、(7)〜(9) 式を代入して整理すると、次の式が導かれる。

$$\hat{p}_2 - \hat{p}_1 = \rho_1 - \rho_1 - \Delta \tag{10}$$

(3) 式を変化率に変換して (6)(10) を使うと、投資財の需要成長率 g_1 は次のようになる。

$$g_1 = \hat{Y}_1 \doteq \delta \widehat{(I+C_1)} + (1-\delta)\hat{E}_1$$
$$= \delta[(1-\sigma)g_1 + \sigma(\rho_1 - \rho_2 - \Delta + \hat{Y}_2) + \overline{(1-\beta)s\pi+\beta}] + (1-\delta)\hat{E}_1 \tag{11}$$

ここで、$\delta = (\bar{I}+\bar{C}_1)/\bar{Y}_1$ は投資財総需要に占める国内需要の割合である。$\sigma = \bar{Y}_2 \bar{p}_2 / (\bar{Y}_1 \bar{p}_1 + \bar{Y}_2 \bar{p}_2)$ は名目総需要に占める名目消費財需要の割合である。

後で **3.2** で示すように、可処分所得全体に占める機械消費と住宅投資の合計額の割合 β は、1970 年代以降、長期的にみて、ほぼ不変である。β が不変である場合、次の式が成り立つ[5]。

$$\overline{(1-\beta)s\pi+\beta} = \tau(\hat{s}+\hat{\pi}) \tag{12}$$

---

[5] フォード主義的消費様式の普及期のように β が変化する場合、$s\pi$ が不変であるならば、(12) 式の代わりに次の (12)' 式が成立する。
$$\overline{(1-\beta)s\pi+\beta} = \kappa \hat{\beta} \tag{12}'$$
ここで、$\kappa = \overline{(1-s\pi)\beta} / [\overline{s\pi} + \overline{(1-s\pi)\beta}]$ である。

ここで、$\tau = \overline{(1-\beta)s\pi} / [\overline{(1-\beta)s\pi} + \overline{\beta}]$ である。
また、消費財部門の労働量を L_2 とすると、

$$\hat{L}_2 = \hat{Y}_2 - \rho_2 \tag{13}$$

(12) (13) 式を代入して (11) 式を整理すると、

$$g_1 \fallingdotseq z\delta\sigma\rho_1 + z\delta\sigma\hat{L}_2 + z\delta\tau\hat{s} + z\delta\tau\hat{\pi} - z\delta\sigma\Delta + z(1-\delta)\hat{E}_1 \tag{14}$$

ここで、$z = 1/[1-\delta(1-\sigma)]$ である。

(14) 式が、投資財部門の需要レジーム関数である。この需要レジーム関数の傾きは $z\delta\sigma = \delta\sigma/[(1-\delta)+\delta\sigma]$ であり、明らかに、$0 < z\delta\sigma < 1$ である。δ は投資財総需要に占める国内需要の割合であり、また、$z\sigma = \overline{Y_2}\overline{p_2}/(\overline{E_1}\overline{p_1} + \overline{Y_2}\overline{p_2})$ は名目輸出と名目消費の和に占める名目消費の割合であるので、(14) 式の右辺第1項は生産性上昇益の国内分配が投資財需要に及ぼす効果を表わす。切片は、5つの項からなる。各項の意味は次のとおりである。(14) 式の右辺第2項は、消費財部門の労働量増加が投資財需要に及ぼす効果を表わす。右辺第3項と第4項は、それぞれ利潤所得の貯蓄率の変化と利潤シェアの変化が投資財需要に及ぼす効果を表わす。第5項は、マークアップ率変化の部門間格差が及ぼす影響である。(10) 式をみればわかるように、たとえば投資財部門のマークアップ率の変化が消費財部門のそれを上回ったとすると、その分だけ、生産性変化率格差に応じた投資財の相対価格の低下率が小さくなる。これは投資財需要に対してマイナスの影響を及ぼす。第6項は海外需要の変化が投資財需要に及ぼす効果を表わす。

　これらのうち多くの項は、経済全体の所得分配や支出構造に依存する値である。このような意味で、需要レジーム関数は、マクロ経済というレベルで作用する需要成長率と労働生産性上昇率との間の制約関係を表わす。経済成長モデルにおける動学的制約関係としては、ケンブリッジ方程式 $g = sr$ が知られている。これは所得分配と経済成長との関係に焦点をあわせた表現である。しかし、中長期的観点においては、労働生産性上昇と経済成長との関係に焦点を当てることも重要である。需要レジーム関数は、労働生産性上昇と経済成長との関係に焦点を当てるかたちで、ケンブリッジ方程式を拡張したものにほかならない。

2.3 生産性レジームの定式化

次に、需要成長から労働生産性上昇に至る経路について検討しよう。ある商品の需要が増加したとしよう。この需要増加に対応すべく、この商品を生産する企業は、産出量を増加させるための措置を講ずる。主な措置は生産設備の調整と雇用の調整である。一般に、生産設備の調整のほうが時間的に先行するので、需要成長から労働生産性上昇に至る経路の第1段階を生産設備の調整、第2段階を雇用調整と考えよう。

生産設備の調整とは、それを増設したり、既存設備の稼働率を高めたりすることである。後者の方法は稼働率が低水準である場合に採用できる一時的に有効な措置にすぎない。長期的にみれば、前者の方法つまり設備投資が主要な調整手段であり、マクロレベルでは産出量の増加と同じようなテンポで生産設備量は増大していくことが多い。

生産設備量と産出量の比である資本係数が変化しない場合でも、設備投資にともなって、生産設備そのものが質的に変化していく。産業革命以来、生産設備の質的変化はとどまることなく続いている。たとえば、1980年代以降、産業用ロボット、NC工作機械、CAD/CAMが製造業の生産現場に普及していった。また、光通信技術の発展は通信容量と速度を高め、インターネット技術の発展は情報の利用可能性を高めた。半導体の集積度とCPUの処理速度は、18〜24ヵ月で倍増するという「ムーアの法則」通りに急激に上昇した。IT革命と総称されるこのような変化は、生産設備の質的な変化をもたらし、それが商品1単位当たりの生産に必要な労働量を低下させた。

もし、生産設備の質的変化なしに、産出成長率と同じ率で、既存の生産設備の数が増えていく場合は、産出成長率gと同じ率で、必要労働量L_nも増加していく。したがってこのケースでは、産出量に対する必要労働量の弾力性は1である。しかし、通常は、設備投資によって導入される新規設備は新たな技術を採用しており、既存設備とは質的に異なっており、必要労働量の節約を可能とする。このように生産設備の増加が、必要労働量の増加率を引き下げる効果をもつ場合は、次のように、産出量に対する必要労働量の弾力性η_nは1より小さい。

$$\hat{L}_n = \eta_n g - \phi_n \quad (0 < \eta_n < 1, \phi_n > 0) \tag{15}$$

$\phi_n > 0$ となる理由、つまり、産出成長率がゼロのとき、必要労働量変化率が負となる理由は、産出成長率がゼロの場合でも、寿命の尽きた設備の更新は行なわなければならないので、この設備更新投資を通じて、必要労働が節約できるからである。

次に、生産性レジームの第2段階に当たる雇用調整について考えよう。(15)式に示される必要労働量増加率を前提にして、雇用量と労働時間量の調整が行なわれる。労働時間量の調整には当然限界があり、一時的に有効な措置にすぎないので、以下では捨象する。したがって雇用量の調整が主要な調整手段となるが、雇用は労働者の生活と直接結びついているがゆえに、経営者の裁量で自由に変えられる変数ではない。雇用量がどの程度柔軟に変化するかは、雇用保障に関わる法制度や労働者の交渉力によって異なる。一般的には、日本のように正規労働者の解雇が制度的に困難であり、産出量が減少しても雇用量の減少が小さい場合は、企業は採用にも慎重であり、産出量が増加しても雇用量の増加は小さい[6]。このような場合、産出量に対する実際の雇用量の弾力性 η は、(15)式における弾力性 η_n よりも小さくなる。

$$\hat{L} = \eta g - \phi \quad (0 < \eta < \eta_n < 1, \eta / \phi = \eta_n / \phi_n) \quad (16)$$

ここで、$\eta / \phi = \eta_n / \phi_n$ となる理由は、雇用変化率がゼロの場合は制度による変化抑制効果もゼロであるからである。このことは、雇用変化率を縦軸とし、産出量変化率を横軸とする平面に(15)式と(16)式を描くと理解しやすい。(16)式は(15)式より、緩やかな傾きをもつ直線であるが、2つの直線の横軸との切片は、上記の理由により等しくなり、2つの直線は横軸上で交わる。

労働生産性上昇率を ρ とすると、定義により $\rho = g - \hat{L}$ である。これを(16)式に代入すると、労働生産性上昇率と産出成長率との関係は次のようになる。

$$\rho = (1 - \eta) g + \phi \quad (0 < 1 - \eta < 1, \phi > 0) \quad (17)$$

これが「生産性レジーム関数」である。生産性レジーム関数の傾きは $(1 - \eta)$ である。需要レジームにおいては、マクロ経済体系と賃金制度が大きな役

---

[6] たとえば製造業における産出量に対する雇用量の弾力性は日本では低く、約 0.2 であるのに対し、アメリカでは約 0.6 である(本書第 8 章表 8-2 参照)。

割を果たしているのに対し、生産性レジームにおいては生産設備の質的変化がもたらす労働節約効果と、産出量の変動に応じた雇用変動を抑制する諸制度が重要である。具体的には、雇用保障に関わる法制度や労使協定、労使交渉における労働組合側の発言力などが生産性レジーム関数の傾きや切片の大きさに影響を及ぼす。法制度などは社会全体で規定されるが、生産設備の性質や、労使協定や労働組合の交渉力などは、産業単位や企業単位で規定される。したがって、生産性レジームが表わす労働生産性上昇率と産出成長率との間の制約関係は、1つの国民経済の中でも産業や企業によって異なると考える方がよいだろう。

3　需要レジームの推計

日本とアメリカの需要レジーム関数を推計してみよう。**2.2**で述べたモデルでは、独立的投資関数や消費関数や輸出関数を導入せず、需給一致式の恒等式展開だけによって需要レジーム関数を導いた。以下では、消費、投資、輸出需要のより現実的な決定を前提として、需要レジーム関数を推計する。ただし、以下で推計するのは需要レジームの10年間の平均的ポジションである。とくに投資需要などは景気循環に応じて大きく変動するので、需要レジームは短期的な循環的変動をともなう。このような循環的変動は捨象する。

（14）式の右辺の第1項のρ_1の係数が需要レジーム関数の傾きを示し、第2項以下が切片を示すようにみえるが、需要レジーム関数の位置を確定するには、さらに以下の点を検討しなければならない。右辺の第2項以下のパラメータの中には、労働生産性変化と価格変化に反応する可能性をもつものがいくつか含まれているかもしれない。たとえば、労働生産性が上昇することにより、価格が低下し、輸出量が増えるかもしれない。その場合は、輸出需要成長率$\hat{E}_1$は労働生産性上昇率ρ_1の関数になるだろう。

アメリカや1990年以前の日本のように、生産性変化率格差インフレーションの場合は、投資財部門の高い生産性上昇率に連動した名目賃金上昇が起きるので、投資財の価格変化は小さい。したがって、仮に（14）式の右辺の第2項以下のパラメータの中に、価格変化に反応するものがあったとしても、パラメータの変動は小さく、需要レジーム関数は（14）式で近似できるだろう。

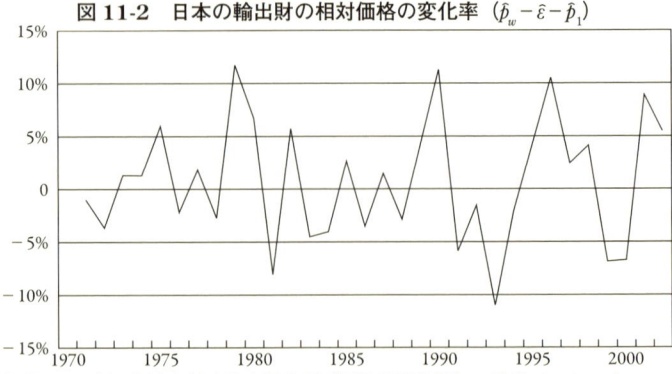

第Ⅲ部　制度的調整をともなう経済動学

図 11-2　日本の輸出財の相対価格の変化率（$\hat{p}_w - \hat{\varepsilon} - \hat{p}_1$）

出所：p_1：内閣府社会経済総合研究所『国民経済計算』の輸出デフレータ、p_w：IMF, *The International Financial Statistics* の工業国輸出価格指数。

しかし、1990年代の日本のような生産性変化率格差デフレーションの場合は、名目賃金は消費財部門の低い労働生産性上昇率に連動するので、投資財部門の高い労働生産性上昇は、ほぼ同率の投資財価格の低下をもたらす。したがって、右辺のパラメータに対する価格変化の影響の程度を明らかにし、それを需要レジーム関数の傾きに反映しなければならない。日本について、輸出需要、消費需要、投資需要にかかわるパラメータに対する価格変化の影響を検討しよう。

3.1　輸出への影響

輸出需要の実質成長率 $\hat{E}_1$ は、次の式に示すように、相対価格（日本製品のドル建て価格 εp_1 と国際価格 p_w との比）の変化率と、国際市場規模の伸び率 $\hat{W}$ に依存すると考えられる。a_1, a_2 は定数、ε は為替レートである。

$$\hat{E}_1 = a_1 \widehat{(p_w / \varepsilon p_1)} + a_2 \hat{W} = a_1 (\hat{p}_w - \hat{\varepsilon} - \hat{p}_1) + a_2 \hat{W} \tag{18}$$

実際に、日本の輸出財の相対価格の変化率 $\hat{p}_w - \hat{\varepsilon} - \hat{p}_1$ を計算すると、図11-2のようになる。変動相場制のもとでの円－ドルレートの激しい変動の影響を受け、この変化率は短期的にみれば大きな上下変動を繰り返しているが、長期的なトレンドは存在しない。10年間の平均値を計算すると、1971～80年では1.9％、1981～90年では0.2％、1991～2002年では0.1％である。すなわ

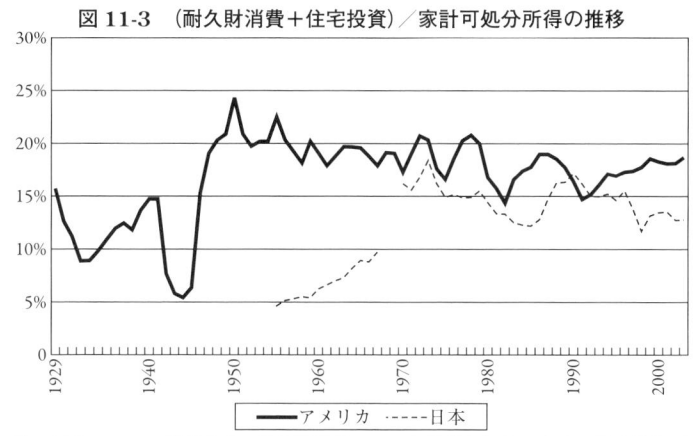

図 11-3 （耐久財消費＋住宅投資）／家計可処分所得の推移

注：日本の 1969 年以前は、耐久財消費のデータが存在しないため、住宅投資／家計可処分所得の値を表示している。
出所：『国民経済計算』、NIPA.

ち、1980年代以降は、中長期的にみれば、日本製品の円建て価格の国際価格に対する相対的低下は円高によってほぼ完全に相殺されている。つまり中長期的には、輸出財に関する購買力平価説が成立しているといえる。したがって、中長期的には、$\hat{E} \fallingdotseq a_2 \hat{W}$ であり、輸出需要の実質成長率 $\hat{E}_1$ は価格変化率や労働生産性上昇率とほぼ無関係となる。

3.2 消費への影響

ここで問題となるのは、可処分所得全体に占める機械消費と住宅投資の合計額の割合 β である。実際に、（耐久財消費＋住宅投資）／家計可処分所得の値を計算すると、図 11-3 に示すように、1970年代以降は循環的変動をともなうが、長期的にはほぼ一定である[7]。

いわゆるサービス化が進行するなかでの耐久財支出の並行的増加を説明する理論としては、ガーシュニィの「社会的イノベーション」説がある。Gershuny

---

[7] 日本では1970年以前、アメリカでは1950年以前には β は上昇トレンドをもつ。これはいわゆるフォード主義的消費様式の普及期に当たるからであろう。(11) 式をみればわかるように、β が上昇するとき、他のパラメータを不変とすれば、需要レジーム関数の切片が大きくなる。図 11-4 と図 11-5 では、β の上昇は、需要レジームを右方向にシフトさせ、需要成長率と生産性上昇率を高める効果をもつ。いわゆる、フォーディズムの高循環の一因は β の上昇、つまり持ち家や耐久消費財の普及という消費支出構造の変化にあると解釈できる。

（1983）は1970年代におけるヨーロッパ諸国のデータの分析にもとづいて、次のような説明を行なった。サービス価格 p_2 の上昇率は、耐久財価格 p_1 の上昇率を上回る。その主な理由は、サービス生産における労働生産性上昇率が、耐久財生産における労働生産性上昇率より小さいからである。家事、娯楽、輸送などに関するサービスの価格の大きな上昇に直面して、家計は、サービスの購入を減らし、耐久財の購入を増やすことによって、そのニーズを「財集約的様式」で満たす。たとえば、クリーニング・サービスの利用度が減少して洗濯機の購入が増大する、映画チケットの購入が減少してテレビの購入が増大する。このような現象をガーシュニィは「社会的イノベーション」と呼ぶ。

このガーシュニィの説は、耐久財とサービスの間での相対価格に対する相対需要の弾力性が1に近い正の値であることを意味する。耐久財需要とサービス需要の実質成長率をそれぞれ $\hat{y}_1, \hat{y}_2$ とし、仮にこの弾力性が1であるとすれば、次の式が成り立つ。

$$\hat{y}_1 - \hat{y}_2 = -1\,(\hat{p}_1 - \hat{p}_2) \tag{19}$$

このとき $\widehat{y_1 p_1} = \widehat{y_2 p_2}$ となるから、耐久財とサービスのそれぞれの名目支出額の伸び率は等しくなり、この2つの支出額構成比は変化しない。実際に、日米のデータを使って推計すると、弾力性はほぼ1となった[8]。このことは、ガーシュニィが定式化した「社会的イノベーション」は日本とアメリカでは1980年以降も持続していることを示している。その結果として、耐久財とサービスの名目支出額構成比がほぼ不変に維持されることは、β の安定性に貢献している。

3.3 投資への影響

次に、利潤所得の貯蓄率の変化 $\hat{s}$ と投資財価格変化との関係について検討しよう。日本について、次のような投資関数を推計した。

$$g_K = b_0 + b_1 \theta + b_2 r + b_3 p_1 \tag{20}$$

---

[8] 日本の『国民経済計算』の「耐久財」と「サービス」の実質支出と価格指数の年次データを使い、$\hat{y}_1 - \hat{y}_2 = \eta\,(\hat{p}_1 - \hat{p}_2)$ を推計式とする。1971～2003年（1998年は原データが不接続であるので除く）の推計結果は、$\eta = 0.96$, t $= 5.77$, $R^2 = 0.313$ であった。アメリカの NIPA の 1971～2003 年の年次データを使って、同様の推計を行なうと、$\eta = 0.83$, t $= 3.46$, $R^2 = 0.090$ であった。

第 11 章　1990 年代における日本とアメリカの成長体制

　被説明変数は非住宅固定資本ストックの増加率 g_K（名目投資額 $p_1 I$ を名目資本ストック額 K で除したもの）であり、説明変数は、製造業設備稼働率 θ、法人企業利潤率 $r = \Pi / K$、投資財（非住宅固定資本）の価格指数 p_1 である[9]。1983 年第 1 四半期から 2002 年第 1 四半期[10]の日本に関する推計結果は下記のとおりである（括弧内の数値は t 値である）。

$$g_K = -0.229 + 0.264\theta + 0.105r + 0.101p_1 \qquad R^2 = 0.842 \qquad (21)$$
$$\quad (-7.99)\ \ (11.6)\ \ \ \ (1.67)\ \ \ (3.02)$$

　この推計結果によると、稼働率の水準が投資に及ぼす影響がかなり大きい。1990 年代の平均稼働率は 1980 年代の平均稼働率よりも約 7％ポイントも低いが、これだけで資本蓄積率は約 2％ポイント下がる。1980 年代後半のバブル経済期の活発な投資によって形成された過剰生産能力の存在が、投資の抑制につながった。さらに、投資財価格指数の係数の符号がプラスである。これは、投資財の価格低下が投資を促進するのではなく投資を抑制することを意味する。その理由としては、物価水準の低下によって企業が有する負債の実質価値が上昇し、負債比率が高い企業では、それが投資のブレーキとして作用することなどが考えられる。つまり Fisher（1933）が負債デフレーション理論で示したメカニズムが、90 年代日本でも作用したと考えられる（Boyer, 2004a）。また、Minsky（1982）が金融不安定仮説として定式化した次のような因果関係もありうる。投資資金の借り手である企業のリスク評価が高まると、投資財の需要価格曲線が下方向にシフトする。投資財の供給価格曲線の上方向へのシフトがゼロ金利政策によって抑えられている状況下では、需要価格曲線の下方向へのシフトによって、投資財価格は低下し、投資需要も低下する。

　(20) 式を変形すると次の式が導かれる。

---

[9]　製造業稼働率は OECD, *Main Economic Indicators* のデータを使用した。法人企業利潤率は『国民経済計算年報』などのデータから宇仁（1999）の付録に記載している方法で算出した。投資財価格指数は『国民経済計算年報』から求めた。1991 年第 1 四半期〜 2001 年第 4 四半期のアメリカについて NIPA, *Fixed Assets* などのデータから同様の推定を行なった結果は次のとおりである。価格の係数の符号は日本とは逆である。

$$g_K = 0.387 + 0.178\theta + 0.289r - 0.409p_1 \qquad R^2 = 0.931$$
$$\quad (15.0)\ \ \ (4.49)\ \ \ (3.91)\ (-17.2)$$

[10]　1983 年第 1 四半期と 2002 年第 1 四半期は、ともに景気循環の谷に当たる。

第Ⅲ部　制度的調整をともなう経済動学

表 11-5　需要レジーム関数の推計結果

	日本		アメリカ	
	1980〜90年	1990〜2000年	1977〜87年	1987〜97年
$z\delta\sigma\rho_1$：生産性上昇益の国内分配の効果	0.71	0.72	0.86	0.83
$z\delta\sigma\hat{L}_2$：雇用量変化の効果	0.57%	0.51%	1.98%	1.58%
$z\delta\tau\hat{s}$：貯蓄率変化の効果	0.72%	−0.34%	−0.16%	0.14%
$z\delta\tau\hat{\pi}$：利潤シェア変化の効果	−0.07%	−0.81%	0.12%	0.14%
$-z\delta\sigma\Delta$：マークアップ率変化率の部門間格差の効果	0.07%	0.43%	−1.03%	−0.17%
$z(1-\delta)\hat{E}_1$：輸出需要変化の効果	1.51%	1.08%	0.67%	1.36%
需要レジーム関数	$0.71\rho_1 + 2.80$	$0.72\rho_1 + 0.87$	$0.86\rho_1 + 1.58$	$0.83\rho_1 + 3.05$
デフレ効果を考慮した需要レジーム関数		$0.29\rho_1 + 1.73$		

注：δ, σ, τ, $\hat{L}_2$ は出所に記載した産業連関表から計算した。Δ は表 11-2 に記載の部門別労働生産性上昇率と価格変化率から計算した。$\hat{s}$, $\hat{\pi}$, $\hat{E}_1$ は、『国民経済計算』および NIPA から、s, π, E_1 の年次データを計算し、さらにその 5 年間移動平均をとることにより循環的変化を除去したうえで、変化率を計算した。s, π は法人企業部門のデータを利用した。
出所：日本：総務省『接続産業連関表　1980-85-90』『接続産業連関表　1990-95-2000』および内閣府社会経済総合研究所『国民経済計算』
　　　アメリカ：The U.S. Department of Commerce, Bureau of Economic Analysis, *The U.S. Input-Output Tables in 1977, 1987, 1997* および NIPA.

$$\hat{g}_K = \widehat{(p_1 I/K)} = \widehat{(p_1 I/\Pi)} + \widehat{(\Pi/K)}$$
$$= \widehat{(p_1 I/\Pi)} + \hat{r} \fallingdotseq B_1\hat{\theta} + B_2\hat{r} + B_3\hat{p}_1 \quad (22)$$

ここで、$B_1 = b_1\bar{\theta}/\bar{g}_K$, $B_2 = b_2\bar{r}/\bar{g}_K$, $B_3 = b_3\bar{p}_1/\bar{g}_K$ である。
(22) 式に (1) 式を代入して整理すると

$$\hat{s} = \widehat{(p_1 I/\Pi)}$$
$$= B_1\hat{\theta} + (B_2 - 1)\hat{r} + B_3[\widehat{(1+m_1)} + \hat{w} - \rho_1]$$
$$= \hat{s}_0 - B_3\rho_1 \quad (23)$$

ここで $\hat{s}_0 = B_1\hat{\theta} + (B_2-1)\hat{r} + B_3[\widehat{(1+m_1)} + \hat{w}]$ である。
(23) 式を (14) 式に代入すると

$$g_1 \fallingdotseq z\delta(\sigma-\tau B_3)\rho_1 + z\delta\sigma\hat{L}_2 + z\delta\tau\hat{s}_0 + z\delta\tau\hat{\pi} - z\delta\sigma\Delta + z(1-\delta)\hat{E}_1 \quad (24)$$

これが、投資に対するデフレの効果を考慮した需要レジーム関数である。

第11章　1990年代における日本とアメリカの成長体制

図11-4　日本の成長体制

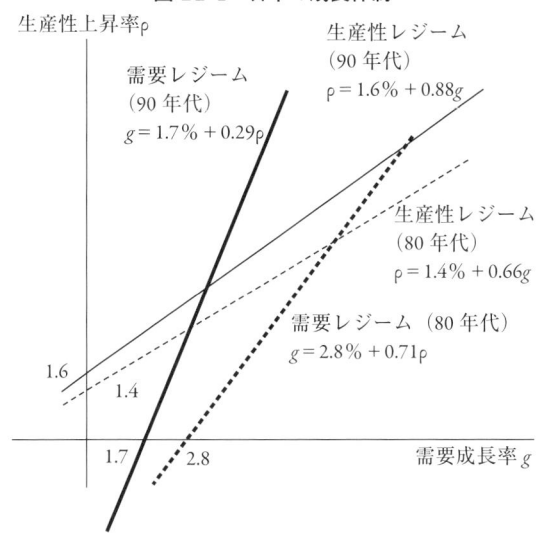

生産性上昇率ρ

需要レジーム（90年代）　$g = 1.7\% + 0.29\rho$

生産性レジーム（90年代）　$\rho = 1.6\% + 0.88g$

生産性レジーム（80年代）　$\rho = 1.4\% + 0.66g$

需要レジーム（80年代）　$g = 2.8\% + 0.71\rho$

需要成長率 g

図11-5　アメリカの成長体制

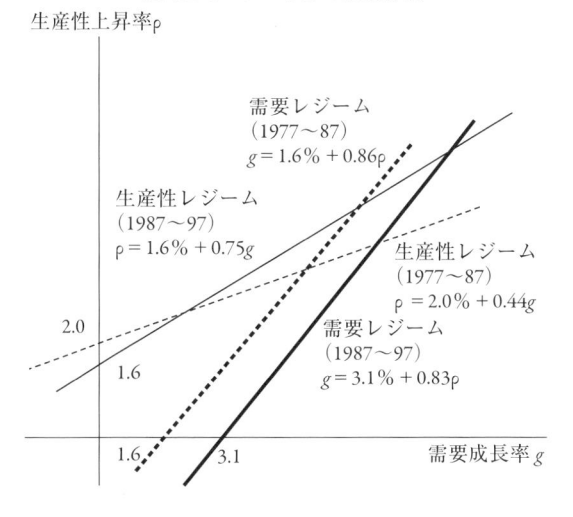

生産性上昇率ρ

需要レジーム（1977〜87）　$g = 1.6\% + 0.86\rho$

生産性レジーム（1987〜97）　$\rho = 1.6\% + 0.75g$

生産性レジーム（1977〜87）　$\rho = 2.0\% + 0.44g$

需要レジーム（1987〜97）　$g = 3.1\% + 0.83\rho$

需要成長率 g

(14) 式と比べると、傾きが小さく、切片が大きくなる。その変化の程度は、投資率への投資財価格の寄与率 $B_3 = b_3 \bar{p}_1 / \bar{g}_K$ の大きさなどに依存する。この寄与率を、投資関数の推計式 (21) 式から算出すると推計期間平均では 0.64

であった。これに $z\delta\tau = 0.67$ を乗じた 0.43 だけ傾きが小さくなる。

表 11-5 は、需要レジーム関数の推計結果を示している。1980 年代前半の日本は、輸出主導型成長の時期であった（宇仁，1998）。このことは、この表では比較的大きな「輸出需要変化の効果」によって示されている。しかし、**3.1** に記したような為替レート調整パターンの確立などによって、1990 年代には、この効果は小さくなった。また、1980 年代後半はバブル経済期であり、企業の投資意欲はきわめて旺盛であった。これはプラスの「貯蓄率変化の効果」によって表わされている。バブル崩壊後の 1990 年代にはこの効果はマイナスになった。1990 年代の不況下でも、日本の雇用や賃金の弾力性は低いままであったので、利潤が圧迫され、利潤シェアが低下した。このことはマイナスの「利潤シェア変化の効果」によって表わされている。このマイナスの「貯蓄率変化の効果」と「利潤シェア変化の効果」とは、投資需要成長率の大幅な低下につながった。このような要因によって、1980 年代と比べて 1990 年代の需要レジーム関数の切片の値が小さくなった。また、1990～2000 年の欄に、デフレ効果を考慮した需要レジーム関数の推計結果を示す。デフレ効果を考慮しない需要レジーム関数と比べると、傾きは小さくなり、切片は大きくなる。縦軸を労働生産性上昇率、横軸を需要成長率とする平面に、推計された需要レジーム関数を描いたものが図 11-4 と図 11-5 である。図 11-4 をみると、日本では、需要レジーム関数は左方向に大きくシフトしたことがわかる。

表 11-5 のアメリカの需要レジーム関数に関して、1977～87 年と 1987～97 年とを比べると、傾きはほとんど変化せず、切片が大きくなった。切片の値が大きくなった要因としては、「輸出需要変化の効果」が増大したことと、マークアップ率変化率の部門間格差が縮小したことなどが挙げられる。1977～87 年には、投資財部門でマークアップ率の上昇傾向があったが、1987～97 年にはなくなった。これは企業間競争の激化の影響と考えられる。マークアップ率変化率の部門間格差の縮小は、(10) 式をみればわかるように、生産性変化率格差に応じた投資財の相対価格の低下を促進し、投資財の実質需要の増加に貢献する。さらに利潤所得の貯蓄率が増加に転じたことも投資需要の増加につながった。以上の結果として需要レジーム関数の切片の値が大きくなり、図 11-5 に示すように、アメリカでは日本とは逆に、需要レジーム関数は右方向にシフトした。

表 11-6 生産性レジーム関数の推計結果

	日本		アメリカ	
	1976～90年	1991～2003年	1978～87年	1988～2001年
定数項	0.014 (1.46)	0.016 (3.37)	0.020 (2.87)	0.016 (3.00)
需要成長率の係数	0.660 (7.54)	0.875 (13.7)	0.444 (7.29)	0.753 (15.9)
自由度修正済み決定係数	0.550	0.831	0.655	0.864

注：非説明変数は労働生産性（産業別実質産出額÷産業別就業者数）の上昇率である。括弧内の数値はt値である。

出所：アメリカについては、The U. S. Department of Commerce, Bureau of Economic Analysis, *GDP by Industry*（1972SICと1987SICによる）の産業機器、電子電気機器、自動車の3産業の年次データをプールして回帰分析を行なった。日本については『国民経済計算年報』の経済活動別の国内総生産と就業者数表の一般機械、電気機械、輸送機械の3産業の年次データをプールして回帰分析を行なった。

4 生産性レジームの推計

2.3で述べたように、生産性レジームは、とくに生産設備の質的変化がもたらす労働節約効果という技術的要因と、産出量の変動に応じた雇用変動を抑制する諸制度という制度的要因によって規定される。これらの要因は、企業や産業によって多様であると考えられるが、個々の企業や産業の生産性レジームの時間的な変化については、循環的変動は小さく短中期的には安定的であると考えられる。一方の需要レジームは、とくに投資需要の循環的変動が大きいので、景気循環に応じた変化をともなっていると考えられる。つまり、表 11-5や図 11-4や図 11-5に示された需要レジームは、循環的変動を捨象した長期的平均を示しているが、実際の需要レジームは、この平均的ポジションを中心として左右に振動していると考えられる。比較的安定な生産性レジームと循環的に変動する需要レジームとを前提にして考えると、時系列観測値を使い、労働生産性上昇率を被説明変数、需要成長率を説明変数とする回帰分析によって得られる回帰直線が、生産性レジーム関数を表わすといえる。

1で述べたように、投資財部門の動態の違いが日米におけるマクロ経済パフォーマンスの違いと深く関わっているので、投資財部門の動態が問題となる。IT革命が進行した90年代においては、産業用ロボット、NC工作機械、CAD/CAM、光通信システム、コンピュータなど、ITを内部に装備した機械を導入することが、労働生産性上昇にとって重要であった。投資財には機械設

備のほかに建物・構築物もあるが、1990年代においては、日米ともに、建設の労働生産性上昇率と需要成長率は低く、累積的因果連関における役割は小さい。以下では、機械産業に関して、生産性レジーム関数を推定しよう。推定結果は表11-6に示すとおりである。

日米とも、需要成長率の係数については1990年代のほうが80年代よりも大きい。この係数は、1から雇用の弾力性を減じた値に等しいから、これは90年代に雇用の弾力性が小さくなったことを意味する。不況期に雇用の弾力性が小さいということは、産出減少局面での雇用の削減が小規模だったことを反映している（厚生労働省, 2002, 第3-7表; Boyer and Juillard, 2000）。国際的にみても低い日本の雇用の弾力性は、90年代末まではほぼ維持されたのである（本書第8章参照）。これは雇用制度がもつ慣性力の現れであるとも考えられる[11]。

アメリカについても、機械産業における産出量に対する雇用量の弾力性は1978～87年の0.56から、1988～2001年の0.25に大きく低下した。雇用の弾力性の低下という点では同じであるが、日本とは次のように状況が異なる。90年代のアメリカは好況期であり、産出増加局面で、雇用がほとんど増加しなかったことが、雇用の弾力性を低下させた。これは1980年代後半から始まる「ダウンサイジング・ブーム」や「リストラクチャリング・ブーム」の影響と考えることができるだろう（Osterman, 1999）。この時期、アメリカ企業はコア・コンピテンスへの集中をめざし、その他の分野のアウトソーシングや売却を進めた。また、ITを活用して中間管理職やホワイトカラーの削減を進めた。さらに、チーム生産、品質管理サークルやジョブローテーションなど日本で発展した手法を生産現場に導入した。

回帰分析に使った機械製造部門3産業の単純平均でみると、1978～87年の産出成長率は、3.8％であり、1988～2001年のそれは7.0％である。もし、雇用の弾力性が0.56のまま変化しなかったとすれば、このような産出成長率の増加は1.7％の雇用増加率をもたらしたはずである。ところが上記のようなアメリカ企業の技術革新・組織革新によって雇用の弾力性が0.25に低下したために、雇用増加率は0％であった。このように、アメリカでは産出成長率が増

---

(11) ただし、1998年以降、日本において、正規雇用の非正規雇用への代替が活発化した。総雇用者に占めるパートタイム労働者の比率は、97年の16.3％から、98年には19.5％となり、2004年には23.7％に達した。また、派遣・請負労働者も増加した。

加したにも関わらず、雇用増加が抑制されたことによって、生産性レジーム関数の傾きが大きくなったと考えられる。

5　結　論

図11-5に示すように、アメリカに関して、1977〜87年と1987〜97年とを比べると、需要レジームは右方向にシフトし、生産性レジームの傾きは大きくなった。その結果、需要レジームと生産性レジームとの交点が表わす需要成長率と労働生産性上昇率はともに増大した。Baumol（1967）のモデルにもとづくと、このように、労働生産性上昇率が比較的大きい部門の需要成長率が大きくなったことは、マクロ経済成長を支える。日本に関しては、図11-4に示すように1980〜90年と1990〜2000年とを比べると、生産性レジームの傾きは大きくなったが、需要レジームは左方向に大きくシフトした。その結果、とくに需要成長率が1990年代には小さくなった。Baumol（1967）のモデルにもとづくと、このように、労働生産性上昇率が比較的大きい部門の需要成長率が小さくなったことは、マクロ経済成長率の低下につながる。

　日本とアメリカにおけるこのような成長レジームの変化の原因は以下のようにまとめられる。90年代において、IT分野の技術進歩の影響は、コンピュータ製造業を中心に、機械産業における高い労働生産性上昇となって現われた。機械に偏った生産性上昇は日本でも起きたが、アメリカの方が顕著であった。これは両国での生産性レジームの傾きの増加をもたらした。さらに、アメリカでは1980年代後半からのアメリカ企業の組織革新・経営革新を通じて、雇用の弾力性が低下し、生産性レジーム関数の傾きが大きくなった。1990年代のアメリカにおいては、投資需要と輸出需要の成長率が高まり、需要レジームは右方向にシフトした。逆に、1990年代の日本では、輸出需要成長率の低下と、投資需要の停滞によって、需要レジームは左方向にシフトした。投資需要の停滞の主な要因としては、バブル経済期に形成された過剰生産能力の存在が挙げられるが、生産性上昇率格差デフレーションにもとづく投資財価格の低下も投資の停滞と関連を有している。生産性上昇率格差デフレーションの一因は、春闘の形骸化などによる労働組合の賃金交渉力の弱体化によって、賃金上昇率が低位平準化してしまったことにある。

参考文献

宇仁宏幸（1998）『構造変化と資本蓄積』有斐閣。
―――（1999）「戦後日本の構造変化と資本蓄積」山田鋭夫／ロベール・ボワイエ編『戦後日本資本主義』藤原書店。
厚生労働省（2002）『労働経済白書 2002 年版』。
權虞賢（2007）「1990 年代における韓国の成長体制」『進化経済学論集第 11 集』
厳成男（2007）「1990 年代における中国の成長体制」『進化経済学論集第 11 集』
高須賀義博（1962）「生産性格差インフレーション」『エコノミスト』5 月 1 日号。
―――（1972）『現代日本の物価問題』新評論。
藤田真哉（2008）「生産性上昇率格差と不均等成長」『経済理論学会第 56 回大会報告集』。
渡辺努（2001）「生産性格差とデフレーション」『Economic Review』10 月号。
Baumol, W. J. (1967) "Macroeconomics of Unbalanced Growth: The Anatomy of Urban Crisis", *The American Economic Review*, Vol. 57, June.
Boyer, R. (1988) "Formalizing Growth Regimes", in G. Dosi *et al.*, *Technical Change and Economic Theory*, Pinter Publishers.
――― (2004a) "De la décennie perdue à un improbable New Deal pour le Japon", *Couverture orange CEPREMAP*, n° 2004-04.
――― (2004b) *La théorie de la régulation. Les fondamentaux*, La Découverte (coll. Repères).
Boyer, R. and M. Juillard (2000) "The Wage Labour Nexus Challenged: More the Consequence than the Cause of the Crisis", in R. Boyer and T. Yamada eds., *Japanese Capitalism in Crisis*, Routledge.
Duménil and Lévy (2003) *Économie marxiste du capitalisme*, La Découverte (coll. Repères).
Fisher, I. (1933) "The Debt-Deflation Theory of Great Depressions", *Econometrica*, Vol. 1, No.4.
Gershuny, J. (1983) *Social Innovation and the Division of Labour*, Oxford University Press.
Hayashi, F. and E. C. Prescott (2002) "The 1990s in Japan: A Lost Decade", *Review of Economic Dynamics*, Vol. 5.
Kaldor, N. (1966) *Causes of the Slow Growth in the United Kingdom*, Cambridge University Press. (Republished in N. Kaldor, *Further Essays on Economic Theory*, Duckworth, 1978. 笹原昭五ほか訳『経済成長と分配理論』日本経済評論社、1989 年、第 4 章）
――― (1970) "The Case for Regional Policies", *Scottish Journal of Political Economy*, Vol.17, No.3.（笹原昭五ほか訳『経済成長と分配理論』日本経済評論社、1989 年、第 5 章）
Minsky, H. P. (1982) *Can 'It' Happen Again? Essays on Instability and Finance*, M. E. Sharpe.（岩佐代一訳『投資と金融――資本主義経済の不安定性』日本経済評論社、1988 年）
Naastepad, C. W. M. (2006) "Technology, Demand and Distribution", *Camblidge Journal of Economics*, Vol.30.
Osterman, P. (1999) *Securing Prosperity*, Princeton University Press.（伊藤健一ほか訳『アメリカ――新たなる繁栄へのシナリオ』ミネルヴァ書房、2003 年）
Pasinetti, L. L. (1973) "The Notion of Vertical Integration in Economic Analysis", *Metoroeconomica*, Vol.25.
Petit, P. (2005) *Croissance et richesse des nations*, La Découverte (coll. Repères).
Yoshikawa, H. (2002) *Japan's Lost Decade*, The International House of Japan.

あ と が き

　「制度と調整の経済学」は、「現代資本主義分析」と並んで、1997 年に京都大学経済学研究科に着任して以来、大学院でわたしが担当してきた講義科目名である。この科目名は、わたしの着任以前に、八木紀一郎氏が発案されたものである。氏は、わたしの教育・研究の内容について、指導や制約めいたことを一言もいわれたことがないが、この科目名には、京都大学でわたしが担うべき教育・研究の内容についての氏の期待が込められていると、この約 10 年間、わたしは自分勝手に解釈してきた。このような意味での氏の導きがなければ、本書は誕生しなかったと思われる。したがって、まず、八木紀一郎氏に対して感謝を申し上げたい。本書の出版によって、氏の期待にいくらかは応えることができたのではないかと、これも自分勝手に少し安堵している。

　第 1 章「市場的調整と 4 つの制度的調整」は、本書の基本的な理論枠組みを説明したものであるが、本書の中では最も早い時期に着想され、この 10 年間のわたしの研究の導きの糸となったものである。着想の契機となったのは、マルクスのアソシエーション論研究で知られる田畑稔氏から、1999 年末に、アソシエーションの理論と実践に関する共同研究への参加を呼びかけられたことに始まる。そこでの報告論文（田畑稔ほか編著『アソシエーション革命へ』社会評論社、2003 年、第 5 章）で、わたしは、マルクスを含め、通常、生産単位内の調整原理としてヒエラルキーと対比されるアソシエーションを、生産単位間の調整原理として検討した。そして生産単位間の調整原理として、市場的調整と対比するかたちで「アソシエーション的調整」と「国家的調整」の特徴について書き、現代資本主義ではこの 3 種の調整原理が混成されていると述べた。同じ頃、大学院ゼミナールで P. A. Hall and D. Soskice, *Varieties of Capitalism*, Oxford, 1998 を読んだ。この本では「自由な市場経済（Liberal Market Economy）」と「コーディネートされた市場経済（Coordinated Market Economy）」とが対比されていた。上記のわたしの論文では、「Hall and Soskice（1998）では、アソシエーション的調整は、コーディネーションと呼ばれている」という注を添えた。つまり、上記の論文を執筆した 2000 年の時点で、本書の第 1 章の表 1-1 に示さ

あとがき

れる制度的調整の分類はできていた。しかし、この理論的次元の分類を資本主義の実証的分析にどのようにつなげることができるかについては、不明確であった。すなわち、日本の経済調整の特徴に起因する諸限界が、1990年代以降の日本経済の長期停滞の根源にあるという本書の基本的認識は2000年頃のわたしにはなかった。わたしの1998年の著書『構造変化と資本蓄積』（有斐閣）では、戦後日本の成長の駆動力である構造変化が1990年代以降停止したという事実を指摘したが、その原因や解決策については言及できなかった。日本経済における構造変化の停止原因を解明するということが、この著書刊行以降のわたしの実証研究面での主な問題関心であった。社会単位のコーディネーションの弱体化と企業単位のコーディネーションの限界とが、日本経済が抱える根本的問題であるという本書の基本的認識は、金融危機、アジア通貨危機、所得格差、雇用・賃金制度改革など、1990年代以降の日本経済が直面した大きな諸問題をひとつひとつ実証的に分析することを通じて、徐々に自分のなかで明確になっていった。約10年間のその成果が本書の第Ⅱ部と第Ⅲ部である。これらの実証研究にあたっては、以下のような多くの方々や機関から協力や援助をえた。記して感謝したい。

　第3章「日本の賃金格差拡大の要因」と第4章「日本製造業における企業内・企業間分業構造の変化」で利用した総務省『就業構造基本調査』と同『全国消費実態調査』の秘匿処理済みミクロデータは、一橋大学経済研究所附属社会科学統計情報研究センターから提供を受けた。第4章の一部と第5章「成果主義的賃金制度とアウトソーシング」については、松下電器産業労働組合とNTT労組から内部資料の提供を受け、またインタビューも受けていただいた。その際、大阪社会運動協会の協力も得た。第7章「通貨統合の諸条件の比較分析」はサムソン経済研究所からの資金援助を受けた。第9章「制度的補完性とマクロ経済的安定性」は文部科学省科学研究費補助金（基盤研究B (1)、2001～2003年度）の援助を受けた。

　また、本書の元になった諸研究の大部分は、国内、国外の学会や研究会で報告され、その参加者からの多くのコメントを受けたものである。とくにR・ボワイエ氏や山田鋭夫氏が中心となっているレギュラシオン理論関係の研究会やコンファレンスの参加者からは、多くのコメントをいただいた。コメントをいただいた方々に感謝したい。

あとがき

　さらにこれらの諸研究のベースとなる考え方は、「制度と調整の経済学」や、「現代資本主義分析」という大学院のゼミナールでの議論からつくられたものが多い。梁峻豪氏や藤田真哉氏などすでに研究者になった方もいるが、わたしのゼミナールに参加した大学院生諸君に感謝したい。

　また、学部のゼミナールも約10年が経過し、多くの卒業生が、まさに日本経済の第一線で働いている。彼らからもたらされる生々しい苦労話も、わたしにとっては、思考のリアリティを失わないために不可欠のものとなっている。そして、企業組織の中で日々苦労し、努力している人々が日本経済について考えるとき、本書がわずかでも役立つことを何よりも願っている。

　最後に、本書の出版に際し、資金の助成をいただいた京都大学経済学会に感謝を申し上げたい。

2009年3月

宇仁宏幸

初出一覧

第3章
「日本における賃金格差の拡大とその要因」『季刊経済理論』第 45 巻第 1 号、2008 年 4 月と、「IT 化・グローバル化と賃金格差拡大との関連」第 46 巻第 1 号、2009 年 4 月を加筆修正。

第5章
「NTT 西日本の構造改革」『大阪社会労働運動史』第 9 巻、第 1 部第 2 章第 1 節 3 項、2009 年 3 月を加筆修正。

第6章
「日本経済の低成長の原因――産業と雇用の構造変化の国際比較による分析」『経済理論学会年報』第 39 集、2002 年 10 月と「日本資本主義の混迷を問う――バブル崩壊後の日本、スウェーデン、ノルウェーの比較」、『経済理論学会年報』第 40 集、2003 年 10 月を加筆修正。

第7章
「通貨統合の諸条件の比較分析」『経済論叢』第 181 巻第 5・6 号、2008 年 5 月を加筆修正。

第8章
「先進諸国の市場調整パターン」『経済論叢』第 165 巻第 1・2 号、2000 年 1 月を加筆修正。

第9章
「雇用制度と金融制度の補完性とマクロ経済学的安定性」『経済論叢別冊 調査と研究』第 31 号、2005 年 10 月を加筆修正。

索　　引

あ

IT
　——化　　41, 55-60, 61
　——ブーム　　163, 293
　——不況　　163
アウトソーシング　　294
　NTT の——　　121, 137-141
　——説　　41, 56, 76
青木昌彦　　115, 224
悪循環　　245
アグリエッタ（Aglietta, M.）　　32
アジア通貨危機　　184, 187
アマーブル（Amable, B.）　　224
アレント（Arendt, H.）　　19
ERMII　　170, 177, 188-189
イノベーション　　12
インターネット　　121, 283
インフレーション　　168, 274-277
ウィリアムソン（Williamson, J.）　　189-190
ウィリアムソン（Williamson, O.）　　10, 26-30
ヴェーバー（Weber, M.）　　19
請負労働者　　98-100
エスピン - アンデルセン（Esping-Andersen, G.）　　14
太田清　　72-75
大竹文雄　　44, 68-69
オープン・アーキテクチャ化　　102

か

外注依存度　　87-88, 101-103
価格調整　　235, 253
ガーシュニィ（Gershuny, J.）　　287-288
カルドア（Kaldor, N.）　　152, 244, 250-258, 263, 269, 272
カレツキ（Kalecki, M.）　　199-200, 206

間接金融　　142, 226, 230, 234-242
間接雇用　　82, 95, 112, 122
管理フロート制　　177, 185
　一国的な——　　169, 171, 188
　共同的な——　　187-190
企業間分業構造　　82
企業主義　　35
企業内技能形成制度　　82
企業内分業構造　　82
企業別組合　　91, 116
規制　　6, 11, 18, 25
　電気通信事業——　　126-129
　非対称——　　126
規制緩和　　6, 41, 61, 144, 159, 161, 163, 196, 208-210, 217, 219
偽装請負　　98, 100, 112
逆流効果　　246-247, 251, 258, 263-264, 269
協議　　6, 10, 30
共通通貨　　166
共同的な為替体制　　170
局所的知識　　27
銀行主導型金融構造　　226, 242
　→「間接金融」もみよ
均等待遇原則　　52, 196, 210-211, 215-217
金融緩和　　145
金融再生　　146-149
金融自由化　　142
金融不安定仮説　　289
クラフト経済　　197-199, 219
グローバル化　　41, 55-60, 61
景気循環パターン　　195-208, 216-219
ケインズ主義　　200
　——的財政政策　　18
ケインズ派　　271
ケンブリッジ方程式　　282
小泉政権　　69-71, 158

301

索　引

好循環　245
構造変化　151-162, 217
　　最終需要の──　265, 269
構造改革　134-141
公的資金投入　143, 146-149, 159, 164
購買力平価（PPP）　174, 287
国民的合意　144, 148-149, 164
国有化　146-148, 159, 164
コース（Coase, R.）　27
固定為替レート　169, 255
コーディネーション　6, 9-11, 25, 116, 159-161, 225
　　企業間──　82, 94, 113
　　企業単位の──　6, 10, 31, 34, 112-113, 121, 143, 159-161
　　社会単位の──　6, 10, 31, 143, 160-162
　　多国的な──　170, 190
　　賃金に関する──　78
　　──の非市場的様式　30
コーディネートされた市場経済　5, 30, 159, 161
コモンズ（Commons, J.）　24-26, 30, 33
雇用非正規化説　71-76
雇用保険法　157, 205, 211, 228
雇用保障　284

さ

最適通貨圏理論　168
サブプライム・ショック　218
サブプライム・ローン　163
サールウォール（Thirlwall, A.P.）　254-258
産業再生　149
産業予備軍効果　213
産業連関表　174, 265
　　アジア国際──　177
GM　114
ジェンダー　201, 218
市場主導型金融構造　226, 242
　　→「直接金融」もみよ
市場原理主義　5
市場的調整　5, 7-8, 25, 196, 201, 213-216, 219
　　賃金の──　61
自生的秩序　22
自然レート　174
実物的不安定性　200, 205, 208, 217, 224, 241
実用的起源の制度　21
資本主義の多様性アプローチ　29-31, 159, 225
資本蓄積　217
社会的イノベーション　287-288
収穫逓増　248
　　動学的──　251-253, 255, 267-268
終身雇用慣行　61, 205, 211, 227
集団的行動　24
自由な市場経済　5, 30, 159, 161
シュモラー（Schmoller, G.）　24
需要形成　247
需要レジーム　156, 259-269, 272, 278-282, 285-292, 295
春闘の形骸化　62-68, 76-77, 277
準垂直的統合　82, 94, 102, 113-119
証券化　163
消費支出格差　47-49
職能給　62
職能資格制度　63
職務委譲説　83, 85, 92, 94
女性化（労働力の）　209, 228
所得格差　41
人口高齢化説　42, 44, 56, 68-71, 76-77
新古典派　197, 201, 271
垂直的統合（生産の）　103, 113-114
垂直的統合労働係数　172, 274, 281
数量調整　16-17, 206, 235, 253
スキル偏向的技術進歩（SBTC）仮説　41, 55-60, 76
スラッファ体系　267
スローン（Sloan Jr., A）　114
成果主義の賃金制度　62-68, 76-77, 121, 158
　　NTTの──　129-134

富士通の—— 130, 133
生産性上昇率格差　217, 273-278
生産性格差(企業規模別の)　93
生産性変化率格差インフレーション
　274-277, 285
生産性変化率格差デフレーション
　274-277, 286, 295
生産性レジーム　156, 259-260, 267-269,
　272, 278, 283-285, 293-295
生産能力形成　247
成長体制　32, 271-295
制度諸形態　32
制度的調整　5, 196, 201, 213-216, 244-245,
　258
制度的補完性　224-226, 234-242
積極的労働市場政策　156, 159, 229
選択と集中　143
ソスキス(Soskice, D.)　5, 29, 159, 225

た

代替性(正規労働と非正規労働との)
　83, 104, 107-111
大転換　196
大量生産経済　197-202, 217, 219, 224
ダウンサイジング　294
高須賀義博　275
多元性(経済調整の)　13-14, 34
橘木俊詔　43
多能工　82
多様性(経済調整の)　5
単位労働コスト　173
　——平価(ULCP)　174, 176-177,
　179-183, 185-190
男女格差　211-213, 217
男女雇用機会均等法　52, 211
団体交渉制度　241
弾力化　→「フレキシビリティ」もみよ
　雇用の——　204, 208-213, 217
　賃金の——　204, 211-216, 217
チャンドラー(Chandler Jr., A.D.)　119
長期雇用　82, 142

長期停滞　6, 142-143, 159-161
直接金融　142, 226, 230, 234-242
直接雇用　82
貯蓄格差　47-49
賃金格差
　アメリカの——　41, 59-61, 77
　学歴間——　56-60
　企業規模間——　66-67
　時間当たり——　49-55
　職業間——　56-60
　日本の——　41-78, 157
賃金交渉制度　64, 279
賃金所得格差　43-47
賃金制度要因説　43, 59-68, 76-77
賃金の生産性インデクセーション　32,
　260-262
通貨危機　170
通貨切り下げ　179, 184
通貨統合　166, 189
通貨バスケット　190
ディクソン(Dixon, R.)　254-258
テーラーシステム　199, 260
テーラー主義的労働編成　32, 94
テレ(Théret, B.)　15
トヨタ　114-115
取引　25
取引コスト・アプローチ　27
ドルペッグ制　170, 179, 185

な

内閣府　43, 56, 60, 69-71
内需ルート　248, 251, 257-263
内部組織　27
二極分解説　83
日経連　63, 65
ネグリ(Negri, A.)　19
ネル(Nell, E.)　196-201, 241
年功賃金　62

は

ハイエク(Hayek, F.A.)　22, 27

索　引

波及効果　244, 247, 258, 263-264, 269
派遣切り　112
派遣労働者　98
パシネッティ（Pasinetti, L.L.）　172, 174, 253, 267
ハーシュマン（Hirschman, A）　244
ハースト（Hirst, P.）　16
パートタイム労働　84-94, 209-210, 217, 228
ハーバーマス（Habermas, J.）　18-19
バブル　142, 144, 231, 292, 295
バラッサ・サミュエルソン型　176, 179, 185
バラッサ・サミュエルソン効果　168, 176
バラッサ・サミュエルソン・モデル　175
ヒエラルキー　6, 11, 25, 116, 161
ヒエラルキー的関係　82, 113
非自動化工程　91-92
非正規化　84, 86, 95
非正規労働補完説　103-107
ヒックス（Hicks, J.）　168
ビッグバン　230
日雇い派遣　112
フィードバック　7
フィッシャー（Fisher, I.）　289
フェルドーン法則　250, 252-253, 255, 257
フォーディズム　32, 195, 260, 287
フォード（Ford, F.）　114
フォード主義の消費様式　251, 281, 287
フォード主義の妥協　260
複合性（経済調整の）　13, 16, 26, 33
福祉国家　14
プラザ合意　145
ブラックボックス化　103
フレキシビリティ　→「弾力化」もみよ
　　質的――　81, 83
　　量的――　81, 83, 93
　　労働の――　209, 228
ブロードバンド　122

ヘクシャー・オリーン・サミュエルソン（HOS）モデル　42
変動相場制　286
貿易効果説　42, 76
貿易不均衡　168, 255
ポストケインズ派　200
補足性（経済調整の）　13, 17, 23, 33
ボーモル（Baumol, W.J.）　272, 274, 295
ポランニー（Polanyi, K.）　5, 196
ホール（Hall, P. A.）　5, 29, 159, 225
ボワイエ（Boyer, R.）　5, 33-34, 245, 258-263, 278-280

ま

マイクロ・エレクトロニクス　82-83, 92
マクロ経済的(不)安定性　224-225, 236-242
　→「実物的不安定性」もみよ
マッキノン（McKinnon, R.I.）　187
マーストリヒト経済収斂基準　166-167
マルクス派　280
ミュルダール（Myrdal, G.）　244-250, 263-264, 269
ミンスキー（Minsky, H.P.）　289
命令　6, 12, 22
メインバンク　230
メカトロニクス　102
メゾ・コーポラティズム　34-35
メンガー（Menger, C.）　21-24
モジュール化　102

や

山田鋭夫　35
有機的起源の制度　21
輸出志向工業化　178
輸出主導型成長　144, 253-258, 292
輸出に偏った生産性上昇　168, 175, 178, 255
輸出ルート　248, 251-258
ユニバーサル・バンク　230

ら

累積的因果連関　244-269, 278-285
レイオフ制度　199, 201, 205, 226, 241
レギュラシオン様式　32, 35
レギュラシオン理論　31-36, 225
連合　63
連帯的賃金政策　156, 229
レーン・メイドナー・モデル　156, 229

ロウ（Lowe, A.）　196-197
労働組合共犯者論　78
労働時間格差　49-55
労働者派遣法　98, 211
ローソン（Rowthorn, R.E.）　252

わ

ワーキング・プア　50, 55, 75

宇仁宏幸（うに・ひろゆき）
1954 年生まれ。大阪市立大学大学院経済学研究科後期博士課程単位取得。理論経済学専攻。京都大学大学院経済学研究科教授。『構造変化と資本蓄積』（有斐閣、1998 年）、『資本主義のしくみ』〔共著〕（ナツメ社、2003 年）、『入門社会経済学』〔共著〕（ナカニシヤ出版、2004 年）、『現代資本主義への新視角──多様性と構造変化の分析』〔共編著〕（昭和堂、2007 年）、他。

制度と調整の経済学

2009 年 6 月 23 日　初版第 1 刷発行　(定価はカヴァーに表示してあります)

著　者　宇仁宏幸
発行者　中西健夫
発行所　株式会社ナカニシヤ出版
　　　　〒606-8161 京都市左京区一乗寺木ノ本町 15 番地
　　　　　　　　　TEL(075)723-0111
　　　　　　　　　FAX(075)723-0095
　　　　　　　http://www.nakanishiya.co.jp/

装幀＝白沢　正
印刷・製本＝㈱サンエムカラー
© H. Uni, 2009.
Printed in Japan.
＊乱丁・落丁本はお取り替え致します。
ISBN 978-4-7795-0361-0　　　　C3033

日本的雇用システム
仁田道夫・久本憲夫 編

日本的雇用システムとは何か。それはいつ、いかにして形成され、今後どこへ向かうのか。雇用の量的管理、賃金制度、能力開発、能率管理、労働組合、人事部の六つの観点からその歴史的形成過程を明らかにし、雇用問題の核心に迫る。

三六七五円

資本主義の多様性
——比較優位の制度的基礎——
ホール＆ソスキス 編／遠山弘徳他訳

比較制度優位、制度補完性、企業中心的政治経済論などの概念を軸に、福祉国家のミクロ的基礎を解明。比較政治学・比較経済学のための新しい分析視角を提供する、VOC＝「資本主義の多様性」論の基本文献、待望の翻訳。

三六七五円

入門制度経済学
ベルナール・シャバンス 著／宇仁宏幸他訳

シュモラーや旧制度学派、オーストリア学派などの古典的な制度経済学から、比較制度分析、新制度学派、レギュラシオン理論、コンヴァンシオンの経済学などの最新の経済理論まで、制度をめぐる経済学の諸潮流をコンパクトに解説する。

二一〇〇円

福祉の経済思想家たち
小峯 敦 編

「良き社会」とは何か。貧困・失業問題の発見から福祉国家のグランド・デザイン、福祉国家批判から新しい福祉社会の模索まで、福祉＝良き社会のあり方をめぐって格闘した経済学者たちの軌跡をたどる。重商主義から現代の福祉理論まで。

二五二〇円

表示は二〇〇九年六月現在の税込価格です。